FOREIGN TRADE
ENTERPRISES

# 外贸企业
## 会计真账实操全图解

刘　城◎编著

中国铁道出版社有限公司
CHINA RAILWAY PUBLISHING HOUSE CO., LTD.

**图书在版编目(CIP)数据**

外贸企业会计真账实操全图解/刘城编著.—
北京:中国铁道出版社,2017.2(2019.5重印)
ISBN 978-7-113-22602-2

Ⅰ.①外… Ⅱ.①刘… Ⅲ.①外贸企业会计—
图解 Ⅳ.①F740.45-64

中国版本图书馆CIP数据核字(2016)第304144号

书　名:**外贸企业会计真账实操全图解**
作　者:刘城　编著

责任编辑:王淑艳　　　编辑部电话:010-51873457　　　电子信箱:wangsy2008@sohu.com
封面设计:王　岩
责任校对:龚长江
责任印制:赵星辰

出版发行:中国铁道出版社有限公司 (100054,北京市西城区右安门西街8号)
网　　址:http://www.tdpress.com
印　　刷:三河市宏盛印务有限公司
版　　次:2017年2月第1版　2019年5月第4次印刷
开　　本:710 mm×1 000 mm　1/16　印张:22.25　字数:358千
书　　号:ISBN 978-7-113-22602-2
定　　价:49.80元

# 前言

# PREFACE

会计学是一门枯燥的学科，借贷关系、会计平衡等式、会计分录、会计科目等，往往令初学者畏惧。本套丛书由拥有丰富工作经验的一线会计人员编写，从一名会计实务入门者的角度，以企业的具体经济业务为主线，从建账开始，根据行业业务的特点，逐步讲解会计科目的运用与核算，有助于初学者尽早进入角色，适合会计岗位的工作。尽管所有企业均参照《企业会计制度》和《企业会计准则》进行会计核算，但不同行业根据自身业务的特点，在会计科目设置与核算上又有所区别。

《外贸企业会计真账实操》通过大量的图解和案例展示了会计工作的每一个环节，把看似繁杂的会计工作用简明的方式表示出来，使整个会计体系变得一目了然。

本书具有如下几个方面的特点。

◆ 全面详尽。从多个层面详细讲解了会计的日常工作内容，相信读者在阅读完本书之后，一定会对会计工作有更充分的了解和认识，并能在具体的实战操作中游刃有余。

◆ 实战性强。从会计人员起步阶段的专业技术分门讲述，汇集外贸企业老会计的宝贵经验。对相关内容进行技巧点拨，结合实例仿真操作，以帮助读者轻松理解、掌握会计实质内容，工作技能得以快速提高。本书针对工作的细节问题分类、分步骤详细介绍，以帮助读者熟悉外贸企业会计工作中的具体操作。

◆ 图文并茂。为了使读者能更容易地掌握会计工作的方法和技巧，本书力求避免单一的文字叙述，尽量将业务流程及法规采用图、表形式呈现，以便读者在阅读时一目了然。同时本书配用了大量的经典案例，使读者能直观了解具体的实战情形。

I

◆ 条理清晰。章节导读、内容重点一目了然，栏目与模块清晰流畅，读者能够随查随用，轻松阅读。

◆ 难易适度，深入浅出。在讲解财务工作实务时，尽量采用通俗易懂的语言，由表及里，深入浅出，为初学者拨开了财务工作的层层面纱，能快速掌握工作的方法和技巧。

本套丛书包括：

《外贸企业会计真账实操全图解》

《建筑施工企业会计真账实操全图解》

《行政事业单位会计真账实操全图解》

《酒店企业会计真账实操全图解》

《商业企业会计真账实操全图解》

《工业企业会计真账实操全图解》

《房地产企业会计真账实操全图解》

《餐饮企业会计真账实操全图解》

《物流企业会计真账实操全图解》

《银行会计真账实操全图解》

《小企业会计真账实操全图解》

《一般纳税人会计真账实操全图解》

本次重印根据新税法修改。

虽然我们力求完美，但由于时间有限，编写过程中难免存在着一些不足和遗憾，希望广大读者多提宝贵意见。

编　者

# 目 录

# CONTENTS

## 第 1 章  外贸企业会计基础

## 第 2 章  存货的核算

# 第 *3* 章  外币业务和国际贸易结算

# 第 4 章　出口贸易的核算

# 第 5 章　加工贸易与补偿贸易的核算

# 第6章 进口贸易业务的核算

# 第 *7* 章  进出口货物纳税的核算

# 第 8 章 进口退(免)税的核算

# 第 9 章 对外承包工程的核算

# 第 *10* 章　技术进出口业务的核算

# 第 11 章 外贸企业财务报表的编制

# 附　　录

# THE
# FIRST
# CHAPTER

第 *1* 章

## 外贸企业会计基础

外贸企业是指从事对外贸易业务的企业，它是国内市场与国际市场的纽带，是国民经济的一个重要的组成部分。而外贸会计是指工作于外贸企业会计岗位的专业人员，在企业中他们负责企业进出口业务的核算、分析、预测和控制工作。外贸会计除了应具备一般企业的会计核算知识，还要具备外贸企业特殊的业务核算能力，如外汇业务核算、进出口货物的核算、出口货物退（免）税的核算、技术进出口业务的核算、对外承包工程的核算等。

## 1.1 外贸企业会计概述

### 1.1.1 外贸企业会计的对象及其特点

外贸企业的会计对象，是外贸企业进出口商品流转过程中的资金运动。外贸企业主要的资金运动是进行国际的进出口商品流通，包括出口业务与进口业务。

**1. 外贸企业会计的对象**

外贸企业与国内商品流通企业都从事组织商品流通活动，但它与一般的国内商品流通企业有很大的不同。具体表现是外贸企业的商品流通，包括进口和出口两种业务经营过程，使用本国货币与外币两种以上货币，因而在出口经营活动中，企业要将出口商品销售所得外汇，按照国家规定与银行结汇；而在进口经营活动中，又要用人民币向银行购买外汇以支付货款。因此，外贸企业在其资金循环过程中所特有的本币与外币之间不断转换的过程，形成了外贸企业资金运动的特殊性。如图 1-1、图 1-2 所示。

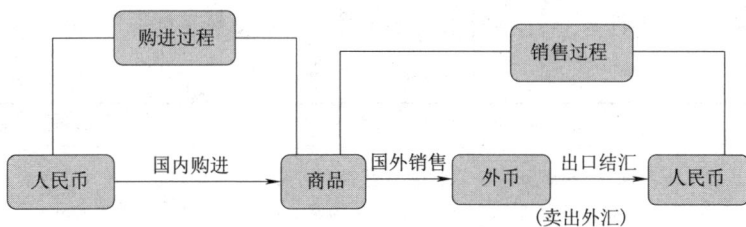

图 1-1　外贸企业出口业务的资金周转过程

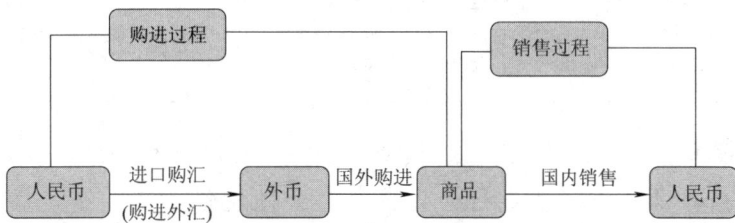

图 1-2　外贸企业进口业务的资金周转过程

**2. 外贸企业会计的特点**

外贸企业会计的特点，如图 1-3 所示。

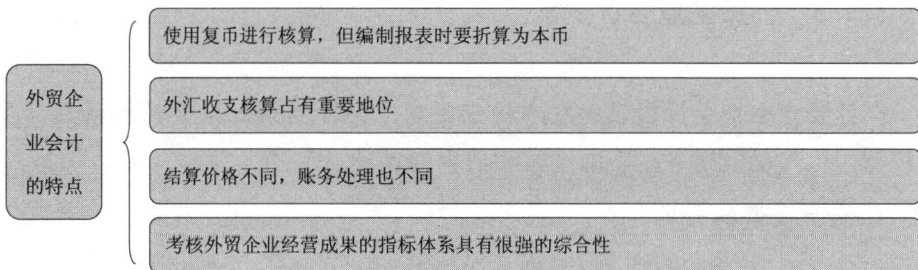

图 1-3　外贸企业会计的特点

---

## 1.1.2　外贸企业会计职能

---

外贸企业会计是指以货币作为主要计量单位，对外贸企业的经济活动的数据与信息进行处理，进而实现控制、分析、预测和决策的一种经济管理活动。

外贸企业会计具有会计核算和会计监督两大基本职能。见表 1-1。

表 1-1 外贸企业的会计职能

| 职能 | 内　容 |
|------|--------|
| 核算职能 | 　即反映职能，是指将外贸企业已经发生的个别的、大量的经济业务，通过确认、计量、记录、汇总和报告，转化为全面、连续、系统的会计信息，以反映外贸企业经济活动的全过程及其结果 |
| 监督职能 | 　即控制职能，是指控制和规范外贸企业经济活动的运行，使其达到预定的目标。会计机构、会计人员要监督企业的经济活动是否符合国家的财经政策和财经纪律；反映的会计信息是否真实完整；监督经济活动是否按照事先确定的财务目标和编制的各项预算运行；及时反馈脱离预算的偏差，并及时采取措施，予以调整 |

会计核算和会计监督这两大基本职能是相辅相成的。会计核算是会计监督的基础，只有正确地进行会计核算，会计监督才有真实可靠的依据。而会计监督则是会计核算的继续，只有严格地进行会计监督，才能使经济活动按预期的目的运行，会计核算才能在企业的经济管理中充分地发挥作用。

## 1.1.3　外贸企业会计要素

会计要素是指会计报表的基本构成要素。会计要素既是会计确认和计量的依据，也是确定财务报表的结构和内容的基础。

**1. 会计要素的分类**

我国《企业会计准则》将会计要素分为资产、负债、所有者权益（股东权益）、收入、费用（成本）和利润六个会计要素。会计要素是组成会计报表的基本单位，是对会计对象进行的基本分类，是会计核算对象的具体化。如图 1-4 所示。

（1）资产。资产是指企业过去的交易或者事项形成的、拥有或者控制的、预期会给企业带来经济利益的资源。

在同时满足以下条件时，确认为资产：

①与该资源有关的经济利益很可能流入企业；

②该资源的成本或者价值能够可靠地计算。

图 1-4　会计要素

（2）负债。负债是指企业过去的交易或者事项形成的、预期会导致经济利益流出企业的现时义务。

在同时满足以下条件时，确认为负债：

①与该义务有关的经济利益很可能流出企业；

②未来流出的经济利益的金额能够可靠地计量。

（3）所有者权益（股东权益）。

所有者权益是指企业资产扣除负债后由所有者享有的剩余权益。

股份公司的所有者权益又称为股东权益。所有者权益的来源包括所有者投入的资本、直接计入所有者权益的利得和损失、留存收益等。

（4）收入。收入是指企业在日常活动中形成的、会导致所有者权益增加的、与所有者投入资本无关的经济利益的总流入。

收入只有在经济利益很可能流入从而导致企业资产增加或者负债减少，且经济利益的流入额能够可靠计量时才能予以确认。

（5）费用。费用是指企业在日常活动中发生的、会导致所有者权益减少的、与向所有者分配利润无关的经济利益的总流出。

费用只有在经济利益很可能流出从而导致企业资产减少或者负债增加、且经济利益的流出额能够可靠计量时才能予以确认。

（6）利润。利润是指企业在一定会计期间的经营成果，利润包括收入减去费用后的净额、直接计入当期利润的利得和损失等。

**2. 会计要素的计量**

会计要素的计量属性是反映会计要素金额的确定基础，它主要包括历史成本、重置成本、可变现净值、现值和公允价值等。会计要素的计量属性详细内容见表 1-2。

表 1-2　　　　　　　　　　　　　会计要素的计量

| 会计要素的计量 | 内　容 |
| --- | --- |
| 历史成本 | 在历史成本计量下，资产按照购入时支付的现金或者现金等价物的金额，或者按照购入资产时所付出对价的**公允价值**计量。负债按照因承担现时义务而实际收到的款项或者资产的金额，或者承担现时义务的合同金额，亦或按照日常活动中为偿还负债预期需要支付的现金或者现金等价物的金额计量 |
| 重置成本 | 在重置成本计量下，资产按照现在购买相同或者相似资产所需支付的现金或者现金等价物的金额计量。负债按照现在偿付该项债务所需支付的现金或者现金等价物的金额计量 |
| 可变现净值 | 在可变现净值计量下，资产按照其正常对外销售所能收到现金或者现金等价物的金额扣减该资产至完工时估计将要发生的成本、估计的销售费用以及相关税费后的金额计量 |
| 现值 | 在现值计量下，资产按照预计从其持续使用和最终处置中所产生的未来净现金流入量的折现金额计量。负债按照预计期限内需要偿还的未来净现金流出量的折现金额计量 |
| 公允价值 | 在公允价值计量下，资产和负债按照在公平交易中，熟悉情况的交易双方自愿进行资产交换或者债务清偿的金额计量 |

# 1.2　外贸企业会计科目的设置

## 1.2.1　外贸企业会计核算的内容

外贸企业会计的核算内容是由外贸企业特定的经济业务活动决定的，如图 1-5所示。

图 1-5　外贸企业会计核算的内容

## 1.2.2　外贸企业会计科目

　　会计科目是按照经济业务的内容和经济管理的要求，对会计要素的具体内容进行分类核算的科目。会计科目可以按照多种标准进行分类，按会计要素对会计科目进行分类是其基本分类之一。我国将会计科目分为资产类科目、负债类科目、共同类科目、所有者权益类科目、成本类科目和损益类科目六大类。

　　会计科目见表 1-3。

表 1-3　　　　　　　　　　　　　　　会计科目表

| 顺序号 | 编号 | 名　　称 | 顺序号 | 编号 | 名　　称 |
|---|---|---|---|---|---|
| | | （一）资产类 | | | |
| 1 | 1001 | 库存现金 | 3 | 1015 | 其他货币资金 |
| 2 | 1002 | 银行存款 | 4 | 1101 | 交易性金融资产 |

| 顺序号 | 编号 | 名　称 | 顺序号 | 编号 | 名　称 |
|---|---|---|---|---|---|
| 5 | 1121 | 应收票据 | 37 | 1711 | 商誉 |
| 6 | 1122 | 应收账款 | 38 | 1801 | 长期待摊费用 |
| 7 | 1123 | 预付账款 | 39 | 1811 | 递延所得税资产 |
| 8 | 1131 | 应收股利 | 40 | 1901 | 待处理财产损溢 |
| 9 | 1132 | 应收利息 | | | （二）负债类 |
| 10 | 1221 | 其他应收款 | 41 | 2001 | 短期借款 |
| 11 | 1231 | 坏账准备 | 42 | 2101 | 交易性金融负债 |
| 12 | 1401 | 材料采购 | 43 | 2201 | 应付票据 |
| 13 | 1402 | 在途物资 | 44 | 2202 | 应付账款 |
| 14 | 1403 | 原材料 | 45 | 2203 | 预收账款 |
| 15 | 1404 | 材料成本差异 | 46 | 2211 | 应付职工薪酬 |
| 16 | 1405 | 库存商品 | 47 | 2221 | 应交税费 |
| 17 | 1406 | 发出商品 | 48 | 2231 | 应付利息 |
| 18 | 1407 | 商品进销差价 | 49 | 2232 | 应付股利 |
| 19 | 1408 | 委托加工物资 | 50 | 2241 | 其他应付款 |
| 20 | 1411 | 周转材料 | 51 | 2401 | 递延收益 |
| 21 | 1471 | 存货跌价准备 | 52 | 2501 | 长期借款 |
| 22 | 1501 | 债权投资 | 53 | 2502 | 应付债券 |
| 23 | 1502 | 债权投资减值准备 | 54 | 2701 | 长期应付款 |
| 24 | 1503 | 其他权益工具投资 | 55 | 2702 | 未确认融资费用 |
| 25 | 1511 | 长期股权投资 | 56 | 2711 | 专项应付款 |
| 26 | 1512 | 长期股权投资减值准备 | 57 | 2801 | 预计负债 |
| 27 | 1521 | 投资性房地产 | 58 | 2901 | 递延所得税负债 |
| 28 | 1531 | 长期应收款 | | | （三）共同类 |
| 29 | 1532 | 未实现融资收益 | 59 | 3001 | 清算资金往来 |
| 30 | 1601 | 固定资产 | 60 | 3002 | 货币兑换 |
| 31 | 1602 | 累计折旧 | | | （四）所有者权益类 |
| 32 | 1603 | 固定资产减值准备 | 61 | 4001 | 实收资本 |
| 33 | 1604 | 在建工程 | 62 | 4002 | 资本公积 |
| 34 | 1605 | 工程物资 | 63 | 4101 | 盈余公积 |
| 35 | 1702 | 累计摊销 | 64 | 4103 | 本年利润 |
| 36 | 1703 | 无形资产减值准备 | 65 | 4104 | 利润分配 |

| 顺序号 | 编号 | 名　称 | 顺序号 | 编号 | 名　称 |
|---|---|---|---|---|---|
| （五）成本类 | | | 75 | 6401 | 主营业务成本 |
| 66 | 5001 | 生产成本 | 76 | 6402 | 其他业务成本 |
| 67 | 5101 | 制造费用 | 77 | 6403 | 税金及附加 |
| 68 | 5201 | 劳务成本 | 78 | 6601 | 销售费用 |
| 69 | 5301 | 研发成本 | 79 | 6602 | 管理费用 |
| （六）损益类 | | | 80 | 6603 | 财务费用 |
| 70 | 6001 | 主营业务收入 | 81 | 6701 | 资产减值损失 |
| 71 | 6051 | 其他业务收入 | 82 | 6711 | 营业外支出 |
| 72 | 6101 | 公允价值变动损益 | 83 | 6801 | 所得税费用 |
| 73 | 6111 | 投资收益 | 84 | 6901 | 以前年度损益调整 |
| 74 | 6301 | 营业外收入 | | | |

## 1.2.3　外贸企业会计与一般企业会计的区别

外贸会计与一般企业会计相比，更具专业性。主要区别如图 1-6 所示。

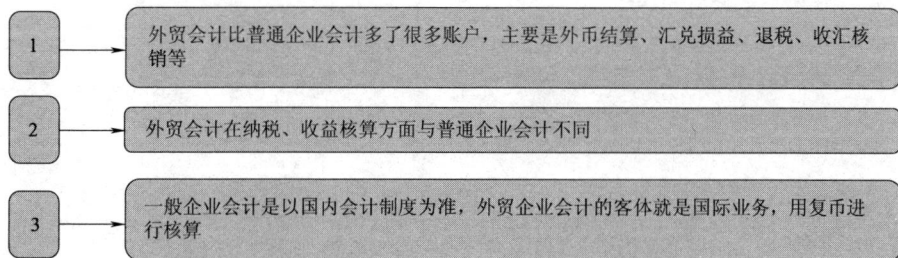

| 1 | 外贸会计比普通企业会计多了很多账户，主要是外币结算、汇兑损益、退税、收汇核销等 |
|---|---|
| 2 | 外贸会计在纳税、收益核算方面与普通企业会计不同 |
| 3 | 一般企业会计是以国内会计制度为准，外贸企业会计的客体就是国际业务，用复币进行核算 |

图 1-6　外贸会计与一般企业会计的区别

# THE
# SECOND
# CHAPTER

第 *2* 章

## 存货的核算

存货是指企业在日常活动中持有以备出售的库存商品或处在生产过程中的在产品、在生产过程或提供劳务过程中耗用的材料和物料等。

存货区别于固定资产等非流动资产的最基本特征是，企业持有存货的最终目的是为了出售，包括可供直接出售的产成品、商品以及需进一步加工后出售的原材料等。

## 2.1 存货概述

### 2.1.1 存货确认的条件与计量

存货包括各类原材料、在产品、半成品、商品以及包装物、低值易耗品、委托代销商品等。

存货必须在符合定义的前提下，同时满足下列两个条件，才能予以确认。

（1）与该存货有关的经济利益很可能流入企业。

（2）该存货的成本能够可靠地计量。

计算公式如下：

$$存货的账面余额＝账户余额$$
$$存货的账面价值＝账户余额－存货跌价准备余额$$

### 2.1.2 存货的计价

外贸企业的存货应按取得时的实际成本入账，存货购入方式不同，计价基础也不同，见表 2-1。

**表 2-1** 存货的计价

| 存货来源的方式 | 计价基础 |
|---|---|
| 购入出口库存商品 | 出口商品应按照购进商品的买价和采购费用计价入账 |
| 购入进口库存商品 | 进口商品应按照购进商品的到岸价格（CIF）加上商品的进口关税和消费税计价入账 |
| 自制存货 | 应按照各种存货在生产加工过程中所耗用的原材料、发生的职工薪酬和有关费用等实际支出计价入账 |
| 委托加工存货 | 按照加工过程中所耗用的原材料，加上所发生的加工费、运输费、装卸费和保险费等费用，以及按规定应计入成本的税金计价入账 |
| 原材料、包装物和低值易耗品 | 按照买价加上采购费用计价入账。如果是进口的原材料，要加上进口关税和消费税计价入账 |
| 投资者投入存货 | 按照投资合同约定的价值计价入账 |
| 接受捐赠存货 | 按照有关凭据上列示的金额加上应支付的相关税费计价入账，若无凭据，按同类或类似存货的市场价格估计的金额，加上应支付的相关税费计价入账；若无同类或类似存货不存在活跃市场的，则按照预计未来现金流量现值计价入账 |
| 盘盈的存货 | 按照同类或类似的市场价格计价入账 |

## 2.2 原材料的核算

对于原材料的核算，可以选择使用实际成本计价或计划成本计价，企业应当以收发业务的多少、实物流转方式、企业管理的要求、存货的性质等实际情况，合理地选择存货的核算方法。

原材料按实际成本计价的核算是指每种材料的日常收、发、存核算都采用实际成本计价。核算时，重点要掌握支出材料的成本计价。该方法一般只适用于材料收发业务比较小的中小型企业。

### 2.2.1 原材料购入的核算

企业购入原材料时，由于采购地点和采用的结算方式等因素的影响，经常会出现原材料入库付款时间不一致的情况，其账务处理方法也不一致。

**1. 单货同到**

单货同到是指发票已到，材料验收入库。应根据发票金额，借方记入"原材料""应交税费"等账户，贷方记入"银行存款""应付账款"等账户。

## 原材料单货同到的核算实例

**【例 2-1】** 2019 年 4 月 9 日，大地进出口公司从科达商贸公司购入 A 材料 40 吨，增值税专用发票注明原料价款 20 000 元，增值税 2 600 元，科达商贸公司代垫运费 200 元。大地进出口公司收到物资并验收入库，暂未支付货款。（假设不考虑运费的税费），增值税专用发票见表 2-2。

表 2-2

××增值税专用发票

××××

发票联

No：01092781

开票日期：2019 年 4 月 9 日

| 购货单位 | 名　　　称：大地进出口公司<br>纳税人识别号：110101400321230<br>地址、电话：××市丽水区北蜂窝路 14 号 68790001<br>开户行及账号：××工商银行北蜂窝支行营业室 0200001909234216779 | | | | | | | 密码区 | 略 |
|---|---|---|---|---|---|---|---|---|---|
| 货物或应税劳务名称 | 规格型号 | 单位 | 数量 | 单价 | 金额 | 税率（％） | | 税额 | |
| 材料 | | 吨 | 40 | 500 | ￥20 000 | 13％ | | ￥2 600 | |
| 价税合计（大写） | ⊗贰万贰仟陆佰元整 | | | | | | | （小写）￥22 600 | |
| 销货单位 | 名　　　称：科达商贸公司<br>纳税人识别号：320134134971563<br>地址、电话：××市中山北路 45 号 023-87651200<br>开户行及账号：中行中山北路分理处 066180360010776 | | | | | 备注 | | | |

收款人：李娜　　　　复核：张晶　　　　开票人：苗妙　　　　销货单位：

根据原始凭证，登记会计账簿，见表 2-3。

借：原材料——A 材料（20 000＋200）　　　　　　20 200

　　应交税费——应交增值税（进项税额）　　　　　 2 600

　　贷：应付账款——科达商贸公司　　　　　　　　　　　22 800

表 2-3

记 账 凭 证

附件××张

2019 年 4 月 9 日

字第××号

| 摘要 | 会计科目 | 借方金额 | | | | | | | | | | 贷方金额 | | | | | | | | | | 记账 |
|---|---|---|---|---|---|---|---|---|---|---|---|---|---|---|---|---|---|---|---|---|---|---|
| | | 千 | 百 | 十 | 万 | 千 | 百 | 十 | 元 | 角 | 分 | 千 | 百 | 十 | 万 | 千 | 百 | 十 | 元 | 角 | 分 | |
| 从科达商贸公司购入A材料 | 原材料/A材料 | | | | 2 | 0 | 2 | 0 | 0 | 0 | 0 | | | | | | | | | | | |
| | 应交税费/应交增值税/进项税额 | | | | | 2 | 6 | 0 | 0 | 0 | 0 | | | | | | | | | | | |
| | 应付账款/科达商贸公司 | | | | | | | | | | | | | | 2 | 2 | 8 | 0 | 0 | 0 | 0 | |
| | 合计 | ¥ | 2 | 2 | 8 | 0 | 0 | 0 | 0 | 0 | 0 | ¥ | 2 | 2 | 8 | 0 | 0 | 0 | 0 | 0 | 0 | |

会计主管：周明　　　　　记账：张洁　　　　　审核：李月　　　　　制单：陈英

## 2. 单到货未到

单到货未到指发票已到，材料未验收入库。如货款已经支付，借方记入"在途物资""应交税费"等账户，贷方记入"银行存款"账户；如货款尚未支付，则暂不需处理，待支付货款或收到材料时进行处理。

### 原材料单到货未到的核算实例

【例 2-2】承上例，企业通过银行进行结算，但到月末尚未收到材料。转账支票存根见表 2-4。

借：在途物资　　　　　　　　　　　　　　　　　20 200

　　应交税费——应交增值税（进项税额）　　　　　 2 600

　　贷：银行存款　　　　　　　　　　　　　　　　　　22 800

表 2-4

```
            中国工商银行
            转账支票存根
            IV V000001

科    目：＿＿＿＿＿＿＿＿＿＿
对方科目：＿＿＿＿＿＿＿＿＿＿
出票日期：2019 年 4 月 15 日

  收款人：科达商贸公司

  金    额：￥22 800

  用    途：购买 A 材料

单位主管    周明    会计    张洁
```

若 2019 年 4 月 16 日，上述材料到达验收入库，见表 2-5，编制会计分录。

借：原材料         20 200

 贷：在途物资         20 200

表 2-5

## 材料入库单

供应单位：科达商贸公司

发票号码：01092781    2019 年 4 月 16 日    第××号

| 月 | 日 | 材料名称 | 规格型号 | 数 量 | | 单位 | 单价 | 金额（元） | 备注 |
| | | | | 交库 | 实收 | | | | |
|---|---|---|---|---|---|---|---|---|---|
| 4 | 16 | A 材料 | | 40 | 40 | 吨 | 505 | 20 200 | |
| | | | | | | | | | |
| | | | | | | | | | |
| | | | | | | | | | |

### 3. 货到单未到

货到单未到是指发票未到，材料已验收入库。在月份内，一般暂不进行处理，待有关发票到达、支付货款时，再按正常程序进行处理。如果到月末发票还未到达，为了使账实相符，应按材料的暂估价款入账，下月初红字冲回，以便下个月收到发票时按正常处理。

## 原材料货到单未到的核算实例

【例2-3】2019年4月26日，大地进出口公司收到从乙公司购入材料一批，但因发票未到没有支付货款。月末，暂估该批物资价值11 000元。

（1）2019年4月末，材料暂估入账时。

借：原材料　　　　　　　　　　　　　　　　　　11 000

　　贷：应付账款——暂估应付账款　　　　　　　　　11 000

（2）2019年5月初，编制红字分录冲回。

借：原材料　　　　　　　　　　　　　　　　　　（11 000）

　　贷：应付账款——暂估应付账款　　　　　　　（11 000）

（3）假设2019年5月13日收到发票，增值税专用发票注明原料价款10 000元，增值税1 300元，丙公司代垫运费100元。

借：在途物资　　　　　　　　　　　　　　　　　10 100

　　应交税费——应交增值税（进项税额）　　　　　1 300

　　贷：银行存款　　　　　　　　　　　　　　　　11 400

---

### 2.2.2　原材料发出的计价与核算

---

企业在确定发出存货的成本时，可以采用先进先出法、移动加权平均法、月末一次加权平均法和个别计价法等方法。企业不得采用后进先出法确定发出存货的成本。

**1. 先进先出法**

先进先出法是以先购入的存货应先发出（销售或耗用）这样一种存货实物流转假设为前提，对发出存货进行计价。采用这种方法，先购入的存货成本在后购入存货成本之前转出，据此确定发出存货和期末存货的成本。

## 先进先出法核算实例

【例2-4】大地进出口公司2019年1月3日购入A材料50件，单价为70元；1月4日购入A材料60件，单价65元；1月6日领用A材料80件；1

月 15 日购入 A 材料 40 件，单价 68 元；1 月 28 日领用 A 材料 60 件。假设领用 A 产品全部为生产成本，按先进先出法核算，填制存货明细账见表 2-6。

表 2-6

## 存货明细账

存货名称：A 材料　　　　　　　　　　　　　　　　　　　　计量单位：件

| 日期 | | 摘要 | 收入 | | | 支出 | | | 结存 | | |
|---|---|---|---|---|---|---|---|---|---|---|---|
| 月 | 日 | | 数量 | 单价 | 金额 | 数量 | 单价 | 金额 | 数量 | 单价 | 金额 |
| 1 | 3 | 购入 | 50 | 70 | 3 500 | | | | 50 | 70 | 3 500 |
| 1 | 4 | 购入 | | | | | | | 50 | 70 | 3 500 |
| | | | 60 | 65 | 3 900 | | | | 60 | 65 | 3 900 |
| 1 | 6 | 领用 | | | | 50 | 70 | 3 500 | | | |
| | | | | | | 30 | 65 | 1 950 | 30 | 65 | 1 950 |
| 1 | 15 | 购入 | | | | | | | 30 | 65 | 1 950 |
| | | | 40 | 68 | 2 720 | | | | 40 | 68 | 2 720 |
| 1 | 28 | 领用 | | | | 30 | 65 | 1 950 | | | |
| | | | | | | 30 | 68 | 2 040 | 10 | 68 | 680 |

1 月 6 日，根据原始凭证，登记会计账簿，见表 2-7。

借：生产成本　　　　　　　　（3 500＋1 950）5 450

贷：原材料——A 材料　　　　　　　　　　　5 450

表 2-7

## 记 账 凭 证

2019 年 1 月 6 日　　　　　　　　　　　　　　字第××号

| 摘要 | 会计科目 | 借方金额 | | | | | | | | | | 贷方金额 | | | | | | | | | | | 记账 |
|---|---|---|---|---|---|---|---|---|---|---|---|---|---|---|---|---|---|---|---|---|---|---|---|
| | | 千 | 百 | 十 | 万 | 千 | 百 | 十 | 元 | 角 | 分 | 千 | 百 | 十 | 万 | 千 | 百 | 十 | 元 | 角 | 分 | |
| 1 月 6 日，结转 A 产品生产成本 | 生产成本 | | | | | 5 | 4 | 5 | 0 | 0 | 0 | | | | | | | | | | | |
| | 原材料/A 材料 | | | | | | | | | | | | | | | 5 | 4 | 5 | 0 | 0 | 0 | |
| 合计 | | | | | ¥ | 5 | 4 | 5 | 0 | 0 | 0 | | | | ¥ | 5 | 4 | 5 | 0 | 0 | 0 | |

会计主管：周明　　　　记账：张洁　　　　审核：李月　　　　制单：陈英

1月28日领用时，根据原始凭证，登记会计账簿，见表2-8。

借：生产成本 （1 950＋2 040）3 990

　　贷：原材料——A材料 3 990

表 2-8

记 账 凭 证

2019 年 1 月 28 日

字第××号

| 摘要 | 会计科目 | 借方金额 | | | | | | | | | | 贷方金额 | | | | | | | | | | 记账 |
|---|---|---|---|---|---|---|---|---|---|---|---|---|---|---|---|---|---|---|---|---|---|---|
| | | 千 | 百 | 十 | 万 | 千 | 百 | 十 | 元 | 角 | 分 | 千 | 百 | 十 | 万 | 千 | 百 | 十 | 元 | 角 | 分 | |
| 1月28日,<br>结转A<br>产品生<br>产成本 | 生产成本 | | | | | 3 | 9 | 9 | 0 | 0 | 0 | | | | | | | | | | | |
| | 原材料/A材料 | | | | | | | | | | | | | | | 3 | 9 | 9 | 0 | 0 | 0 | |
| 合计 | | | | | ¥ | 3 | 9 | 9 | 0 | 0 | 0 | | | | | ¥ | 3 | 9 | 9 | 0 | 0 | 0 | |

会计主管：周明　　　　记账：张洁　　　　审核：李月　　　　制单：陈英

## 2. 月末一次加权平均法

月末一次加权平均法，是指以当月全部进货数量加上月初存货数量作为权数，去除当月全部进货成本加上月初存货成本，计算出存货的加权平均单位成本，以此为基础计算当月发出存货的成本和期末存货的成本的一种方法。

$$存货平均单价＝\frac{期初存货的实际成本＋本期进货的实际成本}{期初存货数量＋本期进货数量}$$

本月发出成本＝本月发货数量×存货平均单价

### 一次加权平均法核算实例

【例2-5】大地进出口公司 2019 年 1 月初库存 A 材料 10 件，单价 68 元；1 月 3 日购入 A 材料 50 件，单价为 70 元；1 月 4 日购入 A 材料 60 件，单价 65 元；1 月 6 日领用 A 材料 80 件；1 月 15 日购入 A 材料 40 件，单价 68 元；1 月 28 日领用 A 材料 60 件。假设领用 A 产品全部为生产成本，按月末一次加权平均法核算，填制存货明细账见表 2-9。

表 2-9

# 存货明细账

存货名称：A 材料  计量单位：件

| 日期 | | 摘要 | 收入 | | | 支出 | | | 结存 | | |
|---|---|---|---|---|---|---|---|---|---|---|---|
| 月 | 日 | | 数量 | 单价 | 金额 | 数量 | 单价 | 金额 | 数量 | 单价 | 金额 |
| | | 本月月初 | | | | | | | 10 | 68 | 680 |
| 1 | 3 | 购入 | 50 | 70 | 3 500 | | | | | | |
| 1 | 4 | 购入 | 60 | 65 | 3 900 | | | | | | |
| 1 | 6 | 领用 | | | | 80 | | | | | |
| 1 | 15 | 购入 | 40 | 68 | 2 720 | | | | | | |
| 1 | 28 | 领用 | | | | 60 | | | | | |
| | | 本月月末 | | | | | 67.5 | 9 450 | 20 | 67.5 | 1 350 |

$$存货平均单价 = \frac{680 + 3\,500 + 3\,900 + 2\,720}{10 + 50 + 60 + 40}$$

$$= 67.50（元/件）$$

本月发出成本 =（80+60）×67.50 = 9 450（元）

根据原始凭证，登记会计账簿，见表 2-10。

借：生产成本　　　　　　　　　　　　　　　　9 450

　　贷：原材料——A 材料　　　　　　　　　　　　9 450

表 2-10

# 记 账 凭 证

2017 年 1 月 30 日　　　　　　　　　　　　字第××号

| 摘要 | 会计科目 | 借方金额 | | | | | | | | | | 贷方金额 | | | | | | | | | | 记账 |
|---|---|---|---|---|---|---|---|---|---|---|---|---|---|---|---|---|---|---|---|---|---|---|
| | | 千 | 百 | 十 | 万 | 千 | 百 | 十 | 元 | 角 | 分 | 千 | 百 | 十 | 万 | 千 | 百 | 十 | 元 | 角 | 分 | |
| 1月30日，结转A产品生产成本 | 生产成本 | | | | 9 | 4 | 5 | 0 | 0 | 0 | | | | | | | | | | | | |
| | 原材料/A 材料 | | | | | | | | | | | | | | 9 | 4 | 5 | 0 | 0 | 0 | | |
| 合计 | | | | | ¥ | 9 | 4 | 5 | 0 | 0 | 0 | | | | ¥ | 9 | 4 | 5 | 0 | 0 | 0 | |

会计主管：周明　　　　记账：张洁　　　　审核：李月　　　　制单：陈英

### 3. 移动加权平均法

移动加权平均法，是指以每次进货的成本加上原有存货的成本，除以每次进货数量与原有存货的数量之和，据以计算加权平均单位成本，作为在下次进货前计算各次发出存货成本的依据。计算公式如下。

$$存货移动加权平均单价 = \frac{原有存货的实际成本 + 本次进货的实际成本}{原有存货数量 + 本次进货数量}$$

$$本次发出成本 = 本次发货数量 \times 存货移动加权平均单价$$

## 移动加权平均法核算实例

【例 2-6】大地进出口公司 2019 年 1 月初库存 A 材料 10 件，单价 68 元；1 月 13 日购入 A 材料 50 件，单价为 70 元；1 月 4 日购入 A 材料 60 件，单价 65 元；1 月 6 日领用 A 材料 80 件；1 月 15 日购入 A 材料 40 件，单价 68 元；1 月 28 日领用 A 材料 60 件。假设领用 A 产品全部为生产成本，按移动加权平均法核算，填制存货明细账，见表 2-11。

表 2-11

### 存货明细账

存货名称：A 材料　　　　　　　　　　　　　　　　　　　　　　　计量单位：件

| 日期 | | 摘要 | 收入 | | | 支出 | | | 结存 | | |
|---|---|---|---|---|---|---|---|---|---|---|---|
| 月 | 日 | | 数量 | 单价 | 金额 | 数量 | 单价 | 金额 | 数量 | 单价 | 金额 |
| 本月月初 | | | | | | | | | 10 | 68 | 680 |
| 1 | 3 | 购入 | 50 | 70 | 3 500 | | | | 60 | 69.67 | 4 180 |
| 1 | 4 | 购入 | 60 | 65 | 3 900 | | | | 120 | 67.33 | 8 080 |
| 1 | 6 | 领用 | | | | 80 | 67.33 | 5 386 | 40 | 67.33 | 2 694 |
| 1 | 15 | 购入 | 40 | 68 | 2 720 | | | | 80 | 67.68 | 5 414 |
| 1 | 28 | 领用 | | | | 60 | 67.68 | 4 061 | 20 | 67.68 | 1 353 |

（1）1 月 3 日，单位结存成本 $= \dfrac{680 + 3\ 500}{10 + 50} = 69.67$（元）

（2）1 月 4 日，单位结存成本 $= \dfrac{4\ 180 + 3\ 900}{60 + 60} = 67.33$（元）

（3）1 月 15 日，单位结存成本 $= \dfrac{2\ 694 + 2\ 720}{40 + 40} = 67.68$（元）

1 月 6 日，根据原始凭证，登记会计账簿，见表 2-12。

借：生产成本（67.33×80）      5 386

    贷：原材料——A材料      5 386

表 2-12

### 记 账 凭 证

2019 年 1 月 6 日        字第××号

| 摘要 | 会计科目 | 借方金额 |||||||||| 贷方金额 |||||||||| 记账 |
|---|---|---|---|---|---|---|---|---|---|---|---|---|---|---|---|---|---|---|---|---|---|---|
| | | 千 | 百 | 十 | 万 | 千 | 百 | 十 | 元 | 角 | 分 | 千 | 百 | 十 | 万 | 千 | 百 | 十 | 元 | 角 | 分 | |
| 1月6日，结转A产品生产成本 | 生产成本 | | | | | 5 | 3 | 8 | 6 | 0 | 0 | | | | | | | | | | | |
| | 原材料/A材料 | | | | | | | | | | | | | | | 5 | 3 | 8 | 6 | 0 | 0 | |
| 合计 | | | | | ¥ | 5 | 3 | 8 | 6 | 0 | 0 | | | | ¥ | 5 | 3 | 8 | 6 | 0 | 0 | |

会计主管：周明      记账：张洁      审核：李月      制单：陈英

1 月 28 日领用时，根据原始凭证，登记会计账簿，见表 2-13。

借：生产成本      4 061

    贷：原材料——A材料      4 061

表 2-13

### 记 账 凭 证

2019 年 1 月 28 日        字第××号

| 摘要 | 会计科目 | 借方金额 |||||||||| 贷方金额 |||||||||| 记账 |
|---|---|---|---|---|---|---|---|---|---|---|---|---|---|---|---|---|---|---|---|---|---|---|
| | | 千 | 百 | 十 | 万 | 千 | 百 | 十 | 元 | 角 | 分 | 千 | 百 | 十 | 万 | 千 | 百 | 十 | 元 | 角 | 分 | |
| 1月28日，结转A产品生产成本 | 生产成本 | | | | | 4 | 0 | 6 | 1 | 0 | 0 | | | | | | | | | | | |
| | 原材料/A材料 | | | | | | | | | | | | | | | 4 | 0 | 6 | 1 | 0 | 0 | |
| 合计 | | | | | ¥ | 4 | 0 | 6 | 1 | 0 | 0 | | | | ¥ | 4 | 0 | 6 | 1 | 0 | 0 | |

会计主管：周明      记账：张洁      审核：李月      制单：陈英

### 4. 个别计价法

个别计价法，亦称个别认定法、具体辨认法、分批实际法，即逐一辨认各批发出存货和期末存货所属的购进批别或生产批别，分别按其购入或生产时所确定的单位成本计算各批发出存货和期末存货的成本。在实际工作中，越来越多的企业采用计算机信息系统进行会计处理，个别计价法可以广泛应用于发出存货的计价，并且该方法确定的存货成本最为准确。

## 个别计价法核算实例

**【例2-7】**大地公司在2019年2月1日购入钢材100吨，其中有40吨单价为2 200元，60吨单价为2 250元。2月9日领用钢材83吨，其中单价为2 200元的30吨，单价为2 250元的53吨。假设大地进出口公司使用个别计价法核算，存货明细账见表2-14。

表2-14

### 存货明细账

存货名称：钢材 计量单位：吨

| 日期 | | 收入 | | | 支出 | | | 结存 | | |
|---|---|---|---|---|---|---|---|---|---|---|
| 月 | 日 | 数量 | 单价 | 金额 | 数量 | 单价 | 金额 | 数量 | 单价 | 金额 |
| 2 | 1 | 40 | 2 200 | 88 000 | | | | 40 | 2 200 | 88 000 |
| | | 60 | 2 250 | 135 000 | | | | 60 | 2 250 | 135 000 |
| 2 | 9 | | | | 30 | 2 200 | 66 000 | 10 | 2 200 | 22 000 |
| | | | | | 53 | 2 250 | 119 250 | 7 | 2 250 | 15 750 |

2月9日，根据原始凭证，登记会计账簿，见表2-15。

借：生产成本 185 250

贷：原材料——钢材 185 250

表2-15

### 记 账 凭 证

2019年2月9日 字第××号

| 摘要 | 会计科目 | 借方金额 | | | | | | | | | 贷方金额 | | | | | | | | | 记账 |
|---|---|---|---|---|---|---|---|---|---|---|---|---|---|---|---|---|---|---|---|---|
| | | 千 | 百 | 十 | 万 | 千 | 百 | 十 | 元 | 角 | 分 | 千 | 百 | 十 | 万 | 千 | 百 | 十 | 元 | 角 | 分 | |
| 2月9日结转生产成本 | 生产成本 | | | 1 | 8 | 2 | 5 | 0 | 0 | 0 | 0 | | | | | | | | | | | |
| | 原材料/钢材 | | | | | | | | | | | | | 1 | 8 | 2 | 5 | 0 | 0 | 0 | 0 | |
| 合计 | | ¥ | 1 | 8 | 2 | 5 | 0 | 0 | 0 | 0 | | ¥ | 1 | 8 | 2 | 5 | 0 | 0 | 0 | 0 | |

会计主管：周明 记账：张洁 审核：李月 制单：陈英

### 5. 原材料支出的汇总核算

企业发出的材料不管其用途如何，均应办理必要的手续和填制领发料凭证，各种领发料凭证是进行原材料发放的核算依据。企业可以直接根据领发料单填制记账凭证，也可以简化日常材料核算工作，在月末根据当月的领发料单按部门或用途进行归类汇总，编制"领发料单汇总表"，填制记账凭证。

根据不同用途，对发出的原材料借记不同的账户，贷记"原材料"账户。

## 原材料支出的汇总核算实例

【例2-8】大地进出口公司2019年1月末根据领发料凭证，汇总编制"领发料单汇总表"，见表2-16、表2-17。

表 2-16

**领发料单汇总表**

2019 年 1 月

| 用途 \ 材料类别 | 原材料 | | |
|---|---|---|---|
| | 原料及主要材料 | 辅助材料 | 合　计 |
| 生产成本——A 产品 | 100 000 | 2 000 | 102 000 |
| 生产成本——B 产品 | 60 000 | 5 000 | 65 000 |
| 制造费用 | | 1 000 | 1 000 |
| 管理费用 | | 300 | 300 |
| 合　计 | 160 000 | 8 300 | 168 300 |

| | |
|---|---|
| 借：生产成本——A 产品 | 102 000 |
| 　　　　　——B 产品 | 65 000 |
| 　制造费用 | 1 000 |
| 　管理费用 | 300 |
| 　贷：原材料——原料及主要材料 | 160 000 |
| 　　　　　——辅助材料 | 8 300 |

表 2-17

# 记 账 凭 证

2019 年 1 月 31 日        字第××号

| 摘要 | 会计科目 | 借方金额 | | | | | | | | | | 贷方金额 | | | | | | | | | | 记账 |
|---|---|---|---|---|---|---|---|---|---|---|---|---|---|---|---|---|---|---|---|---|---|---|
| | | 千 | 百 | 十 | 万 | 千 | 百 | 十 | 元 | 角 | 分 | 千 | 百 | 十 | 万 | 千 | 百 | 十 | 元 | 角 | 分 | |
| 1月31日原材料及辅助材料结转成本 | 生产成本/A产品 | | | 1 | 0 | 2 | 0 | 0 | 0 | 0 | 0 | | | | | | | | | | | |
| | 生产成本/B产品 | | | | 6 | 5 | 0 | 0 | 0 | 0 | 0 | | | | | | | | | | | |
| | 制造费用 | | | | | 1 | 0 | 0 | 0 | 0 | 0 | | | | | | | | | | | |
| | 管理费用 | | | | | | 3 | 0 | 0 | 0 | 0 | | | | | | | | | | | |
| | 原材料/原料及主要材料 | | | | | | | | | | | | | 1 | 6 | 0 | 0 | 0 | 0 | 0 | 0 | |
| | 原材料/辅助材料 | | | | | | | | | | | | | | | 8 | 3 | 0 | 0 | 0 | 0 | |
| 合计 | | ¥ | 1 | 6 | 8 | 3 | 0 | 0 | 0 | 0 | 0 | ¥ | 1 | 6 | 8 | 3 | 0 | 0 | 0 | 0 | 0 | |

会计主管：周明　　　　记账：张洁　　　　审核：李月　　　　制单：陈英

# 2.3 委托加工物资的核算

委托加工物资是企业委托外单位进行的物资。委托加工物资的实际成本包括加工中实际耗用物资的成本、支付的加工费用及应负担的运杂费、支付的税金等。

## 2.3.1 委托加工物资的账务处理

按实际成本核算时，借记"委托加工物资"账户，贷记"原材料""库存商品"等账户；按计划成本或售价核算的，还应同时结转"材料成本差异"或"商品进销差价"账户。

## 委托加工物资核算实例

**【例2-9】** 大地进出口公司委托顺达公司加工一批服装，发出布料一批，实际成本 50 500 元。见表 2-18。

借：委托加工物资                              50 500

    贷：原材料                                    50 500

表 2-18

### 记 账 凭 证

2019 年 1 月 30 日                           字第××号

| 摘要 | 会计科目 | 借方金额 | | | | | | | | | | 贷方金额 | | | | | | | | | | 记账 |
|---|---|---|---|---|---|---|---|---|---|---|---|---|---|---|---|---|---|---|---|---|---|---|
| | | 千 | 百 | 十 | 万 | 千 | 百 | 十 | 元 | 角 | 分 | 千 | 百 | 十 | 万 | 千 | 百 | 十 | 元 | 角 | 分 | |
| 发出委托材料一批 | 生产成本 | | | | 5 | 0 | 5 | 0 | 0 | 0 | 0 | | | | | | | | | | | | |
| | 原材料 | | | | | | | | | | | | | | 5 | 0 | 5 | 0 | 0 | 0 | 0 | |
| 合计 | | | | ¥ | 5 | 0 | 5 | 0 | 0 | 0 | 0 | | | ¥ | 5 | 0 | 5 | 0 | 0 | 0 | 0 | |

会计主管：陈兰      记账：武月      审核：陈非      制单：郑苹

### 2.3.2 支付加工费、运杂费的账务处理

支付加工费、运杂费时，借记"委托加工物资"账户，贷记"银行存款"等账户；需要交纳消费税的委托加工物资，由受托方代收代交的消费税，借记"委托加工物资"账户（收回后用于直接销售的）或"应交税费——应交消费税"账户（收回后用于继续加工的），贷记"应付账款""银行存款"等账户。

## 支付加工费、运杂费的核算实例

**【例2-10】** 委托顺达公司加工服装完毕后，大地进出口公司开出转账支票支付加工费 3 600 元，支付增值税 468 元，另以银行存款支付运费 200 元。转账支票存根见表 2-19。

表 2-19

中国工商银行
转账支票存根

**IV V000002**

科　　目：＿＿＿＿＿＿＿＿＿＿

对方科目：＿＿＿＿＿＿＿＿＿＿

出票日期：2019 年 4 月 9 日

收款人：顺达公司

金　　额：￥4 268

用　　途：加工服装

单位主管　周明　　会计　张洁

根据上述支票存根，进行账务处理。见表 2-20。

借：委托加工物资——顺达公司　　　　　　（3 600＋200）3 800

　　应交税费——应交增值税（进项税额）　　　　　　　468

　　　贷：银行存款　　　　　　　　　　　　　　　　　　　4 268

表 2-20

### 记 账 凭 证

2019 年 4 月 9 日　　　　　　　　　　　　　　　　　字第××号

| 摘要 | 会计科目 | 借方金额 | | | | | | | | | | 贷方金额 | | | | | | | | | | 记账 |
|---|---|---|---|---|---|---|---|---|---|---|---|---|---|---|---|---|---|---|---|---|---|---|
| | | 千 | 百 | 十 | 万 | 千 | 百 | 十 | 元 | 角 | 分 | 千 | 百 | 十 | 万 | 千 | 百 | 十 | 元 | 角 | 分 | |
| 支付加工费 | 委托加工物资 | | | | | 3 | 8 | 0 | 0 | 0 | 0 | | | | | | | | | | | | |
| | 应交税费/应交增值税（进项税额） | | | | | | 4 | 6 | 8 | 0 | 0 | | | | | | | | | | | | |
| | 银行存款 | | | | | | | | | | | | | | | 4 | 2 | 6 | 8 | 0 | 0 | | |
| 合计 | | | | | ￥ | 4 | 2 | 6 | 8 | 0 | 0 | | | | ￥ | 4 | 2 | 6 | 8 | 0 | 0 | | |

会计主管：周明　　　　记账：张洁　　　　审核：李月　　　　制单：陈英

### 2.3.3　委托加工完成的账务处理

按加工收回物资的实际成本和剩余物资的实际成本，借记"原材料""库存商品"等账户，贷记"委托加工物资"账户。采用计划成本或售价核算的，按计划成本或售价，借记"原材料"或"库存商品"账户，按实际成本贷记"委托加工物资"账户，实际成本与计划成本或售价之间的差额，借记或贷记"材料成本差异"或贷记"商品进销差价"账户。

## 委托加工物资验收入库的核算实例

【例 2-11】委托顺达公司加工的服装验收入库，实际总成本 54 300 元。

借：库存商品　　　　　　　　　　　　　　　　54 300

　　贷：委托加工物资　　　　　　　　　　　　　　54 300

## 2.4　周转材料的核算

周转材料主要包括企业能够多次使用，逐渐转移其价值但仍保持原有形态不确认为固定资产的包装物和低值易耗品等，以及建筑承包企业的钢模板、木模板、脚手架和其他周转使用的材料等。

### 2.4.1　低值易耗品的账务处理

低值易耗品是指不作为固定资产核算的各种用具物品，如工具、管理用具、玻璃器皿以及在经营过程中使用的包装容器等。低值易耗品仓库领用发出直到报废以前，可在生产过程中反复使用，其价值逐渐损耗，可以采用一次转销法或五五摊销法进行摊销，计入相关资产的成本或当期损益。

**1. 领用低值易耗品的账务处理**

领用低值易耗品时，按低值易耗品的用途，借记"制造费用""管理费用""销售费用"等账户，贷记"低值易耗品"账户。

## 领用低值易耗品核算实例

【例 2-12】大地进出口公司 2019 年 1 月 30 日，生产车间领用工具一套，实际成本 980 元，管理部门领用办公用具 350 元。见表 2-21。

表 2-21

### 材料出库单

2019 年 1 月 30 日

| 用途 \ 类别 | 材料 | | |
|---|---|---|---|
| | 生产工具（元） | 办公用具（元） | 合　计 |
| 制造费用 | 980 | | 980 |
| 管理费用 | | 350 | 350 |
| 合　计 | | | 1 330 |

借：制造费用　　　　　　　　　　　　　　　　 980
　　管理费用　　　　　　　　　　　　　　　　 350
　　贷：周转材料——低值易耗品　　　　　　　　 1 330

**2. 低值易耗品摊销**

低值易耗品摊销包括一次转销法和五五摊销法。

（1）一次转销法是指在领用低值易耗品时，一次性将其账面价值转入当期的成本费用中。优点是核算简单，适用于一次领用不多、价值较低、使用期限较短或容易破损的低值易耗品的摊销。

购入低值易耗品时，借记"低值易耗品"账户，贷记"银行存款""应付账款"等账户。

## 一次转销法的核算实例

【例 2-13】大地进出口公司本月购进工具一批，增值税发票注明价款 5 400 元，增值税 702 元，开出转账支票支付。转账支票存根见表 2-22。

表 2-22

```
          中国工商银行
          转账支票存根
          IV V000003

  科    目：_____
  对方科目：_____
  出票日期：2019 年 1 月 9 日

  收款人：科达商贸公司

  金    额：￥6 102

  用    途：购买工具

  单位主管  周明    会计  张洁
```

借：周转材料——低值易耗品                         5 400

　　应交税费——应交增值税（进项税额）             702

　　贷：银行存款                                           6 102

（2）五五摊销法。

五五摊销法就是在周转材料领用时摊销其一半价值，在报废时再摊销其另一半价值的方法。在这种方法下，为了核算在用周转材料和周转材料的摊余价值，应在"周转材料"总账科目下，分设"低值易耗品——在库""低值易耗品——在用"和"低值易耗品——摊销"三个二级科目。

购入低值易耗品时，借记"低值易耗品——在库"账户。

## "五五摊销法"核算实例

【例 2-14】大地进出口公司本月购进工具一批，增值税发票注明价款 5 400元，增值税 702 元，以银行存款支付。支票存根略。见表 2-23。

表 2-23

××增值税专用发票

**发 票 联**

××××

No：**01092765**

开票日期：2019 年 4 月 9 日

| 购货单位 | 名　　　称：大地进出口公司 | | | | | | 密码区 | 略 |
|---|---|---|---|---|---|---|---|---|
| | 纳税人识别号：110101400321230 | | | | | | | |
| | 地址、电话：××丽水区北蜂窝路 14 号　68790001 | | | | | | | |
| | 开户行及账号：工商银行北蜂窝支行营业室 0200001909234216779 | | | | | | | |

| 货物或应税劳务名称 | 规格型号 | 单位 | 数量 | 单价 | 金额 | 税率（%） | 税额 |
|---|---|---|---|---|---|---|---|
| 工具 | | 吨 | 40 | 152.55 | ￥5 400 | 13% | ￥702 |
| 价税合计（大写）　陆仟壹佰零贰元整 | | | | | | （小写）￥6 102 | |

| 销货单位 | 名　　　称：南苑工具厂 | 备注 | |
|---|---|---|---|
| | 纳税人识别号：120134134978907 | | 南苑工具厂 120134134978907 发票专用章 |
| | 地址、电话：××市南苑路 45 号 010-87651200 | | |
| | 开户行及账号：工行南苑支行 0901803600108970 | | |

收款人：张娜　　　　　复核：郑晶　　　　　开票人：孙明　　　　　销货单位：

根据原始凭证，登记会计账簿，见表 2-24。

借：周转材料——低值易耗品——在库　　　　　　　5 400

应交税费——应交增值税（进项税额）　　　　　702

贷：银行存款　　　　　　　　　　　　　　　　　　　　　　6 102

表 2-24

## 记 账 凭 证

2019 年 4 月 30 日

字第××号

| 摘要 | 会计科目 | 借方金额 | | | | | | | | | | 贷方金额 | | | | | | | | | | 记账 |
|---|---|---|---|---|---|---|---|---|---|---|---|---|---|---|---|---|---|---|---|---|---|---|
| | | 千 | 百 | 十 | 万 | 千 | 百 | 十 | 元 | 角 | 分 | 千 | 百 | 十 | 万 | 千 | 百 | 十 | 元 | 角 | 分 | |
| 结转原料成本 | 周转材料/低值易耗品/在库 | | | | | 5 | 4 | 0 | 0 | 0 | 0 | | | | | | | | | | | |
| | 应交税费/应交增值税/进项税额 | | | | | | 7 | 0 | 2 | 0 | 0 | | | | | | | | | | | |
| | 银行存款 | | | | | | | | | | | | | | | 6 | 1 | 0 | 2 | 0 | 0 | |
| 合计 | | | | | | ￥6 | 1 | 0 | 2 | 0 | 0 | | | | | ￥6 | 1 | 0 | 2 | 0 | 0 | |

会计主管：周明　　　　记账：张洁　　　　审核：李月　　　　制单：陈英

### 3. 报废低值易耗品账务处理

报废低值易耗品时，根据回收残值作为当月低值易耗品的摊销额的减少，冲减有关成本费用，借记"原材料"或"低值易耗品"账户，贷记"制造费用""管理费用""销售费用"等账户。

## 报废低值易耗品的核算实例

【例 2-15】2019 年 1 月 31 日大地进出口公司生产车间 1 月份领用的工具报废，回收残值价值 250 元。根据原始凭证，登记会计账簿，见表 2-25。

借：原材料　　　　　　　　　　　　　　　　　250
　　贷：制造费用　　　　　　　　　　　　　　　　250

表 2-25

### 记 账 凭 证

2019 年 1 月 31 日　　　　　　　　　　　　　　字第 015 号

| 摘要 | 会计科目 | 借方金额 | | | | | | | | | | 贷方金额 | | | | | | | | | | 记账 |
|---|---|---|---|---|---|---|---|---|---|---|---|---|---|---|---|---|---|---|---|---|---|---|
| | | 千 | 百 | 十 | 万 | 千 | 百 | 十 | 元 | 角 | 分 | 千 | 百 | 十 | 万 | 千 | 百 | 十 | 元 | 角 | 分 | |
| 结转原料成本 | 原材料 | | | | | 2 | 5 | 0 | 0 | 0 | 0 | | | | | | | | | | | |
| | 制造费用 | | | | | | | | | | | | | | | | 2 | 5 | 0 | 0 | 0 | |
| 合计 | | | | | | ¥ | 2 | 5 | 0 | 0 | 0 | | | | | ¥ | 2 | 5 | 0 | 0 | 0 | |

会计主管：周明　　　　记账：张洁　　　　审核：李月　　　　制单：陈英

## 2.4.2　包装物的账务处理

包装物是指为包装产品而储备的各种包装容器，如桶、箱、瓶、坛、袋等用于储存和保管产品的材料。"包装物"核算分为生产过程中作为产品组成部分的包装物、随同商品出售但不单独计价的包装物、随同商品出售单独计价的包装物和出租或出借给购买单位使用的包装物。

### 1. 计入产品成本的包装物

如电视机生产中领用的纸包装盒，这些包装物与其他原材料一样形成产品的实体，从价值上转化为产品的生产成本，因此记入"生产成本"账户。

## 计入产品成本的包装物核算实例

**【例 2-16】** 大地进出口公司生产车间为包装产品，领用包装物一批，成本3 000 元。根据原始凭证，登记会计账簿，见表 2-26。

借：生产成本——辅助生产成本       3 000

  贷：周转材料——包装物         3 000

表 2-26

### 记 账 凭 证

2019 年 1 月 30 日                字第××号

| 摘要 | 会计科目 | 借方金额 | | | | | | | | | | 贷方金额 | | | | | | | | | | 记账 |
|------|---------|---|---|---|---|---|---|---|---|---|---|---|---|---|---|---|---|---|---|---|---|------|
| | | 千 | 百 | 十 | 万 | 千 | 百 | 十 | 元 | 角 | 分 | 千 | 百 | 十 | 万 | 千 | 百 | 十 | 元 | 角 | 分 | |
| 结转包装物成本 | 生产成本/辅助生产成本 | | | | | 3 | 0 | 0 | 0 | 0 | 0 | | | | | | | | | | | |
| | 周转材料/包装物 | | | | | | | | | | | | | | | 3 | 0 | 0 | 0 | 0 | 0 | |
| 合计 | | | | | ¥ | 3 | 0 | 0 | 0 | 0 | 0 | | | | ¥ | 3 | 0 | 0 | 0 | 0 | 0 | |

会计主管：周明    记账：张洁    审核：李月    制单：陈英

### 2. 随同商品出售但不单独计价的包装物

作为企业促销的手段并给顾客提供方便的包装物。因此这类包装物的价值应转化为企业的一项销售费用来处理，因此记入"销售费用"账户。

## 随同商品出售但不单独计价的包装物核算实例

**【例 2-17】** 大地进出口公司在商品销售过程领用不单独计价的包装物一批，成本 5 000 元。根据原始凭证，登记会计账簿，见表 2-27。

借：销售费用             5 000

  贷：周转材料——包装物         5 000

表 2-27

记 账 凭 证

2019 年 1 月 30 日　　　　　　　　　　　　　　字第××号

| 摘要 | 会计科目 | 借方金额 | | | | | | | | | | 贷方金额 | | | | | | | | | | 记账 |
|---|---|---|---|---|---|---|---|---|---|---|---|---|---|---|---|---|---|---|---|---|---|---|
| | | 千 | 百 | 十 | 万 | 千 | 百 | 十 | 元 | 角 | 分 | 千 | 百 | 十 | 万 | 千 | 百 | 十 | 元 | 角 | 分 | |
| 不单独计价的包装物转入销售费用 | 销售费用 | | | | | 5 | 0 | 0 | 0 | 0 | 0 | | | | | | | | | | | | |
| | 周转材料/包装物 | | | | | | | | | | | | | | | 5 | 0 | 0 | 0 | 0 | 0 | |
| 合计 | | | | | ￥ | 5 | 0 | 0 | 0 | 0 | 0 | | | | ￥ | 5 | 0 | 0 | 0 | 0 | 0 | |

会计主管：周明　　　　记账：张洁　　　　审核：李月　　　　制单：陈英

### 3. 随同商品出售并单独计价的包装物

在产品销售过程中，提供向客户单独计价收费的包装物，在会计上等同材料销售处理，因此记入其他业务收入账户，同时作为增值税的一个纳税项目核算其销项税额。

## 随同商品出售并单独计价的包装物核算实例

【例 2-18】大地进出口公司在商品销售过程领用单独计价的包装物一批，成本 3 000 元，单独计算售价 3 600 元，增值税 468 元，款项已收到。根据原始凭证，登记会计账簿，见表 2-28。

表 2-28

记 账 凭 证

2019 年 1 月 30 日　　　　　　　　　　　　　　字第××号

| 摘要 | 会计科目 | 借方金额 | | | | | | | | | | 贷方金额 | | | | | | | | | | 记账 |
|---|---|---|---|---|---|---|---|---|---|---|---|---|---|---|---|---|---|---|---|---|---|---|
| | | 千 | 百 | 十 | 万 | 千 | 百 | 十 | 元 | 角 | 分 | 千 | 百 | 十 | 万 | 千 | 百 | 十 | 元 | 角 | 分 | |
| 出售包装物收入 | 银行存款 | | | | | 4 | 0 | 6 | 8 | 0 | 0 | | | | | | | | | | | |
| | 其他业务收入 | | | | | | | | | | | | | | | 3 | 6 | 0 | 0 | 0 | 0 | |
| | 应交税费/应交增值税（销项税额） | | | | | | | | | | | | | | | | 4 | 6 | 8 | 0 | 0 | |
| 结转包装物成本 | 其他业务成本 | | | | | 3 | 0 | 0 | 0 | 0 | 0 | | | | | | | | | | | |
| | 周转材料/包装物 | | | | | | | | | | | | | | | 3 | 0 | 0 | 0 | 0 | 0 | |
| 合计 | | | | | ￥ | 7 | 0 | 6 | 8 | 0 | 0 | | | | ￥ | 7 | 0 | 6 | 8 | 0 | 0 | |

会计主管：周明　　　　记账：张洁　　　　审核：李月　　　　制单：陈英

借：银行存款　　　　　　　　　　　　　　　　　　　4 068
　　贷：其他业务收入　　　　　　　　　　　　　　　　　3 600
　　　　应交税费——应交增值税（销项税额）　　　　　　468
借：其他业务成本　　　　　　　　　　　　　　　　　　3 000
　　贷：周转材料——包装物　　　　　　　　　　　　　　3 000

**4. 出租出借的包装物**

这一类包装物是以"租借"形式向客户提供的不发生所有权转移的包装物，核算上也有别于以上包装物。以出租方式的包装物的核算一般分为押金收取、收取租金、结转成本、退回押金几个环节，其中租金收入作为"其他业务收入"处理。以出借方式的包装物不发生收入，仅发生成本，而这种成本会计上也一般作为促销费用，以"销售费用"入账，其他核算环节与出租相同。

（1）出租包装物。收到的租金为非主营业务收入，计入"其他业务收入"账户，并计算增值税。其成本计入"其他业务成本"账户。

### 出租包装物核算实例

【例2-19】大地进出口公司向乙企业出租新铁桶100个，单位实际成本70元，采用一次转销法核算。收到出租包装物押金8 000元、租金2 000元，全部款项已存入银行。

（1）企业领用出租包装物，见表2-29。

借：其他业务成本　　　　　　　　　　　　　　　　　　7 000
　　贷：周转材料——包装物　　　　　　　　　　　　　　7 000

表2-29

## 记 账 凭 证

2019年1月30日　　　　　　　　　　　　　　　　　　字第××号

| 摘要 | 会计科目 | 借方金额 | | | | | | | | | | 贷方金额 | | | | | | | | | | 记账 |
|---|---|---|---|---|---|---|---|---|---|---|---|---|---|---|---|---|---|---|---|---|---|---|
| | | 千 | 百 | 十 | 万 | 千 | 百 | 十 | 元 | 角 | 分 | 千 | 百 | 十 | 万 | 千 | 百 | 十 | 元 | 角 | 分 | |
| 领用出租包装物 | 其他业务成本 | | | | | 7 | 0 | 0 | 0 | 0 | 0 | | | | | | | | | | | |
| | 周转材料/包装物 | | | | | | | | | | | | | | | 7 | 0 | 0 | 0 | 0 | 0 | |
| 合计 | | | | | ¥ | 7 | 0 | 0 | 0 | 0 | 0 | | | | ¥ | 7 | 0 | 0 | 0 | 0 | 0 | |

会计主管：周明　　　　　记账：张洁　　　　审核：李月　　　　制单：陈英

（2）收到出租包装物押金，见表2-30。

借：银行存款　　　　　　　　　　　　　　　　　　8 000

　　贷：其他应付款　　　　　　　　　　　　　　　　　　　8 000

**表 2-30**

## 记 账 凭 证

2019 年 1 月 30 日　　　　　　　　　　　　字第××号

| 摘要 | 会计科目 | 借方金额 | | | | | | | | | | 贷方金额 | | | | | | | | | | 记账 |
|---|---|---|---|---|---|---|---|---|---|---|---|---|---|---|---|---|---|---|---|---|---|---|
| | | 千 | 百 | 十 | 万 | 千 | 百 | 十 | 元 | 角 | 分 | 千 | 百 | 十 | 万 | 千 | 百 | 十 | 元 | 角 | 分 | |
| 收到包装物押金8 000元 | 银行存款 | | | | 8 | 0 | 0 | 0 | 0 | 0 | | | | | | | | | | | | |
| | 其他应付款 | | | | | | | | | | | | | | 8 | 0 | 0 | 0 | 0 | 0 | | |
| 合计 | | | | | ¥ | 8 | 0 | 0 | 0 | 0 | 0 | | | | ¥ | 8 | 0 | 0 | 0 | 0 | 0 | |

会计主管：周明　　　　记账：张洁　　　　审核：李月　　　　制单：陈英

（3）收到出租包装物租金，根据原始凭证，登记会计账簿，见表2-31。

借：银行存款　　　　　　　　　　　　　　　　　　2 000

　　贷：其他业务收入　　　　　　　　　　　　　　　　1 769.91

　　　　应交税费——应交增值税（销项税额）　　　　　230.09

**表 2-31**

## 记 账 凭 证

2019 年 1 月 30 日　　　　　　　　　　　　字第××号

| 摘要 | 会计科目 | 借方金额 | | | | | | | | | | 贷方金额 | | | | | | | | | | 记账 |
|---|---|---|---|---|---|---|---|---|---|---|---|---|---|---|---|---|---|---|---|---|---|---|
| | | 千 | 百 | 十 | 万 | 千 | 百 | 十 | 元 | 角 | 分 | 千 | 百 | 十 | 万 | 千 | 百 | 十 | 元 | 角 | 分 | |
| 收到包装物租金2 000元 | 银行存款 | | | | 2 | 0 | 0 | 0 | 0 | 0 | | | | | | | | | | | | |
| | 其他业务收入 | | | | | | | | | | | | | | | 1 | 7 | 6 | 9 | 9 | 1 | |
| | 应交税费/应交增值税（销项税额） | | | | | | | | | | | | | | | | 2 | 3 | 0 | 0 | 9 | |
| 合计 | | | | | ¥ | 2 | 0 | 0 | 0 | 0 | 0 | | | | ¥ | 2 | 0 | 0 | 0 | 0 | 0 | |

会计主管：周明　　　　记账：张洁　　　　审核：李月　　　　制单：陈英

（4）若到期收回包装物、退还押金。

借：其他应付款　　　　　　　　　　　　　　　　　8 000

　　贷：银行存款　　　　　　　　　　　　　　　　　　8 000

（5）若到期末，只回收70个铁桶，没收逾期未收回包装物押金3 000元，余款通过银行转回。

借：其他应付款 8 000

　　贷：其他业务收入 [3 000÷（1+13%）] 2 654.87

　　　　应交税费——应交增值税（销项税额） 345.13

　　　　银行存款 5 000

注意：采用一次转销法，以后收回使用过的包装物，不再进行结转成本，但应加强实物的管理，在备查簿上进行登记。

（2）出借包装物。出借包装物是企业为了销售产品，以出借方式无偿提供给购货单位暂时使用的包装物，但要收取一定的押金。包装物在出借期间，其价值损耗和发生的修理费用，都是为销售产品而发生的，应记作企业的"销售费用"。出借包装物发出、收回及退还押金与出租核算相同。但对于逾期未退回包装物没收的押金，应记作企业的"营业外收入"。

## 出借包装物核算实例

**【例2-20】** 大地进出口公司向乙企业出借铁桶100个，单位实际成本70元，采用五五摊销法核算。收到出租包装物租金8 000元，全部款项已存入银行。到期末只回收70个铁桶，没收逾期未收回包装物押金3 000元，余款通过银行转回。

（1）企业领用出借包装物。

借：周转材料——包装物——出借包装物 7 000

　　贷：周转材料——包装物——在库未使用包装物 7 000

（2）第一次摊销成本。

借：销售费用 3 500

　　贷：周转材料——包装物——包装物摊销 3 500

（3）收到出租包装物租金。

借：银行存款 8 000

　　贷：其他业务收入 [8 000÷（1+13%）] 7 079.65

　　　　应交税费——应交增值税（销项税额） 920.35

（4）到期收回包装物。

借：周转材料——包装物——库存包装物     4 900

  贷：周转材料——包装物——出库包装物     4 900

（5）退还 70 个铁桶押金。

借：其他应付款            5 600

  贷：银行存款           5 600

借：银行存款            3 000

  贷：其他业务收入 [3 000÷（1+13%）]    2 654.87

    应交税费——应交增值税（销项税额）   345.13

借：其他业务成本           1 050

  周转材料——包装物——包装物摊销     1 050

  贷：周转材料——包装物——出借包装物     2 100

# THE
# THIRD
# CHAPTER

第 $3$ 章

# 外币业务和国际贸易结算

会计学上的外币是指记账本位币（或功能性货币）以外的货币，如企业以人民币为记账本位币，那么各种外国货币均为外币。若企业以某种非人民币货币以外记账的货币，包括人民币均是外币。以记账本位币之外的其他货币进行收付、往来结算和计价的经济业务称为外币业务。外币业务包括外汇、外汇管理及其核算。

国际贸易结算是指由于贸易活动所发生的国际货币收支和国际债权债务的结算，包括各种票据的结算。

# 3.1 外汇的概念和分类

## 3.1.1 外汇的概念

外汇（Foreign Exchange）是国际汇兑的简称。通常指以外国货币表示的可用于国际债权债务结算的各种支付手段。外汇有狭义与广义之分，见表3-1。

表 3-1　　　　　　　　　　　　　　外汇的概念

| | 分类 | 内　　容 |
|---|---|---|
| 静态概念 | 狭义的外汇 | 以外国货币表示的，为各国普遍接受的，可用于国际债权债务结算的各种支付手段。它必须具备三个特点：可支付性（必须以外国货币表示的资产）、可获得性（必须是在国外能够得到补偿的债权）和可换性（必须是可以自由兑换为其他支付手段的外币资产） |
| | 广义的外汇 | 国际货币基金组织（IMF）对此的定义是：外汇是货币行政当局（中央银行、货币管理机构、外汇平准基金及财政部）以银行存款、财政部库券、长短期政府证券等形式保有的在国际收支逆差时可以使用的债权 |
| 动态概念 | | 货币在各国间的流动，以及把一个国家的货币兑换成另一个国家的货币，借以清偿国际间债权、债务关系的一种专门性的经营活动。它是国际汇兑（Foreign Exchange）的简称 |

## 3.1.2 外汇的分类

（1）按外汇能否自由兑换，可分为自由外汇和记账外汇，如图 3-1 所示。

（2）按外汇来源与用途不同，可分为贸易外汇、非贸易外汇和金融外汇，如图 3-2 所示。

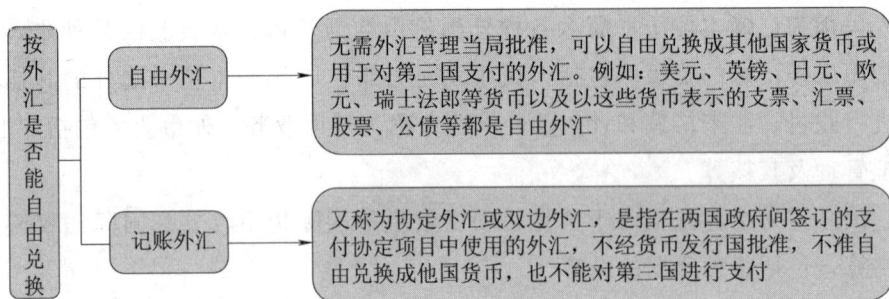

图 3-1　按外汇能否自由兑换的分类

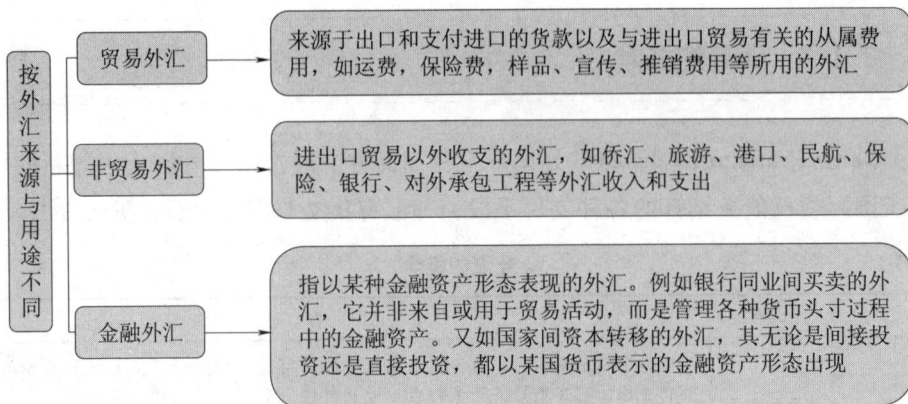

图 3-2　按外汇来源与用途不同分类

（3）按外汇交易交割期的不同，可分为即期外汇（Spot Exchange Trans-actions）和远期外汇（Forward Exchange Transaction）。如图 3-3 所示。

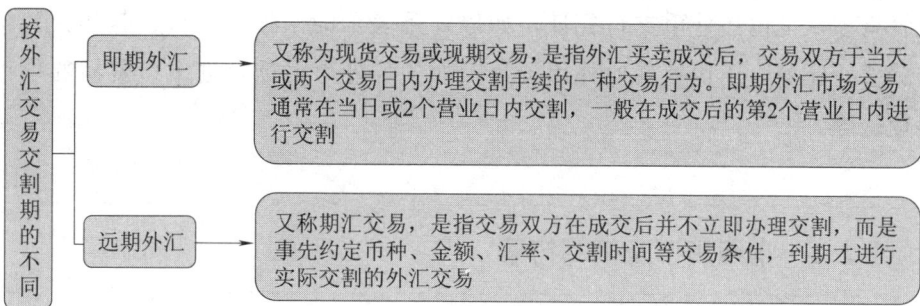

图 3-3　按外汇交易交割期的不同分类

## 3.1.3　外汇管理

外汇管理广义上指一国政府授权国家的货币金融当局或其他机构，对外汇的收支、买卖、借贷、转移以及国际结算、外汇汇率和外汇市场等实行的控制和管制行为；狭义上是指对本国货币与外国货币的兑换实行一定的限制。《外汇管理条例》主要作了以下四方面的规定，如图 3-4 所示。

图 3-4　外汇管理的规定

## 3.2　外币与汇率

外币有狭义和广义之分。狭义的外币，指本国货币以外的其他国家或地区的货币，包括各种纸币和铸币等。广义的外币，指所有以外国货币表示的能用于国际结算的支付凭证。除了国外的纸币和铸币外，还包括企业所持有的外国的有价证券，如以外币表示的政府公债、国库存券、公司债券、股票和股息等；也包括外币支付凭证，如以外币表示的票据、银行存款凭证、邮政储蓄凭证等，还包括其他外币资金，如各种外币汇款、进出口贸易的外币性货款等。

## 3.2.1 常用货币及简写符号

常用货币及简写符号，见表3-2。

表 3-2 　　　　　　　　　　　　　常用货币及简写符号

| 外币名称 | 货币符号 | 单位 | 外币名称 | 货币符号 | 单位 |
|---|---|---|---|---|---|
| 英镑 | GBP | 镑 | 澳大利亚元 | AUD | 元 |
| 美元 | USD | 元 | 瑞典克朗 | SEK | 克朗 |
| 日元 | JPY | 日元 | 丹麦克朗 | DKK | 克朗 |
| 港元 | HKD | 元 | 挪威克朗 | NOK | 克朗 |
| 欧元 | EUR | 欧元 | 芬兰马克 | FIM | 马克 |
| 德国马克 | DEM | 马克 | 韩国元 | KRW | 元 |
| 瑞士法郎 | CHF | 法郎 | 泰国铢 | THB | 铢 |
| 法国法郎 | FRF | 法郎 | 菲律宾比索 | PHP | 比索 |
| 荷兰盾 | NLG | 盾 | 印度卢比 | INR | 卢比 |
| 奥地利先令 | ATS | 先令 | 俄罗斯卢布 | SUR | 卢布 |
| 比利时法郎 | BEF | 法郎 | 缅甸元 | BUK | 元 |
| 意大利里拉 | ITL | 里拉 | 新西兰元 | NZD | 元 |
| 加拿大元 | CAD | 元 | 新加坡元 | SGD | 元 |

## 3.2.2 汇率概述

汇率是一国货币同另一国货币兑换的比率。如果把外国货币作为商品的话，那么汇率就是买卖外汇的价格，是以一种货币表示另一种货币的价格，因此也称为汇价。

确定两种不同货币之间的比价，先要确定用哪个国家的货币作为标准。由于确定的标准不同，于是便产生了几种不同的外汇汇率标价方法。

## 1. 直接标价法

直接标价法又称为应付标价法。是以一定单位的外国货币作为标准，折算为本国货币来表示其汇率。在直接标价法下，外国货币数额固定不变，汇率涨跌都以相对的本国货币数额的变化来表示。一定单位外币折算的本国货币减少，说明外币汇率已经下跌，即外币贬值或本币升值。我国和国际上大多数国家都采用直接标价法。

例如，2×14 年 7 月 26 日，欧元对美元的汇率为 EUR1＝USD1.3434。

（1）假定欧元贬值 5%，变动后欧元折算为美元的汇率为：

EUR1＝USD1.343 4×（1－5%）

＝USD1.276 23

（2）假定欧元升值 5%，变动后欧元折算为美元的汇率为：

EUR1＝ USD1.343 4×（1＋5%）

＝ USD1.410 57

## 2. 间接标价法

间接标价法，又称为应收标价法。是以一定单位的本国货币为标准，折算为一定数额的外国货币来表示其汇率。在间接标价法下，本国货币的数额固定不变，汇率涨跌都以相对的外国货币数额的变化来表示。一定单位的本国货币折算的外币数量增多，说明本国货币汇率上涨，即本币升值或外币贬值。反之，一定单位本币折算的外币数量减少，说明本国货币汇率下跌，即本币贬值或外币升值。

例如，2017 年 7 月 26 日，美元与澳元的汇率为 USD1＝AUD1.064 4。

以间接标价法标价，本国货币是一个不变量，而外国货币是一个可变量，随着两国货币价值变动而变动。

承上例，1 澳元＝0.939 5 美元

（1）假定美元升值 5%，变动后的澳元折算为美元的汇率为：

AUD1＝ USD0.939 5×（1－5%）

＝ USD0.892 5

（2）假定美元贬值 5%，变动后的澳元折算为美元的汇率为：

AUD1＝ USD0.939 5×（1＋5%）

＝ USD0.986 5

其表示法为：

×××报价币＝1单位报价币。

**3. 美元标价法**

美元标价法，又称纽约标价法，是指在纽约国际金融市场上，除对英镑用直接标价法外，对其他外国货币用间接标价法的标价方法。美元标价法由美国在1978年9月1日制定，目前是国际金融市场上通行的标价法。

**4. 双向标价法**

即报价者（Quoting Party 银行或经纪商）同时向客户报出买入价格（Bid Rate）和卖出价格（Offer Rate）。

例如，0.8800USD＝1EUR 中 EUR 是被报价币。1.6600CHF＝1USD 中 USD 是被报价币。133.00JPY＝1USD 中 USD 被报价币。

## 3.2.3 汇率的种类

汇率的种类如下。

（1）从制定汇率的角度考察，如图3-5所示。

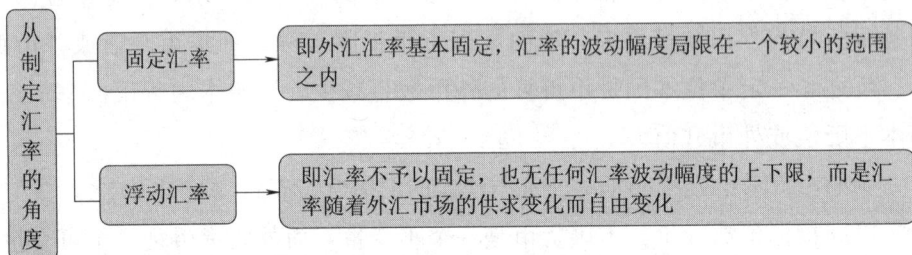

图 3-5 从制定汇率的角度考察

（2）从银行买卖外汇的角度考察，如图3-6所示。

（3）从外汇交易支付通知方式的角度考察，如图3-7所示。

（4）从外汇交易交割期限长短考察，如图3-8所示。

需要注意的是，远期汇率与即期汇率相比是有差额的，这种差额叫做远期差价。差额用升水、贴水和平价来表示。升水是表示远期汇率比即期汇率贵，贴水则表示远期汇率比即期汇率便宜，平价表示两者相等。

（5）从外汇银行营业时间的角度考察。如图3-9所示。

从银行买卖外汇的角度

| 买入汇率 | → | 又叫做买入价，是外汇银行向客户买进外汇时使用的价格。因其客户主要是出口商，帮卖出价常被称作"出口汇率" |
| 中间汇率 | → | 它是买入价与卖出价的平均数。报刊报导汇率消息时常用中间汇率 |
| 卖出汇率 | → | 又叫做卖出价，是外汇银行向客户卖出时使用的价格。因其客户主要是进口商，卖出价常被称作"进口汇率"。买入卖出价是根据外汇交易中所处的买方或卖方的地位而定的。买卖价之间的差额 般为1%~5％左右，这是外汇银行的手续费收益 |
| 现钞汇率 | → | 又称现钞价，是指将外币现钞交售银行兑取人民币的价格。一般国家都要规定，不允许外国货币在本国流通，只有将外币兑换成本国货币，才能购买本国的商品和劳务 |

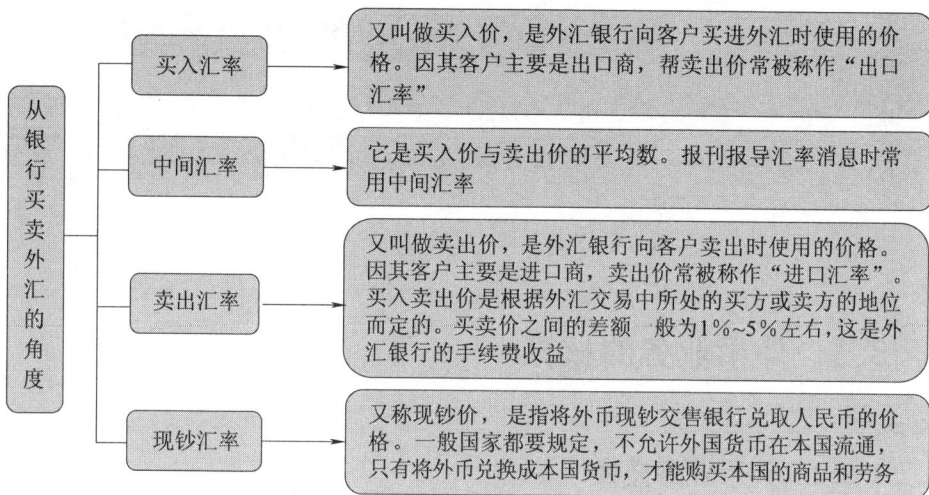

图 3-6　从银行买卖外汇的角度考察

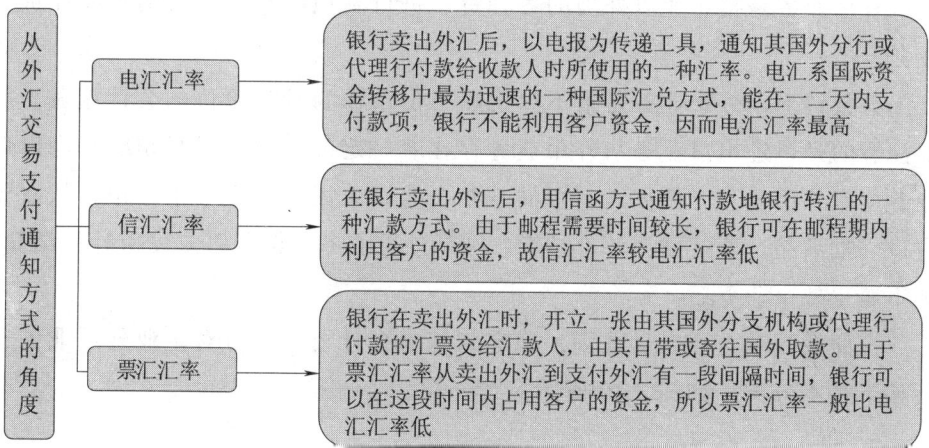

从外汇交易支付通知方式的角度

| 电汇汇率 | → | 银行卖出外汇后，以电报为传递工具，通知其国外分行或代理行付款给收款人时所使用的一种汇率。电汇系国际资金转移中最为迅速的一种国际汇兑方式，能在一二天内支付款项，银行不能利用客户资金，因而电汇汇率最高 |
| 信汇汇率 | → | 在银行卖出外汇后，用信函方式通知付款地银行转汇的一种汇款方式。由于邮程需要时间较长，银行可在邮程期内利用客户的资金，故信汇汇率较电汇汇率低 |
| 票汇汇率 | → | 银行在卖出外汇时，开立一张由其国外分支机构或代理行付款的汇票交给汇款人，由其自带或寄往国外取款。由于票汇汇率从卖出外汇到支付外汇有一段间隔时间，银行可以在这段时间内占用客户的资金，所以票汇汇率一般比电汇汇率低 |

图 3-7　从外汇交易支付通知方式的角度考察

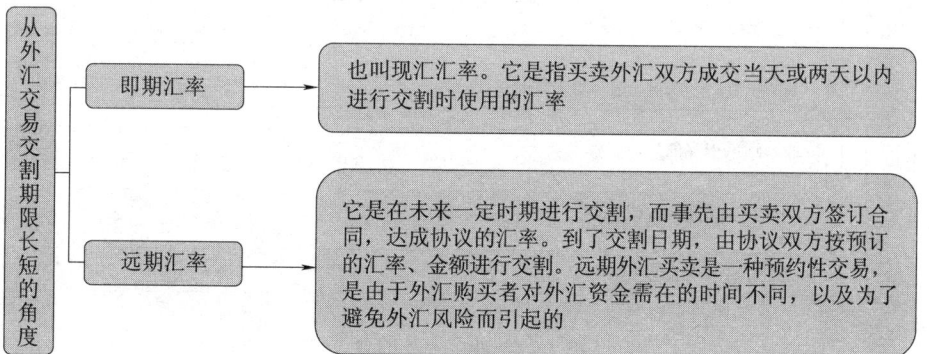

从外汇交易交割期限长短的角度

| 即期汇率 | → | 也叫现汇汇率。它是指买卖外汇双方成交当天或两天以内进行交割时使用的汇率 |
| 远期汇率 | → | 它是在未来一定时期进行交割，而事先由买卖双方签订合同，达成协议的汇率。到了交割日期，由协议双方按预订的汇率、金额进行交割。远期外汇买卖是一种预约性交易，是由于外汇购买者对外汇资金需在的时间不同，以及为了避免外汇风险而引起的 |

图 3-8　从外汇交易交割期限长短的角度考察

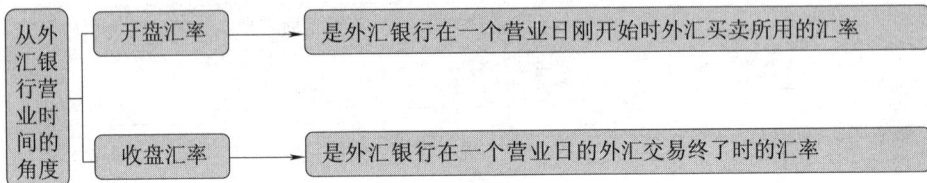

图 3-9　从外汇银行营业时间的角度考察

# 3.3　外币业务的核算

## 3.3.1　外币业务概述

外币业务是指企业以外国的各种货币进行款项收付、往来结算和计价等业务。

在会计上，外币业务是指不以记账本位币作为计量单位的会计业务。需要注意的是，进出口业务与外币业务存在着一定的联系，但并非所有进出口业务均是外币业务。例如，中国的某些企业以人民币为记账本位币，从欧盟进口一批商品，若按欧元计价结算，则是外币业务；但若以人民币计价结算，则不属于外币业务。

按照我国《企业会计准则》确定的基本会计要素，可对企业外币业务进行如下基本分类，如图 3-10 所示。

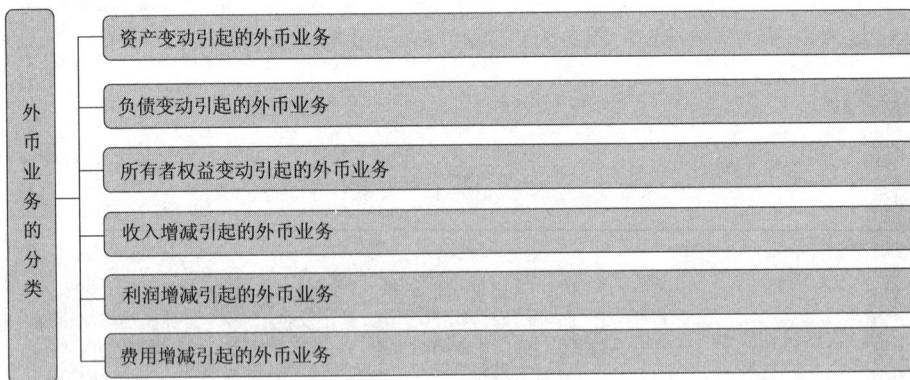

图 3-10　外币业务的分类

外币业务主要有五种类型，见表 3-3。

表 3-3 外币业务的类型

| 类　型 | 内　容 |
|---|---|
| 外币兑换业务 | 即一种货币兑换为另一种货币的业务 |
| 外币借款业务 | 即从银行或其他金融机构取得外币借款以及归还借款的业务 |
| 外币交易业务 | 即以外币进行款项收付、往来结算的会计业务 |
| 投入外币资本业务 | 即投资人以外币作为资本投入企业的业务 |
| 外币折算业务 | 即把外币的金额重新表述为另一种货币的会计业务。进行外币折算，并不是实际发生了兑换或交易等外币经济业务，而仅仅是改变了原有的计量单位 |

## 3.3.2　外币业务的记账方法

外币业务记账方法有两种：一种是外币统账制，一种是外币分账制。企业可根据实际情况选择。见表 3-4。

表 3-4 外币业务的记账方法

| 方　法 | 特　点 |
|---|---|
| 外币统账制 | 指所有外币账户在业务发生时（相关外币账户的余额增减变动时），企业应按业务交易发生日的即期汇率（也可采用按照系统合理的方法确定的，与交易发生日即期汇率近似的汇率）将外币金额折算为记账本位币，并将其与账面上的记账本位币之间的差额确认为汇兑损益 |
| 外币分账制 | 也称为原币账法，是指企业对外币业务在日常核算时按照外币原币进行记账，分别不同的外币币种核算其所实现的损益，平时不进行汇率折算，也不反映记账本位币金额，编制报表时再折算为记账本位币。有外币业务的金融企业一般都采用这种方法 |

## 3.3.3　外币性账户的设置

企业外币业务进行会计处理，应该单独设立各项外币账户。具体如图 3-11 所示。

需要注意的是，企业外币业务采用复币记账，即对每一笔对外币业务，除了要将其按一定汇率折合为记账本位币记账之进制外，还要对原币的收付情况进行记录。也有一些企业采用分账记录的方法，即平时将外币业务分开记录，到会计期末再按即期汇率折算为记账本位币金额入账。

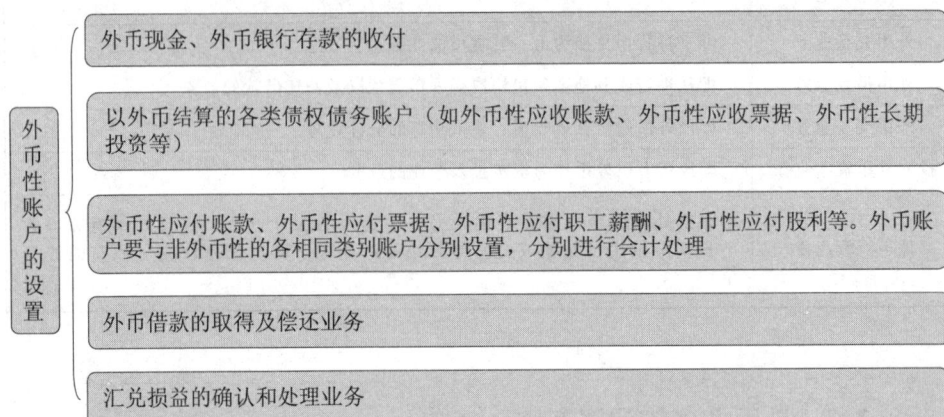

图 3-11 外币性账户的设置

企业发生外币业务时，应当将有关外币金额折合为记账本位币金额记账。除另有规定外，所有与外币业务有关的账户，应当采用业务发生时的汇率，也可以采用业务发生当期期初的汇率折算。

## 3.3.4 外币汇兑的核算

（1）购汇支付的条件。外贸企业到银行购汇，应具备两个条件：必须拥有按规定可以进行购汇的事项；必须提供与支付方式适应的有效商业单据和有效凭证。

除此之外的贸易及非贸易经营性对外支付，均需持外汇管理部门核发的售汇通知单，才能到外汇指定银行购汇。

（2）购汇程序。

①将购汇所需的足够人民币资金存放到企业开设的指定银行账户中。

②提供有效凭证，如合同、发票、收据、进出口许可证等文件。

③填写"购买外汇申请书"及有关证明文件交给售汇银行。

④售汇银行对企业提交的资料审核无误后，办理售汇，并将"购买外汇申请书"中的一联退外贸企业，购汇即告完成。

## 外币汇兑的核算实例

【例3-1】2019年1月27日，大地进出口公司收到银行退回的"购买外汇申请书"及银行回单，共计200 000美元，当日汇率1美元＝6.25人民币元，账务处理如下。

（1）购买外汇时，见表3-5、表3-6。

表3-5

### 购买外汇申请书

<u>中国工商银行北蜂窝路</u> 银行分/支行：

我公司现按国家外汇管理局有关规定向贵行提出购汇申请，并随附有关凭证，请审核并按当日牌价办理售汇。

| 单位名称 | 大地进出口公司 | | 人民币账户 | 0200001909234216779 | |
|---|---|---|---|---|---|
| | | | 外汇账户 | 07422568789 | |
| 购汇金额（大小写） | 美元贰拾万元整<br>200 000 | 当日汇率 | 1：6.25 | 折合人民币（大小写） | ￥1 250 000 |
| 购汇支付方式 | ☑支票　　□银行汇票　　□银行本票<br>□扣账　　□其他 | | | | |
| 购汇用途 | ☑进口商品　　□从属费用　　□索赔退款　　□还贷　　□其他 | | | | |
| 对外结算方式 | ☑信用证　　□代收　　□汇款　　（□货到付款　　□预付货款） | | | | |
| 业务参考 | 商品名称 | 略 | 数　量 | 略 | |
| | 合同号 | 略 | 发票号 | 略 | |
| | 合同金额 | 略 | 发票金额 | 略 | |
| | 核销单号 | 略 | 信用证号 | 略 | |
| 进口商品类型 | ☑一般进口商品<br>□控制，批文随附如下：<br>　　□进口证明　　□许可证　　□登记证明　　□其他批文<br>　　批文号码：　　　　　　　　批文有效期： | | | | |

| 申请人栏 | 银行专用栏 |
|---|---|
| 申请单位：大地进出口公司<br><br>（盖章）<br><br><br>联系人：周明<br><br>电话：68790001<br><br>2019 年 1 月 25 日 | 银行审批意见：同意<br><br>（章略）<br><br>经办：赵明<br><br>复核：李凯<br><br>审批：王静<br><br>2019 年 1 月 25 日 |

**表 3-6**

## 外汇会计账簿（结售汇、套汇）

机构号码：091076535　　　　日期：2019 年 1 月 27 日

| | | | 业务类型 | | 售汇 | 起息日 | |
|---|---|---|---|---|---|---|---|
| 借方或付款单位 | 名　称 | 大地进出口公司 | | 贷方或收款单位 | 名　称 | 汇出汇款 | |
| | 账　号 | 07422568789 | | | 账　号 | | |
| | 币种与金额 | CNY: 1 250 000 | | | 币种与金额 | USD200 000 | |
| | 汇率/利率 | 6.25 | 开户行 | | 汇率/利率 | 6.25 | |

| 收汇金额 | | 发票号 | | 挂销单号 | | 工商银行北蜂窝路支行 |
|---|---|---|---|---|---|---|
| 交易摘要 | 购汇 USD200 000 | | | | | 2019.1.27<br>业务清讫 |

交易代码　　　　授权　　　　复核 李燕　　　　经办 李英

根据原始凭证，登记会计账簿，见表 3-7。

借：银行存款——美元（200 000×6.25）　　　　1 250 000

　　贷：银行存款——人民币　　　　　　　　　　　　1 250 000

**表 3-7**

## 记 账 凭 证

2019 年 1 月 27 日

字第××号

| 摘要 | 会计科目 | 美元金额 | | | | | | | | | | 汇率 | 借方人民币金额 | | | | | | | | | | 贷方人民币金额 | | | | | | | | | | 记账 |
|---|---|---|---|---|---|---|---|---|---|---|---|---|---|---|---|---|---|---|---|---|---|---|---|---|---|---|---|---|---|---|---|---|---|
| | | 千 | 百 | 十 | 万 | 千 | 百 | 十 | 元 | 角 | 分 | | 千 | 百 | 十 | 万 | 千 | 百 | 十 | 元 | 角 | 分 | 千 | 百 | 十 | 万 | 千 | 百 | 十 | 元 | 角 | 分 | |
| 购汇 200 000 美元 | 银行存款/美元户 | | | 2 | 0 | 0 | 0 | 0 | 0 | 0 | 0 | 6.24 | | 1 | 2 | 5 | 0 | 0 | 0 | 0 | 0 | 0 | | | | | | | | | | | |
| | 银行存款/人民币户 | | | | | | | | | | | | | | | | | | | | | | | 1 | 2 | 5 | 0 | 0 | 0 | 0 | 0 | 0 | |
| 合计 | | | | | | | | | | | | | ¥ | 1 | 2 | 5 | 0 | 0 | 0 | 0 | 0 | 0 | ¥ | 1 | 2 | 5 | 0 | 0 | 0 | 0 | 0 | 0 | |

会计主管：周明　　　　记账：张洁　　　　审核：李月　　　　制单：陈英

（2）支付手续费时，见表3-8。

表 3-8

## 中国工商银行特种转账借方传票（手续费）

2019 年 1 月 27 日

| 付款人 | 全称 | 大地进出口有限公司 | | 收款人 | 全称 | 本行 | | | | | | | | | |
|---|---|---|---|---|---|---|---|---|---|---|---|---|---|---|---|
| | 账号或地址 | 0200001909234216779 | | | 账号或地址 | ××××××× | | | | | | | | | |
| | 开户银行 | | 行号 5 | | 开户银行 | | | | | | | | | | |
| 金额 | 人民币 | | | | | 千 | 百 | 十 | 万 | 千 | 百 | 十 | 元 | 角 | 分 |
| | （大写）⊗贰仟元整 | | | | | | | | ￥ | 2 | 0 | 0 | 0 | 0 | 0 |
| 原凭证金额 | | | 赔偿金 | | | | | | | | | | | | |
| 原凭证名称 | | | 号码 | | | | | | | | | | | | |
| 转账原因 | 购汇手续费 | | | | 科目（借） | 工商银行北蜂窝路支行 | | | | | | | | | |
| | | | | | 对方科目（贷） | 2019.1.27 业务清讫 | | | | | | | | | |
| | 银行盖章 | | | | 会计：　　复核：　　记账： | | | | | | | | | | |

根据原始凭证，登记会计账簿，见表3-9。

借：财务费用——手续费　　　　　　　　　　2 000

　　贷：银行存款　　　　　　　　　　　　　　　　2 000

表 3-9

## 记 账 凭 证

2019 年 1 月 30 日　　　　　　　　　　　　字第××号

| 摘要 | 会计科目 | 借方金额 | | | | | | | | | | 贷方金额 | | | | | | | | | | 记账 |
|---|---|---|---|---|---|---|---|---|---|---|---|---|---|---|---|---|---|---|---|---|---|---|
| | | 千 | 百 | 十 | 万 | 千 | 百 | 十 | 元 | 角 | 分 | 千 | 百 | 十 | 万 | 千 | 百 | 十 | 元 | 角 | 分 | |
| 支付购汇手续费时 | 财务费用/手续费 | | | | | 2 | 0 | 0 | 0 | 0 | 0 | | | | | | | | | | | |
| | 银行存款/人民币户 | | | | | | | | | | | | | | | 2 | 0 | 0 | 0 | 0 | 0 | |
| 合计 | | | | | ￥ | 2 | 0 | 0 | 0 | 0 | 0 | | | | ￥ | 2 | 0 | 0 | 0 | 0 | 0 | |

会计主管：周明　　　记账：张洁　　　审核：李月　　　制单：陈英

假若以信用证方式支付，并先购汇开出信用证，再按合同规定付款，账务处理如下。

借：其他货币资金——信用证保证金　　　　　　1 250 000

|  | 贷：银行存款 | 1 250 000 |
| 借：财务费用 |  | 2 000 |
|  | 贷：银行存款 | 2 000 |

### 3.3.5 外汇收入的核算

根据《中华人民共和国外汇管理条例》的规定，经常项目外汇收入，可以按照国家有关规定保留或者卖给经营结汇、售汇业务的金融机构。

外贸企业收到外汇收入存入外汇账户后，可作出结汇或不结汇的决定。如直接保留现汇，应按银行结汇水单记录的外币金额，进行账务处理。

## 外汇收入的核算实例

【例 3-2】2019 年 1 月 27 日，大地进出口公司向美国 P 公司出口女鞋一批，货款计 80 000 美元，货款尚未收到，当日汇率为 1：6.24。1 月 31 日，上述货款收妥，企业直接保留现汇。当日汇率为 1：6.19，账务处理如下。

(1) 1 月 27 日，发出商品，开出发票。见表 3-10。

**大地进出口公司**

**DADI IMPORTS AND EXPORTS CO. ，LTD**

**出口商业发票**

表 3-10
**COMMERCIAL INVOICE**

| ISSUER<br>DADI IMPORTS AND EXPORTS Co. ，LTD<br>NO. 14 BEIFENGWO ROAD, LISHUI District, CHINA<br>TEL：××××× FAX：××××× | No.<br><br>NTOIFE003 | DATE<br><br>January，27，2019 |
| --- | --- | --- |

| TO：P Co.，LTD P.O.BOX ××× ，No，18 wall street，NewYork，The united state | | 信用证号 L/C No. | 2019 ×× Z001 |
|---|---|---|---|
| | | 发票号码 INVOCE No. | 2019×D0098 |
| Marks and Numbers | Quantities Description | Unit Price | Amount |
| MADE IN CHINA | | | FOB |
| | WOMAN SHOES | USD 400.00 | USD 80 000.00 |
| | | FOB | USD 80 000.00 |
| | LESS | COMMISION | USD 0.00 |
| | PLUS | SAMPLE FEE | USD 0.00 |
| | | TOTAL | USD 80 000.00 |
| | TOTAL QUANTITY： | | （章略） |
| | TOTAL AMOUNT：US DOLLARS EIGHTY THOUSAND ONLY. | | |

根据原始凭证，登记会计账簿，见表 3-11。

借：应收账款 ——P 公司货款——美元（80 000×6.24）499 200

　　贷：主营业务收入　　　　　　　　　　　　　　499 200

表 3-11

# 记 账 凭 证

2019 年 1 月 27 日　　　　　　　　　　字第××号

| 摘要 | 会计科目 | 美元金额 | | | | | | | | | | 汇率 | 借方人民币金额 | | | | | | | | | | 贷方人民币金额 | | | | | | | | | | 记账 |
|---|---|---|---|---|---|---|---|---|---|---|---|---|---|---|---|---|---|---|---|---|---|---|---|---|---|---|---|---|---|---|---|---|---|
| | | 千 | 百 | 十 | 万 | 千 | 百 | 十 | 元 | 角 | 分 | | 千 | 百 | 十 | 万 | 千 | 百 | 十 | 元 | 角 | 分 | 千 | 百 | 十 | 万 | 千 | 百 | 十 | 元 | 角 | 分 | |
| 应收取国外P公司女鞋货款 | 应收账款/P公司货款/美元 | | | 8 | 0 | 0 | 0 | 0 | 0 | 0 | 0 | 6.24 | | 4 | 9 | 9 | 2 | 0 | 0 | 0 | 0 | 0 | | | | | | | | | | | |
| | 主营业务收入 | | | | | | | | | | | | | | | | | | | | | | | 4 | 9 | 9 | 2 | 0 | 0 | 0 | 0 | 0 | |
| 合计 | | | | | | | | | | | | | | ¥ | 4 | 9 | 9 | 2 | 0 | 0 | 0 | 0 | 0 | ¥ | 4 | 9 | 9 | 2 | 0 | 0 | 0 | 0 | 0 | |

会计主管：周明　　　　记账：张洁　　　　审核：李月　　　　制单：陈英

（2）1 月 31 日，根据银行转来的出口收汇核销单，见表 3-12。

表 3-12
JSXT-V

中 国 工 商 银 行
**Industrial and Commercial Bank of China**
出 口 收 汇 核 销 专 用 联

OUR REF NO.

日期：2019.01.31

致：

我行已于即日转贵公司之下述汇入款项贷计你方（ 07422568789 ）账户，特此函告。

| 金 额 | 汇 率 | 人民币额 |
|---|---|---|
| USD80000 | 1：6.19 | RMB495 200 |

| REMT BANK<br>汇款行 | FUKUOKA CITY BANK，LTD | |
|---|---|---|
| REMITTER<br>汇款人 | P COMPANY OF AMERICA | |
| MESSAGE<br>附 言 | | |
| OUR CHARGE<br>我行费用 | | |
| 申 报 号 码 ×××× | 核销单号×××× | |

根据国家外汇管理局规定，请于五个工作日内向我行申报以免受到处罚。

Industrial and Commercial Bank of China，BEIFENGWO ROAD BRANCH
工商银行北蜂窝路支行营业室

根据原始凭证，登记会计账簿，见表3-13。

借：银行存款　　　　　　　　　　　　　　　495 200

　　财务费用——汇兑损益　　　　　　　　　4 000

　　贷：应收账款——P公司货款　　　　　　　499 200

表 3-13

## 记 账 凭 证

2019 年 7 月 27 日

字第××号

| 摘要 | 会计科目 | 美元金额 | | | | | | | | | | 汇率 | 借方人民币金额 | | | | | | | | | | | 贷方人民币金额 | | | | | | | | | | | 记账 |
|---|---|---|---|---|---|---|---|---|---|---|---|---|---|---|---|---|---|---|---|---|---|---|---|---|---|---|---|---|---|---|---|---|---|---|---|
| | | 千 | 百 | 十 | 万 | 千 | 百 | 十 | 元 | 角 | 分 | | 千 | 百 | 十 | 万 | 千 | 百 | 十 | 元 | 角 | 分 | 千 | 百 | 十 | 万 | 千 | 百 | 十 | 元 | 角 | 分 | |
| 收到美国P公司女鞋货款 | 银行存款 | | | 8 | 0 | 0 | 0 | 0 | 0 | 0 | | 6.19 | | | 4 | 9 | 5 | 2 | 0 | 0 | 0 | 0 | | | | | | | | | | | |
| | 财务费用/汇兑损益 | | | | | | | | | | | | | | | | 4 | 0 | 0 | 0 | 0 | 0 | | | | | | | | | | | |
| | 应收账款/P公司货款 | | | | | | | | | | | | | | | | | | | | | | | | 4 | 9 | 9 | 2 | 0 | 0 | 0 | 0 | |
| | 合计 | | | | | | | | | | | | | ¥ | 4 | 9 | 9 | 2 | 0 | 0 | 0 | 0 | | ¥ | 4 | 9 | 9 | 2 | 0 | 0 | 0 | 0 | |

会计主管：周明　　　　记账：张洁　　　　审核：李月　　　　制单：陈英

### 3.3.6 外汇支出的核算

**1. 外汇支出的方式**

根据《外汇管理条例》规定，经常性外汇支出，应当按照国务院外汇管理部门关于汇付与购汇的管理规定，凭有效单据以自有外汇支付或向经营者结汇、售汇业务的金融机构购支付。一般外汇支出项目见表3-14。

表3-14　外汇支出方式

| 序号 | 支出方式 |
|------|---------|
| 1 | 用跟单信用证（保函）方式结算的贸易进口支付 |
| 2 | 用跟单托收方式结算的贸易进口，持进口合同、进口付汇核销单、进口付汇通知书及跟单托收结算方式要求的有效商业单据 |
| 3 | 出口项下的不超过合同标的额2%的暗佣和5%的明佣（明扣），或者虽超过上述比例但未超过等值10 000美元的佣金 |
| 4 | 进出口项下的运输费、保险费 |
| 5 | 进口项下的尾款，持进口合同、进口付汇核销单、验货合格证明 |
| 6 | 进出口项下的资料费、技术费、信息费等从属费用 |
| 7 | 从保税区购买商品以及购买国外入境展览展品的用汇 |
| 8 | 专利权、著作权、商标、计算机软件等无形资产的进口 |
| 9 | 出口项下对外退赔外汇 |
| 10 | 境外承包工程所需的投标保证金 |
| 11 | 进口项下不超过合同总标的的15%或者虽超过15%但未超过等值10万美元的预付货款 |
| 12 | 出口项下对外退赔外汇，持结汇水单或收账通知、索赔协议、理赔证明和已冲减出口收汇核销的证明 |

**2. 需要经过外汇管理部门审核后才能对外支付的外汇支出**

需要经过外汇管理部门审核后才能对外支付的外汇支出，见表3-15。

表3-15　　需经外汇管理部门审核后才能外支付的外汇支出

| 序号 | 支出条件 |
|------|---------|
| 1 | 进口项下超过合同标的额15%或者超过等值10万美元的预付款 |
| 2 | 出口项下超过合同标的额2%的暗佣和5%的明佣或者超过等值1万美元的佣金 |
| 3 | 转口贸易项下先后收的对外支付 |
| 4 | 偿还外债的利息 |
| 5 | 超过等值10 000美元的现钞提取（个人） |

## 外汇支出的核算实例

【例 3-3】2019 年 1 月 27 日，大地进出口公司用现汇 200 000 美元对外付汇，支付当日银行市场汇价为 1 美元＝6.24 人民币元，原应付外汇账款入账时的记账汇率为 1 美元＝6.15 人民币元。账务处理如下。见表 3-16。

表 3-16

### 外汇会计账簿（结售汇、套汇）

机构号码：091076535　　　　　　日期：2019 年 1 月 27 日

| 业务编号 | | | 业务类型 | | 售汇 | 起息日 | |
|---|---|---|---|---|---|---|---|
| 借方或付款单位 | 名称 | 大地进出口公司 | | 贷方或收款单位 | 名称 | 汇出汇款 | |
| | 账号 | 07422568789 | | | 账号 | | |
| | 币种与金额 | USD200 000 | | | 币种与金额 | USD200 000 | |
| | 汇率/利率 | 6.24 | 开户行 | | 汇率/利率 | 6.24 | |
| 收汇金额 | | | 发票号 | | 挂销单号 | 工商银行北蜂窝路支行 2019.1.27 业务清讫 | |
| 交易摘要 | 从其美元账户支取 USD200 000，支付货款。 | | | | | | |

交易代码　　　　授权　　　　复核　李燕　　　　经办　李英

根据原始凭证，登记会计账簿，见表 3-17。

借：应付账款——应付外汇账款（200 000×6.15）　　1 230 000

财务费用——汇兑损益　　　　　　　　　　　18 000

贷：银行存款——美元（200 000×6.24）　　　　1 248 000

表 3-17

### 记账凭证

2019 年 1 月 27 日　　　　　　　　　　　　　　字第××号

| 摘要 | 会计科目 | 美元金额 | | | | | | | | | 汇率 | 借方人民币金额 | | | | | | | | | 贷方人民币金额 | | | | | | | | | 记账 |
|---|---|---|---|---|---|---|---|---|---|---|---|---|---|---|---|---|---|---|---|---|---|---|---|---|---|---|---|---|---|---|
| | | 千 | 百 | 十 | 万 | 千 | 百 | 十 | 元 | 角 | 分 | | 千 | 百 | 十 | 万 | 千 | 百 | 十 | 元 | 角 | 分 | 千 | 百 | 十 | 万 | 千 | 百 | 十 | 元 | 角 | 分 | |
| 对外付汇 200 000 美元 | 应付账款/P 公司货款 | | | 2 | 0 | 0 | 0 | 0 | 0 | 0 | 0 | 6.15 | | 1 | 2 | 3 | 0 | 0 | 0 | 0 | 0 | 0 | | | | | | | | | | | |
| | 财务费用/汇兑损益 | | | | | | | | | | | | | | | 1 | 8 | 0 | 0 | 0 | 0 | 0 | | | | | | | | | | | |
| | 银行存款/美元 | | | | | | | | | | | | | | | | | | | | | | | 1 | 2 | 4 | 8 | 0 | 0 | 0 | 0 | 0 | |
| 合计 | | | | | | | | | | | | | ¥ | 1 | 2 | 4 | 8 | 0 | 0 | 0 | 0 | 0 | ¥ | 1 | 2 | 4 | 8 | 0 | 0 | 0 | 0 | 0 | |

会计主管：周明　　　　记账：张洁　　　　审核：李月　　　　制单：陈英

### 3.3.7 外汇借款的核算

涉外企业向有外汇经营权的银行或金融机构申请取得的外汇借款。

**1. 外汇借款的特点**

由上述外汇借款的种类和偿还方式可见，外汇借款相对人民币借款而言，具有以下特点。

（1）外汇借款必须用外汇偿还，并用外汇支付借款利息。

（2）外汇借款以美元作为借贷核算货币。如采用其他货币，需要按当日外汇牌价折成美元入账。特殊情况经银行批准也可以用其他货币作为借贷核算货币。

（3）外汇借款实行浮动利率和支付承担费的办法。银行的短期外汇贷款按浮动利率计收利息。

**2. 外汇借款的核算**

涉外企业向外汇银行或金融机构申请的外汇借款品种较多，但不外乎短期借款和长期借款两类。

（1）短期外汇借款的核算。

涉外企业从银行借入的偿还期在 1 年以内或一个营业周期内的外汇借款，为短期外汇借款。

## 短期外汇借款的核算实例

【例 3-4】大地进出口公司按信贷合同向外汇银行借入 400 000 美元，为期 3 个月，借款利率 6%。用以支付采购设备价款，当日汇率为 1 美元＝6.51人民币元，账务处理如下。见表 3-18、表 3-19。

根据原始凭证，登记会计账簿，见表 3-20。

借：银行存款——美元（400 000×6.51）　　2 604 000

　　贷：短期借款——美元　　　　　　　　　　　2 604 000

借：固定资产——××供应商　　　　　　　2 604 000

　　贷：银行存款——美元　　　　　　　　　　　2 604 000

表 3-18

# 中国工商银行外币借款凭证（借据）

总字第（××）号　　　字第××号

信银贷字第　　号　　　　2019 年 1 月 15 日

| 借款人全称 | 大地进出口公司 | | 贷款户账号 | 002221102002456 | | | | | | | | | |
|---|---|---|---|---|---|---|---|---|---|---|---|---|---|
| 贷款种类 | 短期借款 | 利率 | 年 6% | 存款户账号 | 07422568789 | | | | | | | | |
| 贷款金额 | 美元<br>（大写）肆拾万元整 | | | 千 | 百 | 十 | 万 | 千 | 百 | 十 | 元 | 角 | 分 |
| | | | | $ | 4 | 0 | 0 | 0 | 0 | 0 | 0 | 0 | 0 |
| 借款原因或用途 | 设备款 | 约定还款期 | 2017 年 4 月 14 日 | | | | | | | | | | |

| 根据你的贷款方法，借到上列贷款，特立借据存查。<br><br>借款人盖章<br>（预留银行印鉴）<br>（大地进出口公司 财务专用章 ★）<br>兰张印春 | 信贷部门审批意见：<br><br>会计分录：<br><br>（借）_____<br><br>（贷）_____<br><br>会计：　　记账： |
|---|---|

表 3-19

# 中国银行进账单（回单或收账通知）

进账日期：2019 年 1 月 17 日

第　　号

| 收款人 | 全称 | 大地进出口公司 | 付款人 | 全称 | 工商银行北蜂窝路支行 | | | | | | | | | |
|---|---|---|---|---|---|---|---|---|---|---|---|---|---|---|
| | 账号 | 07422568789 | | 账号 | ×××× | | | | | | | | | |
| | 开户银行 | 工商银行北蜂窝路支行 | | 开户银行 | | | | | | | | | | |
| 美元（大写）：$ 肆拾万元整 | | | | | 千 | 百 | 十 | 万 | 千 | 百 | 十 | 元 | 角 | 分 |
| | | | | | $ | 4 | 0 | 0 | 0 | 0 | 0 | 0 | 0 | 0 |
| 票据种类 | | | 收款人开户银行盖章<br>工商银行北蜂窝路支行<br>2019.1.27<br>业务清讫 | | | | | | | | | | | |
| 票据张数 | | | | | | | | | | | | | | |
| 主管　会计　复核　记账 | | | | | | | | | | | | | | |

此联给收款人的收账通知

表 3-20

## 记 账 凭 证

2019 年 1 月 20 日　　　　　　　　　　　　　字第××号

| 摘要 | 会计科目 | 美元金额<br>千百十万千百十元角分 | 汇率 | 借方人民币金额<br>千百十万千百十元角分 | 贷方人民币金额<br>千百十万千百十元角分 | 记账 |
|---|---|---|---|---|---|---|
| 借入短期借款400 000美元 | 银行存款/美元 | 4 0 0 0 0 0 0 0 | 6.51 | 2 6 0 4 0 0 0 0 | | |
| | 短期借款/美元 | | | | 2 6 0 4 0 0 0 0 | |
| 购入固定资产 | 固定资产/某供应商 | | | 2 6 0 4 0 0 0 0 | | |
| | 银行存款/美元 | | | | 2 6 0 4 0 0 0 0 | |
| 合计 | | | | ￥5 2 0 8 0 0 0 0 | ￥5 2 0 8 0 0 0 0 | |

会计主管：周明　　　　记账：张洁　　　　审核：李月　　　　制单：陈英

三个月后短期借款到期，利息为400 000×6.51×6％×3÷12＝39 060（元），本利合计400 000×（1＋6％×3÷12）＝406 000（美元），汇率为1美元＝6.58人民币元。根据原始凭证，登记会计账簿，见表3-21。

表 3-21

## 记 账 凭 证

2019 年 4 月 14 日　　　　　　　　　　　　　字第××号

| 摘要 | 会计科目 | 美元金额<br>千百十万千百十元角分 | 汇率 | 借方人民币金额<br>千百十万千百十元角分 | 贷方人民币金额<br>千百十万千百十元角分 | 记账 |
|---|---|---|---|---|---|---|
| 短期借款到期，还本付息 | 短期借款/美元 | 4 0 0 0 0 0 0 0 | 6.58 | 2 6 0 4 0 0 0 0 0 | | |
| | 财务费用/利息支出 | | | 3 9 0 6 0 0 0 | | |
| | 财务费用/汇兑损益 | | | 2 8 4 2 0 0 0 | | |
| | 银行存款/美元户 | | | | 2 6 7 1 4 8 0 0 | |
| 合计 | | | | ￥2 6 7 1 4 8 0 0 0 | ￥2 6 7 1 4 8 0 0 0 | |

会计主管：周明　　　　记账：张洁　　　　审核：李月　　　　制单：陈英

借：短期借款——美元（400 000×6.51）　　　2 604 000

　　财务费用——利息支出　　　　　　　　　　　39 060

　　　　　　——汇兑损益　　　　　　　　　　　28 420

　　　贷：银行存款（406 000×6.58）　　　　　　　　267 148

（2）长期外汇借款的核算。

长期外汇借款是涉外企业向银行或其他金融机构借入的偿还期限在 1 年以上的各种外币借款。长期借款利息支出和外币折算差额的列支应区别不同对象和发生时间进行不同账务处理。

涉外企业为了反映和监督外汇长期借款的借入、应计利息和归还本息情况，应设置"长期借款"账户核算，贷方登记长期借款本息的增加额；借方登记长期借款本息的减少额；期末贷方余额反映企业尚未偿还的长期借款本息。本账户应按借款单位、借款种类和不同的币种设置明细账户，进行明细核算。

## 长期外汇借款的核算实例

【例 3-5】大地进出口公司依据贷款协议于 2019 年 4 月 15 日从外汇银行借入 3 年期借款 60 000 美元，年利率 10%，每年计算一次复利，到期一次还本付息，该项借款的账务处理如下。

（1）借款时，汇率为 1 美元=6.53 人民币元，见表 3-22。

借：银行存款（60 000×6.53）　　　　　　　391 800

　　　贷：长期借款　　　　　　　　　　　　　　391 800

（2）第一年年末，汇率为 1 美元=6.52 人民币元

应计利息=60 000×10%=6 000（美元）

借：财务费用——利息支出（6 000×6.52）　　39 120

　　　贷：长期借款　　　　　　　　　　　　　　39 120

（3）第一年末，调整长期借款账面人民币余额

①人民币账面余额=391 800+39 120=430 920（元）

②按年终汇率调整后人民币余额=（60 000+6 000）×6.52=430 320（元）

③发生差额（汇兑损失）=430 320-430 920=-600（元）

表 3-22

## 中国工商银行外币借款凭证（借据）1

总字第（××）号　　　字第××号

信银贷字第　号　　　　　　　2019 年 4 月 15 日

| 借款人全称 | 大地进出口公司 | | 贷款户账号 | 002221102002456 | | | | | | | | | |
|---|---|---|---|---|---|---|---|---|---|---|---|---|---|
| 贷款种类 | 长期借款 | 利率 年 10% | 存款户账号 | 07422568789 | | | | | | | | | |
| 贷款金额 | 美元 | | 千 | 百 | 十 | 万 | 千 | 百 | 十 | 元 | 角 | 分 | |
| | （大写）陆万元整 | | | | $ | 6 | 0 | 0 | 0 | 0 | 0 | 0 | |
| 借款原因或用途 | 设备款 | 约定还款期 | 2020 年 4 月 14 日 | | | | | | | | | | |

根据你的贷款方法，借到上列贷款，特立借据存查。

借款人盖章

兰张印春

（预留银行印鉴）

信贷部门审批意见：

会计分录：

（借）＿＿＿＿＿＿＿

（贷）＿＿＿＿＿＿＿

会计：　　记账：

借：财务费用——汇兑损益　　　　　　　　　　　　600

　　贷：长期借款　　　　　　　　　　　　　　　　　　　600

（4）第二年，计付借款利息时汇率为 1 美元＝6.53 人民币元

应计利息＝66 000×10%＝6 600（美元）

借：财务费用——利息支出（6 600×6.53）　　　43 098

　　贷：长期借款　　　　　　　　　　　　　　　　　　43 098

（5）第二年末计付利息，按期末汇率 1 美元＝6.53 人民币元，调整长期借款账面人民币余额

①人民币账面余额＝430 320＋43 098＝473 418（元）

②按年终汇率调整后人民币余额＝（66 000＋6 600）×6.53＝474 078（元）

③发生差额（汇兑损失）＝474 078－473 418＝660（元）

借：长期借款　　　　　　　　　　　　　　　　　660

　　　　　贷：财务费用——汇兑损益　　　　　　　　　　　　 660

　　（6）第三年末计，付利息时汇率为 1 美元＝6. 50 人民币元

　　应计利息＝（60 000＋6 000＋6 600）×10％＝7 260（美元）

　　借：财务费用（7 260×6. 50）　　　　　　　　　 47 190

　　　　　贷：长期借款　　　　　　　　　　　　　　　 47 190

　　（7）第三年末，按期末汇率 1 美元＝6. 50 元，调整长期借款人民币
余额

　　①人民币账面余额＝473 418＋47 190＝520 608（元）

　　②按年终汇率调整后人民币余额＝（60 000＋6 000＋6 600＋7 260）×
6. 50＝519 090（元）。

　　③发生差额（汇兑收益）＝519 090－520 608＝－1 518（元）

　　借：长期借款　　　　　　　　　　　　　　　　 1 518

　　　　　贷：财务费用——汇兑损益　　　　　　　　　　 1 518

　　（8）长期借款期满归还时，本息共计 79 860（60 000＋6 000＋6 600＋
7 260）美元，当时买入价为 1 美元＝6. 51 人民币元，账务处理如下。

　　借：长期借款　　　　　　　　　　　　　　　　 519 090

　　　　财务费用——汇兑损益　　　　　　　　　　　 798.6

　　　　　贷：银行存款（79 860×6. 51）　　　　　　 519 888.6

- - - - - - - - - - - - - - - - - - - - - - - - - - - - - - - - - - - - - -

### 3.3.8　汇兑损益的核算

- - - - - - - - - - - - - - - - - - - - - - - - - - - - - - - - - - - - - -

　　汇兑损益也称汇兑差额，是指企业在持有外币货币性资产和负债期间，
由于外币汇率变动而引起的外币货币性资产或负债的价值发生变动而产生差
额的或在货币兑换中发生的差额。

　　汇兑损益是指用记账本位币按照不同的汇率报告相同数量的外币而产生
的差额。

**1. 汇兑损益产生的原因与确认**

　　（1）汇兑损益产生的原因，见表 3-23。

**表 3-23**　　　　　　　　　　　　　　**汇兑损益的内容**

| 交易类型 | 产生汇兑损益的原因 |
|---|---|
| 交易外币汇兑损益 | 指在发生以外币计价的交易业务时，因收回或偿付债权、债务而产生的汇兑损益。主要是由债权、债务在实际结算时，由入账汇率与结算日汇率不同产生的差额 |
| 兑换外币汇兑损益 | 指在发生外币与记账本位币或一种外币与另一种外币进行兑换时产生的汇兑损益。由于实际兑换的汇率与记账汇率不同而产生的差额。兑换时采用的买入汇率或卖出汇率，而记账汇率是业务发生时当日汇率，所以产生差额 |
| 调整外币汇兑损益 | 在现行准则下，会计期末将所有外币性债权、债务和外币性货币资金账户，按期末汇率进行调整而产生的汇兑损益 |

（2）汇兑损益的确认有两种方法，见表 3-24。

**表 3-24**　　　　　　　　　　　　　　**汇兑损益的确认方法**

| 方　　法 | 特　　点 |
|---|---|
| 逐笔折算法 | 即对每笔外币业务均应当采用交易发生日的即期汇率将外币金额折算为记账本位币金额反映，每结算一次或收付一次，依据账面汇率计算一次汇兑损益，期末再按市场汇率进行调整，调整后的期末人民币余额与原账面人民币余额的差额作为当期汇兑损益 |
| 集中折算法 | 即对每笔外币业务均应当采用交易发生日的即期汇率将外币金额折算为记账本位币金额反映，在银行存款、债权债务业务减少时，不注销原账户的账面汇率，除外币兑换业务外，平时不确认汇兑损益，待期末进行汇率调整后汇总确认汇兑损益 |

## 2. 汇兑损益的处理原则

汇兑损益的处理原则共有 6 点，如图 3-12 所示。

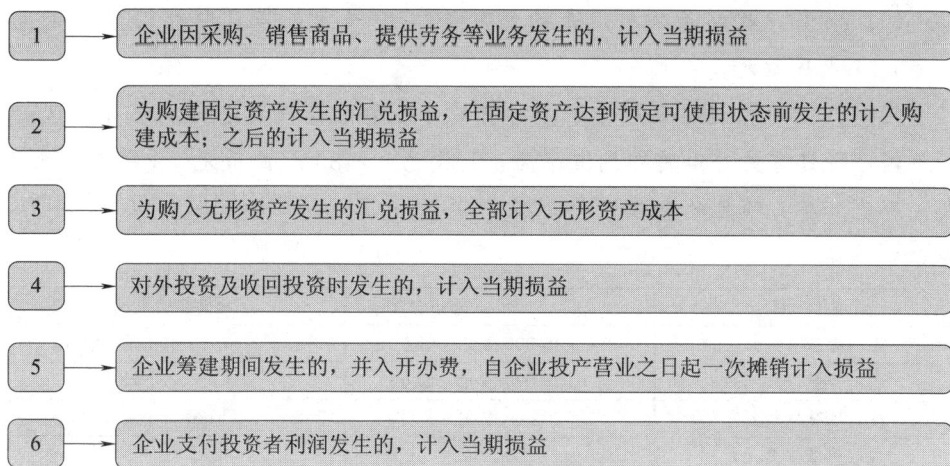

| | |
|---|---|
| 1 | 企业因采购、销售商品、提供劳务等业务发生的，计入当期损益 |
| 2 | 为购建固定资产发生的汇兑损益，在固定资产达到预定可使用状态前发生的计入购建成本；之后的计入当期损益 |
| 3 | 为购入无形资产发生的汇兑损益，全部计入无形资产成本 |
| 4 | 对外投资及收回投资时发生的，计入当期损益 |
| 5 | 企业筹建期间发生的，并入开办费，自企业投产营业之日起一次摊销计入损益 |
| 6 | 企业支付投资者利润发生的，计入当期损益 |

图 3-12　汇兑损益的处理原则

**3. 期末汇兑损益的案例**

### 汇兑损益的核算实例

【例3-6】新都公司系增值税一般纳税人，开设有外汇账户，会计核算以人民币作为记账本位币，外币交易采用交易发生日的即期汇率折算。该公司2019年1月发生的外币业务及相关资料如下。

（1）5日，从国外乙公司进口原材料一批，货款200 000欧元，当日即期汇率为1欧元＝7.85人民币元，按规定应交进口关税170 000元，应交进口增值税317 900元。货款尚未支付，进口关税及增值税当日以银行存款支付，并取得海关完税凭证。

（2）14日，向国外丙公司出口销售商品一批（不考虑增值税），货款40 000美元，当日即期汇率为1美元＝6.34人民币元，商品已经发出，货款尚未收到，但满足收入确认条件。

（3）16日，以人民币从银行购入200 000欧元并存入银行，当日欧元的卖出价为1欧元＝8.10人民币元，中间价为1欧元＝7.80人民币元。

（4）20日，因增资扩股，收到境外投资者投入的1 000 000欧元，当日即期汇率为1欧元＝7.89人民币元，其中，人民币7 000 000元作为注册资本入账。

（5）25日，向乙公司支付部分前欠进口原材料款180 000欧元，当日即期汇率为1欧元＝7.90人民币元。

（6）28日，收到丙公司汇来的货款40 000美元，当日即期汇率为1美元＝6.31人民币元。

（7）31日，根据当日即期汇率对有关外币货币性项目进行调整并确认汇兑差额，当日有关外币的即期汇率为：1欧元＝7.80人民币元，1美元＝6.3人民币元。有关项目的余额见表3-25。

表 3-25

| 项　　目 | 外币金额 | 调整前的人民币金额 |
| --- | --- | --- |
| 银行存款（美元） | 40 000美元（借方） | 252 400元（借方） |
| 银行存款（欧元） | 1 020 000欧元（借方） | 7 990 200元（借方） |
| 应付账款（欧元） | 20 000欧元（贷方） | 170 000元（贷方） |
| 应收账款（美元） | 0 | 0 |

（注：相关单据略）

（1）借：原材料　　　　　1 740 000（200 000×7.85＋170 000）

　　　应交税费——应交增值税（进项税额）　317 900

　　贷：银行存款——人民币　487 900（170 000＋317 900）

　　　应付账款——欧元　1 570 000（200 000×7.85）

根据原始凭证，登记会计账簿，见表3-26。

表 3-26

## 记 账 凭 证

2019 年 1 月 5 日　　　　　　　　　　　　　　字第××号

| 摘要 | 会计科目 | 美元金额 | 汇率 | 借方人民币金额 | 贷方人民币金额 | 记账 |
|---|---|---|---|---|---|---|
| | | 千百十万千百十元角分 | | 千百十万千百十元角分 | 千百十万千百十元角分 | |
| 从国外乙公司购进原材料 | 原材料/乙公司 | 2 0 0 0 0 0 0 0 | 7.85 | 1 7 4 0 0 0 0 0 0 | | |
| | 应交税费/应交增值税/进项税额 | | | 3 1 7 9 0 0 0 0 | | |
| | 银行存款/人民币 | | | | 4 8 7 9 0 0 0 0 | |
| | 应付账款/欧元 | | | | 1 5 7 0 0 0 0 0 0 | |
| | 合计 | | | ¥2 0 5 7 9 0 0 0 0 | ¥2 0 5 7 9 0 0 0 0 | |

会计主管：周明　　　记账：张洁　　　审核：李月　　　制单：陈英

（2）借：应收账款——美元　　253 600（40 000×6.34）

　　贷：主营业务收入　　　　　　253 600

根据原始凭证，登记会计账簿，见表3-27。

表 3-27

## 记 账 凭 证

2019 年 1 月 14 日　　　　　　　　　　　　　字第××号

| 摘要 | 会计科目 | 美元金额 | 汇率 | 借方人民币金额 | 贷方人民币金额 | 记账 |
|---|---|---|---|---|---|---|
| | | 千百十万千百十元角分 | | 千百十万千百十元角分 | 千百十万千百十元角分 | |
| 向国外丙公司销售商品 | 应收账款/丙公司 | 4 0 0 0 0 0 0 | 6.34 | 2 5 3 6 0 0 0 0 | | |
| | 主营业务收入 | | | | 2 5 3 6 0 0 0 0 | |
| | 合计 | | | ¥2 5 3 6 0 0 0 0 | ¥2 5 3 6 0 0 0 0 | |

会计主管：周明　　　记账：张洁　　　审核：李月　　　制单：陈英

（3）借：银行存款——欧元　　　　1 560 000（200 000×7.80）

　　　　　财务费用——汇兑损益　　　　　　　　　　60 000

　　　　　　贷：银行存款——人民币　1 620 000（200 000×8.10）

　　根据原始凭证，登记会计账簿，见表3-28。

表 3-28

## 记 账 凭 证

2019 年 1 月 16 日　　　　　　　　　　　　　　　　字第××号

| 摘要 | 会计科目 | 美元金额 | | | | | | | | | | 汇率 | 借方人民币金额 | | | | | | | | | | 贷方人民币金额 | | | | | | | | | | 记账 |
|---|---|---|---|---|---|---|---|---|---|---|---|---|---|---|---|---|---|---|---|---|---|---|---|---|---|---|---|---|---|---|---|---|---|
| | | 千 | 百 | 十 | 万 | 千 | 百 | 十 | 元 | 角 | 分 | | 千 | 百 | 十 | 万 | 千 | 百 | 十 | 元 | 角 | 分 | 千 | 百 | 十 | 万 | 千 | 百 | 十 | 元 | 角 | 分 | |
| 购入 200 000 欧元 | 银行存款/欧元 | | | 2 | 0 | 0 | 0 | 0 | 0 | 0 | 0 | 7.80 | 1 | 5 | 6 | 0 | 0 | 0 | 0 | 0 | 0 | 0 | | | | | | | | | | | |
| | 财务费用/汇兑损益 | | | | | | | | | | | | | | 6 | 0 | 0 | 0 | 0 | 0 | 0 | 0 | | | | | | | | | | | |
| | 银行存款/人民币 | | | | | | | | | | | 8.10 | | | | | | | | | | | 1 | 6 | 2 | 0 | 0 | 0 | 0 | 0 | 0 | 0 | |
| | 合计 | | | | | | | | | | | | ¥ | 1 | 6 | 2 | 0 | 0 | 0 | 0 | 0 | 0 | ¥ | 1 | 6 | 2 | 0 | 0 | 0 | 0 | 0 | 0 | |

会计主管：周明　　　　记账：张洁　　　　审核：李月　　　　制单：陈英

　　（4）借：银行存款——欧元　　　　7 890 000（1 000 000×7.89）

　　　　　　贷：实收资本　　　　　　　　　　　　　7 000 000

　　　　　　　　资本公积——资本溢价　　　　　　　890 000

　　根据原始凭证，登记会计账簿，见表3-29。

表 3-29

## 记 账 凭 证

2019 年 1 月 20 日　　　　　　　　　　　　　　　　字第××号

| 摘要 | 会计科目 | 美元金额 | | | | | | | | | | 汇率 | 借方人民币金额 | | | | | | | | | | 贷方人民币金额 | | | | | | | | | | 记账 |
|---|---|---|---|---|---|---|---|---|---|---|---|---|---|---|---|---|---|---|---|---|---|---|---|---|---|---|---|---|---|---|---|---|---|
| | | 千 | 百 | 十 | 万 | 千 | 百 | 十 | 元 | 角 | 分 | | 千 | 百 | 十 | 万 | 千 | 百 | 十 | 元 | 角 | 分 | 千 | 百 | 十 | 万 | 千 | 百 | 十 | 元 | 角 | 分 | |
| 收到投资者以欧元投入实收资本 | 银行存款/欧元 | | 1 | 0 | 0 | 0 | 0 | 0 | 0 | 0 | 0 | 7.89 | 7 | 8 | 9 | 0 | 0 | 0 | 0 | 0 | 0 | 0 | | | | | | | | | | | |
| | 实收资本 | | | | | | | | | | | | | | | | | | | | | | 7 | 0 | 0 | 0 | 0 | 0 | 0 | 0 | 0 | 0 | |
| | 资本公积/资本溢价 | | | | | | | | | | | 8.10 | | | | | | | | | | | | 8 | 9 | 0 | 0 | 0 | 0 | 0 | 0 | 0 | |
| | 合计 | | | | | | | | | | | | ¥ | 7 | 8 | 9 | 0 | 0 | 0 | 0 | 0 | 0 | ¥ | 7 | 8 | 9 | 0 | 0 | 0 | 0 | 0 | 0 | |

会计主管：周明　　　　记账：张洁　　　　审核：李月　　　　制单：陈英

（5）借：应付账款　　　　　　　1 413 000（180 000×7.85）

　　　财务费用——汇兑损益　　　　　　　　　9 000

　　　　贷：银行存款——欧元　　1 422 000（180 000×7.90）

根据原始凭证，登记会计账簿，见表3-30。

表3-30

## 记 账 凭 证

2019 年 1 月 25 日　　　　　　　　　　　　　　　　字第××号

| 摘要 | 会计科目 | 美元金额 | | | | | | | | | | 汇率 | 借方人民币金额 | | | | | | | | | | 贷方人民币金额 | | | | | | | | | | 记账 |
|---|---|千|百|十|万|千|百|十|元|角|分|---|千|百|十|万|千|百|十|元|角|分|千|百|十|万|千|百|十|元|角|分|---|
| 支付乙公司原材料款 | 应付账款/乙公司/欧元 | | |1|8|0|0|0|0|0|0|7.85| |1|4|1|3|0|0|0|0|0| | | | | | | | | | | |
| | 财务费用/汇兑损益 | | | | | | | | | | | | | | | |9|0|0|0|0|0| | | | | | | | | | | |
| | 银行存款/人民币 | | | | | | | | | | |7.90| | | | | | | | | | |1|4|2|2|0|0|0|0|0| |
| 合计 | | | | | | | | | | | | | | |¥|1|4|2|2|0|0|0|0|0|¥|1|4|2|2|0|0|0|0|0| |

会计主管：周明　　　　记账：张洁　　　　审核：李月　　　　制单：陈英

（6）借：银行存款——美元　　　　252 400（40 000×6.31）

　　　财务费用——汇兑损益　　　　　　　　　1 200

　　　　贷：应收账款——美元　　　253 600（40 000×6.34）

根据原始凭证，登记会计账簿，见表3-31。

表3-31

## 记 账 凭 证

2019 年 1 月 28 日　　　　　　　　　　　　　　　　字第××号

| 摘要 | 会计科目 | 美元金额 | | | | | | | | | | 汇率 | 借方人民币金额 | | | | | | | | | | 贷方人民币金额 | | | | | | | | | | 记账 |
|---|---|千|百|十|万|千|百|十|元|角|分|---|千|百|十|万|千|百|十|元|角|分|千|百|十|万|千|百|十|元|角|分|---|
| 收到丙公司汇来货款 | 银行存款/欧元 | | | |4|0|0|0|0|0|0|6.31| | |2|5|2|4|0|0|0|0| | | | | | | | | | | |
| | 财务费用/汇兑损益 | | | | | | | | | | | | | | | | |1|2|0|0|0|0| | | | | | | | | | | |
| | 银行存款/人民币 | | | | | | | | | | |6.34| | | | | | | | | | |2|5|3|6|0|0|0|0|0| |
| 合计 | | | | | | | | | | | | | | |¥|2|5|3|6|0|0|0|0|0|¥|2|5|3|6|0|0|0|0|0| |

会计主管：周明　　　　记账：张洁　　　　审核：李月　　　　制单：陈英

(7) 月底，结转汇兑损益

银行存款（美元）汇兑损益 = 40 000 × 6.3 − 252 400 = −400（元）

银行存款（欧元）汇兑损益 = 1 020 000 × 7.80 − 7 990 200 = −34 200（元）

应付账款（欧元）汇兑损益 = 20 000 × 7.80 − 170 000 = −14 000（元）

| | | |
|---|---|---|
| 借：财务费用——汇兑损益 | 400 | |
| 　　贷：银行存款——美元 | | 400 |
| 借：财务费用——汇兑损益 | 34 200 | |
| 　　贷：银行存款——欧元 | | 34 200 |
| 借：应付账款——欧元 | 14 000 | |
| 　　贷：财务费用——汇兑损益 | | 14 000 |

根据原始凭证，登记会计账簿，见表3-32。

表 3-32

## 记 账 凭 证

2019 年 1 月 27 日　　　　　　　　　　　　　　　　字第××号

| 摘要 | 会计科目 | 美元金额<br>千百十万千百十元角分 | 汇率 | 借方人民币金额<br>千百十万千百十元角分 | 贷方人民币金额<br>千百十万千百十元角分 | 记账 |
|---|---|---|---|---|---|---|
| 月底结转外币汇兑损益 | 财务费用/汇兑损益 | | | 4 0 0 0 0 | | |
| | 银行存款/美元 | | | | 4 0 0 0 0 | |
| | 财务费用/汇兑损益 | | | 3 4 2 0 0 0 0 | | |
| | 银行存款/欧元 | | | | 3 4 2 0 0 0 0 | |
| | 应付账款/欧元 | | | 1 4 0 0 0 0 0 | | |
| | 财务费用/汇兑损益 | | | | 1 4 0 0 0 0 0 | |
| 合计 | | | | ¥4 8 6 0 0 0 0 | ¥4 8 6 0 0 0 0 | |

会计主管：周明　　　　记账：张洁　　　　审核：李月　　　　制单：陈英

# 3.4　国际贸易结算

国际贸易结算是以物品交易、货款两清为基础的有形贸易结算。

国际贸易结算的方式有信用证结算方式、汇付和托收结算方式、银行保证函等各种结算方式的结合使用。

## 3.4.1 信用证结算方式

信用证（Letter of Credit），简称 L/C，是银行信用介入国际货物买卖价款结算的产物。信用证不仅在一定程度上解决了买卖双方之间互不信任的矛盾，而且还能使双方在使用信用证结算货款的过程中获得银行资金融通的便利，从而促进国际贸易的发展。因此，信用证结算被广泛应用于国际贸易之中，以致成为当今国际贸易中一种主要的结算方式。

信用证根据分类的依据不同，可分成很多种，见表 3-33。

**表 3-33**  信用证结算方式的分类

| 依　据 | 分　类 | 内　容 |
|---|---|---|
| **按照是否附有货运单据分类** | 光票信用证（Clean Letter of Credit） | 光票信用证是不附单据、受益人可以凭开立收据或汇票分批或一次在通知行领取款项的信用证。在贸易中它可以起到预先支取货款的作用，贸易结算中的预知信用证和非贸易结算中的旅行信用证都属光票信用证 |
| | 跟单信用证（Documentary Letter of Credit） | 也称为"银行家的商业信用证（banker's commercial credits）"及"银行商业信用证（commercial letters of credit）"，为国际货物买卖的卖方提供担保，确保他能够在货物装运后获得付款，即使买方无法付款或买方的票据被拒收 |
| **按照开证银行的责任分类** | 可撤销信用证（Revocable Credit） | 是指开证行对其所开出的、在有效期内可以不经过受益人和其他当事人同意，也可在不必事先通知受益人的情况下，有权随时作出修改或撤销的信用证。凡使用这种信用证，也应在该证上注明"可撤销"（Revocable）的字样，或载有开证行有权随时修改或撤销的文句 |
| | 不可撤销信用证（Irrevocable Credit） | 不可撤销信用证是指开证行一经开出、在有效期内未经受益人或议付行等有关当事人同意，不得随意修改或撤销的信用证；只要受益人按该证规定提供有关单据，开证行（或其指定的银行）保证付清货款。凡使用这种信用证，必须在该证上注明"不可撤销"（Irrevocable）的字样，并载有开证行保证付款的文句。 |
| **按照对汇票支付的期限分类** | 即期信用证（Sight Letter of Credit） | 指受益人按即期信用证规定的条款签发即期汇票（Sight Draft），称见票即付信用证，亦称即期汇票付款 |
| | 远期信用证（Usance Letter of Credit） | 是银行（即开证行）依照进口商（即开证申请人）的要求和指示，对出口商（即受益人）发出的、授权出口商签发以银行或进口商为付款人的远期汇票，保证在交来符合信用证条款规定的汇票和单据时，能够承兑的保证文件 |

| 依 据 | 分 类 | 内 容 |
|---|---|---|
| 按照是否保兑分类 | 保兑信用证（Confirmed Letter of Credit） | 开证银行开出的信用证经另一定银行加以保兑，保证兑付受益人所开具的汇票 |
| | 不保兑信用证（Unconfirmed Letter of Credit ） | 开证银行开出的信用证没有经另一家银行保兑。即便开证行要求另一家银行加保，如果该银行不愿意在信用证上加具保兑，则被通知的信用证仍然只是一份未加保的不可撤销信用证。 |
| 按照其他种类的信用证分类 | 可转让信用证（Transferable Letter of Credit） | 经出口商请求，进口商同意，由开证银行开立可转让信用证，并载明授权受益人（即原信用证受益人）有权将信用证所列金额的全部或部分转让给出口商以外的第三者，即第二受益人（Second Beneficiary）有权使用转让后的权力。这种转让称一次转让，但第二受益人不得再作转让 |
| | 循环信用证（Revolving Letter of Credit） | 是指信用证被受益人全部或部分使用后，又恢复到原金额，再被受益人继续使用，直至用完规定的使用次数或累计总金额为止的信用证。它与一般信用证的不同之处在于它可以多次循环使用，而一般信用证在使用后即告失效 |

简单地说，信用证是保证出口商收回货款的保证文件。需要注意的是，出口货物的装运期限应在信用证的有效期限内进行，信用证交单期限必须不迟于信用证的有效日期。

国际贸易中以信用证为付款方式的居多，信用证的开证日期应当明确、清楚、完整。中国的几家国有商业银行，如中国银行、中国建设银行、中国农业银行、中国工商银行等，都能够对外开立信用证。

## 信用证核算实例

【例 3-7】大地进出口公司向美国客户进口商品一批，向银行提出申请开立信用证 45 000 美元，当日汇率为 1：6.19，以银行存款支付手续费 1 500 元。信用证样式，见表 3-34。

表 3-34 信用证

信用证样本（附中文说明）

> 46A：Documents Required（单据要求）
>
> 　　1.SIGNED COMMERCIAL INVOICE IN 1 ORIGINAL (S) AND 3 COPIE (S). 签字的商业发票一正三副。
>
> 　　2.PACKING LIST IN 1 ORIGINAL (S) AND 2 COPIE (S). 装箱单一正三副。

3. FULL SET AND (3 NON-NEGOTIABLE COPIES) OF CLEAN ON BOARD OCEAN BILLS OF LADING MADE OUT TO THE ORDER OF ×××  BLANK ENDORSED MARKED "FREIGHT COLLECT" AND NOTIFY ACCOUNTEE.  全套海运提单原件及三份不可转让副本，抬头为×××的空白背书，且注明运费到付，通知人为信用证申请人。

4. INSPECTION CERTIFICATE IN 1 ORIGINAL (S) AND 3 COPIE (S) SIGNED AND ISSUED BY ×××. DATED PRIOR TO SHIPPMENT DATE CERTIFYING THAT THE MER-CHANDISE TO BE SHIPPED IS IN GOOD ORDER AND CONDITIONS.  由×××签发的检验证书一正三副，在装运日期前保证货物已装船并完好无损。

5. ONE ADDITIONAL COPY OF ALL DOCUTMENTS FOR ISSUING BANK'S RETENTION. 所有文件都多复印出一份，以便开证行保存。

47A: Additional Conditions (附加条件)

1. ONE ADDITIONAL COPY OF ALL DOCUNENTS ARE REQUIRED TO BE PRESENTED TO-GETHER WITH THE DOCUMENTS FOR ISSUING BANK'S RETENTION. USD50. 00 WILL BE DEDUCTED IF EXTRA COPY OF REQUIRED DOCUMENTS ARE NOT PRESENTED.  所有文件都应呈交一份复印件以便开户行保存，如果在要求之列的文件的复印件未提交，将处以 50 美元的罚款。

2. WE RESERVE THE RIGHT At ANY TIME TO REFUSE PAYMENT OF OR TO REJECT DOCUMENTS PRESENTED BEARING REFERENCE TOANY COUNTRY, ENTITY OR INDIVIDUAL THAT MAY BE THE SUBJECT OF ANY BOYCOTT, SANCTION OR EMBARGO IMPOSED BY ANY LAWS, EXECU-TIVE ORDERS OR REGULATIONS OF THE GOVERNMENT AND/OR AUTHORITIES OF THE UNIT-ED STATES OF AMERICA OR OTHER COUNTRIES ("APPLICABLE RESTRICTIONS"). THIS INCLUDES DOCUMENTS EVIDENCING TRANSHIPMENT THROUGH ANY COUNTRY AFFECTED BY ANY APPLICABLE RESTRICTIONS. WE SHALL NOT BE LIABLE FOR ANY DELAY OR FAILURE TO MAKE PAYMENT UNDER THIS LETTER OF CREDIT OR DISCLOSURE OF INFORMATION IN CONNECTION WITH SUCH DOCUNENTS, OR ANY OTHER CONSEQUENCE THEREOF.  我们保留在任何时间有权拒绝给提的可能从属于任何政府或美国当局或其他国家法律、行政命令、法规所实施的任何抵制、制裁或禁运的任何国家、实体或个人（适用限制）付款或拒绝接受相关单证的权利。如果与一些国家的过境限制禁运有关系，我们将不会为此造成的延迟付款负责。我们也不会出来澄清与此事有关。

3. ALL DOCUMENTS MUST BEAR THIS CREDIT NUMBER.  所有单据必须显示信用证号码。

4. ALL DOCUMENTS MUST BE IN ENGLISH LANGUAGE.  所有文件都应用英文书写。

5. COMBINED L/C PRESENTATION NOT ALLOWED. IF PRESENTED, WE WILL DEDUCT USD200. 00/PER SET AND OTHER CHSRGES ARE ALSO APPLICABLE.  不允许提交联合信用证，否则我们将分份扣除 200 美元并征收其他费用。

71B：Charges （费用）

AlL CHARGES OTHER THAN ISSUING BANK ARE FOR THE ACCOUNT OF BENEFICIARY. 开证行以外的费用均由受益人承担。

48：Period for Presentation （交单期限）

DRAFT (S) AND DOCUMENTS TO BE PRESENTED WITHIN 15 DAYS AFTER DATE OF SHIPMENT BUT WITHIN THE VALIDITY OF THE CREDIT. 单据与文件必须在装船后 15 天之内，并且必须在 L/C 有效期内。

49：Confirmation Instructions （保兑指示）

WITHOUT 无

78：Instr to Payg/Accptg/Negotg，Bank （给付条款/承兑行/议付行的指示）

Issue of a Documentary Credit

Sender：CCEBUS6LXXX

       CENTER BANK （FORMERLY CALIFORNIA CENTER BANK）

Receiver：ICBKCNBJ××

       INDUSTRIAL AND COMMERCIAL BANK OF CHINA

       BEIFENGWO ROAD BRANCH

- - - - - - - - - - - - - - - Message Text- - - - - - - - - - - - - - -

40A：Form of Documentary Credit （跟单信用证类型）

    IRREVOCABLE （不可撤销）

20：Documentary Credit Number （信用证编号）

    ××××

31C：Date of Issue （开证日期）

    1，15，2017

31D：Date and Place of Expiry （到期日）

    1，15，2×16

50：Applicant （开证申请人）

59：Beneficiary-Name & Address （受益人——姓名及地址） 略

    Da DI Import & Export Company

32B：Currency Code, Amount （币种与金额）

    Currency （币种）：USD （US DOLLAR） （美元）

    Amount （金额）：45 000

41D：Available with... By... - Name&Addx （指定银行及兑付方式）

42C：Drafts at... （汇票）

42A：Drawee- BIC（汇票付款人——银行代码）

CCEBUS6L×××

CENTER BANK（FORMERLY CALIFORNIA CENTER BANK）

LOS ANGELE, CA US

43P：Partial Shipments（分批装运）

NOT ALLOWED（不允许）

43T：Transhipment（转船）

ALLOWED（允许）

44E：Port of Loading/Airport of Dep.（装货港）

TIANJIN PORT，CHINA（中国，天津港）

44F：Port of Dischrge/Airport of Dest（卸货港）

LONG BEACH/LOS ANGELES PORT, CA U.S.A（美国长岛/洛杉矶港）

44C：Latest Date of Shipment（最迟装运期）略

45A：Descriptn of Goodes &/or Services（货物/服务名称）略

借：其他货币资金——信用证存款　（45 000×6.19）278 550

　　贷：银行存款　　　　　　　　　　　　　　　　278 550

借：财务费用　　　　　　　　　　　　　　　　1 500

　　贷：银行存款　　　　　　　　　　　　　　　　　　1 500

根据原始凭证，登记会计账簿，见表3-35。

表 3-35

# 记 账 凭 证

## 2017 年 1 月 5 日

字第××号

| 摘要 | 会计科目 | 美元金额 | | | | | | | | | 汇率 | 借方人民币金额 | | | | | | | | | | 贷方人民币金额 | | | | | | | | | | 记账 |
|---|---|---|---|---|---|---|---|---|---|---|---|---|---|---|---|---|---|---|---|---|---|---|---|---|---|---|---|---|---|---|---|---|
| | | 千 | 百 | 十 | 万 | 千 | 百 | 十 | 元 | 角 | 分 | | 千 | 百 | 十 | 万 | 千 | 百 | 十 | 元 | 角 | 分 | 千 | 百 | 十 | 万 | 千 | 百 | 十 | 元 | 角 | 分 | |
| 申请信用证 | 其他货币资金/信用证存款 | | | 4 | 5 | 0 | 0 | 0 | 0 | 0 | 0 | 6.19 | | 2 | 7 | 8 | 5 | 5 | 0 | 0 | 0 | 0 | | | | | | | | | | | |
| | 银行存款 | | | | | | | | | | | | | | | | | | | | | | | 2 | 7 | 8 | 5 | 5 | 0 | 0 | 0 | 0 | |
| 支付开证手续费 | 财务费用 | | | | | | | | | | | | | | | | 1 | 5 | 0 | 0 | 0 | 0 | | | | | | | | | | | |
| | 银行存款 | | | | | | | | | | | | | | | | | | | | | | | | | | 1 | 5 | 0 | 0 | 0 | 0 | |
| | 合计 | | | | | | | | | | | | ￥ | 2 | 8 | 0 | 0 | 5 | 0 | 0 | 0 | 0 | ￥ | 2 | 8 | 0 | 0 | 5 | 0 | 0 | 0 | 0 | |

会计主管：周明　　　　记账：张洁　　　　审核：李月　　　　制单：陈英

## 3.4.2 汇付结算方式

汇付是指汇款人（进口商）主动将款项交给汇出行，由该汇出行委托收款人所在地的汇入行将款项转交收款人（出口商）的一种结算方式。汇付结算方式按采用的通知方式不同分为电汇、信汇和票汇三种。见表 3-36。

表 3-36　　　　　　　　　　　　　汇付结算方式

| 方式 | 内　　容 |
|---|---|
| 电汇<br>（Telegraphic<br>Transfer，T/T） | 即电子汇款，通过银行的联网功能，实现便捷快速的汇款。电汇是汇款人将一定款项交存汇款银行，汇款银行通过电报或电传给目的地的分行或代理行（汇入行），指示汇入行向收款人支付一定金额的一种汇款方式 |
| 信汇<br>（Mail Transfer，M/T） | 汇款人向当地银行交付本国货币，由银行开具付款委托书，用航空邮寄交国外分行或代理行，办理付出外汇业务。采用信汇方式，由于邮程需要的时间比电汇长，银行有机会利用这笔资金，所以信汇汇率低于电汇汇率，其差额相当于邮程利息 |
| 票汇<br>（Demand Draft，D/D） | 汇出行应汇款人的申请，代汇款人开立以其分行或代理行为解付行的银行即期汇票，支付一定金额给收款人的一种汇款方式 |

## 汇付结算实例

**【例 3-8】** 大地进出口公司根据购进商品货款总值 3 000 000 美元预付订金 10%，即 300 000 美元，当日美元兑人民币汇率为 1∶6.19，以人民币支付银行手续费 1 500 元。见表 3-37。编制会计分录如下。

表 3-37

### 中国工商银行　电汇凭证

委托日期：2019 年 1 月 5 日

| | | | | | | | 千 | 百 | 十 | 万 | 千 | 百 | 十 | 元 | 角 | 分 |
|---|---|---|---|---|---|---|---|---|---|---|---|---|---|---|---|---|
| 汇款人 | 全　　称 | 大地进出口公司 | 收款人 | 全　　称 | ××××× | | | | | | | | | | | |
| | 账　　号 | 07422568789 | | 账　　号 | ××××× | | | | | | | | | | | |
| | 汇出地点 | ××市 | | 汇入地点 | ××× | | | | | | | | | | | |
| | 汇出行名称 | 工商银行北蜂窝路支行 | | 汇入行名称 | ××× | | | | | | | | | | | |
| 金额 | 美元<br>（大写） | ＄叁拾万元整 | | | | | ＄ | 3 | 0 | 0 | 0 | 0 | 0 | 0 | 0 | 0 |

工商银行北蜂窝路支行

2019-01

转讫

汇出行签章

支付密码

附加信息及用途：

复核　　记账

根据原始凭证，登记会计账簿，见表3-38。

借：预付账款　　　　　　　　　（300 000×6.19）1 857 000

　　财务费用——汇兑损益　　　　　　　　　　　　1 500

　　贷：银行存款　　　　　　　　　　　　　　　1 858 500

表 3-38

## 记 账 凭 证

2019 年 1 月 5 日　　　　　　　　　　　　　　　字第××号

| 摘要 | 会计科目 | 美元金额 | | | | | | | | | 汇率 | 借方人民币金额 | | | | | | | | | 贷方人民币金额 | | | | | | | | | 记账 |
|---|---|---|---|---|---|---|---|---|---|---|---|---|---|---|---|---|---|---|---|---|---|---|---|---|---|---|---|---|---|---|
| | | 千 | 百 | 十 | 万 | 千 | 百 | 十 | 元 | 角 | 分 | | 千 | 百 | 十 | 万 | 千 | 百 | 十 | 元 | 角 | 分 | 千 | 百 | 十 | 万 | 千 | 百 | 十 | 元 | 角 | 分 | |
| 购进商品预付货款 | 预付账款 | | 3 | 0 | 0 | 0 | 0 | 0 | 0 | 0 | 0 | 6.19 | | 1 | 8 | 5 | 7 | 0 | 0 | 0 | 0 | 0 | | | | | | | | | | | |
| | 财务费用/汇兑损益 | | | | | | | | | | | | | | | | 1 | 5 | 0 | 0 | 0 | 0 | | | | | | | | | | | |
| | 银行存款 | | | | | | | | | | | | | | | | | | | | | | 1 | 8 | 5 | 8 | 5 | 0 | 0 | 0 | 0 | 0 | |
| 合计 | | | | | | | | | | | | | ¥ | 1 | 8 | 5 | 8 | 5 | 0 | 0 | 0 | 0 | 0 | ¥ | 1 | 8 | 5 | 8 | 5 | 0 | 0 | 0 | 0 | 0 | |

会计主管：周明　　　　记账：张洁　　　　审核：李月　　　　制单：陈英

## 3.4.3 托收结算方式

托收是指由债权人（出口商）开立汇票或者连同货运单据，委托托收行通过其在付款人所在地的分行或代理行向债务人（进口商）收取款项的结算方式。

托收分为光票托收和跟单托收两种。见表3-39。

表 3-39　　　　　　　　　　　托收结算方式

| 种　类 | 内　容 |
|---|---|
| 光票托收（Clean Bill for Collection） | 卖方仅开立汇票而不附带任何货运单据，委托银行收取款项的一种托收结算方式。一般来讲，光票托收用于收取货款尾数、代垫费、佣金、样品费、寄售费或其他贸易从属费用。光票托收的汇票，可以是即期汇票，也可以是远期汇票 |
| 跟单托收（Documentary Bills For Collection） | 由卖方开立跟单汇票（即汇票连同一整套货运提单一起）交给银行，委托银行代收货款。跟单托收两种交单方式：①付款交单（Documents Against Payment，简称D/P），是指代收行必须在进口商付清票款后，才能将货运单据交给进口商的一种交单方式；②承兑交单（Documents Against Acceptance，简称D/A），是指当付款人承兑远期汇票后，代收行把货运单据交给付款人；付款人于汇票到期时，由付款人履行付款义务的一种交单方式。 |

## 托收结算实例

**【例3-9】**大地进出口公司向美国S公司出口电器一批，货款共计380 000美元，当日汇率为1：6.20，已办妥托收手续。编制会计分录如下。

根据原始凭证，登记会计账簿，见表3-40。

借：应收账款　　　　　　　　　（380 000×6.20）2 356 000

　　贷：主营业务收入——自营出口销售收入　　　　　2 356 000

表 3-40

### 记 账 凭 证

2019 年 1 月 5 日　　　　　　　　　　　　　　　　　　　　字第××号

| 摘要 | 会计科目 | 美元金额 | | | | | | | | | 汇率 | 借方人民币金额 | | | | | | | | | 贷方人民币金额 | | | | | | | | | 记账 |
|---|---|---|---|---|---|---|---|---|---|---|---|---|---|---|---|---|---|---|---|---|---|---|---|---|---|---|---|---|---|---|
| | | 千 | 百 | 十 | 万 | 千 | 百 | 十 | 元 | 角 | 分 | | 千 | 百 | 十 | 万 | 千 | 百 | 十 | 元 | 角 | 分 | 千 | 百 | 十 | 万 | 千 | 百 | 十 | 元 | 角 | 分 | |
| 出口S公司电器一批 | 应收账款 | | | 3 | 8 | 0 | 0 | 0 | 0 | 0 | 0 | 6.20 | | 2 | 3 | 5 | 6 | 0 | 0 | 0 | 0 | 0 | | | | | | | | | | | |
| | 主营业务收入/自营出口销售收入 | | | | | | | | | | | | | | | | | | | | | | | 2 | 3 | 5 | 6 | 0 | 0 | 0 | 0 | 0 | |
| | 合计 | | | | | | | | | | | | ￥ | 2 | 3 | 5 | 6 | 0 | 0 | 0 | 0 | 0 | ￥ | 2 | 3 | 5 | 6 | 0 | 0 | 0 | 0 | 0 | |

会计主管：周明　　　　记账：张洁　　　　审核：李月　　　　制单：陈英

10天后收到银行转来美国S公司支付的380 000美元的收账通知，当日汇率1：6.18。根据原始凭证，登记会计账簿，见表3-41。

借：银行存款　　　　　　　　　　　　　　　　2 348 400

　　财务费用——汇兑损益　　　　　　　　　　　　 7 600

　　贷：应收账款——应收外汇账款（S公司）　　　2 356 000

表 3-41

### 记 账 凭 证

2019 年 1 月 15 日 字第 ××号

| 摘要 | 会计科目 | 美元金额 | | | | | | | | | | 汇率 | 借方人民币金额 | | | | | | | | | | 贷方人民币金额 | | | | | | | | | | 记账 |
|---|---|---|---|---|---|---|---|---|---|---|---|---|---|---|---|---|---|---|---|---|---|---|---|---|---|---|---|---|---|---|---|---|---|---|
| | | 千 | 百 | 十 | 万 | 千 | 百 | 十 | 元 | 角 | 分 | | 千 | 百 | 十 | 万 | 千 | 百 | 十 | 元 | 角 | 分 | 千 | 百 | 十 | 万 | 千 | 百 | 十 | 元 | 角 | 分 | |
| 收到S公司电器货款 | 银行存款 | | | 3 | 8 | 0 | 0 | 0 | 0 | 0 | 0 | 6.18 | | 2 | 3 | 4 | 8 | 4 | 0 | 0 | 0 | 0 | | | | | | | | | | | |
| | 财务费用/汇兑损益 | | | | | | | | | | | | | | | | | 7 | 6 | 0 | 0 | 0 | | | | | | | | | | | |
| | 应收账款/应收外汇账款/S公司 | | | | | | | | | | | | | | | | | | | | | | | 2 | 3 | 5 | 6 | 0 | 0 | 0 | 0 | 0 | |
| 合计 | | | | | | | | | | | | | ¥ | 2 | 3 | 5 | 6 | 0 | 0 | 0 | 0 | 0 | ¥ | 2 | 3 | 5 | 6 | 0 | 0 | 0 | 0 | 0 | |

会计主管：周明　　　　记账：张洁　　　　审核：李月　　　　制单：陈英

## 3.4.4 汇付与银行保函或信用证结合方式

汇付与银行保函或信用证结合使用的形式常用于成套设备、大型机械和大型交通运输工具（飞机、船舶等）等货款的结算。这类产品，交易金额大，生产周期长，往往要求买方以汇付方式预付部分货款或定金，其余大部分货款则由买方按信用证规定或开加保函分期付款或迟期付款。

此外，还有汇付与托收结合、托收与备用信用证或银行保函结合等形式。我们在开展对外经济贸易业务时，究竟选择哪一种结合形式，可酌情而定。

## 3.4.5 国际贸易结算的类型

国际贸易结算在实际操作中有记账结算和现汇结算。见表 3-42。

表 3-42　　　　国际贸易结算的类型

| 类 型 | 特 点 |
|---|---|
| 记账结算 | 是指贸易双方按照两国政府银行间开立的清算账户记账办理，平时结算不必用现汇支付，至协定年度终了，对账户的差额进行清算 |
| 现汇结算 | 是指以两国贸易部门签订的贸易合同为依据，在办理进出口业务时，双方均采用一定的结算方式，用现汇进行清偿。 |

THE

FOURTH

CHAPTER

第 $4$ 章

# 出口贸易的核算

出口贸易（Export Trade）是指外贸企业组织产品在国际市场上销售，取得外汇收入。它是外贸企业一项重要的业务。按照出口贸易性质不同，可分为自营出口业务、代理出口业务和加工补偿出口业务等。

# 4.1 出口贸易概述

## 4.1.1 出口贸易分类与流程

### 1. 出口贸易分类及特点

根据出口货物的性质和出口货物的经济类型可以划分为自营出口业务、代理出口业务和加工补偿出口业务等。见表 4-1。

表 4-1            出口贸易的分类及特点

| 出口贸易分类 | 特　　点 |
| --- | --- |
| 自营出口业务 | 企业生产或加工的商品直接输往国外市场销售，自负盈亏的业务。企业在取得出口销售收入、享受出口退税的同时，要承担出口商品的进价成本以及出口贸易业务有关的一切国外费用、佣金支出，并且对可能产生的索赔、理赔、罚款等事项承担责任 |
| 代理出口业务 | 外贸企业代理国内委托方办理对外洽谈、签约、托运、交单和结汇等全过程的出口贸易业务，或者代理对外销售、交单和结汇的出口贸易业务。代理企业仅收取一定比例的手续费 |
| 加工补偿出口业务 | 也称"三来一补"业务，即来料加工、来件装配、来样生产和补偿贸易业务。"三来"业务是指外商提供一定的原材料、零部件、元器件，必要时提供某些设备，按对方的要求进行加工或装配成产品交给对方销售，收取外汇加工费的业务。补偿贸易业务是指由外商提供生产技术、设备和必要的材料，由我方生产，然后用生产的产品分期归还给外商的业务 |

## 2. 出口贸易的一般流程

出口贸易的一般流程包括报价、订货、付款方式、备货、包装、通关手续、装船、运输保险、提单、结汇。见表 4-2。

表 4-2　　　　　　　　　　　　　　出口贸易的一般流程

| 出口贸易的流程 | 内　　容 |
|---|---|
| 报价 | 在国际贸易中一般是由产品的询价、报价作为贸易的开始。其中，对于出口产品的报价主要包括：产品的质量等级、规格型号、是否有特殊包装、所购产品数量、交货日期、运输方式、材质等内容。比较常用的报价有："FOB（船上交货）""CNF（成本加运费）""CIF（成本、保险费加运费）"等形式。 |
| 签约 | 贸易双方就报价达成意向后，买方企业正式订货并就一些相关事项与卖方企业进行协商，双方协商认可后，需要签订《购货合同》。在签订《购货合同》过程中，主要对商品名称、规格型号、数量、价格、包装、产地、装运期、付款条件、结算方式、索赔、仲裁等内容进行商谈，并将商谈后达成的协议写入《购货合同》 |
| 备货 | 备货在整个贸易流程中，起到举足轻重的重要作用，须按照合同逐一落实。备货的主要核对内容如下：①货物品质、规格，应按合同的要求核实；②货物数量：保证满足合同或信用证对数量的要求；③备货时间：应根据信用证规定，结合船期安排，以利于船货衔接 |
| 包装 | 可以根据货物的不同，来选择包装形式（如纸箱、木箱、编织袋等）。不同的包装形式其包装要求也有所不同：①一般出口包装标准：根据贸易出口通用的标准进行包装；②特殊出口包装标准：根据客户的特殊要求进行出口货物包装；③货物的包装和唛头（运输标志）：应进行认真检查核实，使之符合信用证的规定 |
| 装船 | 在货物装船过程中，可以根据货物的多少来决定装船方式，并根据《购货合同》所定的险种来进行投保 |
| 运输与保险 | 通常双方在签订《购货合同》中已事先约定运输保险的相关事项。常见的保险有海洋货物运输保险、陆空邮货运输保险等。其中，海洋运输货物保险条款所承保的险别，分为基本险别和附加险别两类 |
| 通关手续 | 1. 属法定检验的出口商品需办出口商品检验证书。目前我国进出口商品检验工作主要有四个环节<br>①接受报验：报验是指对外贸易关系人向商检机构报请检验<br>②抽样：商检机构接受报验之后，及时派人赴货物堆存地点进行现场检验、鉴定<br>③检验：商检机构接受报验之后，认真研究申报的检验项目，确定检验内容<br>④签发证书：在出口方面，凡列入《进出口商品检验种类表》的出口商品，经商检机构检验合格后，签发放行单（或在"出口货物报关单"上加盖放行章，以代替放行单）<br>2. 须由专业持有报关证人员，持箱单、发票、报关委托书、出口结汇核销单、出口货物合同副本、出口商品检验证书等文本去海关办理通关手续 |

| 出口贸易的流程 | 内　容 |
|---|---|
| 提单 | 　　出口商办理完出口通关手续、海关放行后，由外运公司签出、供进口商提货的单据。结汇所用单据一般是三份，出口商留两份，办理退税等业务，一份寄给进口商用来办理提货等手续。<br>　　进行海运货物时，进口商必须持正本提单、箱单、发票来提取货物（须由出口商将正本提单、箱单、发票寄给进口商）。若是空运货物，则可直接用提单、箱单、发票的传真件来提取货物 |
| 结汇 | 　　出口货物装出之后，进出口公司即应按照信用证的规定，正确缮制（箱单、发票、提单、出口产地证明、出口结汇）等单据。在信用证规定的交单有效期内，递交银行办理议付结汇手续。除采用信用证结汇外，其付款的汇款方式一般有电汇（Telegraphic Transfer）（T/T）、票汇（Demand Draft）（D/D）、信汇（Mail Transfer）（M/T）等方式，由于电子化的高速发展，现在汇款主要使用电汇方式 |

### 3. 出口业务单证

在办理出口贸易核算时，常用的单证主要包括：国内购货发票、入库单、出库单、加工单证、银行收汇通知、商业发票、出口报关单、海关缴核书等。

出口业务单证按照不同的用途则可分类以下几种，见表 4-3。

表 4-3　　　　　　　　　　　出口业务单证分类

| 按不同用途分类 | 内　容 |
|---|---|
| 出口单证 | ①合同；②装箱单；③外销发票；④报关单；⑤提货单；⑥细码单；⑦出口许可证；⑧原产地证书；⑨出口商品检验证书；⑩出口收汇核销单；⑪增值税专用发票和专用缴款书 |
| 报关单证 | ①报关单；②外销发票；③装箱单；④出口收汇核销单；⑤出口许可证（副本）；⑥出口商品检验证书；⑦纺织品出口证明申请书 |
| 清关单证 | ①出口许可证（正本）；②提货单；③外销发票；④装箱单；⑤细码单；⑥原产地证书 |
| 出口退税单证 | ①报关单；②出口收汇核销单；③外销发票；④增值税专用发票和专用缴款书；⑤结汇水单 |

（注：并不一定每一笔业务都能用上以上单证。）

下列表格是主要出口单据样式。

（1）出口许可证的格式，见表 4-4。

表 4-4

# 中华人民共和国出口许可证
# EXPORT LICENCE OF THE PEOPLE'S REPUBLIC OF CHINA

| 1. Exporter（出口商） | 3. Export Licence No.（出口许可证号） |
|---|---|
| 2. Consignor（发货单位名称） | 4. Export Licence expiry date（许可证有效截止日期） |
| 5. Terms of trade（贸易方式） | 8. Country/Region of purchase 进口国/地区 |
| 6. Contract No.（合同号） | 9. Payment conditions（支付方式） |
| 7. Place of clearance（报关口岸） | 10. Mode of transport（运输方式） |

11. Description of goods（商品名称）　　　　　　　　　　　　商品编码：Code of goods

| 12. Specification（规格等级） | 13. Unit（单位） | 14. Quantity（数量） | 15. Unit price（单价） | 16. Amount（总值） | 17. Amount in USD（总值折美元） |
|---|---|---|---|---|---|
|  |  |  |  |  |  |
|  |  |  |  |  |  |
|  |  |  |  |  |  |
|  |  |  |  |  |  |
| 18. Total（总计） |  |  |  |  |  |

| 19. Supplementary details（备注） | 20. Issuing authority's stamp & signature（发证机关签章） |
|---|---|
|  | 21. Licence date（发证日期） |

（2）产地说明书的格式，见表 4-5。

表 4-5 产地说明书

| 1. Exporter（full name and address） | Certificate No. |
|---|---|
| 2. Consignee（full name and address） | Certificate of Origin<br><br>The People's Republic Of China |
| 3. Means of transport and route | 5. For certifying authority use only |
| 4. Destination port | |

| 6. Marks and numbers of packages | 7. Description of goods；Number and kind of packages | 8. HS code | 9. Quantity or weight | 10. Number and date of invoices |
|---|---|---|---|---|
| | | | | |

| 11. Declaration by the exporter<br>The undersigned hereby declares that the above details and statements are correct；that all the goods were produced in China and that they comply with *the Rules of Origin of the People's Republic of China* | 12. Certification<br>It is hereby certified that the declaration by the exporter is correct |
|---|---|
| Place and date，signature and stamp of authorized signatory | Place and date，signature and stamp of certifying authority |

（3）海关出口货物报关单的格式，见表 4-6。

表 4-6　　　　　　　　　　**中华人民共和国海关出口货物价格申报单**

海关编号：

<table>
<tr><td rowspan="2">货物</td><td>商品名称</td><td colspan="3"></td><td colspan="2">商品编号</td><td colspan="2"></td></tr>
<tr><td>品牌</td><td colspan="3"></td><td colspan="2">规格型号</td><td colspan="2"></td></tr>
<tr><td rowspan="2">卖方</td><td>成交单位</td><td colspan="3"></td><td>联系人</td><td></td><td>电话</td><td></td></tr>
<tr><td>经营单位</td><td colspan="3"></td><td>联系人</td><td></td><td>电话</td><td></td></tr>
<tr><td>买方</td><td>成交外商</td><td colspan="7"></td></tr>
<tr><td rowspan="5">成交情况</td><td>合同号</td><td colspan="2"></td><td>签约日期</td><td colspan="2"></td><td colspan="2" rowspan="2">□买方与卖方的交易是一次性买断</td></tr>
<tr><td>单价</td><td colspan="2"></td><td>出口数量</td><td colspan="2"></td></tr>
<tr><td>合同总价</td><td colspan="2"></td><td>合同总量</td><td colspan="2"></td><td colspan="2" rowspan="2">□买卖双方在交易中存在特殊的安排</td></tr>
<tr><td>币制</td><td colspan="2"></td><td>计量单位</td><td colspan="2"></td></tr>
<tr><td colspan="8"></td></tr>
<tr><td>买卖双方的关系</td><td colspan="8">□买卖双方为同一家族成员<br>□买卖双方互为商业上的高级职员或者董事<br>□一方直接或者间接地受另一方控制<br>□买卖双方都直接或者间接地受第三方控制<br>□买卖双方共同直接或者间接地控制第三方<br>□一方直接或者间接地拥有、控制或者持有对方 5％以上（含 5％）公开发行的有表决权的股票或者股份<br>□一方是另一方的雇员、高级职员或者董事<br>□买卖双方是同一合伙的成员。</td></tr>
<tr><td rowspan="4">各种费用调整情况</td><td colspan="5">费用名称</td><td colspan="2">金额及币制</td><td>已包括在成交价格中</td></tr>
<tr><td colspan="5">1. 出口关税</td><td colspan="2"></td><td>□</td></tr>
<tr><td colspan="5">2. 在货物价款中单独列明的货物运至中华人民共和国境内输出地点装载后的运输及其相关费用、保险费</td><td colspan="2"></td><td>□</td></tr>
<tr><td colspan="5">3. 在货物价款中单独列明由卖方承担的佣金</td><td colspan="2"></td><td>□</td></tr>
<tr><td rowspan="2">收款</td><td>结算方式</td><td colspan="7">□L/C　□T/T　□D/P　□D/A　□其他</td></tr>
<tr><td>预收价款</td><td colspan="4"></td><td colspan="2">后收价款</td><td></td></tr>
<tr><td colspan="9">其他需要说明的情况：</td></tr>
<tr><td colspan="7">申报声明：对本申报单各项填报内容及所附单证的真实性和完整性承担法律责任，并愿意提供与海关估价有关的其他任何资料或单证，如有不实，海关按有关规定处理。<br><br><br>申报人签字：<br><br>填报日期：</td><td colspan="2">海关审核人：<br><br><br><br><br>审核日期：<br><br>申报单位盖章：</td></tr>
</table>

（4）装箱单的格式，见表 4-7。

表 4-7　　　　　　　　　　　　　　　　　　　装 箱 单

| ISSUER | | | | | | | |
|---|---|---|---|---|---|---|---|
| | **装箱单** | | | | | | |
| TO | | | | | | | |
| | **PACKING LIST** | | | | | | |
| | INVOICE NO. | | | DATE | | | |
| Marks and Numbers | Number and Kind of Package<br>Description of Goods | Quantity | Package | G. W | N. W | Meas. | |
| | | | | | | | |
| TOTAL： | | | | | | | |
| SAY TOTAL： | | | | | | | |
| THE NAME AND ADDRESS OF THE MANUFACTURER： | | | | | | | |
| | | | | | | SIGNATURE：<br>SIGNITURE： | |

（5）海运提单的格式。

海运提单的格式，见表 4-8。

表 4-8

# 海 运 提 单

| 1. Shipper Insert Name，Address and Phone | B/L No. |
|---|---|

**中国铁道出版社有限公司**
CHINA RAILWAY PUBLISHING HOUSE CO., LTD.

## BILL OF LADING

Port-to-Port or Combined Transport

2. Consignee Insert Name，Address and Phone

3. Notify Party Insert Name，Address and Phone

(It is agreed that no responsibility shall attach to the Carrier or his agents for failure to notify)

RECEIVED in external apparent good order and condition except as otherwise noted. The total number of packages or unites stuffed in the container. The description of the goods and the weights shown in this Bill of Lading are furnished by the Merchants，and which the carrier has no reasonable means of checking and is not a part of this Bill of Lading contract. The carrier has issued the number of Bills of Lading stated below，all of this tenor and date，one of the original Bills of Lading must be surrendered and endorsed or signed against the delivery of the shipment and whereupon any other original Bills of Lading shall be void. The Merchants agree to be bound by the term sand conditions of this Bill of Lading as if each had personally signed this Bill of Lading.

| 4. Pre-carriage by | 5. Place of Receipt |
|---|---|
| 6. Ocean Vessel/Voy. No. | 7. Port of Loading |
| 8. Port of Discharge | 9. Place of Delivery |

| Marks &. Nos. Container / Seal No. | No. of Containers or Packages | Description of Goods（If Dangerous Goods，See Clause 20） | Gross Weight（kgs） | Measure-ment |
|---|---|---|---|---|
| | | | | |

Description of Contents for Shipper's Use Only (Not Part of This B/L Contract)

10. Total Number of containers and/or packages（in words）
Subject to Clause 7 Limitation

| 11. Freight &. Charges Declared Value Charge | Revenue Tons | Rate | Per | Prepaid | Collect |
|---|---|---|---|---|---|

| Ex. Rate | Prepaid at | Payable at | Place and date of issue |
|---|---|---|---|
| | Total Prepaid | No. of Original B (s) /L | Signed for the Carrier，×× CONTAINER LINES |

LADEN ON BOARD THE VESSEL

| DATE | | BY | ×× CONTAINER LINES |
|---|---|---|---|

（6）原产地证明的格式。

原产地证明的格式，见表 4-9。

**表 4-9**　　　　　　　　　　原 产 地 证

ORIGINAL

| 1. Exporter | Certificate No. |
| --- | --- |
| | **CERTIFICATE OF ORIGIN** |
| 2. Consignee | OF |
| | **THE PEOPLE'S REPUBLIC OF CHINA** |

| 3. Means of transport and route | 5. For certifying authority use only |
| --- | --- |
| 4. Country / region of destination | |

| 6. Marks and numbers | 7. Number and kind of packages; description of goods | 8. H. S. Code |
| --- | --- | --- |
| | | |

| 9. Quantity | 10. Number and date of Invoices |
| --- | --- |
| | |

| 11. Declaration by the exporter | 12. Certification |
| --- | --- |
| The undersigned hereby declares that the above details and statements are correct, that all the goods were produced in China and that they comply with the Rules of Origin of the People's Republic of China. | It is hereby certified that the declaration by the exporter is correct. |
| Place and date, signature and stamp of authorized signatory | Place and date, signature and stamp of certifying authority |

（7）保险单的格式。

保险单的格式，见表 4-10。

表 4-10                     保 险 单

**××保险公司**
**×× Insurance Company of China**

## 货物运输保险单

CARGO TRANSPORTATION INSURANCE POLICY
发票号（INVOICE NO. ）
合同号（CONTRACT NO. ）
信用证号（L/C NO. ）

保单号次
POLICY NO.   ＊ ＊ ＊ ＊ ＊ ＊

被保险人：
INSURED：

××保险公司（以下简称本公司）根据被保险人的要求，由被保险人向本公司缴付约定的保险费，按照本保险单承保险别和背面所载条款与下列特款承保下述货物运输保险，特立本保险单。

THIS POLICY OF INSURANCE WITNESSES THAT ×× INSURANCE COMPANY OF CHINA（HEREIN-AFTER CALLED "THE COMPANY"）AT THE REQUEST OF THE INSURED AND IN CONSIDERATION OF THE AGREED PREMIUM PAID TO THE COMPANY BY THE INSURED, UNDERTAKES TO INSURE THE UNDERMENTIONED GOODS IN TRANSPORTATION SUBJECT TO THE CONDITIONS OF THIS OF THIS POLICY AS PER THE CLAUSES PRINTED OVERLEAF AND OTHER SPECIAL CLAUSES AT-TACHED HEREON.

| 标 记<br>MARKS&NO. S | 包装及数量<br>QUANTITY | 保险货物项目<br>DESCRIPTION OF GOODS | 保险金额<br>AMOUNT INSURED |
|---|---|---|---|
|  |  |  |  |

总保险金额
TOTAL AMOUNT INSURED： SAY TWENTY THOUSAND NINE HUNDRED AND NINTYNINE ONLY

保费：               启运日期               装载运输工具：
PERMIUM：       DATE OF COMMENCEMENT：     PER CONVEYANCE：

自                经                 至
FROM： _____    VIA _____    TO _____

承保险别：
CONDITIONS：
所保货物，如发生保险单项下可能引起索赔的损失或损坏，应立即通知本公司下述代理人查勘。如有索赔，应向本公司提交保单正本（本保险单共有一份正本）及有关文件。如一份正本已用于索赔，其余正本自动失效。

IN THE EVENT OF LOSS OR DAMAGE WITCH MAY RESULT IN A CLAIM UNDER THIS POLICY, IM-MEDIATE NOTICE MUST BE GIVEN TO THE COMPANY'S AGENT AS MENTIONED HEREUNDER. CLAIMS, IF ANY, ONE OF THE ORIGINAL POLICY WHICH HAS BEEN ISSUED INORIGINAL（S）TO-GETHER WITH THE RELEVANT DOCUMENTS SHALL BE SURRENDERED TO THE COMPANY. IF ONE OF THE ORIGINAL POLICY HAS BEEN ACCOMPLISHED. THE OTHERS TO BE VOID.

                                  ××保险公司
                                  ×× Insurance Company of China

赔款偿付地点
CLAIM PAYABLE AT _____             ANDYLVKING
出单日期
ISSUING DATE _____            Authorized Signature

（8）中华人民共和国出口货物报关单。

中华人民共和国出口货物报关单，见表 4-11。

表 4-11　　　　　　　　中华人民共和国海关出口货物报关单

预录入编号：　　　　　　　　　　　　　　　　　　海关编号：

| 出口口岸 | 备案号 | | 出口日期 | 申报日期 |
|---|---|---|---|---|
| 经营单位 | 运输方式<br>海运 | | 运输工具名称 | 提运单号 |
| 发货单位 | 贸易方式<br>一般贸易 | | 征免性质 | 结汇方式 |
| 许可证号 | 运抵国（地区） | 指运港 | | 境内货源地 |
| 批准文号 | 成交方式 | 运费 | 保费 | 杂费 |
| 合同协议号 | 件数 | 包装种类 | 毛重（公斤） | 净重（公斤） |
| 集装箱号 | 随附单据<br><br>商业发票；装箱单 | | 生产厂家 | |

标记唛码及备注

| 商品编号　商品名称、规格型号　数量及单位　最终目的国（地区）　单价　总价<br>币制　　征免 |
|---|

税费征收情况

| 录入员　　录入单位 | 兹声明以上申报无讹并承担法律责任 | 海关审单批注及放行日期（签章） | |
|---|---|---|---|
| 报关员 | | 审单　　　　　审价 | |
| 单位地址　　　申报单位（签章） | | 征税　　　　　统计 | |
| 邮编　　电话　　填制日期 | | 查验　　　　　放行 | |

（9）普惠制产地证明。

普惠制产地证明，见表 4-12。

表 4-12                                    普惠制产地证明

| 1. Goods consigned from (Exporter's business name, address, country) | Reference No.<br><br>GENERALIZED SYSTEM OF PREFERENCES<br>**CERTIFICATE OF ORIGIN**<br>(Combined declaration and certificate) |
|---|---|
| 2. Goods consigned to (Consignee's name, address, country) | Issued in _____<br>(country)<br>See Notes overleaf |
| 3. Means of transport and route (as far as known) | 4. For official use |

| 5. Item number | 6. Marks and numbers of packages | 7. Number and kind of packages; description of goods | 8. Origin criterion (see notes overleaf) | 9. Gross weight or other quantity | 10. Number and date of invoices |
|---|---|---|---|---|---|
| | | | | | |

| 11. Certification<br>It is hereby certified, on the basis of control carried out, that the declaration by the exporter is correct. | 12. Declaration by the exporter<br>The undersigned hereby declares that the above details and statements are correct, that all the goods were<br>produced in _____<br>(country)<br>and that they comply with the origin requirements specified for those goods in the Generalized System of Preferences for goods exported to<br><br>_____ |
|---|---|
| _____<br>Place and date, signature and stamp of certifying authority | _____<br>Place and date, signature and stamp of authorized signatory |

## 4.1.2 出口销售核算的账簿体系

为了反映涉外企业出口的销售收入、成本和盈亏，企业应设置"主营业务收入"和"主营业务成本"两个账户，核算以贸易方式自营出口和转口销售的商品，进口原材料加工复出口的商品和出售出国展品，以及批准供应境内销售收取以外汇的商品的销售收入及销售成本。见图4-1。

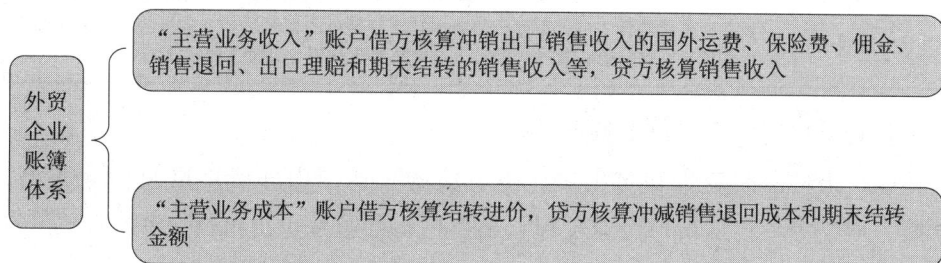

外贸企业账簿体系
- "主营业务收入"账户借方核算冲销出口销售收入的国外运费、保险费、佣金、销售退回、出口理赔和期末结转的销售收入等，贷方核算销售收入
- "主营业务成本"账户借方核算结转进价，贷方核算冲减销售退回成本和期末结转金额

图 4-1　出口销售核算的账簿体系

出口销售明细账特别是三级明细账，应采用平行式记账方法，在企业外贸会计核算账簿设置"库存商品""主营业务收入""主营业务成本""应收（应付）账款"科目。

# 4.2　自营出口销售商品的核算

## 4.2.1 自营出口商品购进程序

自营出口是指外贸企业取得自营进出口权后，直接与外国客户联系获得订单，并通过自己的海关代码出口货物的一种贸易，自营出口对应的是通过贸易公司代理出口。

一般贸易的出口商品包括直接出口、转口出口、托售出口、进料加工复出口以及样品展品的出口，均属于自营出口销售。

自营出口的程序，见表4-13。

**表 4-13** 　　　　　　　　　　　　　　　　**自营出口程序**

| 事　项 | 说　明 |
|---|---|
| 出口合同会签 | 会计人员出口合同文本会签 |
| 催证 | 会计人员参与信用证催证，按出口合同约定，要求进口方开出信用证 |
| 出库单 | 收到进口方开出的信用证后，企业发运货物，会计人员审核出库单，办理出库核算 |
| 办理出库核算 | 货物发运出口后，会计人员通过银行提交"商业发票"和付款通知单等单据，办理出口结算 |
| 收汇备案 | 会计人员依据出口合同、报送单等，通过开户办理出口收汇备案 |
| 纳税申报 | 会计人员每月在法定期限内向主管税务机关办理纳税申报 |
| 出口退税 | 如果退税，会计人员每季度依法向主管出口退税的税务机关办理抵税或退税手续，并入账核算。收到退税款时，会计人员审核收款凭证，办理入账核算 |

自营出口销售具有以下特点。

（1）出口商品定价和与出口业务有关的一切国内外费用以及佣金支出、索赔、理赔等，均由出口企业负担，出口销售的盈亏也由出口企业自负。

（2）由出口企业直接办理退税，并享有出口退税收入。

（3）自营出口销售收入的核算，不论是海、陆、空、邮出口，均以出口企业取得正本提单并以全部单据向银行议付之日为销售收入的实现并以此确认入账时间。

（4）对外贸易销售收入的入账金额一律以 FOB 价为基础，以 FOB 价以外的价格条款成交的出口商品，其发生的国外运费、保险费及佣金等费用支出，均应作冲减销售收入处理。

（5）假如按到岸价（CIF）对外成交的，在商品离境后所发生的应由我方负担的以外汇支付的国外运费、保险费、佣金（包括明佣和暗佣）和银行手续费等，以红字冲减收入。不易按商品认定的累计佣金收支，列入销售费用。出口商品发生的对外理赔，应以红字冲减收入。

（6）境内机构支付超过合同总金额 2% 的暗佣（暗扣）和 5% 的明佣（明扣）并且超过等值 1 万美元的佣金时，须持下列材料向外汇局申请：

①出口合同正本；

②佣金协议正本（如为暗佣或暗扣）；

③结汇水单或收账通知；

④境内机构支付超比例佣金的申请书；

⑤银行汇款凭证及外汇局售汇通知单。

自营出口销售是指由出口企业经营并承担销售盈亏的出口业务。它是外贸企业销售收入的主要来源。

---

## 4.2.2 自营出口销售核算的账户设置

---

外贸企业为了反映自营出口业务的有关销售收入、销售成本结转和盈亏情况，应按会计制度的规定设置一套完整的账户进行总分类核算。实际中外贸企业也可以根据出口业务的特点专设账户。具体包括："库存商品"账户，"主营业务收入——自营出口销售收入"账户，"主营业务成本——自营出口销售成本"账户，"应收账款"账户或"应收外汇账款"账户。见表4-14。

表 4-14 自营出口账户设置

| 会计科目 | 内　　容 |
|---|---|
| 主营业务收入——自营出口销售收入 | 用于核算外贸企业自营出口销售收入的增减变动情况，应按出口商品的种类、名称设置明细账，进行明细分类核算。借方登记期末结转至"本年利润"账户的出口销售收入；贷方登记出口实现的销售收入，以及从收入中扣除的运输费、保险费、佣金、销货退回、出口理赔等发生数额；期末结转后，该账户无余额 |
| 主营业务成本——自营出口销售成本 | 用于核算出口商品销售成本的结转。借方登记销货退回和销售成本的数额；贷方登记期末结转至"本年利润"账户的销售成本数额；期末结转后，该账户无余额 |
| 应收账款 | 用于核算外贸企业因出口销售商品、向国外提供劳务、应向进口方收取的外汇账款。该账户的借方登记出口时应收的外汇账款数额；贷方登记收回外汇数额；期末借方余额，表示尚未收回外汇账款的数额 |
| 预收账款 | 该科目系负债类账户。借方反映出口实现时转销的预收货款，贷方反映预收客户的定金或货款，期末余额反映尚未转销的预收货款 |

需要注意的是，"应收账款"和"预收账款"账户，采用复币式账页，即一般以人民币为记账本位币，同时又要核算外币（主要以美元为主）金额。此类账户由外币折算成人民币时应选择入账（议付）当天或本期1日的汇率中间价作为记账汇率。

---

## 4.2.3 自营出口商品的账务处理

---

一般自营出口的外贸企业在国内生产或采购产品，然后出口销售。

自营出口的账务处理，见表4-15。

表 4-15　　　　　　　　　　　　　　自营出口账务处理

| 流　程 | 账务处理 |
|---|---|
| 财务部收到出库凭单时 | 借：发出商品<br>　　贷：库存商品 |
| 财务部收到银行入账通知时 | 借：应收账款——应收外汇账款<br>　　贷：主营业务收入——自营出口销售收入<br>借：主营业务成本——自营出口销售成本<br>　　贷：发出商品 |
| 银行收到审核无误的全套出口单证时 | 借：银行存款<br>　　贷：应收账款——应收外汇账款 |
| 收到因出口而在国内的劳务费时 | 借：销售费用<br>　　贷：银行存款 |
| 收到经审核的保险公司送来的出口运输保单或发票及清单时 | 借：主营业务收入——自营出口销售收入<br>　　贷：银行存款 |
| 若进口方毁约，企业索赔时 | 借：应收账款——应收外汇账款——出口索赔<br>　　贷：营业外收入<br>借：银行存款<br>　　财务费用<br>　　贷：应收账款——应收外汇账款——出口索赔 |
| 银行收到审核无误的全套出口单证时 | 借：待处理财产损溢<br>　　贷：应付账款——应付外汇账款——出口理赔 |
| 外贸企业会计申报退税时 | 借：其他应收款——应收出口退税<br>　　贷：应交税费——应交增值税（出口退税） |
| 出口退税计入成本时 | 借：主营业务成本——自营出口<br>　　贷：应交税费——应交增值税（进项税额） |
| 会计部门收到退税款时 | 借：银行存款<br>　　贷：其他应收款——应收出口退税 |
| 收到经审核的保险公司送来的出口运输保单或发票及清单时 | 借：主营业务收入——自营出口销售收入<br>　　贷：银行存款 |
| 出仓后，因种种原因，没有出口而被退回 | 借：库存商品——库存出口商品<br>　　贷：发出商品 |

---

**1. 一般采购业务的账务处理**

购进商品过程中发生的运输费、装卸费、保险费以及其他可归属于存货采购成本的费用等进货费用，应当计入存货采购成本，也可以先进行归集，期末根据所购商品的存销情况进行分摊。

## 自营出口购进一般商品的核算实例

【例4-1】大地进出口公司从蓝宇第二服装厂购进服装 10 000 件，增值税专用发票上注明每件服装不含税金额为 150 元，增值税率税率为 13％。服装已送到仓库验收，发生运费共计 218 元，运输公司的增值税率为 9％。财务部门签发转账支票支付全部款项。根据原始单据，账务处理如下。见表 4-16、4-17、4-18、4-19。

表 4-16

×× 增值税专用发票

× × × ×　　　发票联　　　NO 01090789

开票日期：2019 年 4 月 18 日

| 购货单位 | 名称：大地进出口公司<br>纳税人识别号：110101400321230<br>地址、电话：××丽水区北蜂窝路 14 号 68790001<br>开户行及账号：××工商银行北蜂窝路支行营业室 0200001909234216779 | | | | | | 密码区 | 略 |
|---|---|---|---|---|---|---|---|---|
| 货物或应税劳务名称 | 规格型号 | 单位 | 数量 | 单价 | 金额 | 税率（%） | | 税额 |
| 服装 | | 件 | 10 000 | 169.5 | 1 500 000 | 13 | | 195 000 |
| 价税合计（大写） | ⊗壹佰陆拾玖万伍仟元整 | | | | | （小写）￥1 695 000 | | |
| 销货单位 | 名称：蓝宇第二服装厂<br>纳税人识别号：320134134971563<br>地址、电话：××丰台区芳城园路 35 号<br>开户行及账号：工商银行丰台支行 066180360010776 | | | | | | 备注 | 蓝宇第二服装厂<br>320134134971563<br>发票专用章 |

收款人：张兰　　　复核：王芳　　　开票人：苗妙　　　销货单位：

表 4-17

货物运输业增值税专用发票
发票联

No 00236003

××××　　　　　　开票日期：2019 年 4 月 20 日

| 承运人及纳税人识别号 | 顺达运输公司 | 密码区 | 略 |
|---|---|---|---|
| 实际受票方及纳税人识别号 | 110101400321230 | | |
| 收货人及纳税人识别号 | 110101400321230 | 发货人及纳税人识别号 | 320134134971563 |
| 起运地、经由、到达地 | 芳城园至北蜂窝 | | |

| 费用项目及金额 | 费用项目　金额　费用项目　金额 | | 运输货物信息 | 服装 |
|---|---|---|---|---|
| | 218 | | | |

| 合计金额 | 218 | 税率 | 9% | 税额 | 18 | 机器编号 | |
|---|---|---|---|---|---|---|---|

| 价税合计（大写） | ⊗贰佰壹拾捌元整 | 小写￥218 |
|---|---|---|

| 车种车号 | ×× | 车船吨位 | ×× | 备注 | |
|---|---|---|---|---|---|
| 主管税务机关及代码 | ×××× | | | | |

收款人：张平　　　　　复核：李云　　　　　开票人：王海　　　　　承运人（章）

表 4-18

中国工商银行
转账支票存根
IV V000023

科
目：＿＿＿＿＿＿＿

对　　　　方　　　　科
目：＿＿＿＿＿＿＿

出票日期：2019 年 4 月 25 日

| 收款人：蓝宇第二服装厂 |
|---|
| 金　额：￥1 695 218 |
| 用　途：购买服装 |

单位主管　周明　　　会计　张洁

（1）购入服装时。

含税采购成本＝实际采购成本/（1＋增值税率－出口退税率）×（1＋增值税率）

服装的采购成本＝10 000×150＋［218÷（1＋9％）］

　　　　　　　＝1 500 200（元）

根据原始凭证，登记会计账簿，见表4-19。

借：材料采购——蓝宇第二服装厂　　　　　　　　1 500 200

　　应交税费——应交增值税（进项税额）

　　　　［（10 000×150）×13％＋200×9％］195 018

　　贷：银行存款　　　　　　　　　　　　　　　1 695 218

表 4-19

## 记 账 凭 证

2019 年 4 月 30 日　　　　　　　　　　　　　　　字第××号

| 摘要 | 会计科目 | 借方金额 | | | | | | | | | | 贷方金额 | | | | | | | | | | 记账 |
|---|---|---|---|---|---|---|---|---|---|---|---|---|---|---|---|---|---|---|---|---|---|---|
| | | 千 | 百 | 十 | 万 | 千 | 百 | 十 | 元 | 角 | 分 | 千 | 百 | 十 | 万 | 千 | 百 | 十 | 元 | 角 | 分 | |
| 从蓝宇第二服装厂采购服装10 000件 | 材料采购/蓝宇第二服装厂 | | 1 | 5 | 0 | 0 | 2 | 0 | 0 | 0 | 0 | | | | | | | | | | | |
| | 应交税费/应交增值税（进项税额） | | | 1 | 9 | 5 | 0 | 1 | 8 | 0 | 0 | | | | | | | | | | | |
| | 银行存款 | | | | | | | | | | | | 1 | 6 | 9 | 5 | 2 | 1 | 8 | 0 | 0 | |
| 合计 | | ¥ | 1 | 6 | 9 | 5 | 2 | 1 | 8 | 0 | 0 | ¥ | 1 | 6 | 9 | 5 | 2 | 1 | 8 | 0 | 0 | |

会计主管：周明　　　　　记账：张洁　　　　　审核：李月　　　　　制单：陈英

（2）服装入库时。

根据原始凭证，登记会计账簿，见表4-20。

表 4-20

## 记 账 凭 证

2019 年 4 月 30 日　　　　　　　　　　　　　　　字第××号

| 摘要 | 会计科目 | 借方金额 | | | | | | | | | | 贷方金额 | | | | | | | | | | 记账 |
|---|---|---|---|---|---|---|---|---|---|---|---|---|---|---|---|---|---|---|---|---|---|---|
| | | 千 | 百 | 十 | 万 | 千 | 百 | 十 | 元 | 角 | 分 | 千 | 百 | 十 | 万 | 千 | 百 | 十 | 元 | 角 | 分 | |
| 服装入库时成本 | 库存商品/库存出口服装 | | 1 | 5 | 0 | 0 | 2 | 0 | 0 | 0 | 0 | | | | | | | | | | | |
| | 材料采购/蓝宇第二服装厂 | | | | | | | | | | | | 1 | 5 | 0 | 0 | 2 | 0 | 0 | 0 | 0 | |
| 合计 | | ¥ | 1 | 5 | 0 | 0 | 2 | 0 | 0 | 0 | 0 | ¥ | 1 | 5 | 0 | 0 | 2 | 0 | 0 | 0 | 0 | |

会计主管：周明　　　　　记账：张洁　　　　　审核：李月　　　　　制单：陈英

借：库存商品——库存出口服装　　　　　　　　1 500 200

　　贷：材料采购——蓝宇第二服装厂　　　　　　　　1 500 200

（3）若到月末，结算凭证尚未收到，暂按 1 600 000 元入账，账务处理如下。

①月末暂估入账时

借：库存商品——库存出口商品　　　　　　　　1 600 000

　　贷：应付账款——暂估应付账款　　　　　　　　　1 600 000

②下月初红字冲回时

借：库存商品——库存出口商品　　　　　　　　1 600 000

　　贷：应付账款——暂估应付账款　　　　　　　　　1 600 000

## 收购农副产品的核算实例

【例 4-2】东方外贸公司从郊区农业生产者购入玉米 30 吨，每吨 2 000 元，增值税税率 9％，运费 1 000 元，验收入库后，款项用银行存款支付。假设该公司为内销购进玉米，账务处理如下。见表 4-21。

表 4-21

### 货物运输业增值税专用发票

### 发票联

No 00236015

××××　　　　　　　　　开票日期：××××年××月 20 日

| 承运人及纳税人识别号 | 顺达运输公司 | | 密码区 | | 略 |
|---|---|---|---|---|---|
| 实际受票方及纳税人识别号 | 110101400321218 | | | | |
| 收货人及纳税人识别号 | 110101400321218 | | 发货人及纳税人识别号 | ×××× | |
| 起运地、经由、到达地 | | 顺义到方城区丽水大街 35 号 | | | |
| 费用项目及金额 | 费用项目　金额　费用项目　金额 | | | 运输货物信息 | 玉米 |
| 合计金额 | 1 090 | 税率　9％　税额　90 | | 机器编号 | |
| 价税合计（大写） | ⊗壹仟零玖拾元整 | | | | 小写￥1 090 |
| 车种车号 | ×× | 车船吨位　×× | 备注 | | |
| 主管税务机关及代码 | ×××× | | | | |

收款人：张平　　　　复核：李云　　　　开票人：王海　　　　承运人（章）

（1）确认购进商品的成本。

$= 30 \times 2\,000 \times (1 - 9\%) + 1\,090 \div (1 + 9\%) = 55\,600$（元）

（2）确认增值税的进项税额。

$= 30 \times 2\,000 \times 9\% + 1\,000 \times 9\% = 5\,490$（元）

根据原始凭证，登记会计账簿，见表4-22。

借：材料采购——玉米   55 600

    应交税费——应交增值税（进项税额）  5 490

    贷：银行存款   61 090

表 4-22

## 记 账 凭 证

2019 年 4 月 30 日 　　　　　　　　　　　　　　字第××号

| 摘要 | 会计科目 | 借方金额 | | | | | | | | | 贷方金额 | | | | | | | | | 记账 |
|---|---|---|---|---|---|---|---|---|---|---|---|---|---|---|---|---|---|---|---|---|
| | | 千 | 百 | 十 | 万 | 千 | 百 | 十 | 元 | 角 | 分 | 千 | 百 | 十 | 万 | 千 | 百 | 十 | 元 | 角 | 分 | |
| 从农业生产者购入玉米 | 材料采购/玉米 | | | 5 | 5 | 6 | 0 | 0 | 0 | 0 | | | | | | | | | | |
| | 应交税费/应交增值税（进项税额） | | | | 5 | 4 | 9 | 0 | 0 | 0 | | | | | | | | | | |
| | 银行存款/人民币户 | | | | | | | | | | | | 6 | 1 | 0 | 9 | 0 | 0 | 0 | |
| | 合计 | ￥ | 6 | 1 | 0 | 9 | 0 | 0 | 0 | | ￥ | 6 | 1 | 0 | 9 | 0 | 0 | 0 | | |

会计主管：徐珏　　　　记账：李明　　　　审核：周心　　　　制单：李辰

（3）验收入库时，根据原始凭证，登记会计账簿，见表4-23。

借：库存商品——库存出口商品——玉米   55 600

    贷：材料采购——玉米   55 600

**2. 特殊业务的账务处理**

（1）购进商品发生溢余或短缺的账务处理。

外贸企业购进商品发生短缺或溢余，应分以下几种情况进行处理。如图4-2所示。

表 4-23

## 记 账 凭 证

2019 年 4 月 30 日                                        字第××号

| 摘要 | 会计科目 | 借方金额 | | | | | | | | | | 贷方金额 | | | | | | | | | | 记账 |
|---|---|---|---|---|---|---|---|---|---|---|---|---|---|---|---|---|---|---|---|---|---|---|
| | | 千 | 百 | 十 | 万 | 千 | 百 | 十 | 元 | 角 | 分 | 千 | 百 | 十 | 万 | 千 | 百 | 十 | 元 | 角 | 分 | |
| 玉米验收入库 | 库存商品/库存出口商品/玉米 | | | 5 | 5 | 6 | 0 | 0 | 0 | 0 | 0 | | | | | | | | | | | | |
| | 材料采购/玉米 | | | | | | | | | | | | | 5 | 5 | 6 | 0 | 0 | 0 | 0 | 0 | | |
| | 合计 | ¥ | | 5 | 5 | 6 | 0 | 0 | 0 | 0 | 0 | ¥ | | 5 | 5 | 6 | 0 | 0 | 0 | 0 | 0 | |

会计主管：徐珏      记账：李明      审核：周心      制单：李辰

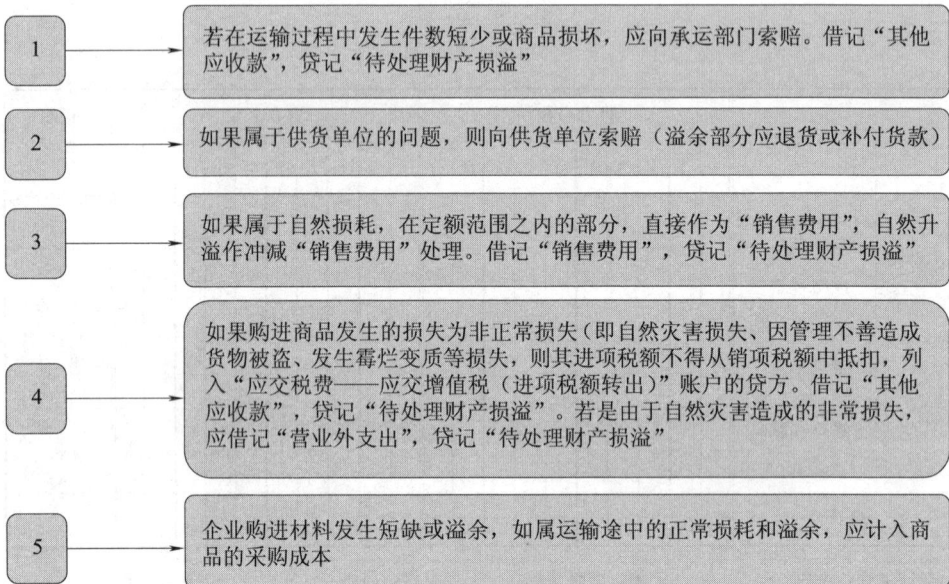

| 1 | 若在运输过程中发生件数短少或商品损坏，应向承运部门索赔。借记"其他应收款"，贷记"待处理财产损溢" |
|---|---|
| 2 | 如果属于供货单位的问题，则向供货单位索赔（溢余部分应退货或补付货款） |
| 3 | 如果属于自然损耗，在定额范围之内的部分，直接作为"销售费用"，自然升溢作冲减"销售费用"处理。借记"销售费用"，贷记"待处理财产损溢" |
| 4 | 如果购进商品发生的损失为非正常损失（即自然灾害损失、因管理不善造成货物被盗、发生霉烂变质等损失，则其进项税额不得从销项税额中抵扣，列入"应交税费——应交增值税（进项税额转出）"账户的贷方。借记"其他应收款"，贷记"待处理财产损溢"。若是由于自然灾害造成的非常损失，应借记"营业外支出"，贷记"待处理财产损溢" |
| 5 | 企业购进材料发生短缺或溢余，如属运输途中的正常损耗和溢余，应计入商品的采购成本 |

图 4-2 购进商品发生溢余或短缺的账务处理

## 购入商品发生短缺的核算实例

【例 4-3】承上例，玉米验收入库，发现短缺 2 吨，原因待查。账务处理如下。

应确认库存商品短缺金额＝55 600÷30×2＝3 706.67（元）

应转出的增值税进项税额＝2 000×2×9％＝360（元）

待处理财产损溢金额＝3 706.67＋360＝4 066.67（元）

借：待处理财产损溢　　　　　　　　　　　　　4 066.67

　　贷：商品采购——玉米　　　　　　　　　　　　3 706.67

　　　　应交税费——应交增值税（进项税额转出）　　　360

经查明，其中1.8吨系供货商造成的，另0.2吨为自然损耗。账务处理如下。

应赔偿的损耗金额＝4 066.67÷2×1.8＝3 660（元）

应由本单位承担的损耗金额＝4 066.67÷2×0.2＝406.67（元）

借：其他应收款　　　　　　　　　　　　　　3 660

　　销售费用　　　　　　　　　　　　　　　406.67

　　贷：待处理财产损溢　　　　　　　　　　　　4 066.67

### 购入商品发生溢余的核算实例

【例4-4】假定上例购进玉米为内销，货到验收入库时发生溢余2吨，原因待查，账务处理如下。

发生溢余的玉米金额＝55 600÷30×2＝3 706.67（元）

经查明，商品溢余属于自然升溢，账务处理如下。

借：待处理财产损溢　　　　　　　　　　　　3 706.67

　　贷：销售费用　　　　　　　　　　　　　　3 706.67

（2）购进商品退、补价处理。

①购进商品退价是指结算的货物进价高于实际进价，应由供货商将高于企业实际进价的差额退还给外贸企业。

### 购入商品退价的核算实例

【例4-5】大地进出口公司向第一日化厂购进洗发水2 000瓶，每瓶18元。货款已付，但后经查明，进价高于其他企业，遂与第一日化厂协商，每瓶17.60元，5日后收到北京日化厂开来的红字更正发票，退货和退款尚未收到，账务处理如下。

借：应收账款——第一日化厂　　　　　　　　904

贷：库存商品　　　　　　　　　　　　　［（18－17.60）×2 000］800
　　　应交税费——应交增值税（进项税额）　　　　　　　　104

②购进商品补价的账务处理。

购进商品补价指原来结算的货款低于实际进价，应由外贸企业将低于实际进价的差额补付给供货单位。

## 购入商品补价的核算实例

**【例4-6】**大地进出口公司从第一日化厂购进沐浴液1 800瓶，每瓶25元，货款已付。但第一日化厂核查时发现，沐浴液每瓶应为28元，系销售部门开错发票，与大地进出口公司联系说明情况后，大地进出口公司同意补款，现收到第一日化厂更正发票，应补货款5 400元，增值税额702元，账务处理如下。见表4-24。

表4-24

×× 增值税专用发票

发 票 联

×××× 　　　　　　　　　　　　　　　　No：**01092774**

开票日期：2019年4月9日

| 购货单位 | 名　称：大地进出口公司 | | | | | | | 密码区 | 略 |
|---|---|---|---|---|---|---|---|---|---|
| | 纳税人识别号：110101400321230 | | | | | | | | |
| | 地址、电话：××丽水区北蜂窝路14号　68790001 | | | | | | | | |
| | 开户行及账号：××工商银行北蜂窝路支行0200001909234216779 | | | | | | | | |

| 货物或应税劳务名称 | 规格型号 | 单位 | 数量 | 单价 | 金额 | 税率（%） | 税额 |
|---|---|---|---|---|---|---|---|
| 材料 | | 瓶 | | | ￥5 400 | 13% | ￥702 |
| 价税合计（大写） | ⊗陆仟壹佰零贰元整 | | | | | （小写）￥6 102 | |

| 销货单位 | 名　称：第一日化厂 | 备注 | |
|---|---|---|---|
| | 纳税人识别号：213789653412980 | | |
| | 地址、电话：××丰台区芳城园北路45号　87651200 | | |
| | 开户行及账号：中行芳城园分理处066180360010776 | | |

收款人：张枫　　　　复核：王玉　　　　开票人：葛兰　　　　销货单位：

借：库存商品——库存出口商品　　　　　　　　　　　　5 400

应交税费——应交增值税（进项税额）　　　　　　702

　　贷：应付账款——第一日化厂　　　　　　　　　　6 102

（3）购进商品退回和调换的处理。

## 购入商品退回的核算实例

【例 4-7】大地进出口公司经供销单位同意退货 40 000 元，增值税 5 200 元，账务处理如下。

　　借：其他应收款　　　　　　　　　　　　　　　45 200

　　　贷：库存商品——库存出口商品　　　　　　　　40 000

　　　　应交税费——应交增值税（进项税额）　　　　5 200

　　收到货款时，借：银行存款　　　　　　　　　　45 200

　　　　　　　　　贷：其他应收款　　　　　　　　　45 200

## 购入商品调换的核算实例

【例 4-8】如果双方协商以换货方式解决，供货单位调换商品到货验收后，账务处理如下。

　　借：库存商品——库存出口商品　　　　　　　　40 000

　　　应交税费——应交增值税（进项税额）　　　　　5 200

　　　贷：其他应收款　　　　　　　　　　　　　　45 200

（4）销售折扣的账务处理。

## 销售折扣的核算实例

【例 4-9】大地进出口公司从向阳电器厂赊购电冰箱 400 台，每台 2 300 元，货款共计 920 000 元，增值税额 119 600 元。向阳电器厂给予的付款条件为：10 天内付清货款，折扣为 2%，超过 10 天付款不享受优惠条件。

　　根据专用发票，账务处理如下。

　　借：材料采购　　　　　　　　　　　　　　　　920 000

　　　应交税费——应交增值税（进项税额）　　　　119 600

　　　贷：应付账款——北京向阳电器厂　　　　　　1 039 600

同时，根据收货单，账务处理如下。

借：库存商品——库存出口商品 920 000

    贷：商品采购 920 000

（5）销售折让的账务处理。

销售折让是指企业销售商品后，由于商品的品种、质量与合同不符或其他原因，而给予购货方价格上的减让。《企业会计制度》规定，销售折让应当在实际发生时直接从当期实现的销售收入中抵减。但 2007 年 1 月 1 日起在上市公司执行的《企业会计准则第 14 号——收入》中规定，企业已确认销售商品收入的售出商品发生销售折让的，应当在实际发生时冲减当期销售商品收入。如果销售折让属于资产负债表日后事项的，适用《企业会计准则第 29 号——资产负债表日后事项》，销售折让的会计处理与销售退回的会计处理相同。税法规定，发生销售折让时，销售方应凭借购货方退回的发票或按购货方主管税务机关开具的"进货退出及索取折让证明单"，开具红字发票后冲减当期销售收入，但用实物减让需按视同销售处理。

## 销售折让的核算实例

【例 4-10】进出口公司从向阳电器厂购进剃须刀 2 000 个，每个 85 元，货款共计 170 000 元，增值税额 22 100 元。

（1）支付货款时，账务处理如下。

借：在途物资 170 000

    应交税费——应交增值税（进项税额） 22 100

    贷：银行存款 192 100

（2）验收商品时，发现质量不符合要求，与厂方联系后，同意给予 5% 的购货折让。收到厂方的销货折让发票，并收到厂方退回的折让款 8 500 及增值税额 1 105 元。账务处理如下。

借：银行存款 9 605

    贷：在途物资 8 500

    应交税费——应交增值税（进项税额） 1 105

商品验收入库，应结转库存商品金额＝170 000－8 500＝161 500（元）

借：库存商品——库存出口商品 161 500

    贷：在途物资 161 500

## 4.2.5 自营出口商品的核算

外贸企业出口销售通常采用信用证结算，根据业务部门或银行转来的票据，进行账务处理。

**1. 一般出口商品销售收入的账务处理**

### 一般出口商品销售收入的实例

【例4-11】2019年1月15日，大地进出口公司向美国P公司销售运动鞋500箱，每箱30双，每双成本为120元，共计1 800 000人民币元。该货物出运后，单证部已经持相关单据向银行议付，并将商业发票、提单副本交付财务部。发票金额为328 000美元，预计海运费400美元，当日汇率为/美元＝6.25人民币元。账务处理如下。见表4-25、表4-26。其他票据略。

表4-25

### 出口商业发票
### COMMERCIAL INVOICE

| ISSUER<br>DADI Import Export Co., LTD<br>NO. 1 BEIFENGWO ROAD, LISHUI DISTRICT, CHINA<br>TEL：××××× FAX：××××× | | 信用证号 L/C No. | LC84E0081/34 |
|---|---|---|---|
| | | 发票号码 INVOCE No | 2×14×D0088 |
| P Co., LTD<br>P. O. BOX××××, No. 18 wall street, New, York, The United State | | 日期 DATE | ×××× |
| | | 合同号 CONTRACE NO. | ×××× |
| 唛头及号码<br>Marks and Numbers | 数量及品名规格<br>Quantities Description | 单价 Unit Price | 总价 Amount |
| MADE IN CHINA | LADIES SPORT SHOES | USD 21. 87 | USD 328 000. 00 |
| | | FOB | USD 328 000. 00 |
| | LESS | COMMISION | USD0. 00 |

| | PLUS | SAMPLE FEE | USD0. 00 |
|---|---|---|---|
| | | TOTAL | USD 328 000. 00 |
| | TOTAL QUANTITY： | | |
| | TOTAL AMOUNT： US DOLLARS THREE HUNDRED AND TWENTY EIGHT THOUSAND ONLY. | | |

表 4-26

# 世格物流有限公司
# DESUN LOGISTICS CO. , LTD.
## 国际货物托运书
## SHIPPER' S LETTER OF INSTRUCTION

TO：                                                                进仓编号：

| 托运人 | 世格物流有限公司 | | | | |
|---|---|---|---|---|---|
| 发货人<br>SHIPPER | DADI Import & Export CO. , LTD.<br>丽水区北蜂窝路 14 号　NO. 14，BEIFENGWO ROAD，LISHUI DISTRICT，P. R. CHINA | | | | |
| 收货人<br>CONSIGNEE | P CO. , LTD.<br>24703 FLINTGATE DR，PHILADEPHIA，THE UNITEE STATES | | | | |
| 通知人<br>NOTIFY PARTY | P CO. , LTD.<br>24703 FLINTGATE DR，PHILADEPHIA，UNITEE STATES | | | | |
| 起运港 | SHANGHAI | 目的港 | ×××  | 运费 | PREPAID |
| 标记唛头<br>MARKS | 箱<br>BOXES | 中英文品名<br>DESCRIPTION OF GOODS | | 毛重（公斤）<br>G. W（kgs） | 尺码（立方米）<br>SIZE（m³） |
| FASHION FORCE<br>F01LCB05127<br>CTN NO.<br>MONTREAL<br>MADE IN CHINA | 500 | LADIES SPORT SHOES<br>运动鞋 | | 19 | 21.583 |

| 1. 货单到达时间：1.27 报关 | 2. 航班： | 运价： |
|---|---|---|
| 电　话：××××<br>传　真：××××<br>联系人：张海<br>地　址：××市三环路 60 号世贸大厦 2401<br>　　　　室<br>托运人签字：周明 | ★如改配航空公司请提前通知我司<br><br>（公章略）<br><br>制单日期：2019 年 1 月 12 日 | |

根据原始凭证，登记会计账簿，见表 4-27。

借：应收账款——应收外汇账款（运动鞋）

　　　　　　　（328 000×6.25）2 050 000

　　贷：主营业务收入——自营出口销售收入　　　　2 050 000

表 4-27

### 记 账 凭 证

2019 年 1 月 27 日

字第××号

| 摘要 | 会计科目 | 美元金额 | | | | | | | | | 汇率 | 借方人民币金额 | | | | | | | | | | | 贷方人民币金额 | | | | | | | | | | | 记账 |
|---|---|---|---|---|---|---|---|---|---|---|---|---|---|---|---|---|---|---|---|---|---|---|---|---|---|---|---|---|---|---|---|---|---|---|---|
| | | 千 | 百 | 十 | 万 | 千 | 百 | 十 | 元 | 角 | 分 | | 千 | 百 | 十 | 万 | 千 | 百 | 十 | 元 | 角 | 分 | 千 | 百 | 十 | 万 | 千 | 百 | 十 | 元 | 角 | 分 | |
| 应收<br>女式<br>运动<br>鞋外<br>汇货<br>款 | 应收账款/应<br>收外汇账<br>款/运动鞋 | | | 3 | 2 | 8 | 0 | 0 | 0 | 0 | 0 | 6.25 | | | 2 | 0 | 5 | 0 | 0 | 0 | 0 | 0 | | | | | | | | | | | |
| | 主营业务收<br>入/自营出口<br>销售收入 | | | | | | | | | | | | | | | | | | | | | | | | 2 | 0 | 5 | 0 | 0 | 0 | 0 | 0 | |
| 合计 | | | | | | | | | | | | | ¥ | | 2 | 0 | 5 | 0 | 0 | 0 | 0 | 0 | ¥ | | 2 | 0 | 5 | 0 | 0 | 0 | 0 | 0 | |

会计主管：周明　　　　记账：张洁　　　　审核：李月　　　　制单：陈英

根据原始凭证，登记会计账簿，见表 4-28。

借：主营业务成本——自营出口销售成本　　　　1 800 000

　　贷：库存商品——库存出口商品　　　　　　　1 800 000

表 4-28

## 记 账 凭 证

2019 年 1 月 27 日　　　　　　　　　　　字第××号

| 摘要 | 会计科目 | 借方金额 | | | | | | | | | | 贷方金额 | | | | | | | | | | 记账 |
|---|---|---|---|---|---|---|---|---|---|---|---|---|---|---|---|---|---|---|---|---|---|---|
| | | 千 | 百 | 十 | 万 | 千 | 百 | 十 | 元 | 角 | 分 | 千 | 百 | 十 | 万 | 千 | 百 | 十 | 元 | 角 | 分 | |
| 结转女式运动鞋品成本 | 主营业务成本/自营出口销售成本 | | 1 | 8 | 0 | 0 | 0 | 0 | 0 | 0 | 0 | | | | | | | | | | | |
| | 库存商品/库存出口商品 | | | | | | | | | | | | 1 | 8 | 0 | 0 | 0 | 0 | 0 | 0 | 0 | |
| 合计 | | ¥ | 1 | 8 | 0 | 0 | 0 | 0 | 0 | 0 | 0 | ¥ | 1 | 8 | 0 | 0 | 0 | 0 | 0 | 0 | 0 | |

会计主管：周明　　　　记账：张洁　　　　审核：李月　　　　制单：陈英

预付海外运费时，根据原始凭证，登记会计账簿，见表 4-29。

借：主营业务收入——自营出口销售收入（400×6.25）2 500

　　贷：银行存款——美元　　　　　　　　　　　　　　　　2 500

表 4-29

## 记 账 凭 证

2019 年 1 月 27 日　　　　　　　　　　　字第××号

| 摘要 | 会计科目 | 美元金额 | | | | | | | | | | 汇率 | 借方人民币金额 | | | | | | | | | | 贷方人民币金额 | | | | | | | | | | 记账 |
|---|---|---|---|---|---|---|---|---|---|---|---|---|---|---|---|---|---|---|---|---|---|---|---|---|---|---|---|---|---|---|---|---|---|
| | | 千 | 百 | 十 | 万 | 千 | 百 | 十 | 元 | 角 | 分 | | 千 | 百 | 十 | 万 | 千 | 百 | 十 | 元 | 角 | 分 | 千 | 百 | 十 | 万 | 千 | 百 | 十 | 元 | 角 | 分 | |
| 预估海外运费 | 主营业务收入/自营出口销售收入 | | | | 4 | 0 | 0 | 0 | 0 | | | 6.25 | | | 2 | 5 | 0 | 0 | 0 | 0 | | | | | | | | | | | | | |
| | 银行存款/美元 | | | | | | | | | | | | | | | | | | | | | | | | 2 | 5 | 0 | 0 | 0 | 0 | | | |
| | 合计 | | | | | | | | | | | | ¥ | | 2 | 5 | 0 | 0 | 0 | 0 | | | ¥ | | 2 | 5 | 0 | 0 | 0 | 0 | | | |

会计主管：周明　　　　记账：张洁　　　　审核：李月　　　　制单：陈英

需要注意的是，①出口企业应及时办理收汇核销手续，并将结汇水单的复印件按时间先后装订成册，以便出口退税部门核查。出口退税将在第七章详细介绍。②此外，所有的外汇收支在备查账簿中做好登记，以便与结汇银行的台账记录相核对。

在出口过程中，发生一些其他费用的账务处理如下。

**2. 支付国外保险费**

## 支付国外保险费的核算实例

【例 4-12】承上例，在本次销售业务中，发生保险费用 340 美元，假设当日汇率 1 美元＝6.28 人民币元，则：保险费＝340×6.28＝2 135.2（元）

根据原始凭证，登记会计账簿，见表 4-30、4-31。

借：主营业务收入——自营出口销售收入 　　　　　2 135.2

　　贷：银行存款——美元 　　　　　　　　　　　　　　　2 135.2

表 4-30

### 外汇支款凭证

签发日期：2019-1-27

<table>
<tr><td rowspan="3">付款单位</td><td>全　称</td><td colspan="8">大地进出口公司</td><td rowspan="3">收款单位</td><td>全　称</td><td colspan="8">佳和保险公司</td></tr>
<tr><td>账　号</td><td colspan="8">07422568789</td><td>账　号</td><td colspan="8">090876456432786345</td></tr>
<tr><td>开户银行</td><td colspan="8">工商银行北蜂窝路支行</td><td>开户银行</td><td colspan="8">中国银行天华分行</td></tr>
<tr><td colspan="2">支款货币及金额</td><td>千</td><td>百</td><td>十</td><td>万</td><td>千</td><td>百</td><td>十</td><td>元</td><td>角</td><td>分</td></tr>
<tr><td colspan="2">USD340</td><td></td><td></td><td></td><td></td><td>$</td><td>3</td><td>4</td><td>0</td><td>0</td><td>0</td></tr>
<tr><td rowspan="2">牌价</td><td rowspan="2">6.28</td><td colspan="10">购汇（或结汇）货币及金额</td></tr>
<tr><td colspan="10"></td></tr>
<tr><td rowspan="2">附言</td><td colspan="5" rowspan="2">保险费</td><td colspan="6">借方科目 ＿＿＿＿＿＿＿＿＿</td></tr>
<tr><td colspan="6">贷方科目 ＿＿＿＿＿＿＿＿＿</td></tr>
<tr><td colspan="12">银行信息</td></tr>
</table>

审核印鉴：×× 　　　复核：×× 　　　经办：×× 　　　（单位预留印鉴）

　　借：主营业务收入——自营出口销售收入 　　　　　2 135.20

　　　　贷：银行存款——美元 　　　　　　　　　　　　　　2 135.20

表 4-31

## 记 账 凭 证

2019 年 1 月 27 日　　　　　　　　　　　　　　　　字第××号

| 摘要 | 会计科目 | 美元金额 | | | | | | | | | 汇率 | 借方人民币金额 | | | | | | | | | 贷方人民币金额 | | | | | | | | | 记账 |
|---|---|---|---|---|---|---|---|---|---|---|---|---|---|---|---|---|---|---|---|---|---|---|---|---|---|---|---|---|---|---|
| | | 千 | 百 | 十 | 万 | 千 | 百 | 十 | 元 | 角 | 分 | | 千 | 百 | 十 | 万 | 千 | 百 | 十 | 元 | 角 | 分 | 千 | 百 | 十 | 万 | 千 | 百 | 十 | 元 | 角 | 分 | |
| 支付保险费 | 主营业务收入/自营出口销售收入 | | | | 3 | 4 | 0 | 0 | 0 | 0 | | 6.28 | | | | 2 | 1 | 3 | 5 | 2 | 0 | | | | | | | | | | | | |
| | 银行存款/美元 | | | | | | | | | | | | | | | | | | | | | | | | | 2 | 1 | 3 | 5 | 2 | 0 | |
| | 合计 | | | | | | | | | | | | ¥ | 2 | 1 | 3 | 5 | 2 | 0 | | | | | ¥ | 2 | 1 | 3 | 5 | 2 | 0 | |

### 3. 应付佣金

佣金分为明佣、暗佣和累积佣金三种。

明佣，是指在买卖合同、信用证或发票等相关单证上列示的金额。在单证中，佣金通常标注在贸易术语后面，如"CIF C5％"。这个"C"就是 Com-mission，即佣金。而暗佣的金额则是对真正买主保密，由卖方（出口商）暗中支付给中间商的费用，它的数额一般不在发票等相关单据上显示。等到卖方货款收妥之后，另行支付给中间商。累计佣金，是由出口企业国外包销、代理客户签订协议，在一定期间内，按累计数额支付的佣金。由于不能认定到具体出口货物，可直接记入"销售费用"科目。计算公式如下。

含佣价＝净价÷（1－佣金率）

①支付明佣的账务处理。

**支付明佣的核算实例**

【例 4-13】按照【例 4-11】给定的资料，假设上述出口交易中存在的 4％ 的明佣，即 328 000×6.25×4％＝82 000 元，明佣是记入"主营业务收入"的贷方，用红字记录。

借：应收账款——应收外汇款——国外中间商佣金　（82 000）

贷：主营业务收入——自营出口销售收入　　　　（82 000）

公司向银行议付信用证时，由银行按规定佣金率在结汇时代为扣后，再行支付给境外中间商。当日银行汇率为1美元＝6.20人民币元。

应收账款＝328 000×6.20＝2 033 600（元）

应付佣金＝328 000×6.20×4％＝81 344（元）

根据原始凭证，登记会计账簿，见表4-32。

借：银行存款　　　　　　　　　　　　　　1 952 256

　　财务费用——汇兑差额　　　　　　　　　16 400

　　应付账款——应付外汇账款——佣金　　　81 344

　　　贷：应收账款——应收外汇账款

　　　　　（328 000×6.25）2 050 000

**表 4-32**

## 记 账 凭 证

2019 年 1 月 27 日　　　　　　　　　　　　　　字第××号

| 摘要 | 会计科目 | 美元金额 | | | | | | | | | | 汇率 | 借方人民币金额 | | | | | | | | | | 贷方人民币金额 | | | | | | | | | | 记账 |
|---|---|---|---|---|---|---|---|---|---|---|---|---|---|---|---|---|---|---|---|---|---|---|---|---|---|---|---|---|---|---|---|---|---|
| | | 千 | 百 | 十 | 万 | 千 | 百 | 十 | 元 | 角 | 分 | | 千 | 百 | 十 | 万 | 千 | 百 | 十 | 元 | 角 | 分 | 千 | 百 | 十 | 万 | 千 | 百 | 十 | 元 | 角 | 分 | |
| 收到外汇款并支付佣金 | 银行存款 | | | | | | | | | | | | | 1 | 9 | 5 | 2 | 2 | 5 | 6 | 0 | 0 | | | | | | | | | | | |
| | 财务费用/汇兑差额 | | | | | | | | | | | | | | 1 | 6 | 4 | 0 | 0 | 0 | 0 | | | | | | | | | | | |
| | 应付账款/应付外汇账款/佣金 | | | | | | | | | | | | | | 8 | 1 | 3 | 4 | 4 | 0 | 0 | | | | | | | | | | | |
| | 应收账款/应收外汇账款 | | 3 | 2 | 8 | 0 | 0 | 0 | 0 | 0 | | 6.25 | | | | | | | | | | | | 2 | 0 | 5 | 0 | 0 | 0 | 0 | 0 | 0 | |
| | | | | | | | | | | | | | | | | | | | | | | | | | | | | | | | | |
| 合计 | | | | | | | | | | | | | ¥ | 2 | 0 | 5 | 0 | 0 | 0 | 0 | 0 | 0 | ¥ | 2 | 0 | 5 | 0 | 0 | 0 | 0 | 0 | 0 | |

②支付暗佣的账务处理

**【例4-14】**假设【例4-12】业务为暗佣，财务部门收到业务部门转来的对外付佣通知单时，账务处理如下。

借：应付账款——应付外汇账款（佣金）　　　　　　（82 000）

　　贷：主营业务收入——自营出口销售收入　　　　　（82 000）

支付佣金时，出口企业收妥全部货款后，再将佣金另行汇付境外。当日汇率为1美元＝6.20人民币元。

根据原始凭证，登记会计账簿，见表4-33。

借：应付账款——应付外汇账款（佣金）　　　　　　81 344

　　贷：银行存款　　　　　　　　　　　　　　　　　81 344

表 4-33

### 记 账 凭 证

2019 年 1 月 27 日　　　　　　　　　　　　　　字第××号

| 摘要 | 会计科目 | 美元金额 ||||||||| 汇率 | 借方人民币金额 ||||||||| 贷方人民币金额 ||||||||| 记账 |
|---|---|---|---|---|---|---|---|---|---|---|---|---|---|---|---|---|---|---|---|---|---|---|---|---|---|---|---|---|
| | | 千 | 百 | 十 | 万 | 千 | 百 | 十 | 元 | 角 | 分 | | 千 | 百 | 十 | 万 | 千 | 百 | 十 | 元 | 角 | 分 | 千 | 百 | 十 | 万 | 千 | 百 | 十 | 元 | 角 | 分 | |
| 支付佣金时 | 应付账款/应付外汇账款/佣金 | | | 1 | 3 | 1 | 2 | 0 | 0 | 0 | | 6.20 | | 8 | 1 | 3 | 4 | 4 | 0 | 0 | | | | | | | | | | | | |
| | 银行存款 | | | | | | | | | | | | | | | | | | | | | | | 8 | 1 | 3 | 4 | 4 | 0 | 0 | |
| 合计 | | | | | | | | | | | | | | ¥ | 8 | 1 | 3 | 4 | 4 | 0 | 0 | | ¥ | 8 | 1 | 3 | 4 | 4 | 0 | 0 | |

需要注意的是，以明佣方式支付给境外个人的外贸佣金，不属于《营业税暂行条例》的调整范围，不需要缴纳营业税；以暗佣形式支付给境外个人的外贸佣金，属于营业税条例的调整范围，须在我国缴纳营业税，支付佣金的境内企业为营业税的扣缴义务人。

③累计佣金的账务处理

a.能具体认定到某笔出口销售收入的，则冲减销售收入，账务处理如下。

借：主营业务收入——自营出口销售收入

  贷：应付账款——应付外汇账款——国外中间商佣金

b. 无法认定到具体某笔出口销售额的，则列作销售费用，账务处理如下。

借：销售费用

  贷：应付账款——应付外汇账款——国外中间商佣金

**4. 预估境外费用**

为了符合权责发生制原则，正确核算出口当期的损益，应在每季结算或年终决算时，对已在财务上做了出口销售处理，但是该销售收入相对应的尚未支付的境外运输费、保险费、应付的佣金等到，分别预估入账。

借：主营业务收入——自营出口销售收入

  贷：应付账款——应付外汇账款——预估境外运输费

      ——应付外汇账款——预估境外保险费

---

## 4.2.6　自营出口特殊事项的核算

---

在自营出口销售过程中，常常发生一些特殊事项，如出口退回、预收账款、L/C议付、票据贴现、背书转让、坏账准备、索赔、理赔等。

**1. 出口退回商品的账务处理**

商品出口销售后，遭遇退货，根据退货的原因及经与国外客户协商同意后，进行账务处理。

### 出口商品退回的核算实例

【例4-15】假设东方外贸出口公司出口的商品因故发生退关未能出口，根据进仓单，见表4-34。这批商品销售价格为6 000美元，明佣为商品总价的2%，当日汇率为1美元＝6.24人民币元。财务部门根据退货通知单，登记会计账簿，见表4-35。

表 4-34

# 东方外贸出口公司进仓单

2019 年 1 月 2 日　　　　　　　　　　　　　　　　　　单位：元

| 序号 | 型号 | 产品名称 | 单价 | 单位 | 数量 | 金额 |
|---|---|---|---|---|---|---|
| 1 | XN12 | 芬芳洗发水 | 25 | 瓶 | 1 400 | 35 000 |
|  |  |  |  |  |  |  |
|  |  |  |  |  |  |  |

主管领导　　　　　　　采购员　　　　　　　仓管员

借：主营业务收入——自营出口销售收入——芬芳洗发水

（6 000×6.24）37 440

——自营出口销售收入——芬芳洗发水

（6 000×2‰×6.24）748.8（红字）

贷：应收账款——应收外汇账款　　　　　　38 188.8

表 4-35

# 记 账 凭 证

2019 年 1 月 5 日　　　　　　　　　　　　　　　　　　字第××号

| 摘要 | 会计科目 | 美元金额 千百十万千百十元角分 | 汇率 | 借方人民币金额 千百十万千百十元角分 | 贷方人民币金额 千百十万千百十元角分 | 记账 |
|---|---|---|---|---|---|---|
| 售出芬芳洗发水退回 | 主营业务收入/自营出口销售收入/芬芳洗发水 | 6 0 0 0 0 0 0 | 6.24 | 3 7 4 4 0 0 0 |  |  |
| | 主营业务收入/自营出口销售收入/芬芳洗发水 | 1 2 0 0 0 0 | 6.24 | 7 4 8 8 0 |  |  |
| | 应收账款/应收外汇款 | 6 1 2 0 0 0 0 | 6.24 |  | 3 8 1 8 8 8 0 |  |
| | | | | | | |
| 合计 | | | | ¥ 3 8 1 8 8 8 0 | ¥ 3 8 1 8 8 8 0 | |

会计主管：周明　　　　　记账：张洁　　　　　审核：李月　　　　　制单：陈英

114

同时，冲销原结转的销售成本，登记会计账簿，见表4-36。

借：库存商品——芬芳洗发水       35 000

  贷：主营业务成本——自营出口销售成本—芬芳洗发水

                35 000

表 4-36

## 记 账 凭 证

2019 年 1 月 5 日         字第××号

| 摘要 | 会计科目 | 借方金额 | | | | | | | | | | 贷方金额 | | | | | | | | | | 记账 |
|---|---|---|---|---|---|---|---|---|---|---|---|---|---|---|---|---|---|---|---|---|---|---|
| | | 千 | 百 | 十 | 万 | 千 | 百 | 十 | 元 | 角 | 分 | 千 | 百 | 十 | 万 | 千 | 百 | 十 | 元 | 角 | 分 | |
| 结转芬芳洗发水成本 | 库存商品/芬芳洗发水 | | | | 3 | 5 | 0 | 0 | 0 | 0 | 0 | | | | | | | | | | | |
| | 主营业务成本/自营出口销售成本/芬芳洗发水 | | | | | | | | | | | | | | 3 | 5 | 0 | 0 | 0 | 0 | 0 | |
| | 合计 | | | ¥ | 3 | 5 | 0 | 0 | 0 | 0 | 0 | | ¥ | 3 | 5 | 0 | 0 | 0 | 0 | 0 | | |

会计主管：周明     记账：张洁     审核：李月     制单：陈英

### 2. 因退货造成的运输、保险费用的处理

因退货造成的运输保险费，据双方的责任商定处理意见，分别进行处理。

## 退货时运输、保险费用的核算实例

【例4-16】承【例4-15】，①由我方承担责任的出口退回，出口发生的国内费用及国外运输、保险费，连同退货发生的一切运输、保险费及其他因退货发生的一切支出，共计 3 200 元，转入"待处理财产损益"科目。

根据原始凭证，登记会计账簿，见表4-37。

借：待处理财产损溢          3 200

  贷：主营业务收入——自营出口销售收入——芬芳洗发水

                3 200

表 4-37

# 记 账 凭 证

2019 年 1 月 6 日 　　　　　　　　　　　　　　　　　字第××号

| 摘要 | 会计科目 | 借方金额 | | | | | | | | | | 贷方金额 | | | | | | | | | | 记账 |
|---|---|---|---|---|---|---|---|---|---|---|---|---|---|---|---|---|---|---|---|---|---|---|
| | | 千 | 百 | 十 | 万 | 千 | 百 | 十 | 元 | 角 | 分 | 千 | 百 | 十 | 万 | 千 | 百 | 十 | 元 | 角 | 分 | |
| 结转退货发生的国内费用及国外运保费 | 待处理财产损溢 | | | | | 3 | 2 | 0 | 0 | 0 | 0 | | | | | | | | | | | | |
| | 主营业务收入/自营出口销售收入/芬芳洗发水 | | | | | | | | | | | | | | | 3 | 2 | 0 | 0 | 0 | 0 | |
| 合计 | | | | | ¥ | 3 | 2 | 0 | 0 | 0 | 0 | | | | ¥ | 3 | 2 | 0 | 0 | 0 | 0 | |

会计主管：周明　　　　记账：张洁　　　　审核：李月　　　　制单：陈英

②支付退回各项费用时，登记会计账簿，见表 4-38。

借：待处理财产损溢　　　　　　　　　　　　　3 200

　　贷：银行存款　　　　　　　　　　　　　　　　　3 200

表 4-38

# 记 账 凭 证

2019 年 1 月 6 日 　　　　　　　　　　　　　　　　　字第××号

| 摘要 | 会计科目 | 借方金额 | | | | | | | | | | 贷方金额 | | | | | | | | | | 记账 |
|---|---|---|---|---|---|---|---|---|---|---|---|---|---|---|---|---|---|---|---|---|---|---|
| | | 千 | 百 | 十 | 万 | 千 | 百 | 十 | 元 | 角 | 分 | 千 | 百 | 十 | 万 | 千 | 百 | 十 | 元 | 角 | 分 | |
| 支付退回费用时 | 待处理财产损溢 | | | | | 3 | 2 | 0 | 0 | 0 | 0 | | | | | | | | | | | | |
| | 银行存款 | | | | | | | | | | | | | | | 3 | 2 | 0 | 0 | 0 | 0 | |
| 合计 | | | | | ¥ | 3 | 2 | 0 | 0 | 0 | 0 | | | | ¥ | 3 | 2 | 0 | 0 | 0 | 0 | |

会计主管：周明　　　　记账：张洁　　　　审核：李月　　　　制单：陈英

③经批准后，上述损失转入营业外支出。根据原始凭证，登记会计账簿，见表 4-39。

借：营业外支出　　　　　　　　　　　　　　3 200

　　贷：待处理财产损溢　　　　　　　　　　　　3 200

表 4-39

## 记 账 凭 证

2019 年 1 月 6 日　　　　　　　　　　　　　　　　　　　字第××号

| 摘要 | 会计科目 | 借方金额 | | | | | | | | | | 贷方金额 | | | | | | | | | | 记账 |
|---|---|---|---|---|---|---|---|---|---|---|---|---|---|---|---|---|---|---|---|---|---|---|
| | | 千 | 百 | 十 | 万 | 千 | 百 | 十 | 元 | 角 | 分 | 千 | 百 | 十 | 万 | 千 | 百 | 十 | 元 | 角 | 分 | |
| 退货发生的国内费用及国外运保费转入营业外支出 | 营业外支出 | | | | 3 | 2 | 0 | 0 | 0 | 0 | | | | | | | | | | | | |
| | 待处理财产损溢 | | | | | | | | | | | | | | 3 | 2 | 0 | 0 | 0 | 0 | | |
| | | | | | | | | | | | | | | | | | | | | | | |
| 合计 | | | ¥ | 3 | 2 | 0 | 0 | 0 | 0 | | | | ¥ | 3 | 2 | 0 | 0 | 0 | 0 | | | |

会计主管：周明　　　　　记账：张洁　　　　审核：李月　　　　制单：陈英

### 3. L/C 议付方式的账务处理

L/C 议付又称出口押汇，是指由被授权议付的银行对汇票（单据）付出对价。如果只审查单据而不支付对价并不构成议付。

## L/C 议付的核算实例

【例 4-17】东方外贸出口公司出口收取汇票金额 45 000 美元，议付行按 6.5% 的年利率收取 10 天的利息，当日汇率为 1 美元等于 6.26 人民币元。计算利息、议付款项，账务处理如下。

（1）10 天利息＝45 000×（6.5%÷360）×10＝81.25（美元）

（2）议付款项＝45 000－81.25＝44 918.75（美元）

根据原始凭证，登记会计账簿，见表 4-40。

借：银行存款（44918.75×6.26）　　　　　281 191.38

　　财务费用——利息支出　　　　（81.25×6.26）508.63

　　贷：主营业务收入——自营出口销售收入　　281 700.01

表 4-40

### 记 账 凭 证

2019 年 1 月 6 日 　　　　　　　　　　　　　字第××号

| 摘要 | 会计科目 | 美元金额 千百十万千百十元角分 | 汇率 | 借方人民币金额 千百十万千百十元角分 | 贷方人民币金额 千百十万千百十元角分 | 记账 |
|---|---|---|---|---|---|---|
| 以议付方式售出商品 | 银行存款 | 4 4 9 1 8 7 5 | 6.26 | 2 8 1 1 9 1 3 8 | | |
| | 财务费用/利息支出 | 8 1 2 5 | 6.26 | 5 0 8 6 3 | | |
| | 主营业务收入/自营出口销售收入 | | | | 2 8 1 7 0 0 0 1 | |
| | | | | | | |
| | 合计 | | | ￥2 8 1 7 0 0 0 1 | ￥2 8 1 7 0 0 0 1 | |

会计主管：周明　　　　记账：张洁　　　　审核：李月　　　　制单：陈英

**4. 票据贴现的账务处理**

出口企业结算方式采用承兑交单 D/A 方式时，由出口商在发运货物后按发票金额开具汇票，连同货运单委托当地外汇银行通过进口地的联行或代理行向进口商收取货款。跟单托收结算方式中，付款交单（D/P）和承兑交单（D/A）在账务处理上相同。

### 票据贴现的核算实例

【例 4-18】大地进出口公司出口服装，以托收 D/A 45 天结算，假设对方 45 天付款 38 000 美元。大地进出口公司持承兑汇票向银行办理贴现，银行扣收 45 天的利息，年利率 8%，余额支付大地进出口公司，当日汇率为 1 美元＝6.25 人民币元。见表 4-41。

（1）贴现利息＝票面金额×贴现率×贴现期

＝38 000×（8%÷360）×45＝380（美元）

（2）贴现值＝38 000－380＝37 620（美元）

表 4-41

## 贴现凭证（代申请书）

申请日期： 2019 年 1 月 5 日 　　　　　　　　　　 第×××号

| 贴现汇票 | 种　类 | 银承 | | 号码 | | 持票人 | 全　称 | 大地进出口公司 | | | | | | | | |
|---|---|---|---|---|---|---|---|---|---|---|---|---|---|---|---|---|
| | 出票日 | 2019 年 1 月 15 日 | | | | | 账　号 | 0200001909234216779 | | | | | | | | |
| | 到期日 | 2019 年 3 月 1 日 | | | | | 开户银行 | 工商银行北蜂窝路支行 | | | | | | | | |

| 汇票承兑人 | 名称 | | | | 开户银行 | | | |

| 汇款金额 | 人民币 | | | 千 | 百 | 十 | 万 | 千 | 百 | 十 | 元 | 角 | 分 |
|---|---|---|---|---|---|---|---|---|---|---|---|---|---|
| | （大写）⊗贰拾叁万染仟伍佰圆整 | | | | ¥ | 2 | 3 | 7 | 5 | 0 | 0 | 0 | 0 |

| 贴现率 | 8% | 贴现利息 | 千 | 百 | 十 | 万 | 千 | 百 | 十 | 元 | 角 | 分 | 实付贴现金额 | 千 | 百 | 十 | 万 | 千 | 百 | 十 | 元 | 角 | 分 |
|---|---|---|---|---|---|---|---|---|---|---|---|---|---|---|---|---|---|---|---|---|---|---|---|
| | | | | | | ¥ | 2 | 3 | 7 | 5 | 0 | 0 | | | ¥ | 2 | 3 | 5 | 1 | 2 | 5 | 0 | 0 |

附送承兑汇票申请贴现，请审核

大地进出口公司财务专用章

张之行印
持票人签章

银行审批

工商银行北蜂窝路支行
合同专用章

负责人　　信贷员

科目（借）＿＿＿＿＿＿＿
对方科目（贷）＿＿＿＿＿＿＿

复核　张宁　　　记账　许璐

根据原始凭证，登记会计账簿，见表 4-42。

借：银行存款——美元　　　　（37 620×6.25）235 125

　财务费用——利息支出　　　（380×6.25）2 375

　　贷：应收票据　　　　　　　　　　　　237 500

表 4-42

## 记 账 凭 证

2019 年 1 月 6 日　　　　　　　　　　　　字第××号

| 摘要 | 会计科目 | 美元金额 | | | | | | | | | | 汇率 | 借方人民币金额 | | | | | | | | | | 贷方人民币金额 | | | | | | | | | | 记账 |
|---|---|---|---|---|---|---|---|---|---|---|---|---|---|---|---|---|---|---|---|---|---|---|---|---|---|---|---|---|---|---|---|---|
| | | 千 | 百 | 十 | 万 | 千 | 百 | 十 | 元 | 角 | 分 | | 千 | 百 | 十 | 万 | 千 | 百 | 十 | 元 | 角 | 分 | 千 | 百 | 十 | 万 | 千 | 百 | 十 | 元 | 角 | 分 | |
| 应付银行贴现 | 银行存款/美元户 | | | | 3 | 7 | 6 | 2 | 0 | 0 | | 6.25 | | | 2 | 3 | 5 | 1 | 2 | 5 | 0 | 0 | | | | | | | | | | | |
| | 财务费用/利息支出 | | | | | | 3 | 8 | 0 | 0 | 0 | 6.25 | | | | | 2 | 3 | 7 | 5 | 0 | 0 | | | | | | | | | | | |
| | 应收票据 | | | | | | | | | | | | | | | | | | | | | | | | 2 | 3 | 7 | 5 | 0 | 0 | 0 | 0 | |
| | 合计 | | | | | | | | | | | | ¥ | 2 | 3 | 7 | 5 | 0 | 0 | 0 | 0 | 0 | ¥ | 2 | 3 | 7 | 5 | 0 | 0 | 0 | 0 | 0 | |

会计主管：周明　　　　记账：张洁　　　　审核：李月　　　　制单：陈英

**5. 出口索赔的账务处理**

出口索赔是指外贸企业在商品交易过程中因对方违反合同规定遭受损失时，根据约定向对方提出的经济赔偿。借记"应收账款"科目，贷记"营业外收入"科目。

## 出口索赔的核算实例

【**例 4-19**】进出口公司在对外出口贸易中，因外商未能履行提出赔偿要求，最后确认的赔偿金额为 4 800 美元。当日市场汇率为 1 美元＝6.19 人民币元。账务处理如下。

（1）确认索赔时，登记会计账簿，见表 4-43。

借：应收账款——出口索赔 　　　　　　　（4 800×6.19）29 712

　　贷：营业外收入——出口索赔 　　　　　　　　　　　　29 712

表 4-43

### 记 账 凭 证

2019 年 1 月 6 日　　　　　　　　　　　　　　　　　　　字第××号

| 摘要 | 会计科目 | 美元金额 千百十万千百十元角分 | 汇率 | 借方人民币金额 千百十万千百十元角分 | 贷方人民币金额 千百十万千百十元角分 | 记账 |
|---|---|---|---|---|---|---|
| 应收售出商品索赔款 | 应收账款/出口索赔 | 4 8 0 0 0 0 | 6.19 | 2 9 7 1 2 0 0 | | |
| | 营业外收入/出口索赔 | | | | 2 9 7 1 2 0 0 | |
| 合计 | | | | ￥2 9 7 1 2 0 0 | ￥2 9 7 1 2 0 0 | |

会计主管：周明　　　　　记账：张洁　　　　　审核：李月　　　　　制单：陈英

（2）收到索赔款时。

根据原始凭证，登记会计账簿，见表 4-44。

借：银行存款——美元 　　　　　　　　　（4 800×6.18）29 664

　　财务费用——汇兑损益 　　　　　　　　　　　　　　　　48

　　　贷：应收账款——出口索赔款 　　　　　　　　　　　29 712

表 4-44

# 记 账 凭 证

2019 年 1 月 6 日

字第××号

| 摘要 | 会计科目 | 美元金额 千百十万千百十元角分 | 汇率 | 借方人民币金额 千百十万千百十元角分 | 贷方人民币金额 千百十万千百十元角分 | 记账 |
|---|---|---|---|---|---|---|
| 收到售出商品索赔款 | 银行存款/美元 | 4 8 0 0 0 0 | 6.18 | 2 9 6 6 4 0 0 | | |
| | 财务费用/汇兑损益 | | 6.18 | 4 8 0 0 | | |
| | 应收账款/出口索赔款 | | | | 2 9 7 1 2 0 0 | |
| 合计 | | | | ￥2 9 7 1 2 0 0 | ￥2 9 7 1 2 0 0 | |

会计主管：周明　　　记账：张洁　　　审核：李月　　　制单：陈英

## 6. 出口理赔的账务处理

出口理赔是指外贸企业在商品交易过程中，因违反合同规定使对方遭受损失，给予对方的赔偿。区分不同的情况，账务处理如图 4-3 所示。

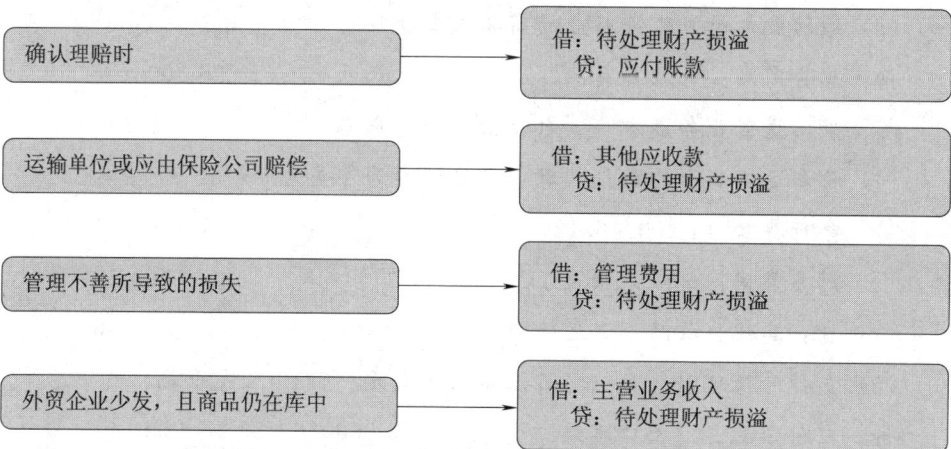

| | |
|---|---|
| 确认理赔时 | 借：待处理财产损溢 贷：应付账款 |
| 运输单位或应由保险公司赔偿 | 借：其他应收款 贷：待处理财产损溢 |
| 管理不善所导致的损失 | 借：管理费用 贷：待处理财产损溢 |
| 外贸企业少发，且商品仍在库中 | 借：主营业务收入 贷：待处理财产损溢 |

图 4-3　出口理赔的账务处理

# 出口商品理赔的核算实例

【例4-20】假设东方外贸出口公司因发出商品存在问题，外商提出索赔，经协商确定赔偿金额 5 000 美元，当日市场汇率为 1 美元＝6.18 人民币元。

根据以下业务，登记会计账簿。见表4-45。

(1) 确认理赔时。

借：待处理财产损溢——待处理流动资产损溢

(5 000×6.18) 30 900

贷：应付账款——出口理赔 30 900

(2) 经查，运输部门在运输途中不慎损坏商品，共计 1 200 美元，外贸企业自身管理不善，造成商品损失 800 美元，发货过程中少发商品，共计 3 000 美元，现商品仍在仓库。

借：其他应收款——运输部门 (1 200×6.18) 7 416

管理费用 (800×6.18) 4 944

主营业务收入——自营出口销售收入

(3 000×6.18) 18 540

贷：待处理财产损溢——待处理流动资产损溢 30 900

(3) 结转成本时，假设对应的商品成本金额为 26 800 元。

借：库存商品——××商品 26 800

贷：主营业务成本——自营出口销售成本 26 800

(4) 收到运输公司的赔偿款时（当日汇率为 1 美元＝6.12 人民币元）。

借：银行存款（1 200×6.12） 7 344

财务费用——汇兑损益 72

贷：其他应收款——运输公司 7 416

(5) 支付外商理赔款时（当日汇率为 1 美元＝6.12 人民币元）

借：应付账款——出口理赔 (5 000×6.18) 30 900

贷：银行存款——美元 (5 000×6.12) 30 600

财务费用——汇兑损益 300

表 4-45

# 记 账 凭 证

2019 年 1 月 6 日

| 摘要 | 会计科目 | 美元金额 | 汇率 | 借方人民币金额 | 贷方人民币金额 | 记账 |
|---|---|---|---|---|---|---|
| 确认理赔 | 待处理财产损溢/待处理流动资产损溢 | 500000.00 | 6.18 | 3090000.00 | | |
| | 应付账款/出口理赔 | | | | 3090000.00 | |
| 按负责部门分摊理赔款 | 其他应收款/运输部门 | 120000.00 | 6.18 | 741600.00 | | |
| | 管理费用 | 80000.00 | 6.18 | 494400.00 | | |
| | 主营业务收入/自营出口销售收入 | 300000.00 | 6.18 | 1854000.00 | | |
| | 待处理财产损溢/待处理流动资产损溢 | | | | 3090000.00 | |
| 结转入库产品成本 | 库存商品 | | | 2680000.00 | | |
| | 主营业务成本/自营出口销售成本 | | | | 2680000.00 | |
| 收到运输公司理赔款 | 银行存款/美元户 | 120000.00 | 6.12 | 734400.00 | | |
| | 财务费用/汇兑损益 | | | 7200.00 | | |
| | 其他应收款/运输公司 | | | | 741600.00 | |
| 支付外商理赔款 | 应付账款 | 500000.00 | 6.18 | 3090000.00 | | |
| | 财务费用/汇兑损益 | | | | 30000.00 | 0 |
| | 银行存款/美元 | 500000.00 | 6.12 | | 3060000.00 | |
| 合计 | | | | ¥12691600.00 | ¥12691600.00 | |

会计主管：周明　　　记账：张洁　　　审核：李月　　　制单：陈英

## 4.3 代理出口业务的核算

代理出口业务是指具有进出口经营权的企业接受没有自营进出口权的工厂、外贸公司等的委托，代办对外销售及交单结汇或同时代办发运、制单等业务的统称。

### 4.3.1 代理出口业务的特点

代理出口业务具有以下特点，见表4-46。

表 4-46 代理出口业务的特点

| 序号 | 特 点 |
|---|---|
| 1 | 受托、委托方应事先签订代理出口协议，明确规定经营商品、代理范围、商品交接、储存运输、费用负担、手续费率、外汇划拨、索赔处理、货款结算以及双方有关职责等 |
| 2 | 受托企业经办代理出口业务，不垫付商品资金，不负担基本费用，不承担出口销售盈亏，仅收取手续费 |
| 3 | 受托企业按出口销货发票的金额及规定的手续费率，向委托方收取手续费，作为经办代理出口业务的管理费用开支和收益 |
| 4 | 代理出口商品的出口退税归委托方，一般由受托企业负责去所在地的税务局开立代理出口退税证明，由委托方持证明和出口报关单、出口收汇核销单及代理出口协议副本等文件向当地税务部门办理退税 |

### 4.3.2 代理出口业务流程

代理出口业务流程，见表4-47。

表 4-47 代理出口业务流程

| 代理出口流程 | 内 容 |
|---|---|
| 第一步，办理出口备案（甲方办理） | 自签订外贸代理协议之日起30个工作日内，由被委托方财务持以下单据向所在地税务局办理备案手续：<br>外贸代理协议正本<br>税务登记证正本及复印件（国税局留存复印件，查看正本。以下均同）<br>营业执照正本及复印件<br>开户证明正本及复印件<br>组织结构代码正本及复印件 |

| 代理出口流程 | 内 容 |
|---|---|
| 第一步，办理出口备案（甲方办理） | 一般纳税人批复证明正本及复印件<br>环保评估正本及复印件<br>外贸合同正本 |
| 第二步：国税局备案，税务局审核，且出备案号（甲乙方协作办理） | 被委托方所在地国税局审核以上单证后向所在地税务所发送相关文件，税务所审核该文件并对被委托方实地考察，看是否与单证符合及是否有退税的资格。税务局对相关单据审核后，将意见传达给国税局，由国税局做最后审批；并出具《出口退税认定表》及备案号。（以上2个环节的传达及审批时间要20个工作日）情况特殊可以抽人专门到税务所询问 |
| 第三步：外贸代理公司方可代理出口及收汇（乙方） | ①被委托方提供对外收汇账户，收取国外货款<br>②待货物出口后，被委托方代办《代理出口证明》后，账上外汇方可转为待核查账户，由中国人民银行核查后，2～3个工作日内便能将外汇兑换为人民币，转入甲方企业账户（汇率按收款时银行汇率） |
| 第四步：货物备齐后的报关、报检（或乙方） | ①商检，由乙方协助接检疫部门人员去货物所在地工厂/仓库实施检验，（开箱验货）0.5～1个工作日检疫部门出具出口通关单或者换证凭条。（具体时间由商检局控制）<br>②乙方报关员持以下单据向海关报关。<br>出口通关单、工厂装箱单、形式发票、外贸合同、外贸代理协议、报关委托书、运单等向海关申报。一般在1～2个工作日，海关会做出放行批复文件；并发放相关文件。（此时要求单单相符、单货相符）<br>③海关放行，发放该海关以下单据。<br>出口报关单、出口退税联、出口核销联及应上报的其他单据 |
| 第五步：乙方办理出口退税手续 | 甲方应向乙方提供以下单据，办理出口退税手续。<br>①营业执照复印件<br>②税务登记复印件<br>③出口退税认定表<br>④报关单、出口退税率、出口核销联<br>⑤代理协议正本<br>⑥形式发票正本<br>乙方财务在收到上述材料后，在12～20个工作内办理《代理出口证明》 |
| 第六步：甲方现场办理出口退税或抵税（甲方） | 甲方财务持《代理出口证明》向所在地国税局办理退税或抵税业务 |

## 4.3.3 代理出口账户设置

"受托代销商品"是资产类账户，用以核算企业接受其他单位委托代理出口的商品和代销的商品。企业收到其他单位代理出口商品或代销商品时，记入借方；代理出口商品发运后或代销商品销售后，结转其成本时，记入贷方，余额在借方，表示委托代理出口商品和代销商品的结存额。

"代销商品款"是负债类账户，用以核算企业接受代理出口商品和代销商品的货款。企业收到代理出口商品或代销商品时，记入贷方；代理出口商品或代销商品销售时，记入借方，余额在贷方，表示尚未销售的代理出口商品和代销商品的数额。

### 4.3.4 代理出口商品的核算方法

受托出口企业向委托企业清算销售货款的方式，有当地结汇法和异地结汇法两种。

#### 1. 当地结汇法

当地结汇法货款是指银行在收到代理出口销售外汇时按全额转入受托企业存款账户的一种结算方式。采取这种方式，受托企业收汇后，扣除垫付的国内外直接费用和应收取的代理手续费，将外汇余额通过银行转付委托单位。账务处理见表 4-48。

表 4-48　　　　　　　　　　当地结汇法的账务处理

| 业务情形 | 账务处理 |
| --- | --- |
| 收到银行转来的收汇通知时 | 借：银行存款——外币存款（总金额×买入汇率）<br>　　财务费用——汇兑差额<br>　　贷：应收账款（总金额×当日即期汇率） |
| 扣除垫付的基本费用和应收取的代理手续费，差额汇付委托方，根据汇款回单 | 借：应付账款——××公司（按账面余额）<br>　　贷：银行存款 |

#### 2. 异地结汇方式

异地结汇方式是指受托企业在办理代理出口销售交单结汇时，由银行在收到外汇时扣除应付佣金、国内外直接费用和代理手续费后，将外汇余额原币划拨委托单位，由委托单位到所在银行办理结汇的一种结算方法。账务处理见表 4-49。

表 4-49 异地结汇法的账务处理

| 业务情景 | 账务处理 |
|---|---|
| 收到银行转来的结汇收账通知和分割结汇通知，划拨委托方收汇余额 | 借：银行存款<br>　　财务费用——汇兑差额<br>　　应付账款——××公司<br>　　贷：应收账款——外汇账款 |

## 异地结汇法的核算实例

**【例 4-21】** 大地进出口公司代理山西钦锐公司销售女式外套业务，采取异地结汇法，代理业务的手续费率为 2‰。

（1）1 月 10 日，收到银行转来分割结汇的收账通知，金额为 2 450 美元，其中代垫国外装船费 1 000 美元；运费 800 美元，保险费 250 美元；代理手续费 1 000 美元，款项全部存入外币存款户。当日美元汇率的中间价为 6.28 元。账务处理如下，见表 4-50。

表 4-50

中国工商银行

**DEBIT ADVICE**
借记通知

DATE（日期）：

TO：DADI Import & Export CO.，LTD.　　2019-1-10

L/C NO.（信用证号）：02221ML20157896　　DRAFT AMT.（单据金额）：. USD2 450. 00
ABNO.（银行流水号）：××××　　CONTRACT NO.（合同号）：××××

WITH REFERENCE TO THE CAPTIONED ITEMS。PLEASE BE ADVISED THAT WE HAVE TODAY DEBITED YOUR ACCOUNT NO. 07422568789 WITH THE FOLLOWING AMOUNT PAYMENT UNDER THE L/C ABOVE MENTIONED.
我行已于今日将上述业务之下列金额借记你公司 07422568789 账户。

DEDUCT AMT.：
付款金额 USD 2 450. 00

工商银行北蜂路支行
2019-01-14
转讫

BUYING RATE：6. 20 SELLING RATE：6. 30 REALING RATE：6. 28

INDUSTRIAL AND COMMERCIAL BANK OF CHINA，BEIFENGWO ROAD BRANCH
工商银行北蜂窝路支行

借：银行存款——美元　　　　　　　（2 450×6. 28）15 386

　　　贷：应收账款——外汇账款　　　　　　　　　　　　15 386

表 4-51

## 记 账 凭 证

2019 年 1 月 10 日　　　　　　　　　　　　　　　　　字第××号

| 摘要 | 会计科目 | 美元金额 | | | | | | | | | 汇率 | 借方人民币金额 | | | | | | | | | 贷方人民币金额 | | | | | | | | | 记账 |
|---|---|---|---|---|---|---|---|---|---|---|---|---|---|---|---|---|---|---|---|---|---|---|---|---|---|---|---|---|---|
| | | 千 | 百 | 十 | 万 | 千 | 百 | 十 | 元 | 角 | 分 | | 千 | 百 | 十 | 万 | 千 | 百 | 十 | 元 | 角 | 分 | 千 | 百 | 十 | 万 | 千 | 百 | 十 | 元 | 角 | 分 | |
| 收到代垫运杂费 | 银行存款/美元 | | | | 2 | 4 | 5 | 0 | 0 | 0 | 6.28 | | | | 1 | 5 | 3 | 8 | 6 | 0 | 0 | | | | | | | | | | | |
| | 应收账款/应收外汇款 | | | | | | | | | | | | | | | | | | | | | 1 | 5 | 3 | 8 | 6 | 0 | 0 | |
| | | | | | | | | | | | | | | | | | | | | | | | | | | | | | |
| 合计 | | | | | | | | | | | | | | ¥ | 1 | 5 | 3 | 8 | 6 | 0 | 0 | ¥ | 1 | 5 | 3 | 8 | 6 | 0 | 0 | |

会计主管：周明　　　　记账：张洁　　　　审核：李月　　　　制单：陈英

（2）1 月 10 日，同时根据代理业务收取代理手续费的发票（记账联），金额为 490 美元。账务处理如下，见表 4-52。

　　　借：应付账款——钦锐公司　　　　　　　　　　　6 280

　　　　　贷：其他业务收入　　　　　　　　　　　　　　　6 280

表 4-52

## 记 账 凭 证

2019 年 1 月 10 日　　　　　　　　　　　　　　　　　字第××号

| 摘要 | 会计科目 | 借方金额 | | | | | | | | | 贷方金额 | | | | | | | | | 记账 |
|---|---|---|---|---|---|---|---|---|---|---|---|---|---|---|---|---|---|---|---|---|
| | | 千 | 百 | 十 | 万 | 千 | 百 | 十 | 元 | 角 | 分 | 千 | 百 | 十 | 万 | 千 | 百 | 十 | 元 | 角 | 分 | |
| 收取代理手续费 | 应付账款/钦锐公司 | | | | 6 | 2 | 8 | 0 | 0 | 0 | | | | | | | | | | |
| | 其他业务收入 | | | | | | | | | | | | | 6 | 2 | 8 | 0 | 0 | 0 | |
| | | | | | | | | | | | | | | | | | | | |
| | | | | | | | | | | | | | | | | | | | |
| 合计 | | ¥ | 6 | 2 | 8 | 0 | 0 | 0 | | | ¥ | 6 | 2 | 8 | 0 | 0 | 0 | | | |

会计主管：周明　　　　记账：张洁　　　　审核：李月　　　　制单：陈英

（3）1月10日，同时根据银行转来分割结汇通知，划拨山西钦锐公司收汇余额 54 780 美元。见表 4-53、4-54。

借：应付账款——钦锐公司　　　　　　　　　344 018.4

贷：应收账款——应收外汇账款　（54 780×6.28）344 018.4

表 4-53

**中国工商银行**　　　　　CREDIT ADVICE
贷记通知

OUT REF.：TTR0898788　　　　　　　　　　　　DATE（日期）：

TO：DADI Import&Export CO.，LTD　　　　　　2019-1-10

我行已于即日将你公司之下述汇入款项贷记你公司 07422568789 账户。

AMT.：USD54780.00　　RATE：6.28　　　　NET AMT.：RMB 344018.40

收款人：DADI Import&Export CO.，LTD.　　　汇入行：Industrial and Commercial Bank of China，

　　　　　　　　　　　　　　　　　　　　　　　BeiFeng Wo Branch

汇款编号：097579966　　汇款日期：2017-1-10　汇入金额：USD54 780.00

REMITTER：

汇款人：

MESSAGE：

附言

国家外汇管理局丽水分区
业务(5)
出口已核销

工商银行北蜂路支行

2019-01-14

转讫

TRANSMIT FEE：RMB0.00

CABLE/POST DHGS：RMB0.00　　NOTICE CHGS：RMB0.00

申报单号：26962935632　核销单号

Industrial and Commercial Bank of China，BEIFENGWO ROAD BRANCH
工商银行北蜂窝路支行

出口收汇核销专用联号

表4-54

出口收汇核销单
存根
编号：××××

出口单位：DADI Import&Export CO., LTD.

单位代码：××××
出口币种总价：USD54780.00
收汇方式：DRAFT
预计收款日期：2019.1.10
报关日期：2019.1.10
备注：

此单报关有效期截止到
2019.1.31

（出口单位盖章）

大×进出口公司
进出口专用章

出口收汇核销单
编号：××××

出口单位：DADI Import&Export CO., LTD.

单位代码：××××

| 类 别 | 币种金额 | 日 期 | 盖 章 |
|---|---|---|---|
| 银行签注栏 | | | |

海关签注栏：

外汇局签注栏：

2019年1月10日（盖章）

（出口单位盖章）

出口收汇核销单
出口退税专用
编号：××××

出口单位：DADI Import&Export CO., LTD.

单位代码：××××

| 货物名称 | 数 量 | 币种总价 |
|---|---|---|
| LADIES' SUIT | 600 BUNDLES | USD54780.00 |

报关单编号：327656960

海关签注栏：

大×进出口公司
进出口专用章

中华人民共和国×海关
（03）
单证验讫章
海关盖章

2019年1月10日（盖章）

未经核销此联不得撕开

## 4.3.5　代理出口商品的核算

代理出口商品交单办理收汇手续，取得银行回单时就意味着销售已经确认，然而这是委托单位的销售收入，因此通过"应付账款"账户核算。届时根据代理出口商品的销售金额，借记"应收账款"账户；贷记"应付账款"账户；同时结转代理出口商品的销售成本，根据代理出口商品的出库金额，借记"代销商品款"账户；贷记"发出商品"账户。

### 1. 视同买断方式

受托方将代销商品加价出售，与委托方按协议价结算，不再另外收取手续费。视同买断方式对受托方来说，账务处理与自营出口相同。账务处理见表 4-55。

表 4-55　　　　　　　　　　　视同买断的账务处理

| 业　　务 | 账务处理 |
| --- | --- |
| 收到代销商品时 | 借：受托代销商品——代理出口<br>　　贷：受托代销商品款 |
| 实际销售时 | 借：银行存款<br>　　贷：主营业务收入<br>借：主营业务成本<br>　　贷：受托代销商品<br>借：受托代销商品款<br>　　贷：应付账款——委托企业 |
| 按合同协议价将款项付给委托企业时 | 借：应付账款——委托企业<br>　　贷：银行存款 |

## 视同买断方式的核算实例

【例 4-22】2019 年 4 月，大地进出口公司与钦锐公司签订商品买断合同，购进商品用于出口。

（1）2019 年 4 月 4 日，购入甲商品，验单付款时，见表 4-56、4-57。

表 4-56

×× 省增值税专用发票

**发　票　联**　　No：×××××

×××× 

开票日期：2019 年 4 月 9 日

| 购货单位 | 名　　　称：大地进出口公司<br>纳税人识别号：110101400321230<br>地址、电话：××丽水区北蜂窝路 14 号　68790001<br>开户行及账号：工商银行北蜂窝路支行 0200001909234216779 | | | | | 密码区 | 略 |
|---|---|---|---|---|---|---|---|
| 货物或应税劳务名称 | 规格型号 | 单位 | 数量 | 单价 | 金额 | 税率（%） | 税额 |
| 甲商品 | | 吨 | 500 | 4 746 | ¥2 100 000 | 13% | ¥273 000 |
| 价税合计（大写） | ⊗ 贰佰叁拾柒万叁仟元整 | | | | | （小写）¥2 373 000 | |
| 销货单位 | 名　　　称：钦锐公司<br>纳税人识别号：450134134971563<br>地址、电话：×× 市晋源区化工路 22 号<br>0351-7069733<br>开户行及账号：中行化工路分理处 066180360010776 | | | | | 备注 | 钦　锐　公司<br>450134134971563<br>发票专用章 |

收款人：肖娜　　　　复核：张雪　　　　开票人：粟妙　　　　销货单位：（章）

①应确认商品成本＝500×4 200＝2 100 000（元）

②增值税进项税额＝2 100 000×13%＝273 000（元）

借：材料采购　　　　　　　　　　　　　　　　　　2 100 000

　　应交税费——应交增值税（进项税额）　　　　　273 000

　　贷：银行存款　　　　　　　　　　　　　　　　　　2 373 000

（2）甲商品验收入库时，见表 4-58、4-59。

表 4-57

# 记 账 凭 证

2019 年 4 月 4 日

字第××号

| 摘要 | 会计科目 | 借方金额 | | | | | | | | | | 贷方金额 | | | | | | | | | | 记账 |
|------|---------|---|---|---|---|---|---|---|---|---|---|---|---|---|---|---|---|---|---|---|---|------|
| | | 千 | 百 | 十 | 万 | 千 | 百 | 十 | 元 | 角 | 分 | 千 | 百 | 十 | 万 | 千 | 百 | 十 | 元 | 角 | 分 | |
| 购入商品 | 材料采购 | | 2 | 1 | 0 | 0 | 0 | 0 | 0 | 0 | 0 | | | | | | | | | | | |
| | 应交税费/应交增值税/进项税额 | | | 2 | 7 | 3 | 0 | 0 | 0 | 0 | 0 | | | | | | | | | | | |
| | 银行存款 | | | | | | | | | | | | 2 | 3 | 7 | 3 | 0 | 0 | 0 | 0 | 0 | |
| | | | | | | | | | | | | | | | | | | | | | | |
| 合计 | | ¥ | 2 | 3 | 7 | 3 | 0 | 0 | 0 | 0 | 0 | ¥ | 2 | 3 | 7 | 3 | 0 | 0 | 0 | 0 | 0 | |

会计主管：周明　　　　记账：张洁　　　　审核：李月　　　　制单：陈英

表 4-58

# 商品入库单

供应单位：钦锐公司

发票号码：01092781　　　　2019 年 4 月 4 日　　　　第 001 号

| 月 | 日 | 商品名称 | 规格型号 | 数 量 | 单 位 | 单 价 | 金 额 | 备注 |
|----|----|---------|---------|-------|-------|-------|-------|------|
| 1 | 16 | 甲商品 | 吨 | 500 | | 4 200 | 2 100 000 | |
| | | | | | | | | |
| | | | | | | | | |
| | | | | | | | | |
| | | | | | | | | |
| | | | | | | | | |
| | | | | | | | | |
| | | | | | | | | |

借：库存商品——库存出口商品——甲商品　　　　2 100 000

　　贷：材料采购——出口商品采购　　　　　　　　2 100 000

表 4-59

## 记 账 凭 证

2019 年 4 月 4 日                          字第××号

| 摘要 | 会计科目 | 借方金额 | | | | | | | | | | | 贷方金额 | | | | | | | | | | | 记账 |
|------|---------|---|---|---|---|---|---|---|---|---|---|---|---|---|---|---|---|---|---|---|---|---|---|---|------|
| | | 千 | 百 | 十 | 万 | 千 | 百 | 十 | 元 | 角 | 分 | 千 | 百 | 十 | 万 | 千 | 百 | 十 | 元 | 角 | 分 | |
| 结转购入甲商品成本 | 库存商品/库存出口商品/甲商品 | | 2 | 1 | 0 | 0 | 0 | 0 | 0 | 0 | 0 | | | | | | | | | | | |
| | 材料采购/出口商品采购 | | | | | | | | | | | | 2 | 1 | 0 | 0 | 0 | 0 | 0 | 0 | 0 | |
| 合计 | | ¥ | 2 | 1 | 0 | 0 | 0 | 0 | 0 | 0 | 0 | ¥ | 2 | 1 | 0 | 0 | 0 | 0 | 0 | 0 | 0 | |

会计主管：周明　　　　　记账：张洁　　　　　审核：李月　　　　　制单：陈英

（3）根据出口贸易合同向日本 A 公司出口甲商品一批，采用信用证结算。根据具体业务，账务处理如下。

借：发出商品——甲商品                         2 100 000

贷：库存商品——库存出口商品（甲商品）      2 100 000

（4）1 月 8 日，收到业务部门转来已向银行交单的出口发票副本，与出库单核对完全相符后，按 CIF 计价，共计 400 000 美元，扣除 4% 的佣金 16 000 美元，销售净额为 384 000 美元，按企业规定的记账汇率为 6.26，折合为人民币记账。见表 4-60。

①确认收入及佣金。

借：应收账款——A 客户      （384 000×6.26）2 403 840

主营业务收入——甲商品（佣金）

                            （16 000×6.26）100 160

贷：主营业务收入——自营出口销售收入（甲商品）2 504 000

②同时结转销售成本。

借：主营业务成本——自营出口销售成本——甲商品 2 100 000

贷：发出商品——甲商品                        2 100 000

（5）1 月 18 日，收到银行收款通知，上述销货款已收汇，银行扣除 200 美元的手续费，余款存入公司的外汇存款账户，根据银行水单，当日银行买入价 1 美元＝6.28 人民币元。见表 4-61。

表 4-60

# 记 账 凭 证

2019 年 4 月 8 日　　　　　　　　　　　　　　　　　字第××号

| 摘要 | 会计科目 | 美元金额 | 汇率 | 借方人民币金额 | 贷方人民币金额 | 记账 |
|---|---|---|---|---|---|---|
| 收到出口甲商品货款 | 应收账款/应收外汇款 | 384 000.00 | 6.26 | 2 403 840.00 | | |
| | 主营业务收入/佣金 | 16 000.00 | 6.26 | 100 160.00 | | |
| | 主营业务收入/自营出口销售收入（甲商品） | 400 000.00 | 6.26 | | 2 504 000.00 | |
| 结转甲商品成本 | 主营业务成本/自营出口销售成本（甲商品） | | | 2 100 000.00 | | |
| | 发出商品/甲商品 | | | | 2 100 000.00 | |
| 合计 | | | | ￥4 604 000.00 | ￥4 604 000.00 | |

会计主管：周明　　　　记账：张洁　　　　审核：李月　　　　制单：陈英

借：银行存款——美元　　　（384 000×6.28）2 411 520
　　财务费用——手续费　　　　　　　　　　1 256
　　贷：应收账款——应收外汇账款（A 客户）
　　　　　　　　　　　（384 000×6.26）2 403 840
　　　　财务费用——汇兑损益　　　　　　　8 936

表 4-61

# 记 账 凭 证

2019 年 4 月 18 日　　　　　　　　　　　　　　　　字第××号

| 摘要 | 会计科目 | 美元金额 | 汇率 | 借方人民币金额 | 贷方人民币金额 | 记账 |
|---|---|---|---|---|---|---|
| 收取甲商品外汇收入 | 银行存款/美元 | 384 000.00 | 6.28 | 2 411 520.00 | | |
| | 财务费用/手续费 | 2 000.00 | 6.28 | 12 560.00 | | |

| 摘要 | 会计科目 | 美元金额 | | | | | | | | | 汇率 | 借方人民币金额 | | | | | | | | | | 贷方人民币金额 | | | | | | | | | | 记账 |
|---|---|千|百|十|万|千|百|十|元|角|分|---|千|百|十|万|千|百|十|元|角|分|千|百|十|万|千|百|十|元|角|分|---|
| 收取甲商品外汇收入 | 应收账款/应收外汇款（A客户） | | | 3 | 8 | 4 | 0 | 0 | 0 | 0 | 0 | 6.26 | | | | | | | | | | | | 2 | 4 | 0 | 3 | 8 | 4 | 0 | 0 | 0 | |
| | 财务费用/汇兑损益 | | | | | | | | | | | | | | | | | | | | | | | | | | 8 | 9 | 3 | 6 | 0 | 0 | |
| 合计 | | | | | | | | | | | | | ￥ | 2 | 4 | 1 | 2 | 7 | 7 | 6 | 0 | 0 | ￥ | 2 | 4 | 1 | 2 | 7 | 7 | 6 | 0 | 0 | |

会计主管：周明　　　　记账：张洁　　　　审核：李月　　　　制单：陈英

## 2. 收取手续费方式

委托方按照受托方的要求销售商品，受托方只收取代销手续费，并且该代销手续费与商品销售量、销售额无必然联系。账务处理见表4-62。

表 4-62

| 业务情形 | 账务处理 |
|---|---|
| 收到商品时 | 借：受托代销商品<br>　贷：代销商品款 |
| 销售商品时 | 借：银行存款<br>　贷：应付账款——××企业 |
| 货款交付对方并收取手续费时 | 借：代销商品款<br>　贷：受托代销商品<br>借：应付账款<br>　贷：银行存款<br>　　其他业务收入——手续费 |

## 收取手续费的核算实例

【例 4-23】大地进出口公司受理钦锐公司的委托，代理服装出口业务，合同金额为 56 000 美元（CIF），代理手续费率为 3%。

（1）1月2日，收到委托单位交来的代理出口服装，储运部门转来代理业务入库单，列明入库女式外套 1 000 套，单价为 280 元。按合同规定金额扣除手续费按银行当日买入价入账，账务处理如下。

　　借：受托代销商品——钦锐公司　　　　　　　　　　280 000

　　　　贷：代销商品款——钦锐公司　　　　　　　　　　　　280 000

　　（2）1月15日，代办出口交单收汇。受托方在代理商品装运出口后，在信用证规定日期内，将全套出口单证按合同规定结算方式向银行办理交单时，当日汇率为1美元＝6.28人民币元。

　　借：应收账款——应收外汇账款　　　　　　　　　　351 680

　　　　贷：应付账款——代理出口销售收入——钦锐公司

　　　　　　　（56 000×6.28）351 680

　　借：代销商品款——受托代销商品　　　　　　　　　280 000

　　　　贷：受托代销商品——钦锐公司　　　　　　　　　　280 000

　　（3）代付境外费用。假定境外运输费1 000美元、保险费1 680美元，佣金800元，当日汇率1美元＝6.28人民币元。

　　借：主营业务收入——代理出口销售收入——运输费

　　　　　　　　　（1 000×6.28）6 280

　　　　　　　　——保险费

　　　　　　（1 680×6.28）10 550.4

　　　　　　　　　——佣金

　　　　　　　　（800×6.28）5 024

　　　　贷：银行存款——美元　　　　　　　　　　　　21 854.4

　　（4）出口收汇。银行收妥货款后，受托方根据银行结汇水单，按当日银行买入价1美元＝6.24人民币元入账。账务处理如下。

　　借：银行存款——美元　　　　（56 000×6.24）349 440

　　　　财务费用——汇兑损益　　　　　　　　　　　　　2 240

　　　　贷：应收账款——应收外汇账款　　　　　　　　　351 680

　　（5）受托企业按协议扣除代垫费用和代理手续费后，通过银行将余款结付给委托企业时，根据结算清单，账务处理如下。当日银行买入价为当日汇率为1美元＝6.25人民币元。

　　扣除国外运费、保险费及佣金后的应付账款＝351 680－21 854.5－

2 240＝327 585.5（元）

应退还委托单位的款项＝327 585.5－10 550.4＝317 035.1（元）

借：应付账款　　　　　　　　　　　　　　327 585.6

贷：其他业务收入——手续费收入（351 680×3％）　10 550.4

银行存款——美元　　　　　　　　317 035.2

THE

FIFTH

CHAPTER

第 5 章

加工贸易与补偿贸易的核算

加工贸易是指进口原材料或半成品进行加工，然后，在国外销售成品。加工贸易包括来料加工和进料加工。与一般贸易相比，加工贸易的货物主要来自国外，只是在我国进行加工和装配，获得加工费的行为。补偿贸易常与加工贸易相结合，通常称为"三来一补"。由于补偿贸易的持续时间较长，一般为 10～20 年或更长，多数情况下金融机构要直接或间接参与。补偿贸易的缺点是形式不太灵活，达成协议较难，手续较繁琐，风险较大。

# 5.1 进料加工贸易

## 5.1.1 进料加工的概念

进料加工是指我国具有进出口权的企业用外汇购买进口的原材料、辅料、零部件、元器件、配套件、包装物料等，经加工制成成品或半成品后，再外销出口的贸易形式。

## 5.1.2 进料加工的核算

进料加工业务主要由进口料件、加工及成品复出口三个环节组成，具体账务处理，见表 5-1。

表 5-1　　　　　　　　　　　　进料加工业务的账务处理

| 业务情景 | 账务处理 | |
|---|---|---|
| 进口料件时 | 根据全套进口单据 | 借：在途物资——在途进料加工物资<br>　　贷：应付账款——应付外汇账款 |

| 业务情景 | | 账务处理 |
|---|---|---|
| 进口料件时 | 实际支付货款时 | 借：应付账款——应付外汇账款<br>　　贷：银行存款 |
| 进口料件加工时 | 委托加工时 | 借：委托加工物资——进料加工商品<br>　　贷：原材料——进料加工材料 |
| | 完工交货时 | 借：委托加工物资——进料加工商品<br>　　贷：应交税费——应交增值税（进项税额） |
| | 成品入库时 | 借：库存商品<br>　　贷：委托加工物资——进料加工商品 |
| 出口销售时 | | 借：应收账款——应收外汇账款<br>　　贷：主营业务收入——进料加工出口销售收入<br>借：主营业务成本——进料加工出口销售成本<br>　　贷：库存商品——进料加工库存商品 |

## 进料加工的核算实例

【例 5-1】大地进出口公司根据合同约定，接受 ABC 纺织公司来料 6 000 公斤，加工生产 10 000 条毛毯。

（1）3 月 1 日，收到 ABC 纺织公司发来羊毛 6 000 公斤，每公斤 20 美元，共计 120 000 美元，羊毛已验收入库，当日美元汇率的中间价为 6.28 元。

借：在途物资——在途进料加工物资——ABC 纺织公司（羊毛）

　　　　　　　　　　　　　　　　　　　　　　　753 600

　　贷：应付账款——应付外汇账款——ABC 纺织公司

　　　　　　　　　　　　　　（120 000×6.28）753 600

登记会计凭证，见表 5-2。

借：原材料——进料加工物资　　　　　　　　　　753 600

　　贷：在途物资——在途进料加工物资　　　　　753 600

表 5-2

# 记 账 凭 证

2019 年 3 月 1 日            字第××号

| 摘要 | 会计科目 | 美元金额 | | | | | | | | | | 汇率 | 借方人民币金额 | | | | | | | | | | 贷方人民币金额 | | | | | | | | | | 记账 |
|---|---|---|---|---|---|---|---|---|---|---|---|---|---|---|---|---|---|---|---|---|---|---|---|---|---|---|---|---|---|---|---|---|
| | | 千 | 百 | 十 | 万 | 千 | 百 | 十 | 元 | 角 | 分 | | 千 | 百 | 十 | 万 | 千 | 百 | 十 | 元 | 角 | 分 | 千 | 百 | 十 | 万 | 千 | 百 | 十 | 元 | 角 | 分 | |
| 收到ABC纺织公司发来的羊毛 | 原材料/ABC纺织公司/羊毛 | | | 1 | 2 | 0 | 0 | 0 | 0 | 0 | 0 | 6.28 | | | 7 | 5 | 3 | 6 | 0 | 0 | 0 | 0 | | | | | | | | | | | |
| | 应付账款/ABC纺织公司 | | | | | | | | | | | | | | | | | | | | | | | | 7 | 5 | 3 | 6 | 0 | 0 | 0 | 0 | |
| | | | | | | | | | | | | | | | | | | | | | | | | | | | | | | | | |
| | 合计 | | | | | | | | | | | | ¥ | | 7 | 5 | 3 | 6 | 0 | 0 | 0 | 0 | ¥ | | 7 | 5 | 3 | 6 | 0 | 0 | 0 | 0 | |

会计主管：周明      记账：张洁      审核：李月      制单：陈英

（2）3 月 2 日，将 6 000 公斤羊毛全部拨付给第一毛毯厂加工生产羊毛毯 10 000 条。账务处理如下，见表 5-3。

     借：委托加工物资——羊毛毯                   753 600

        贷：原材料——进料加工材料               753 600

表 5-3

# 记 账 凭 证

2019 年 3 月 2 日            字第××号

| 摘要 | 会计科目 | 借方金额 | | | | | | | | | | 贷方金额 | | | | | | | | | | 记账 |
|---|---|---|---|---|---|---|---|---|---|---|---|---|---|---|---|---|---|---|---|---|---|---|
| | | 千 | 百 | 十 | 万 | 千 | 百 | 十 | 元 | 角 | 分 | 千 | 百 | 十 | 万 | 千 | 百 | 十 | 元 | 角 | 分 | |
| 委托第一毛毯厂加工毛毯 | 委托加工物资/羊毛毯 | | | 7 | 5 | 3 | 6 | 0 | 0 | 0 | 0 | | | | | | | | | | | |
| | 原材料 | | | | | | | | | | | | | 7 | 5 | 3 | 6 | 0 | 0 | 0 | 0 | |
| | | | | | | | | | | | | | | | | | | | | | | |
| | | | | | | | | | | | | | | | | | | | | | | |
| | 合计 | ¥ | | 7 | 5 | 3 | 6 | 0 | 0 | 0 | 0 | ¥ | | 7 | 5 | 3 | 6 | 0 | 0 | 0 | 0 | |

会计主管：周明      记账：张洁      审核：李月      制单：陈英

（3）3 月 30 日，10 000 条羊毛毯加工完毕，每套加工费 350 元，当即签发转账支票付讫。见表5-4。

  借：委托加工物资——羊毛毯          3500 000

    应交税费——应交增值税（进项税额）     595 000

    贷：银行存款               4 095 000

表5-4

## 记 账 凭 证

2019 年 3 月 30 日              字第××号

| 摘要 | 会计科目 | 借方金额 | | | | | | | | | | 贷方金额 | | | | | | | | | | 记账 |
|---|---|---|---|---|---|---|---|---|---|---|---|---|---|---|---|---|---|---|---|---|---|---|
| | | 千 | 百 | 十 | 万 | 千 | 百 | 十 | 元 | 角 | 分 | 千 | 百 | 十 | 万 | 千 | 百 | 十 | 元 | 角 | 分 | |
| 支付加工费 | 委托加工物资/进料加工材料/羊毛毯 | | 3 | 5 | 0 | 0 | 0 | 0 | 0 | 0 | 0 | | | | | | | | | | | |
| | 应交税费/应交增值税/进项税额 | | | 5 | 9 | 5 | 0 | 0 | 0 | 0 | 0 | | | | | | | | | | | |
| | 银行存款 | | | | | | | | | | | | 4 | 0 | 9 | 5 | 0 | 0 | 0 | 0 | 0 | |
| | 合计 | ¥ | 4 | 0 | 9 | 5 | 0 | 0 | 0 | 0 | 0 | ¥ | 4 | 0 | 9 | 5 | 0 | 0 | 0 | 0 | 0 | |

会计主管：周明     记账：张洁     审核：李月      制单：陈英

  （4）3 月 31 日，储运部门转来加工商品入库单，10 000 条羊毛毯已验收入库。账务处理如下。见表5-5。

  借：库存商品——来料加工出口商品        4 253 600

    贷：委托加工物资——羊毛毯         4 253 600

表5-5

## 记 账 凭 证

2019 年 3 月 31 日              字第××号

| 摘要 | 会计科目 | 借方金额 | | | | | | | | | | 贷方金额 | | | | | | | | | | 记账 |
|---|---|---|---|---|---|---|---|---|---|---|---|---|---|---|---|---|---|---|---|---|---|---|
| | | 千 | 百 | 十 | 万 | 千 | 百 | 十 | 元 | 角 | 分 | 千 | 百 | 十 | 万 | 千 | 百 | 十 | 元 | 角 | 分 | |
| 支付加工费 | 库存商品/进料加工出口商品 | | 4 | 2 | 5 | 3 | 6 | 0 | 0 | 0 | 0 | | | | | | | | | | | |
| | 委托加工物资/进料加工商品/羊毛毯 | | | | | | | | | | | | 4 | 2 | 5 | 3 | 6 | 0 | 0 | 0 | 0 | |
| | | | | | | | | | | | | | | | | | | | | | | |
| | | | | | | | | | | | | | | | | | | | | | | |
| | 合计 | ¥ | 4 | 2 | 5 | 3 | 6 | 0 | 0 | 0 | 0 | ¥ | 4 | 2 | 5 | 3 | 6 | 0 | 0 | 0 | 0 | |

会计主管：周明     记账：张洁     审核：李月      制单：陈英

## 进料加工复出口的核算实例

【例5-2】大地进出口公司为新西兰加工羊毛毯4 000条，每套加工费80美元，共计加工费320 000美元。收到外商发来羊毛原料，货款共计40 000美元，记账汇率为6.28元。4 000条羊毛毯全部生产成本为2 260 800元。

(1) 1月3日，储运部门转来加工商品出库单，列明4 000条羊毛毯已出库装船。账务处理如下。

借：发出商品 2 260 800

　　贷：库存商品——来料加工出口商品 2 260 800

(2) 1月5日，签发转账支票支付4 000条羊毛毯国内运费和装船费1 420元。账务处理如下，见表5-6、5-7。

表5-6

中国工商银行

转账支票存根

IV V000023

科　　目：＿＿＿＿＿＿＿＿

对方科目：＿＿＿＿＿＿＿＿

出票日期：2019 年 1 月 5 日

| 收款人：顺达运输公司 |
| 金　　额：￥1 420 |
| 用　　途：运输费 |

单位主管　周明　　会计　张洁

借：销售费用 1 420

　　贷：银行存款 1 420

表 5-7

# 记 账 凭 证

2019 年 1 月 5 日

字第××号

| 摘要 | 会计科目 | 借方金额 | | | | | | | | | | 贷方金额 | | | | | | | | | | 记账 |
|---|---|---|---|---|---|---|---|---|---|---|---|---|---|---|---|---|---|---|---|---|---|---|
| | | 千 | 百 | 十 | 万 | 千 | 百 | 十 | 元 | 角 | 分 | 千 | 百 | 十 | 万 | 千 | 百 | 十 | 元 | 角 | 分 | |
| 支付国内运输费 | 销售费用 | | | | 1 | 4 | 2 | 0 | 0 | 0 | 0 | | | | | | | | | | | |
| | 银行存款 | | | | | | | | | | | | | | 1 | 4 | 2 | 0 | 0 | 0 | 0 | |
| | | | | | | | | | | | | | | | | | | | | | | |
| | | | | | | | | | | | | | | | | | | | | | | |
| | 合计 | | | ¥ | 1 | 4 | 2 | 0 | 0 | 0 | 0 | | | ¥ | 1 | 4 | 2 | 0 | 0 | 0 | 0 | |

会计主管：周明 　　　记账：张洁 　　　审核：李月 　　　制单：陈英

（3）1 月 5 日，支付羊毛毯国外运费 1 320 美元，保险费 80 美元，当日美元汇率的中间价为 6.28 元。账务处理如下，见表 5-8。

表 5-8

# 记 账 凭 证

2019 年 1 月 5 日

字第××号

| 摘要 | 会计科目 | 美元金额 | | | | | | | | | | 汇率 | 借方人民币金额 | | | | | | | | | | 贷方人民币金额 | | | | | | | | | | 记账 |
|---|---|---|---|---|---|---|---|---|---|---|---|---|---|---|---|---|---|---|---|---|---|---|---|---|---|---|---|---|---|---|---|---|---|
| | | 千 | 百 | 十 | 万 | 千 | 百 | 十 | 元 | 角 | 分 | | 千 | 百 | 十 | 万 | 千 | 百 | 十 | 元 | 角 | 分 | 千 | 百 | 十 | 万 | 千 | 百 | 十 | 元 | 角 | 分 | |
| 支付国外运费、保险费 | 主营业务收入 | | | | | 1 | 4 | 0 | 0 | 0 | 0 | 6.28 | | | | | 8 | 7 | 9 | 2 | 0 | 0 | | | | | | | | | | | |
| | 银行存款/美元 | | | | | | | | | | | | | | | | | | | | | | | | | | | | | | | | |
| | | | | | | | | | | | | | | | | | | | | | | | | | | | | | | | | | |
| | 合计 | | | | | | | | | | | | | | ¥ | 8 | 7 | 9 | 2 | 0 | 0 | | | | ¥ | 8 | 7 | 9 | 2 | 0 | 0 | |

会计主管：周明 　　　记账：张洁 　　　审核：李月 　　　制单：陈英

借：主营业务收入 　　　　　　　　　　　8 792

　　贷：银行存款——美元 　　（1 400×6.28）8 792

（4）1 月 7 日，向银行交单，收取加工费 320 000 美元，账务处理如下，见表 5-9。

表 5-9

# 记账凭证

2019 年 1 月 7 日　　　　　　　　　　　　字第××号

| 摘要 | 会计科目 | 美元金额 | | | | | | | | | | 汇率 | 借方人民币金额 | | | | | | | | | | 贷方人民币金额 | | | | | | | | | | 记账 |
|---|---|---|---|---|---|---|---|---|---|---|---|---|---|---|---|---|---|---|---|---|---|---|---|---|---|---|---|---|---|---|---|---|---|
| | | 千 | 百 | 十 | 万 | 千 | 百 | 十 | 元 | 角 | 分 | | 千 | 百 | 十 | 万 | 千 | 百 | 十 | 元 | 角 | 分 | 千 | 百 | 十 | 万 | 千 | 百 | 十 | 元 | 角 | 分 | |
| 收取加工费 | 应收账款/应收外汇账款 | | | 3 | 2 | 0 | 0 | 0 | 0 | 0 | 0 | 6.28 | | | 2 | 0 | 0 | 9 | 6 | 0 | 0 | 0 | | | | | | | | | | | |
| | 主营业务收入/加工补偿出口销售 | | | | | | | | | | | | | | | | | | | | | | | | 2 | 0 | 0 | 9 | 6 | 0 | 0 | 0 | |
| 结转成本 | 主营业务成本/加工补偿出口销售 | | | | | | | | | | | | | | 2 | 2 | 6 | 0 | 8 | 0 | 0 | 0 | | | | | | | | | | | |
| | 发出商品 | | | | | | | | | | | | | | | | | | | | | | | | 2 | 2 | 6 | 0 | 8 | 0 | 0 | 0 | |
| 合计 | | | | | | | | | | | | | | ¥ | 4 | 2 | 7 | 0 | 4 | 0 | 0 | 0 | 0 | ¥ | 4 | 2 | 7 | 0 | 4 | 0 | 0 | 0 | 0 | |

会计主管：周明　　　　　记账：张洁　　　　　审核：李月　　　　　制单：陈英

借：应收账款——外汇账款　　　（320 000×6.28）2 009 600

　　贷：主营业务收入——加工补偿出口销售　　　2 009 600

同时结转其销售成本。会计分录如下：

借：主营业务成本——加工补偿出口销售　　　2 260 800

　　贷：发出商品　　　2 260 800

(5) 1 月 15 日，收到银行转来收账通知，320 000 美元已收妥，银行扣除 50 美元收汇手续费，其余部分已存入外币存款账户。账务处理如下，见表 5-10。

借：银行存款——美元　　　（319 950×6.28）2 009 286

　　财务费用——手续费　　　314

　　贷：应收账款——应收外汇账款　　　（320 000×6.28）2 009 600

表 5-10

# 记 账 凭 证

2017 年 1 月 15 日

字第××号

| 摘要 | 会计科目 | 美元金额 千百十万千百十元角分 | 汇率 | 借方人民币金额 千百十万千百十元角分 | 贷方人民币金额 千百十万千百十元角分 | 记账 |
|---|---|---|---|---|---|---|
| 收取加工费 | 银行存款/美元 | 3 1 9 9 5 0 0 0 | 6.28 | 2 0 0 9 2 8 6 0 0 | | |
| | 财务费用/手续费 | 5 0 0 0 | 6.28 | 3 1 4 0 0 | | |
| | 应收账款/应收外汇账款 | | | | 2 0 0 9 6 0 0 0 0 | |
| 合计 | | | | ￥2 0 0 9 6 0 0 0 0 | ￥2 0 0 9 6 0 0 0 0 | |

会计主管：周明　　　　记账：张洁　　　　审核：李月　　　　制单：陈英

# 5.2 来料加工贸易

## 5.2.1 来料加工的概念

来料加工是指外商提供全部原料、辅料、元器件和零件，由中方企业按照外商提出的规格、质量、技术标准，加工成品或半成品，提交外商在海外市场自行销售，并按照双方议定的费用标准向外商收取工缴费。来料加工中由外商提供的料件一般不作价进口。补偿贸易引进的技术设备，原则上均应作价，价款由外商以信贷方式付给我方，我方用工缴费偿还。

## 5.2.2 来料加工与进料加工的区别

### 1. 进口料、件不同

采用进料加工方式时，所有进口料、件由我方用外汇购买。而来料加工的进口料、件则由外商无偿提供。进料加工的风险比来料加工的风险大。

### 2. 进出口货物的买卖方不同

进料加工由于各自作价，因此进口物料的外商不一定就是成品出口的买方。而来料加工的买卖方必须是同一个外商。

**3. 结算方式不同**

采用进料加工方式，外商按一般贸易方式付款，我方收取外汇。采用来料加工方式时，我方出口货物不作价，只按约收取工缴费。

**4. 征税方式不同**

进料加工复出口货物，实行"先征后退"的方式；来料加工复出口货物，实行"不征不退"的方式。

---

### 5.2.3  来料加工的核算

---

来料加工由于出口结算在前，进口结算在后，实际上我方不垫付资金。所进口的原辅料不动用外汇，也不对开信用证。按照对外签订合同和应承担的任务，来料加工有两种经营形式：代理形式和自营形式。代理业务即由加工企业会同外贸公司对外签订合同，由工厂直接承担生产，通过外贸公司办理出口结汇，收取外汇手续费。自营业务即由外贸公司独立对外签订合同，由外贸公司承担加工补偿业务，然后组织生产。外贸公司作自营，收取工缴费收入或以引进设备生产的商品偿还引进设备等价款。

**1. 代理业务形式**

外商提供不计价的原辅料、包装材料等，通过外贸公司交付工厂加工，由外贸公司和工厂向对方计收工缴费。在这种方式下，外贸公司不是主体，材料不对外作价，全在"表外"处理。出口阶段按代理方式入账。见表5-11。

表 5-11 代理业务形式的账务处理

| 业务情景 | 账务处理 |
|---|---|
| 收到原辅材料时，通过备查簿在表外科目作单式记账，只核算数量 | 借：外商来料——进口材料（数量） |
| 委托加工时，通过备查簿在表外核算数量 | 借：拨出来料（数量）<br>贷：外商来料——进口材料（数量） |
| 委托加工完成时，通过备查簿在表外核算数量 | 借：代管物资（数量）<br>贷：拨出来料（数量） |
| 办理对外出口托运时 | 借：代管物资——发出商品（数量）<br>贷：代管物资——来料加工（数量） |

| 业务情景 | 账务处理 |
|---|---|
| 收到银行交单时 | 借：应收账款——应收外汇账款<br>　贷：其他业务收入——来料加工代理收入<br>同时，借：代管物资——发出商品（数量） |
| 支付国外运保费时 | 借：其他业务收入——来料加工出口收入<br>　贷：银行存款 |
| 代加工厂支付国内费用时 | 借：应付账款——应付国内账款<br>　贷：银行存款 |
| 收到工缴费时 | 借：银行存款<br>　贷：应付账款——应付国内账款<br>　　　应收账款——应收外汇账款 |
| 与加工厂结算时 | 借：应付账款——应付国内账款<br>　贷：其他业务收入——来料加工代理收入<br>　　　银行存款 |
| 交纳有关税费时 | 借：营业税金及附加（或其他业务成本）<br>　贷：应交税费——应交营业税等 |

### 2. 自营业务形式

外商提供不计价的原材料、辅料、包装材料等，由外贸企业负责加工，账务处理见表 5-12。

**表 5-12**　　　　　　　　　　　　**自营业务账务处理**

| 业务情景 | 账务处理 |
|---|---|
| 外商来料不计价 | 借：外商来料（数量） |
| 拨料给加工厂时不计价 | 借：拨出来料（数量）<br>　贷：外商来料（数量） |
| 收到加工成品并支付加工费时 | 借：委托加工物资——来料加工<br>　贷：银行存款<br>同时，借：代管物资——来料加工（数量）<br>　　　贷：拨出来料——进口材料（数量） |
| 出口交单时 | 借：应收账款——应收外汇账款<br>　贷：其他业务收入——来料加工收入<br>借：其他业务成本——来料加工成本<br>　贷：委托加工物资——来料加工成本 |
| 支付境外运保费时 | 借：其他业务收入——来料加工收入<br>　贷：银行存款 |

| 业务情景 | 账务处理 |
|---|---|
| 支付国内有关费用 | 借：其他业务成本——来料加工成本<br>　　贷：银行存款 |
| 收到货款结汇时 | 借：银行存款<br>　　贷：应收账款——应收外汇账款 |

## 5.3 补偿贸易的核算

补偿贸易是指一方提供技术、设备，对方不付现汇，待项目投产后，以其产品或双方事先约定的其他商品偿还进口技术、设备价款的一种贸易方式。

### 5.3.1 补偿贸易的种类

按照偿付标的不同，补偿贸易大体上可分为三类，见表 5-13。

表 5-13　　　　　　　　　　　　　补偿贸易的种类

| 种　类 | 定　义 |
|---|---|
| 直接产品补偿 | 即双方在协议中约定，由设备供应方向设备进口方承诺购买一定数量或金额的由该设备直接生产出来的产品。这种做法的局限性在于，它要求生产出来的直接产品及其质量必须是对方所需要的，或者在国际市场上是可销的，否则不易为对方所接受 |
| 其他产品补偿 | 当所交易的设备本身并不生产物质产品，或设备所生产的直接产品非对方所需或在国际市场上不好销时，可由双方进行协商，用其他产品代替 |
| 劳务补偿 | 这种做法常见于同来料加工或来件装配相结合的中小型补偿贸易中。具体做法是：双方根据协议，往往由对方代为购进所需的技术、设备，货款由对方垫付。我方按对方要求加工生产后，从应收的工缴费中分期扣还所欠款项 |

上述三种做法还可结合使用，即进行综合补偿。有时，根据实际情况的需要，还可以用部分直接产品或其他产品或劳务补偿，部分用现汇支付，等等。

### 5.3.2 补偿贸易申请办理登记备案手续

执行补偿贸易合同的经营单位和生产企业，应于合同批准之日起 1 个月内向海关申请备案登记，同时提交下列单证。如图 5-1。

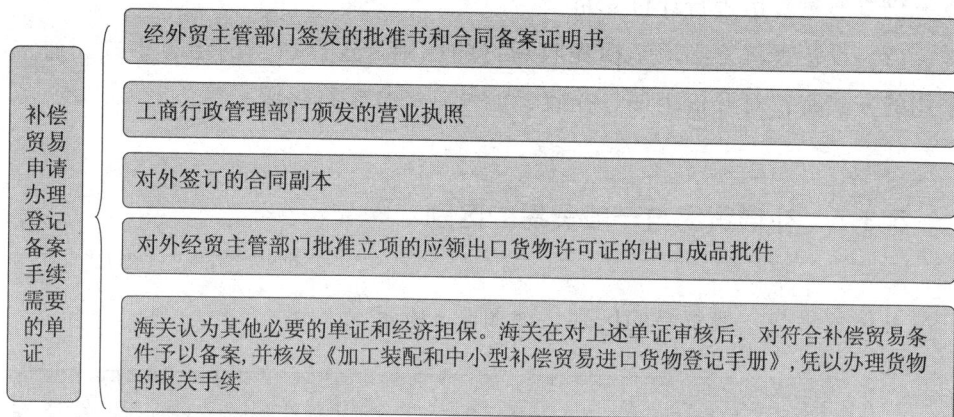

| 补偿贸易申请办理登记备案手续需要的单证 | 经外贸主管部门签发的批准书和合同备案证明书 |
| | 工商行政管理部门颁发的营业执照 |
| | 对外签订的合同副本 |
| | 对外经贸主管部门批准立项的应领出口货物许可证的出口成品批件 |
| | 海关认为其他必要的单证和经济担保。海关在对上述单证审核后，对符合补偿贸易条件予以备案，并核发《加工装配和中小型补偿贸易进口货物登记手册》，凭以办理货物的报关手续 |

图 5-1　补偿贸易申请办理登记备案手续需要的单证

### 5.3.3　补偿贸易的业务要点

我国在补偿贸易中，通常用直接产品补偿。但在具体交易中，有不同做法，如图 5-2。

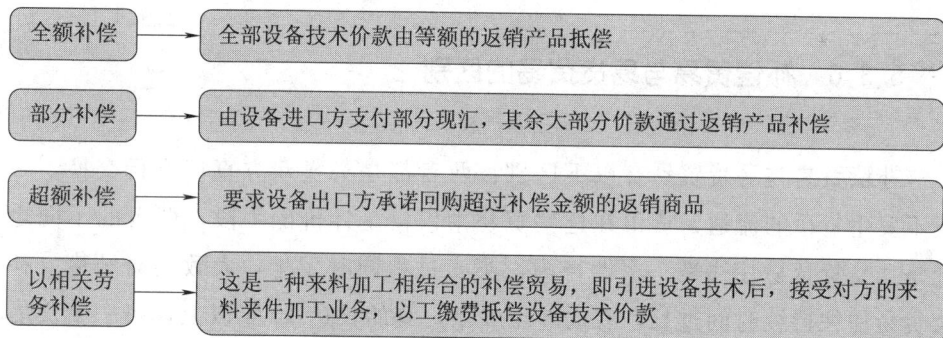

| 全额补偿 | → | 全部设备技术价款由等额的返销产品抵偿 |
| 部分补偿 | → | 由设备进口方支付部分现汇，其余大部分价款通过返销产品补偿 |
| 超额补偿 | → | 要求设备出口方承诺回购超过补偿金额的返销商品 |
| 以相关劳务补偿 | → | 这是一种来料加工相结合的补偿贸易，即引进设备技术后，接受对方的来料来件加工业务，以工缴费抵偿设备技术价款 |

图 5-2　补偿贸易的业务要点

### 5.3.4　偿还期限和结算方式

（1）偿还期限和返销商品的数量和价格直接相关。必须对返销商品的作价原则、定价标准和方法作出规定，并应通过约定返销商品的数量或金额，安排偿还期限。补偿贸易虽然是以产品抵偿设备，但并非直接的易货，贸易双方仍要通过货币进行计价支付。

（2）设备进口方必须掌握先收后付的原则，选择适当的结算方式。通常采用的方式有：对开信用证、托收、汇付（结合银行保函）等。

### 5.3.5　补偿贸易与一般贸易的区别

补偿贸易与一般贸易的区别，如图 5-3 所示。

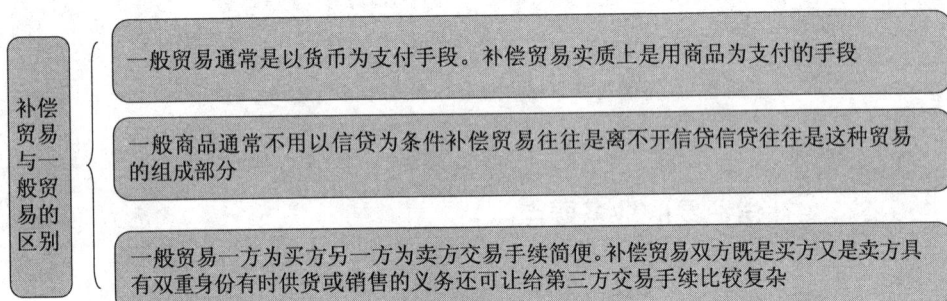

补偿贸易与一般贸易的区别

- 一般贸易通常是以货币为支付手段。补偿贸易实质上是用商品为支付的手段
- 一般商品通常不用以信贷为条件补偿贸易往往是离不开信贷信贷往往是这种贸易的组成部分
- 一般贸易一方为买方另一方为卖方交易手续简便。补偿贸易双方既是买方又是卖方具有双重身份有时供货或销售的义务还可让给第三方交易手续比较复杂

图 5-3　补偿贸易与一般贸易的区别

### 5.3.6　补偿贸易与易货贸易的区别

补偿贸易与易货贸易有以下区别：两者都是买卖双方直接进行交换，一般不发生货币的流通，货币在这些贸易中仅仅是计价的手段。两者的不同之处是：易货贸易往往是一次性行为，买卖过程同时发生，大致同时结束。补偿贸易往往持续时间过长，有的 3 至 5 年，有的长达 10 年以上，每一笔交易往往包括多次的买卖活动。

### 5.3.7　补偿贸易的账务处理

补偿贸易的账务处理，见表5-14。

表 5-14                          补偿贸易的账务处理

| 业务情景 | 账务处理 | |
|---|---|---|
| 补偿贸易引入的核算 | 引进机器设备和零部件时 | 借：在建工程<br>　　贷：长期应付款 |
| | 引入原材料时 | 借：原材料<br>　　贷：长期应付款 |
| | 引入技术时 | 借：无形资产<br>　　贷：长期应付款 |
| 补偿贸易中进口关税的核算 | 引进机器设备和零部件时 | 借：在建工程<br>　　贷：应交税费——应交进口关税 |
| | 引入原材料时 | 借：原材料<br>　　贷：应交税费——应交进口关税 |
| | 引入技术时 | 借：无形资产<br>　　贷：应交税费——应交进口关税<br>借：应交税费——应交进口关税<br>　　贷：银行存款 |
| 机器设备交付使用时 | 借：固定资产<br>　　贷：在建工程 | |
| 计提长期应付款利息时 | 借：财务费用<br>　　贷：长期应付款 | |
| 产品出口销售时 | 借：应收账款<br>　　贷：其他业务收入<br>借：其他业务成本<br>　　贷：库存商品 | |

# THE
# SIXTH
# CHAPTER

第 *6* 章

# 进口贸易业务的核算

进口贸易（Import Trade），是指外贸企业以外汇在国际市场上采购商品，满足国内生产和生活的需要。进口贸易按经营性质不同，可分为自营进口、代理进口、进料加工、易货贸易、代销国外商品等。

# 6.1 进口贸易概述

## 6.1.1 进口贸易的分类

进口贸易的分类，见表 6-1。

表 6-1　　　　　　　　　　进口贸易按照经营性质不同分类

| 项　目 | 内　容 |
|---|---|
| 自营进口货物 | 是指涉外企业根据国内市场的需求，自行确定进口方案，自行寻找国内市场，自行与国外供货客户签订合同而组织进口，进口后一次或分次供应国内厂商或消费者，并自行承担盈亏 |
| 代理进口货物 | 是指涉外企业受有关单位或企业的委托，与国外供货客户签订合同，并负责对外履约，进口环节所发生的全部税费及业务盈亏均由委托承担，代理企业收取一定的手续费 |
| 进料加工 | 是从国外进口原材料或零部件等，经过加工后再出口的一种贸易方式，其中进口是一个环节。国家对进口料件实行税收优惠政策 |
| 易货贸易 | 是一种非货币交易，包括出口和进口两个环节，其形式大体可以分为直接易货、对开信用证易货、记账易货，目前主要是边境地区的双边直接易货贸易 |
| 代销国外商品 | 是指国内企业接受国外供货客户提的商品代其在国内销售，并收取一定的手续费 |

## 6.1.2 进口货物的程序

在一般情况下，正常的进口货物操作程序大体有以下几个步骤，如图 6-1
所示。

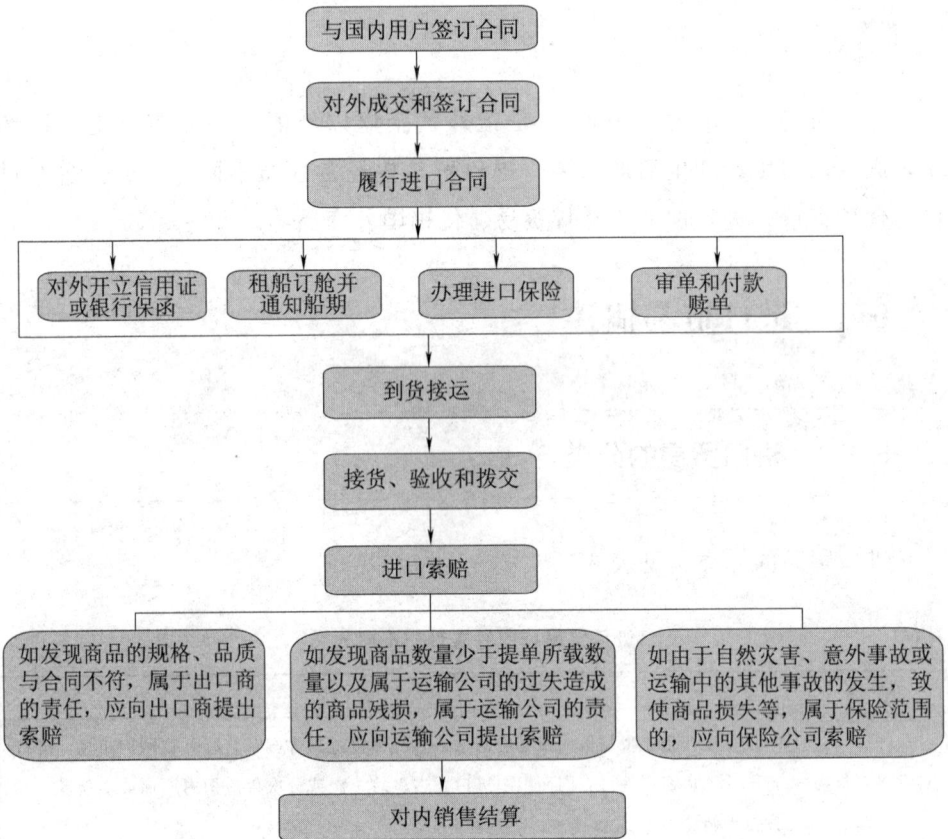

```
与国内用户签订合同
        ↓
对外成交和签订合同
        ↓
   履行进口合同
        ↓
```

| 对外开立信用证或银行保函 | 租船订舱并通知船期 | 办理进口保险 | 审单和付款赎单 |

```
        ↓
      到货接运
        ↓
   接货、验收和拨交
        ↓
     进口索赔
```

| 如发现商品的规格、品质与合同不符，属于出口商的责任，应向出口商提出索赔 | 如发现商品数量少于提单所载数量以及属于运输公司的过失造成的商品残损，属于运输公司的责任，应向运输公司提出索赔 | 如由于自然灾害、意外事故或运输中的其他事故的发生，致使商品损失等，属于保险范围的，应向保险公司索赔 |

```
     对内销售结算
```

图 6-1　进口货物的程序

## 6.1.3　办理对外付汇的手续

外贸企业进口货物后，进口单位凭进口合同、信用证开证申请书、信用
证结算方式要求的商业单证、进口付汇备案表、进口许可证或登记表到银行
付汇给国外客户。

银行为进口单位办理付汇手续时，需审查进口单位填写的进口付汇核查凭证，并按以下规定审查相应有效凭证和商业单据：

（1）以信用证方式结算的，审查进口合同、开证申请书。

对于信用证项下售汇银行与付汇银行不一致的，付汇（开证）银行在核实售汇银行划转的资金到账后，还需审查经售汇银行签注的审单结论和外汇划转凭证。

（2）以托收方式结算的，审查进口合同。

（3）以预付货款方式结算的，审查进口合同、形式发票。

（4）以货到付款方式结算的，按《进口货物报关单"贸易方式"分类付汇代码表》审查相关有效凭证和商业单据。

对于凭借"可以对外售付汇"进口货物报关单付汇的，审查进口合同、加盖海关"验讫章"的进口货物报关单正本（付汇证明联）、商业发票；对于凭"有条件对外售付汇"进口货物报关单付汇的，还需根据进口货物报关单的贸易方式，审查相应凭证；"不得对外售付汇"进口货物报关单不能凭以办理进口付汇。

# 6.2　自营进口货物的核算

## 6.2.1　自营进口货物的核算原则

自营进口货物的核算原则，见表6-2。

表 6-2　　　　　　　　　　自营进口货物的核算原则

| 项　目 | 内　容 |
| --- | --- |
| 自营进口货物销售入账时间 | 以进口企业与国内客户双方选定采取的结算时点而定，也就是三种结算（单到结算、货到结算、出库结算）时间任选其一，以约定为准 |
| 自营进口货物销售收入的价格确认 | 以出口方开具的发票原币金额乘以汇率，折合为人民币数额为入账价格，因此入账价格会出现 CIF、CFR、FOB 等价格。即以 CFR 或 FOB 价进口的货物，换算为 CIF 价，以统一进口价格基础，便于计算进口批次损益的互相比较 |

| 项　目 | 内　容 |
|---|---|
| 进口货物发生的国外运费、保险费、理赔款 | 作增加进口成本处理 |
| 进口货物发生的佣金 | 作减少进口货物成本处理 |
| 进口货物缴纳的关税、消费税是价内税 | 计入进口销售成本 |

## 6.2.2　自营进口货物采购成本的构成

自营进口商品采购成本以到岸价为基础。采购成本由国外进价、进口税金两部分构成。

### 1. 国外进价

国外进价一律以 CIF 价格为基础，如果以 FOB 价格或 CFR 价格成交的，应由外贸企业负担的国外运费和保险费均作为商品的国外进价入账。外贸企业收到能够直接认定的进口商品佣金，应冲减商品的国外进价。对于难以按商品直接认定的佣金，如累计佣金则只能冲减"主营业务成本"账户。计算公式如下。

（1）以 CIF 价格为基础，计算公式如下：

自营进口商品的采购成本＝CIF 价＋税金（进口关税、进口消费税）－收到的进口佣金＋国内运费

（2）以 FOB 价格为基础，计算公式如下：

自营进口商品的采购成本＝FOB 价＋境外运费、保险费－收到的进口佣金＋税金＋国内运费

（3）以 CFR 价格为基础，计算公式如下：

自营进口商品的采购成本＝CFR 价＋国外保费－收到的进口佣金＋税金＋国内运费

**2. 进口税金**

进口税金是指进口商品在进口环节应交纳的应计入商品成本的各种税金。它包括海关征收的关税和消费税。计算公式如下：

进口关税＝关税完税价格（CIF）×适用关税税率

进口消费税＝（CIF＋关税）÷（1－消费税率）×消费税率

进口增值税＝（CIF＋关税＋消费税）×增值税率

## 6.2.3 自营进口商品购进的账务处理

自营进口商品购进的账务处理，见表6-3。

**表 6-3**            **自营进口业务的账务处理**

| 业务情景 | 账务处理 | |
|---|---|---|
| 预存保证金时 | 借：其他货币资金——L/C存款（外币或人民币）<br>　贷：银行存款（外币或人民币） | |
| 接到银行转来的国外单据 | 付款赎单时 | 借：在途物资——进口商品<br>　贷：其他货币资金——L/C存款（外币或人民币） |
| | 支付国外运输、保险费，佣金时 | 借：在途物资——进口商品<br>　贷：银行存款（外币或人民币） |
| 报关时，按海关纳税通知 | 借：在途物资——进口商品（进口关税、消费税）<br>　贷：应交税费——进口关税<br>　　　　　——消费税 | |
| 按海关纳税通知和规费收据支付时 | 借：应交税费——进口关税<br>　　　　　——消费税<br>　　　　　——应交增值税（进项税额）<br>　销售费用（海关规费）<br>　贷：银行存款 | |
| 支付进口增值税时 | 借：应交税费——应交增值税（进项税额）<br>　贷：银行存款 | |
| 支付国内运杂费等时 | 借：在途物资<br>　贷：银行存款 | |
| 进口货物入库时 | 借：库存商品——库存进口商品<br>　贷：在途物资——进口商品 | |

| 发生业务时 | | 账务处理 |
|---|---|---|
| 进口后销售时 | 按发票金额确认销售收入 | 借：应收账款（外币或人民币）<br>　贷：主营业务收入——自营进口销售<br>　　　应交税费——应交增值税（销项税额） |
| | 同时结转销售成本 | 借：主营业务成本——自营进口销售<br>　贷：库存商品——库存进口商品 |
| | 结算时 | 借：银行存款（外币或人民币）<br>　贷：应收账款（外币或人民币） |

## 进口商品的核算实例

【例 6-1】2019 年 4 月，大地进出口公司从美国 XP 公司进口红酒，采用信用证结算。

(1) 4 月 10 日，接到银行转来的全套结算单据，开列红酒 800 箱，每箱 250 美元（FOB 价格），货款共计 200 000 美元，审核无误后，购汇予以支付，当日银行汇率 1 美元＝6.25 人民币元。见表 6-4、6-5。

借：在途物资——红酒　　　（250×800×6.25）1 250 000

　　贷：银行存款——美元　　　　　　　　　　　1 250 000

表 6-4　　　　　　　**外汇会计账簿（结售汇、套汇）**

机构号码：××××　　　　　　　日期：2019 年 4 月 10 日

| 业务编号 | | | 业务类型 | | 售汇 | | 起息日 | |
|---|---|---|---|---|---|---|---|---|
| 借方或付款单位 | 名　称 | 大地进出口公司 | | 贷方或收款单位 | 名　称 | 汇出汇款 | | |
| | 账　号 | 07422568789 | | | 账　号 | | | |
| | 币种与金额 | CNY：1 250 000 | | | 币种与金额 | USD200 000 | | |
| | 汇率/利率 | 6.24 | 开户行 | | 汇率/利率 | 6.25 | | |
| 收汇金额 | | | 发票号 | | 挂销单号 | | | |
| 交易摘要 | 购汇 USD200 000，汇往美国 | | | | | 2017-01 | | |

交易代码：×××　　　授权：×××　　　复核：×××　　　经办：×××

表 6-5

# 记 账 凭 证

2019 年 4 月 10 日　　　　　　　　　　　　　　字第××号

| 摘要 | 会计科目 | 美元金额 | | | | | | | | | | 汇率 | 借方人民币金额 | | | | | | | | | | 贷方人民币金额 | | | | | | | | | | 记账 |
|---|---|---|---|---|---|---|---|---|---|---|---|---|---|---|---|---|---|---|---|---|---|---|---|---|---|---|---|---|---|---|---|---|---|
| | | 千 | 百 | 十 | 万 | 千 | 百 | 十 | 元 | 角 | 分 | | 千 | 百 | 十 | 万 | 千 | 百 | 十 | 元 | 角 | 分 | 千 | 百 | 十 | 万 | 千 | 百 | 十 | 元 | 角 | 分 | |
| 支付进口红酒800箱货款 | 在途物资/红酒 | | | | | | | | | | | | | 1 | 2 | 5 | 0 | 0 | 0 | 0 | 0 | 0 | | | | | | | | | | | |
| | 银行存款/美元 | | | 2 | 0 | 0 | 0 | 0 | 0 | 0 | 0 | 6.25 | | | | | | | | | | | | 1 | 2 | 5 | 0 | 0 | 0 | 0 | 0 | 0 | |
| 合计 | | | | | | | | | | | | | ¥ | 1 | 2 | 5 | 0 | 0 | 0 | 0 | 0 | 0 | ¥ | 1 | 2 | 5 | 0 | 0 | 0 | 0 | 0 | 0 | |

会计主管：周明　　　　记账：张洁　　　　审核：李月　　　　制单：陈英

（2）4月15日，支付国外运费1 600美元，保险费140美元，当日汇率1美元＝6.24人民币元。见表6-6。

表 6-6

# 记 账 凭 证

2019 年 4 月 15 日　　　　　　　　　　　　　　字第××号

| 摘要 | 会计科目 | 美元金额 | | | | | | | | | | 汇率 | 借方人民币金额 | | | | | | | | | | 贷方人民币金额 | | | | | | | | | | 记账 |
|---|---|---|---|---|---|---|---|---|---|---|---|---|---|---|---|---|---|---|---|---|---|---|---|---|---|---|---|---|---|---|---|---|---|
| | | 千 | 百 | 十 | 万 | 千 | 百 | 十 | 元 | 角 | 分 | | 千 | 百 | 十 | 万 | 千 | 百 | 十 | 元 | 角 | 分 | 千 | 百 | 十 | 万 | 千 | 百 | 十 | 元 | 角 | 分 | |
| 支付国外运费与保险费 | 在途物资/红酒 | | | | | | | | | | | | | | | 1 | 0 | 8 | 5 | 7 | 6 | 0 | | | | | | | | | | | |
| | 银行存款/美元 | | | | 1 | 7 | 4 | 0 | 0 | 0 | | 6.24 | | | | | | | | | | | | | | | 1 | 0 | 8 | 5 | 7 | 6 | 0 | |
| 合计 | | | | | | | | | | | | | | | | ¥ | 1 | 0 | 8 | 5 | 7 | 6 | 0 | | | | ¥ | 1 | 0 | 8 | 5 | 7 | 6 | 0 | |

会计主管：周明　　　　记账：张洁　　　　审核：李月　　　　制单：陈英

借：在途物资——运输费、保险费　　〔（1 600＋140）×6.24〕

　　　　　　　　　　　　　　　　　10 857.6

　　贷：银行存款——美元　　　　　　　10 857.6

（3）4月25日，货物抵达我国口岸，假定进口关税税率30％，消费税税率50％，增值税税率13％。见表6-7、6-8、6-9。

表 6-7

# 中华人民共和国

## 海关进口关税专用缴款书

收入系统：×××　　　　　填发日期：2019 年 4 月 25 日　　　　　No：××××

| 收款单位 | 收入机关 | 中央金库 | | | 缴款单位（人） | 名　称 | 大地进出口公司 | |
|---|---|---|---|---|---|---|---|---|
| | 科　目 | 进口关税 | 预算级次 | 中央 | | 账　号 | 0200001909234216779 | |
| | 收款国库 | 丽水区中心支库 | | | | 开户银行 | 工商银行北蜂窝支行 | |

| 税号 | 货物名称 | 数量 | 单位 | 完税价格 | 价格税率 | 税款金额 |
|---|---|---|---|---|---|---|
| | 红酒 | 800 | 箱 | 1 260 857.6 | 30％ | 378 257.28 |

| 金额人民币（大写）叁拾柒万捌仟贰佰伍拾柒元贰角捌分 | | 合计（小写） | 378 257.28 |
|---|---|---|---|
| 申请单位编号　×××　　报关编号　××× | | 填制单位　　　　　收款国库 | |
| 合同（批文）号　　　　运输工具号 | | 填制人　　　　　　（银行） | |
| 交缴期限　　　　　　　提/装货单号 | | 复核人 | |
| | | 单位盖章 | |

第一联（收据）国库收款签单后交缴款单位或缴纳人

表 6-8

## 海关进口增值税专用缴款书

收入系统：×××　　　　　填发日期：2019 年 4 月 25 日　　　　　No：××××

| 收款单位 | 收入机关 | 中央金库 | | | 缴款单位（个人） | 名　称 | 大地进出口公司 | |
|---|---|---|---|---|---|---|---|---|
| | 科　目 | 进口增值税 | 预算级次 | 中央 | | 账　号 | 0200001909234216779 | |
| | 收款国库 | 丽水区中心支库 | | | | 开户银行 | 工商银行北蜂窝路支行 | |

| 税号 | 货物名称 | 数量 | 单位 | 完税价格 | 税率（％） | 税款金额 |
|---|---|---|---|---|---|---|
| | 红酒 | 800 | 箱 | 3 278 229.76 | 13％ | 426 169.97 |

| 金额人民币（大写）　肆拾贰万陆仟壹佰陆拾玖元捌角柒 | | 合计（小写）　¥426 169.97 | |
|---|---|---|---|
| 申请单位编号　×××　　报关单编号　××× | | 填制单位　　　收款国库（银行） | |
| 合同批文　　　　　　　运输工具 | | | |
| 缴款期限　　　　　　　提货单号 | | | |
| 备注　　　　盖章征税　　25/4/2019 | | 制单人： | |
| | | 复核人： | |
| 国际代码：5 | | | |

第一联（收据）国库收款签单后交缴款单位或缴纳人

表 6-9

# 中华人民共和国
## 海关消费税专用缴款书

收入系统：×××　　　　　　填发日期：2019 年 4 月 25 日　　　　　　No：×××

| 收款单位 | 收入机关 | 中央金库 | | | 缴款单位（人） | 名　称 | 大地进出口公司 | | |
|---|---|---|---|---|---|---|---|---|---|
| | 科　目 | 进口消费税 | 预算级次 | 中央 | | 账　号 | 0200001909234216779 | | |
| | 收款国库 | 丽水区中心支库 | | | | 开户银行 | 工商银行北蜂窝支行 | | |

| 税号 | 货物名称 | 数量 | 单位 | 完税价格 | 价格税率 | 税款金额 |
|---|---|---|---|---|---|---|
| | 红酒 | 800 | 箱 | 3 278 229.76 | 50% | 1 639 114.88 |
| | | | | | | |

| 金额人民币（大写）壹佰陆拾叁万玖仟壹佰壹拾肆元捌角捌分 | | 合计（小写） | 1 639 114.88 |
|---|---|---|---|
| 申请单位编号 | | 报关编号　1235467 | 填制单位　　收款国库 |
| 合同（批文）号 | | 运输工具号 | 填制人　　　（银行） |
| 交缴期限 | | 提/装货单号 | 复核 单位盖章 |

第一联（收据）国库收款签单后交缴款单位或缴纳人

①进口红酒完税价格＝1 250 000＋10 857.6＝1 260 857.6（元）

②应缴进口关税＝1 260 857.6×30%＝378 257.28（元）

③组成计税价格＝（关税完税价格＋关税）÷（1－消费税比例税率）

　　　　　　＝（1 260 857.6＋378 257.28）÷（1－50%）

　　　　　　＝3 278 229.76（元）

④应缴进口消费税＝3 278 229.76×50%＝1 639 114.88（元）

⑤应缴进口增值税＝3 278 229.76×13%＝426 169.87（元）

借：在途物资——红酒　　　　　　　　　2 017 372.16

　　贷：应交税费——应交进口关税　　　　378 257.28

　　　　　　　　——应交消费税　　　　1 639 114.88

（4）4 月 27 日，收到佣金 1 680 元，当日汇率 1 美元＝6.20 人民币元。

借：银行存款　　　　　　　　　　　　　10 416

　　贷：在途物资——红酒　　（1 680×6.20）10 416

（5）4 月 28 日，货物验收入库，结转成本。

红酒的采购成本＝1 250 000＋10 857.6＋2 017 372.16−10 416

$$＝3 267 813.76（元）$$

借：库存商品——库存进口商品　　　　　　　3 267 813.76

　　贷：在途物资——红酒　　　　　　　　　　　3 267 813.76

（6）月末，以银行存款支付红酒的进口关税、消费税及进口增值税税额，见表 6-10。

表 6-10

```
            中国工商银行
            转账支票存根
            IV V000237

    科    目：_____
    对方科目：_____
    出票日期：2019 年 4 月 29 日

    ┌──────────────────────────┐
    │ 收款人：××海关            │
    ├──────────────────────────┤
    │ 金    额：￥2 443 542.03   │
    ├──────────────────────────┤
    │ 用    途：支付税费          │
    └──────────────────────────┘

    单位主管　周明　　会计　张洁
```

借：应交税费——应交进口关税　　　　　　378 257.28

　　　　　　——应交消费税　　　　　　　1 639 114.88

　　　　　　——应交增值税（进项税额）　　426 169.8

　　贷：银行存款　　　　　　　　　　　　　2 443 542.03

### 6.2.4　自营进口商品实现销售的核算

自营进口商品销售收入按结算时间分为单到结算、货到结算和出库结算三种。

## 1. 单到结算

单到结算情况下，进口商品采购和销售核算是同时进行的。这时进口商品采购成本尚未归集完毕，因此不能同时结转成本。见表6-11。

表 6-11　　　　　　　　　　　　单到结算的账务处理

| 业务情景 | 账务处理 |
|---|---|
| 接到银行转来的国外货款 | 借：在途物资——进口商品采购<br>　　贷：银行存款 |
| 同时向国内用户结算货款 | 借：应收账款——国内客户<br>　　贷：主营业务收入<br>　　　　应交税费——应交增值税 |
| 当支付国外运保费时 | 借：在途物资——进口商品采购<br>　　贷：银行存款 |
| 当货到口岸后支付应交进口关税、增值税时 | 借：在途物资——进口商品采购<br>　　贷：应交税费——应交关税<br>借：应交税费——应交关税<br>　　贷：银行存款<br>借：应交税费——应交增值税<br>　　贷：银行存款 |
| 结转进口成本（包括国外进价、运保费和进口关税） | 借：库存商品<br>　　贷：在途物资——进口商品采购 |

# 进口商品实现销售的核算实例

【例6-2】2019年4月，大地进出口公司根据合同从日本佳能株式会社进口照相机450台，采用信用证结算。采取单到结算方式销售给商业大厦。

（1）4月5日，接到银行转来国外全套结算单据，开列照相机450台，每只350美元（CIF价格），货款共计157 500美元，佣金2 000美元，经审核无误，扣除佣金后，购汇支付货款，当日美元卖出价6.18元。账务处理如下，见表6-12、6-13、6-14。

借：在途物资——佳能照相机　　　　　　　　　　973 350

　　贷：银行存款　　　　　　　　　　　　　　　　　　973 350

表 6-12

## 外汇会计账簿（结售汇、套汇）

机构号码：××××　　　　　　日期：2019 年 4 月 5 日

| 业务编号 | | | 业务类型 | 售汇 | 起息日 | |
|---|---|---|---|---|---|---|
| 借方或付款单位 | 名　称 | 大地进出口公司 | | 贷方或收款单位 | 名　称 | 汇出汇款 |
| | 账　号 | 07422568789 | | | 账　号 | |
| | 币种与金额 | CNY973 350 | | | 币种与金额 | USD157 500 |
| | 汇率/利率 | 6.18 | 开户行 | | 汇率/利率 | 6.18 |
| 收汇金额 | | | 发票号 | | 挂销单号 | |
| 交易摘要 | 购汇 USD157 500，汇往日本 | | | | 2019-04 | |

交易代码　　　　授权　　　　复核　　　　　　　经办

表 6-13

# 汇　票
## BILL OF EXCHANGE

| No. | ××× | | |
|---|---|---|---|
| For | USD157500 | | |
| | (amount in figure) | | (place and date of issue) |
| At | AT SIGHT | sight of this　FIRST　Bill of exchange (SECOND being unpaid) | |
| pay to | TO THE ORDER OF BANK OF CHINA，NINGBO BRANCH | | or order the sum of |
| **ONE HONDRED FIFTTY FIVE THOUSAND AND FIVE HUNDRED ONLY** | | | |
| | (amount in words) | | |
| Value received for | USD157500 | of | ROYAL |
| | (quantity) | | (name of commodity) |
| Drawn under | TAELA BANK LTD.，JAPAN | | |
| L/C No. | ×××× | dated | April 5, 2019 |
| | | | |
| To： | TAELA BANK LTD.，JAPAN. | For and on behalf of | |
| | | DADI IMPORIS AND EXPORTS CO.，LTD. NO.14，BEIPENGWO ROAD, LISHUI DISTRICT, P. R. CHINA | |
| | | (Signature) | |
| | | ANDYLVKING | |

表 6-14　　　　　　　　　　　　　**贸易进口付汇核销单**

印单局代码：××××　　　　　　　　　　　　　　　　　核销单编号：00120743

| 单位代码 | 单位名称： | 所在地外汇局名称 |
|---|---|---|
| 付汇银行名称：××× | 汇款人国别　日本 | 交易编码 3452 |
| 收款人是否在保税区：是□否□ | 交易附言 | |

对外付汇币种　USD157 500　对外付汇总额　USD157 500

其中：购汇金额　现汇金额 0　其他方式金额 0

　　　人民币账号　外汇账号

付汇性质

□正常付汇　　　☑90 天以上信用证　　□90 天以上托收　　　□异地付汇

□不在名录　　　□转口贸易

□90 天以上到货

| 预计到货日期 | | 进口批件号 | | 合同/发票号 DS1908E |
|---|---|---|---|---|

结算方式

信用证　90 天以内☑　90 天以上□　承兑日期　付汇日期　期限　天

托　收　90 天以内□　90 天以上□　承兑日期　付汇日期　期限　天

| 汇款 | 预付货款□　　货到付汇□（凭报关单付汇□　　　付汇日期□ |
|---|---|
| | 报关单号　　报关日期　　报关币种　　　金额　　（略） |
| | 报关单号　　报关日期　　报关币种　　　金额 |
| | 报关单号　　报关日期　　报关币种　　　金额 |
| | 报关单号　　报关日期　　报关币种　　　金额 |
| | 报关单号　　报关日期　　报关币种　　　金额 |
| | （若报关单填写不完，可另附纸） |
| 其他 | 付汇日期 |

以下由付汇银行填写

申报号码□□□□□□□□□□□□□□□□□□□□□□□□□□□□□□□□

业务编号　　　　　审核日期：　　　　　　　　（付汇银行签章）

　　（2）4 月 15 日，照相机运抵我国口岸，向海关申报应纳进口关税额 97 335 元，应纳增值税额 139 189.05 元，见表 6-15、6-16。

表 6-15

# 中华人民共和国
## 海关 ___进口关税___ 专用缴款书

收入系统：　　　　　　填发日期：2019 年 4 月 15 日　　　　　　No：××××

<table>
<tr><td rowspan="3">收款单位</td><td>收入机关</td><td colspan="3">中央金库</td><td rowspan="3">缴款单位（人）</td><td>名　称</td><td colspan="2">大地进出口公司</td></tr>
<tr><td>科　目</td><td colspan="2">进口关税</td><td>预算级次</td><td>账　号</td><td colspan="2">0200001909234216779</td></tr>
<tr><td>收款国库</td><td colspan="3">丽水区中心支库</td><td>开户银行</td><td colspan="2">工商银行北蜂窝路支行</td></tr>
<tr><td colspan="2">税号</td><td colspan="2">货物名称</td><td>数量</td><td>单位</td><td>完税价格</td><td>价格税率</td><td>税款金额</td></tr>
<tr><td colspan="2"></td><td colspan="2">照相机</td><td>450</td><td>台</td><td>973 350</td><td>10%</td><td>97 335</td></tr>
<tr><td colspan="2"></td><td colspan="2"></td><td></td><td></td><td></td><td></td><td></td></tr>
<tr><td colspan="6">金额人民币（大写）玖万柒仟叁佰叁拾伍元整</td><td colspan="2">合计（小写）</td><td>97 335</td></tr>
<tr><td colspan="2">申请单位编号</td><td colspan="3">报关编号　1235467</td><td colspan="2">填制单位</td><td>收款国库</td></tr>
<tr><td colspan="2">合同（批文）号</td><td colspan="3">运输工具号</td><td colspan="2">填制人</td><td>（银行）</td></tr>
<tr><td colspan="2">交缴期限</td><td colspan="3">★ 提/装货单号</td><td colspan="2">单位盖章</td><td></td></tr>
</table>

第一联（收据）国库收款签单后交缴款单位或缴纳人

表 6-16

## 海关进口增值税专用缴款书

收入系统：税务系统　　　　　　填发日期：2019 年 4 月 25 日　　　　　　No：××××

<table>
<tr><td rowspan="3">收款单位</td><td>收入机关</td><td colspan="3">中央金库</td><td rowspan="3">缴款单位（个人）</td><td>名　称</td><td colspan="2">大地进出口公司</td></tr>
<tr><td>科　目</td><td colspan="2">进口增值税</td><td>预算级次</td><td>账　号</td><td colspan="2">0200001909234216779</td></tr>
<tr><td>收款国库</td><td colspan="3">丽水区中心支库</td><td>开户银行</td><td colspan="2">工商银行北蜂窝路支行</td></tr>
<tr><td colspan="2">税号</td><td colspan="2">货物名称</td><td>数量</td><td>单位</td><td>完税价格</td><td>税率（%）</td><td>税款金额</td></tr>
<tr><td colspan="2"></td><td colspan="2">照相机</td><td>450</td><td>台</td><td>1 070 685</td><td>13%</td><td>139 189.05</td></tr>
<tr><td colspan="6">金额人民币（大写）⊗壹拾叁万玖仟壹佰捌拾玖元零伍分</td><td colspan="2">合计（小写）</td><td>139 189.05</td></tr>
<tr><td colspan="2">申请单位编号</td><td colspan="3">报关单编号</td><td colspan="2">填制单位</td><td>收款国库（银行）</td></tr>
<tr><td colspan="2">合同批文</td><td colspan="3">运输工具</td><td colspan="2"></td><td></td></tr>
<tr><td colspan="2">缴款期限</td><td colspan="3">提货单号</td><td colspan="2"></td><td></td></tr>
<tr><td colspan="2">备注</td><td colspan="3">照章征税　25/1/2017</td><td colspan="2">2019-04 制单人：</td><td></td></tr>
<tr><td colspan="2">国际代码：5</td><td colspan="3"></td><td colspan="2">复核人：</td><td></td></tr>
</table>

第一联（收据）国库收款签单后交缴款单位或缴纳人

关税税额＝关税完税价格×关税税率＝973 350×10％＝97 335（元）

进口增值税＝（973 350＋97 335）×13％＝139 189.05（元）

账务处理如下。

借：在途物资——佳能照相机        97 335

  贷：应交税费——应交进口关税       97 335

（3）1月20日，照相机入库完毕，结转其销售成本。973 350＋97 335＝1 070 685（元）。账务处理如下，见表6-17。

借：库存商品            1 070 685

  贷：在途物资——佳能照相机      1 070 685

（4）1月25日，支付进口日本照相机的进口关税和增值税。

借：应交税费——应交进口关税       97 335

     ——应交增值税（进项税额）   139 189.05

  贷：银行存款          236 524.05

表 6-17

| 中国工商银行 |
| --- |
| 转账支票存根 |
| IV V000068 |
| 科　　目：＿＿＿＿＿＿＿＿＿＿ |
| 对方科目：＿＿＿＿＿＿＿＿＿＿ |
| 出票日期：2019 年 4 月 25 日 |
| 收款人：××海关 |
| 金　额：￥236 524.05 |
| 用　途：支付税费 |
| 单位主管　周明　　会计　张洁 |

（5）1月6日，接到业务部门转来增值税专用发票，列明照相机450台，每台3 080元，货款1 386 000元，增值税额180 180元。收到商业大厦支付款项签发并承兑的商业汇票。账务处理如下，见表6-18、6-19。

表 6-18

××××     发 票 联     No：01092724

开票日期：2019 年 4 月 6 日

| 购货单位 | 名　　　称：大地进出口公司<br>纳税人识别号：110101400321230<br>地　址、电话：××丽水区北蜂窝路 14 号 68790001<br>开户行及账号：××工商银行北蜂窝路支行 0200001909234216779 | 密码区 | 略 |
|---|---|---|---|

| 货物或应税劳务名称 | 规格型号 | 单位 | 数量 | 单价 | 金额 | 税率（%） | 税额 |
|---|---|---|---|---|---|---|---|
| 材料 | | 只 | 450 | 3 480.4 | ¥1 386 000 | 13% | ¥180 180 |

| 价税合计（大写） | 壹佰伍拾陆万陆仟壹佰捌拾元整 | （小写）¥1 566 180 |
|---|---|---|

| 销货单位 | 名　　　称：商业大厦<br>纳税人识别号：750134134971563<br>地　址、电话：××东城区王府井大街 6 号 87651200<br>开户行及账号：中行王府井分理处 066180360010776 | 备注 | 商业大厦<br>750134134971563<br>发票专用章 |
|---|---|---|---|

收款人：张义　　　复核：马小明　　　开票人：刘沙　　　销货单位：

表 6-19     银行承兑汇票

签发日期：2019 年 4 月 6 日　　　　　　　第　　号

| 承兑申请人 | 全　　称 | 商业大厦 | | | | 收款人 | 全　　称 | 大地进出口公司 | | |
|---|---|---|---|---|---|---|---|---|---|---|
| | 账　　号 | 066180360010776 | | | | | 账　　号 | 0200001909234216779 | | |
| | 开户银行 | 中行 | 行号 | 518 | | | 开户银行 | 工商银行北蜂窝支行 | 行号 | 010 |

| 汇票金额 | 人民币（大写）<br>壹佰伍拾陆万陆仟壹佰捌拾元整 | 千 | 百 | 十 | 万 | 千 | 百 | 十 | 元 | 角 | 分 |
|---|---|---|---|---|---|---|---|---|---|---|---|
| | | ¥1 | 5 | 6 | 6 | 1 | 8 | 0 | 0 | 0 |

| 汇票到期日 | 2019 年 4 月 6 日 | | |
|---|---|---|---|
| 备　注：1621620 | 承兑协议编号 | | 交易合同号码 |
| | | 负责： | 经办： |

借：应收票据　　　　　　　　　　　　　　　　　　　1 566 180

　　贷：主营业务收入——自营进口销售收入　　　　　　1 386 000

　　　　应交税费——应交增值税（销项税额）　　　　　　180 180

同时结转成本。

借：主营业务成本　　　　　　　　　　　　　　　　　1 070 685

贷：库存商品——佳能照相机　　　　　　　　1 070 685

## 2. 货到结算

采用货到结算时进口商品的采购成本已经核算完毕，商品销售时，可以同时结转成本。见表6-20。

表 6-20　　　　　　　　　　　　　货到结算的账务处理

| 业务情景 | 财务处理 |
|---|---|
| 接到外运公司通知货到口岸后，即向国内用户结算 | 借：应收账款<br>　　贷：主营业务收入<br>　　　　应交税费——应交增值税 |
| 同时结转进口成本，包括国外进价、运保费和进口关税 | 借：主营业务成本<br>　　贷：在途物资——进口商品采购 |

## 3. 出库结算

进口商品的采购成本早已核算完毕，并已转入库存，故商品销售时可以同时结转成本。当接到进口商品销售的出库通知单后，按合同或协议的销售价格向用户结算，结算的分录同前，并同时结转内销成本。

# 6.3　自营进口商品销售的特殊业务核算

## 6.3.1　销售退回的账务处理

自营进口商品销售采取单到结算方式，商品验收时，发现商品的质量与合同规定不符，外贸企业根据商检部门出具的商品检验证明书，与外商进行交涉，退回商品，收回货款。

### 自营进口商品退回的核算实例

【例6-3】承【例6-2】经商检局的检验，大地进出口公司购进的照相机为不合格产品，经与日本佳能株式会社协商，对方同意退货。

（1）2月5日，购汇垫付退还日本佳能照相机国外运费800美元，当日美元卖出价6.18元。账务处理如下，见表6-21。

借：应收账款——国外运费（800×6.18）　　　　　　4 944

　　贷：银行存款——美元　　　　　　　　　　　　　　　　4 944

**表 6-21**

## 记 账 凭 证

2019 年 4 月 5 日　　　　　　　　　　　　　　　字第××号

| 摘要 | 会计科目 | 美元金额 千百十万千百十元角分 | 汇率 | 借方人民币金额 千百十万千百十元角分 | 贷方人民币金额 千百十万千百十元角分 | 记账 |
|---|---|---|---|---|---|---|
| 退还国外运费 | 应收账款/国外运费 | 8 0 0 0 0 0 | 6.18 | 4 9 4 4 0 0 | | |
| | 银行存款/美元 | 8 0 0 0 0 0 | 6.18 | | 4 9 4 4 0 0 | |
| 合计 | | | | ¥4 9 4 4 0 0 | ¥4 9 4 4 0 0 | |

会计主管：周明　　　　记账：张洁　　　　审核：李月　　　　制单：陈英

（2）4 月 15 日，450 台照相机作进货退出处理，向税务部门申请退还已支付的进口关税，见表 6-22。

　　借：应收账款——照相机　　　　　　　　　　　973 350

　　　　应交税费——应交进口关税　　　　　　　　 97 335

　　　　贷：主营业务成本——自营进口销售成本　　　 1 070 685

**表 6-22**

## 记 账 凭 证

2019 年 4 月 15 日　　　　　　　　　　　　　　字第××号

| 摘要 | 会计科目 | 美元金额 千百十万千百十元角分 | 汇率 | 借方人民币金额 千百十万千百十元角分 | 贷方人民币金额 千百十万千百十元角分 | 记账 |
|---|---|---|---|---|---|---|
| 450 台照相机退货 | 应收账款/照相机 | | | 9 6 0 9 9 0 0 0 | | |
| | 应交税费/应交进口关税 | | | 9 6 0 9 9 0 0 | | |
| | 主营业务成本/自营进口销售成本 | | | | 1 0 5 7 0 8 9 0 0 | |
| 合计 | | | | ¥1 0 5 7 0 8 9 0 0 | ¥1 0 5 7 0 8 9 0 0 | |

会计主管：周明　　　　记账：张洁　　　　审核：李月　　　　制单：陈英

（3）4月15日，同时编制销售退回账务处理，开出红字专用发票，见表6-23。

借：主营业务收入　　　　　　　　　　　　　　1 386 000

　　应交税费——应交增值税（销项税额）　　　180 180

　　贷：应付账款　　　　　　　　　　　　　　　　　1 566 180

（4）4月20日，收到退货款。即 350×450＋800＝158 300（美元），当日银行汇率1美元＝6.20人民币元。见表6-24。

借：银行存款——美元（158 300×6.20）　　　981 460

　　贷：应收账款（158 300×6.18）　　　　　　　978 294

　　财务费用——汇兑损益　　　　　　　　　　　　3 166

**表 6-23**

记 账 凭 证

2019 年 4 月 15 日　　　　　　　　　　　　　　字第××号

| 摘要 | 会计科目 | 借方金额 | | | | | | | | | | 贷方金额 | | | | | | | | | | 记账 |
|---|---|---|---|---|---|---|---|---|---|---|---|---|---|---|---|---|---|---|---|---|---|---|
| | | 千 | 百 | 十 | 万 | 千 | 百 | 十 | 元 | 角 | 分 | 千 | 百 | 十 | 万 | 千 | 百 | 十 | 元 | 角 | 分 | |
| 退回照相机 | 主营业务收入 | | 1 | 3 | 8 | 6 | 0 | 0 | 0 | 0 | 0 | | | | | | | | | | | |
| | 应交税费/进口增值税 | | | 1 | 8 | 0 | 1 | 8 | 0 | 0 | 0 | | | | | | | | | | | |
| | 应付账款 | | | | | | | | | | | | 1 | 5 | 6 | 6 | 1 | 8 | 0 | 0 | 0 | |
| 合计 | | ¥ | 1 | 5 | 6 | 6 | 1 | 8 | 0 | 0 | 0 | ¥ | 1 | 5 | 6 | 6 | 1 | 8 | 0 | 0 | 0 | |

会计主管：周明　　　　　记账：张洁　　　　　审核：李月　　　　　制单：陈英

**表 6-24**

记 账 凭 证

2019 年 4 月 20 日　　　　　　　　　　　　　　字第××号

| 摘要 | 会计科目 | 美元金额 | | | | | | | | | | 汇率 | 借方人民币金额 | | | | | | | | | | 贷方人民币金额 | | | | | | | | | | 记账 |
|---|---|---|---|---|---|---|---|---|---|---|---|---|---|---|---|---|---|---|---|---|---|---|---|---|---|---|---|---|---|---|---|---|---|---|
| | | 千 | 百 | 十 | 万 | 千 | 百 | 十 | 元 | 角 | 分 | | 千 | 百 | 十 | 万 | 千 | 百 | 十 | 元 | 角 | 分 | 千 | 百 | 十 | 万 | 千 | 百 | 十 | 元 | 角 | 分 | |
| 收到退还照相机货款 | 银行存款/美元 | | 1 | 5 | 8 | 3 | 0 | 0 | 0 | 0 | 0 | 6.20 | | 9 | 8 | 1 | 4 | 6 | 0 | 0 | 0 | 0 | | | | | | | | | | | |
| | 应收账款 | | 1 | 5 | 8 | 3 | 0 | 0 | 0 | 0 | 0 | 6.18 | | | | | | | | | | | | 9 | 7 | 8 | 2 | 9 | 4 | 0 | 0 | |
| | 财务费用/汇兑损益 | | | | | | | | | | | | | | | | | | | | | | | | | 3 | 1 | 6 | 6 | 0 | 0 | |
| 合计 | | | | | | | | | | | | | ¥ | 9 | 8 | 1 | 4 | 6 | 0 | 0 | 0 | 0 | ¥ | 9 | 8 | 1 | 4 | 6 | 0 | 0 | 0 | 0 | |

会计主管：周明　　　　　记账：张洁　　　　　审核：李月　　　　　制单：陈英

（5）4 月 25 日，签发转账支票，退还商业大厦的货款。

借：应付账款——商业大厦　　　　　　　　　1 566 180

　　贷：银行存款　　　　　　　　　　　　　　　　1 566 180

（6）月末，收到税务机关退还的进口关税 97 335 元和增值税额 139 189.05 元。见表 6-25。

借：银行存款　　　　　　　　　　　　　　　236 524.05

　　贷：应交税费——应交进口关税　　　　　　　　97 335

　　　　　　　　——应交增值税（进项税额）　　139 189.05

**表 6-25**

**记 账 凭 证**

2019 年 4 月 28 日　　　　　　　　　　字第××号

| 摘要 | 会计科目 | 借方金额 | | | | | | | | | 贷方金额 | | | | | | | | | 记账 |
|------|---------|---|---|---|---|---|---|---|---|---|---|---|---|---|---|---|---|---|---|------|
| | | 千 | 百 | 十 | 万 | 千 | 百 | 十 | 元 | 角 | 分 | 千 | 百 | 十 | 万 | 千 | 百 | 十 | 元 | 角 | 分 | |
| 收到税务机关退还的进口关税和增值税 | 银行存款 | | | 2 | 3 | 6 | 5 | 2 | 4 | 0 | 5 | | | | | | | | | | | |
| | 应交税费/进口关税 | | | | | | | | | | | | | | 9 | 7 | 3 | 3 | 5 | 0 | 0 | |
| | 应交税费/进口增值税 | | | | | | | | | | | | | 1 | 3 | 9 | 1 | 8 | 9 | 0 | 5 | |
| 合计 | | ¥ | 2 | 3 | 6 | 5 | 2 | 4 | 0 | 5 | | ¥ | 2 | 3 | 6 | 5 | 2 | 4 | 0 | 5 | | |

会计主管：周明　　　　记账：张洁　　　　审核：李月　　　　制单：陈英

## 6.3.2　索赔、理赔的核算

自营进口商品销售采取单到结算方式，当进口商品到达时，所有权已属于国内客户，由其检验商品。如果发生商品短缺、质量与合同规定不符，应区别情况进行处理。

（1）如果属于运输单位或属于保险公司负责赔偿的范围，由国内客户向运输单位或保险公司索赔。

（2）如果属于国外出口商的责任，应由外贸企业根据商检部门出具的商品检验证明书在合同规定的对外索赔期限内向出口商提出索赔，并向国内客户理赔。

## 索赔、理赔的核算实例

**【例 6-4】** 2019 年 11 月 11 日，大地进出口公司从加拿大史蒂夫公司购进羽绒服 600 套，每套 120 美元（CIF 价格），货款共计 72 000 美元，佣金 1 000 美元。当日银行汇率为 1 美元＝6.15 人民币元，缴纳进口关税 88 560 元，缴纳增值税额 75 276 元。这批羽绒服采取单到结算方式，已卖给双井百货公司，每套 1 200 元，货款共计 720 000 元，增值税额 93 600 元，款已收妥入账。12 月 1 日，商品到达港口，进出口公司检验时发现其中 25 套羽绒服质量不合格。

（1）12 月 11 日，收到大地进出口公司转来商检部门出具的商品检验证明书，25 套羽绒服系史蒂夫公司的责任。大地进出口公司向外商提出索赔，经协商后，外商同意赔偿 3 000 美元，予以冲减商品销售成本。见表 6-26。

借：应收账款（3 000×6.15）　　　　　　　　　18 450

　　贷：主营业务成本　　　　　　　　　　　　　　　　18 450

表 6-26

### 记 账 凭 证

2019 年 11 月 11 日　　　　　　　　　　　　　　　字第××号

| 摘要 | 会计科目 | 美元金额 |||||||||| 汇率 | 借方人民币金额 |||||||||| 贷方人民币金额 |||||||||| 记账 |
|---|---|千|百|十|万|千|百|十|元|角|分|---|千|百|十|万|千|百|十|元|角|分|千|百|十|万|千|百|十|元|角|分|---|
| 退还 | 应收账款 | | | | 3 | 0 | 0 | 0 | 0 | 0 | | 6.15 | | | | 1 | 8 | 4 | 5 | 0 | 0 | 0 | | | | | | | | | | | |
| 国外 | 主营业务 | | | | | | | | | | | | | | | | | | | | | | | | | 1 | 8 | 4 | 5 | 0 | 0 | 0 | |
| 运费 | 成本 | | | | | | | | | | | | | | | | | | | | | | | | | | | | | | | | |
| | 合计 | | | | | | | | | | | | ￥ | 1 | 8 | 4 | 5 | 0 | 0 | 0 | 0 | | ￥ | 1 | 8 | 4 | 5 | 0 | 0 | 0 | 0 | |

会计主管：周明　　　　记账：张洁　　　　审核：李月　　　　制单：陈英

（2）12 月 12 日，同时作销货退回处理，开出红字专用发票，应退货款 18 450 元，增值税额 2 398.50 元。见表 6-27。

借：主营业务收入　　　　　　　　　　　　　18 450

　　应交税费——应交进口增值税（销项税额）　　2 398.50

　　贷：应付账款——双井百货公司　　　　　　　　20 848.50

表 6-27

# 记 账 凭 证

2019 年 12 月 12 日                                                     字第××号

| 摘要 | 会计科目 | 借方金额 |||||||||| 贷方金额 |||||||||| 记账 |
|---|---|---|---|---|---|---|---|---|---|---|---|---|---|---|---|---|---|---|---|---|---|---|
| | | 千 | 百 | 十 | 万 | 千 | 百 | 十 | 元 | 角 | 分 | 千 | 百 | 十 | 万 | 千 | 百 | 十 | 元 | 角 | 分 | |
| 照相机退回货款和税费 | 主营业务收入 | | | | 1 | 8 | 4 | 5 | 0 | 0 | 0 | | | | | | | | | | | |
| | 应交税费/进口增值税 | | | | | 2 | 3 | 9 | 8 | 5 | 0 | | | | | | | | | | | |
| | 应付账款 | | | | | | | | | | | | | | 2 | 0 | 8 | 4 | 8 | 5 | 0 | |
| 合计 | | | ¥ | 2 | 0 | 8 | 4 | 8 | 5 | 0 | | | ¥ | 2 | 0 | 8 | 4 | 8 | 5 | 0 | | |

会计主管：周明          记账：张洁          审核：李月          制单：陈英

（3）12 月 13 日，向税务机关申请退还 25 套羽绒服已交的进口关税额 3 690 元。见表 6-28。

　　借：应交税费——应交进口关税　　　　　　　　　3 690

　　　　贷：主营业务成本　　　　　　　　　　　　　　　　　3 690

表 6-28

# 记 账 凭 证

2019 年 12 月 13 日                                                     字第××号

| 摘要 | 会计科目 | 借方金额 |||||||||| 贷方金额 |||||||||| 记账 |
|---|---|---|---|---|---|---|---|---|---|---|---|---|---|---|---|---|---|---|---|---|---|---|
| | | 千 | 百 | 十 | 万 | 千 | 百 | 十 | 元 | 角 | 分 | 千 | 百 | 十 | 万 | 千 | 百 | 十 | 元 | 角 | 分 | |
| 申请退还 25 套羽绒服的进口关税 | 应交税费/应交进口关税 | | | | | 3 | 6 | 9 | 0 | 0 | 0 | | | | | | | | | | | |
| | 主营业务成本 | | | | | | | | | | | | | | | 3 | 6 | 9 | 0 | 0 | 0 | |
| 合计 | | | | ¥ | 3 | 6 | 9 | 0 | 0 | 0 | | | | ¥ | 3 | 6 | 9 | 0 | 0 | 0 | | |

会计主管：周明          记账：张洁          审核：李月          制单：陈英

（4）12 月 20 日，收到史蒂夫公司赔偿款 3 000 美元，当日美元汇率的买入价为 6.20 元，予以结汇。见表 6-29。

　　借：银行存款——美元（3 000×6.20）　　　　　　　18 600

　　　　贷：应收账款——应收外汇账款（3 000×6.15）　　　18 450

　　　　　　财务费用——汇兑损益　　　　　　　　　　　　　150

（5）12 月 31 日，收到税务机关退还 25 套羽绒服的进口关税 3 690 元，增值税额 2 398.5 元，存入银行。见表 6-30。

借：银行存款　　　　　　　　　　　　　　　6 088.5

　　贷：应交税费——应交进口关税　　　　　　　　　3 690

　　　　　——应交增值税（进项税额转出）　　　2 398.5

表 6-29

## 记 账 凭 证

2019 年 12 月 20 日　　　　　　　　　　　　字第××号

| 摘要 | 会计科目 | 美元金额 | | | | | | | | | | 汇率 | 借方人民币金额 | | | | | | | | | | 贷方人民币金额 | | | | | | | | | | 记账 |
|---|---|---|---|---|---|---|---|---|---|---|---|---|---|---|---|---|---|---|---|---|---|---|---|---|---|---|---|---|---|---|---|---|---|
| | | 千 | 百 | 十 | 万 | 千 | 百 | 十 | 元 | 角 | 分 | | 千 | 百 | 十 | 万 | 千 | 百 | 十 | 元 | 角 | 分 | 千 | 百 | 十 | 万 | 千 | 百 | 十 | 元 | 角 | 分 | |
| 收到史蒂夫公司赔偿款 | 银行存款/美元 | | | | 3 | 0 | 0 | 0 | 0 | 0 | | 6.20 | | | 1 | 8 | 6 | 0 | 0 | 0 | 0 | 0 | | | | | | | | | | | |
| | 应收账款/应收外汇账款 | | | | | | | | | | | | | | | | | | | | | | | 1 | 8 | 4 | 5 | 0 | 0 | 0 | 0 | |
| | 财务费用/汇兑损益 | | | | | | | | | | | | | | | | | | | | | | | | | 1 | 5 | 0 | 0 | 0 | 0 | |
| | 合计 | | | | | | | | | | | | | | ¥1 | 8 | 6 | 0 | 0 | 0 | 0 | 0 | | | ¥1 | 8 | 6 | 0 | 0 | 0 | 0 | |

会计主管：周明　　　　记账：张洁　　　　审核：李月　　　　制单：陈英

表 6-30

## 记 账 凭 证

2019 年 12 月 31 日　　　　　　　　　　　　字第××号

| 摘要 | 会计科目 | 借方金额 | | | | | | | | | | 贷方金额 | | | | | | | | | | 记账 |
|---|---|---|---|---|---|---|---|---|---|---|---|---|---|---|---|---|---|---|---|---|---|---|
| | | 千 | 百 | 十 | 万 | 千 | 百 | 十 | 元 | 角 | 分 | 千 | 百 | 十 | 万 | 千 | 百 | 十 | 元 | 角 | 分 | |
| 照相机销售退回 | 银行存款 | | | | | 6 | 0 | 8 | 8 | 5 | 0 | | | | | | | | | | | |
| | 应交税费/进口关税 | | | | | | | | | | | | | | | 3 | 6 | 9 | 0 | 0 | 0 | |
| | 应交税费/应交增值税（进项税额转出） | | | | | | | | | | | | | | | 2 | 3 | 9 | 8 | 5 | 0 | |
| | 合计 | | | | ¥ | 6 | 0 | 8 | 8 | 5 | 0 | | | | ¥ | 6 | 0 | 8 | 8 | 5 | 0 | |

会计主管：周明　　　　记账：张洁　　　　审核：李月　　　　制单：陈英

# 6.4　易货贸易的核算

易货贸易（Barter Transaction）是指在换货的基础上，把等值的出口货物和进口货物直接结合起来的贸易方式。

### 6.4.1　易货贸易的特点

（1）创造新的交易媒介——易货额度

以易货额度作为计算交易价值等价物进入流通领域。易货额度是易货交易中虚拟的易货结算单位，是用来记录交易往来的记账凭证和支付手段。

（2）现代易货交易不只是一对一的交易，而是发生在多个企业间的商品和服务的交换。利用计算机网络，它不仅解决了信息不对称的问题，而且还打破了地域限制，扩大了交易范围，在选择更多的情况下让货物或服务实现自己的应有价值并增值。

（3）现代易货交易是一种灵活的交易方式，它不仅可以在计算机网络上进行，也可以通过交易公司的传统交易系统来进行，从而为企业提供了多项选择。

### 6.4.2　易货贸易的账务处理

**1. 易货贸易出口业务的核算**

外贸企业经营易货贸易出口业务应根据易货贸易合同或协议的规定采购出口商品，将商品验收入库、出口商品出库发运，向银行办理交单收汇、支付国内外直接费用、向税务部门申请退税和取得收汇通知或结汇水单等业务的核算方法与自营出口销售业务基本相同，但其销售收入和销售成本是通过"其他业务收入"账户和"其他业务成本"账户核算的。

## 易货贸易出口的核算实例

【例 6-5】大地进出口公司与波兰卡锡兰公司签订易货贸易合同，合同规定我方出口 3 500 辆森达牌自行车，每辆 50 美元（CIF 价格），货款 175 000 美元；我方进口钢材 300 吨，每吨 300 美元（CIF 价格），货款 90 000 美元。采取对开信用证结算方式。

（1）7 月 1 日，向北昌自行车厂购进森达牌自行车 3 500 辆，每辆 240 元，计货款 840 000 元，增值税额 109 200 元，款项签发转账支票付讫，见表 6-31，6-32。

借：在途物资　　　　　　　　　　　　　　　　　　840 000

　　应交税费——应交增值税（进项税额）　　　　109 200

　　贷：银行存款　　　　　　　　　　　　　　　　　　949 200

表 6-31

## ××增值税专用发票

**发　票　联**　　　　No：**01092745**

××××　　　　　　　开票日期：2019 年 7 月 1 日

| 购货单位 | 名　　　称：大地进出口公司 | | | | | | | 密码区 | 略 |
|---|---|---|---|---|---|---|---|---|---|
| | 纳税人识别号：110101400321230 | | | | | | | | |
| | 地址、电话：××市丽水区北蜂窝路 14 号 68790001 | | | | | | | | |
| | 开户行及账号：××工商银行北蜂窝路支行 0200001909234216779 | | | | | | | | |

| 货物或应税劳务名称 | 规格型号 | 单位 | 数量 | 单价 | 金额 | 税率（%） | 税额 |
|---|---|---|---|---|---|---|---|
| 森达自行车 | | 辆 | 3 500 | 271.2 | ¥840 000 | 13% | ¥109 200 |

| 价税合计（大写） | ⊗玖拾肆万玖仟贰佰元整 | （小写）¥949 200 |
|---|---|---|

| 销货单位 | 名　　　称：北昌自行车厂 | 备注 | |
|---|---|---|---|
| | 纳税人识别号：780134134971563 | | |
| | 地址、电话：××市武良北路 45 号 | | 北昌自行车厂 780134134971563 发票专用章 |
| | 开户行及账号：中行武良分理处 034180360010776 | | |

收款人：李娜　　　　复核：张晶　　　　开票人：苗妙　　　　销货单位：

表 6-32

| 中国工商银行 |
|---|
| 转账支票存根 |
| IV V000074 |
| 科　　　目：＿＿＿＿＿＿＿ |
| 对方科目：＿＿＿＿＿＿＿ |
| 出票日期：2019 年 7 月 1 日 |

| 收款人：北昌自行车厂 |
|---|
| 金　　额：¥949 200 |
| 用　　途：购买自行车 |

单位主管　周明　会计　张洁

（2）7月2日，自行车已验收入库。

　　借：库存商品——库存出口商品　　　　　　　　　　840 000

　　　　贷：材料采购　　　　　　　　　　　　　　　　　　840 000

（3）7月3日，上项自行车已出库装船。作分录如下。

　　借：发出商品　　　　　　　　　　　　　　　　　　840 000

　　　　贷：库存商品——库存出口商品　　　　　　　　　　840 000

（4）7月4日，收到业务部门转来易货贸易销售自行车的发票副本和银行回单，开列森达牌自行车 3 500 辆，每辆 50 美元（CIF 价格），当日美元汇率买入价为 6.25 元。见表 6-33。

　　借：应收账款——美元（3 500×50×6.25）　　　1 093 750

　　　　贷：其他业务收入——易货贸易　　　　　　　　　1 093 750

（5）7月4日，同时结转易货贸易销售自行车的成本。

　　借：其他业务成本——易货贸易　　　　　　　　　　840 000

　　　　贷：发出商品　　　　　　　　　　　　　　　　　　840 000

（6）7月5日，支付易货贸易国外运费 1 200 美元，保险费 150 美元，当日美元汇率卖出价为 6.30 元，登记会计账簿，见表 6-33。

　　借：其他业务收入——易货贸易　　［（1 200＋150）×6.30］8 505

　　　　贷：银行存款　　　　　　　　　　　　　　　　　　8 505

表 6-33

## 记 账 凭 证

2019 年 7 月 4 日　　　　　　　　　　　　　　　字第××号

| 摘要 | 会计科目 | 美元金额 千 | 百 | 十 | 万 | 千 | 百 | 十 | 元 | 角 | 分 | 汇率 | 借方人民币金额 千 | 百 | 十 | 万 | 千 | 百 | 十 | 元 | 角 | 分 | 贷方人民币金额 千 | 百 | 十 | 万 | 千 | 百 | 十 | 元 | 角 | 分 | 记账 |
|---|---|---|---|---|---|---|---|---|---|---|---|---|---|---|---|---|---|---|---|---|---|---|---|---|---|---|---|---|---|---|---|---|---|
| 收到业务部门转来易货贸易的发票和银行回单 | 应收账款/应收外汇账款 | | 1 | 7 | 5 | 0 | 0 | 0 | 0 | 0 | 0 | 6.25 | 1 | 0 | 9 | 3 | 7 | 5 | 0 | 0 | 0 | | | | | | | | | | | | |
| | 其他业务收入/易货贸易 | | | | | | | | | | | | | | | | | | | | | | | 1 | 0 | 9 | 3 | 7 | 5 | 0 | 0 | 0 | |
| | | | | | | | | | | | | | | | | | | | | | | | | | | | | | | | | | |
| 合计 | | | | | | | | | | | | | ¥1 | 0 | 9 | 3 | 7 | 5 | 0 | 0 | 0 | | ¥1 | 0 | 9 | 3 | 7 | 5 | 0 | 0 | 0 | | |

会计主管：周明　　　记账：张洁　　　审核：李月　　　制单：陈英

（7）7月10日，向税务机关申报退税，增值税退税率为 13%。登记会计账簿，见表 6-34。

借：其他应收款——应收出口退税      109 200

  贷：应交税费——应交增值税——出口退税    109 200

**表 6-34**

## 记 账 凭 证

2019 年 7 月 31 日               字第××号

| 摘要 | 会计科目 | 借方金额 | | | | | | | | | 贷方金额 | | | | | | | | | 记账 |
|---|---|---|---|---|---|---|---|---|---|---|---|---|---|---|---|---|---|---|---|---|
| | | 千 | 百 | 十 | 万 | 千 | 百 | 十 | 元 | 角 | 分 | 千 | 百 | 十 | 万 | 千 | 百 | 十 | 元 | 角 | 分 | |
| 向税务机关申报退税 | 其他应收款/应收出口退税 | | | 1 | 0 | 9 | 2 | 0 | 0 | 0 | 0 | | | | | | | | | | | |
| | 应交税费/应交增值税/出口退税 | | | | | | | | | | | | | 1 | 0 | 9 | 2 | 0 | 0 | 0 | 0 | |
| 合计 | | | ¥ | 1 | 0 | 9 | 2 | 0 | 0 | 0 | 0 | | ¥ | 1 | 0 | 9 | 2 | 0 | 0 | 0 | 0 | |

会计主管：周明   记账：张洁   审核：李月   制单：陈英

（8）7 月 20 日，收到银行转来结汇水单，175 000 美元收妥结汇，银行扣除 80 美元收汇手续费，其余部分已按当日买入价 6.25 元结汇。见表 6-35。

**表 6-35**   **中国工商银行** 出口收汇核销专用联

填制日期：2019 年 7 月 20 日

客户名称：大地进出口公司

账  号：××××

核销单号：××××

| 摘  要 | 货币及金额 |
|---|---|
| 我行编号：××××  汇入号：×××<br>汇入日期 19/20/07  金额 USD175 000<br>汇款人名<br>申报号码<br>汇款附言 | USD175 000 |
| | 制单<br>复核 |

 借：银行存款            1 093 250

  财务费用             500

  贷：应收账款（175 000×6.25）    1 093 750

**2. 易货贸易进口业务的核算**

外贸企业收到银行转来外商全套结算单据时，与易货贸易合同或协议核对无误后，据以支付货款，商品运达我国口岸后，申报进口关税、消费税和增值税，并按事先签订的合同将进口商品销售给国内客户，其核算方法与自营进口业务基本相同。其销售收入和销售成本也是通过"其他业务收入"账户和"其他业务成本"账户核算的。

## 易货贸易进口的核算实例

**【例6-6】** 承【例6-5】，收到易货贸易发来钢材的业务如下。

(1) 7月21日，接到银行转来波兰卡锡兰公司全套结算单据，开列钢材300吨，每吨300美元（CIF价格），共计货款90 000美元，审核无误，购汇予以支付，当日美元汇率卖出价为6.30元，结算单据见表6-36。登记会计账簿，见表6-37。

表6-36 　　　　　　　　　　　**贸易进口付汇核销单**

印单局代码：××××　　　　　　　　　　　　　　　　核销单编号：00120743

| 单位代码 | 单位名称：大地进出口公司 | 所在地外汇局名称 |
|---|---|---|
| 付汇银行名称 | 汇款人国别　波兰 | 交易编码　4782 |
| 收款人是否在保税区：是□否□ | 交易附言 | |

对外付汇币种　USD90 000　　对外付汇总额 USD90 000
其中：购汇金额　　现汇金额0　　　　其他方式金额0
　　　人民币账号　　外汇账号

付汇性质
□正常付汇　　　☑ 90天以上信用证　　　□ 90天以上托收　　　□异地付汇
□不在名录　　　□转口贸易
□90天以上到货

| 预计到货日期 | | 进口批件号 | | 合同/发票号 DS1908E |
|---|---|---|---|---|

结算方式

信用证　　90天以内□　90天以上☑　承兑日期　付汇日期　期限　天

托　收　　90天以内□　90天以上□　承兑日期　付汇日期　期限　天

| 汇款 | 预付货款□ | 货到付汇□凭报关单付汇□ | | 付汇日期□ |
|---|---|---|---|---|
| | 报关单号 | 报关日期 | 报关币种 | 金额 |
| | 报关单号 | 报关日期 | 报关币种 | 金额 |
| | 报关单号 | 报关日期 | 报关币种 | 金额 |
| | 报关单号 | 报关日期 | 报关币种 | 金额 |
| | 报关单号 | 报关日期 | 报关币种 | 金额 |
| | （若报关单填写不完，可另附纸） | | | |

其他　　　　　付汇日期

以下由付汇银行填写

申报号码□□□□□□□□□□□□□□□□□□□□□□□□□□□□□□□□□□□

业务编号　　　　　审核日期：　　　　　　（付汇银行签章）

借：在途物资——卡锡兰公司钢材　　　　　　　　567 000

　　贷：银行存款——美元（90 000×6.3）　　　　　567 000

**表 6-37**

# 记 账 凭 证

2019 年 7 月 21 日　　　　　　　　　　　　　　字第××号

| 摘要 | 会计科目 | 美元金额 | | | | | | | | | | 汇率 | 借方人民币金额 | | | | | | | | | | 贷方人民币金额 | | | | | | | | | | 记账 |
|---|---|---|---|---|---|---|---|---|---|---|---|---|---|---|---|---|---|---|---|---|---|---|---|---|---|---|---|---|---|---|---|---|---|
| | | 千 | 百 | 十 | 万 | 千 | 百 | 十 | 元 | 角 | 分 | | 千 | 百 | 十 | 万 | 千 | 百 | 十 | 元 | 角 | 分 | 千 | 百 | 十 | 万 | 千 | 百 | 十 | 元 | 角 | 分 | |
| 收到银行转来卡锡兰公司全套结算单据 | 在途物资/钢材/卡锡兰公司 | | | | | | | | | | | | | | 5 | 6 | 7 | 0 | 0 | 0 | 0 | 0 | | | | | | | | | | | |
| | 银行存款/美元 | | | | 9 | 0 | 0 | 0 | 0 | 0 | 0 | 6.30 | | | | | | | | | | | | | | 5 | 6 | 7 | 0 | 0 | 0 | 0 | 0 | |
| 合计 | | | | | | | | | | | | | | | ¥ | 5 | 6 | 7 | 0 | 0 | 0 | 0 | 0 | | | ¥ | 5 | 6 | 7 | 0 | 0 | 0 | 0 | 0 | |

会计主管：周明　　　　记账：张洁　　　　审核：李月　　　　制单：陈英

（2）7 月 28 日，钢材运达我国口岸，假设钢材进口关税为 10%，增值税率为 17%。即申报应纳进口关税额 81 081［（567 000＋56 700）×13%］元。登记会计账簿，见表 6-38。

**表 6-38**

# 记 账 凭 证

2019 年 7 月 31 日　　　　　　　　　　　　　　字第××号

| 摘要 | 会计科目 | 借方金额 | | | | | | | | | | 贷方金额 | | | | | | | | | | 记账 |
|---|---|---|---|---|---|---|---|---|---|---|---|---|---|---|---|---|---|---|---|---|---|---|
| | | 千 | 百 | 十 | 万 | 千 | 百 | 十 | 元 | 角 | 分 | 千 | 百 | 十 | 万 | 千 | 百 | 十 | 元 | 角 | 分 | |
| 购入卡兰锡公司钢材 | 在途物资/卡兰锡公司钢材 | | | | 5 | 6 | 7 | 0 | 0 | 0 | 0 | | | | | | | | | | | |
| | 应交税费/应交进口关税 | | | | | | | | | | | | | | 5 | 6 | 7 | 0 | 0 | 0 | 0 | |
| 结转卡兰锡公司钢材成本 | 原材料/卡兰锡公司钢材 | | | 6 | 2 | 3 | 7 | 0 | 0 | 0 | 0 | | | | | | | | | | | |
| | 在途物资/卡兰锡公司钢材 | | | | | | | | | | | | | 6 | 2 | 3 | 7 | 0 | 0 | 0 | 0 | |
| 合计 | | | ¥ | 6 | 8 | 0 | 4 | 0 | 0 | 0 | 0 | | ¥ | 6 | 8 | 0 | 4 | 0 | 0 | 0 | 0 | |

会计主管：周明　　　　记账：张洁　　　　审核：李月　　　　制单：陈英

进口关税＝567 000×10％＝56 700（元）

进口增值税＝（567 000＋56 700）×13％＝81 081（元）

借：在途物资——卡兰锡公司钢材　　　　　　　　　　56 700

　　贷：应交税费——应交进口关税　　　　　　　　　　　　56 700

同时，借：原材料——卡兰锡公司钢材（567 000＋56 700）623 700

　　　　贷：在途物资——长兰锡公司钢材　　　　　　　　　623 700

（3）7月28日，钢材已全部售给北京第七建筑公司，收到业务部门转来增值税专用发票，列明钢材300吨，每吨4 120元，计货款1 236 000元，增值税额160 680元，款项已收到转账支票，存入银行。

借：银行存款　　　　　　　　　　　　　　　　　1 396 680

　　贷：其他业务收入——易货贸易　　　　　　　　　1 236 000

　　　　应交税费——应交增值税（销项税额）　　　　　160 680

登记会计账簿，见表6-39。

表6-39

<h3 style="text-align:center">记 账 凭 证</h3>

2017 年 7 月 28 日

字第××号

| 摘要 | 会计科目 | 借方金额 | | | | | | | | | | 贷方金额 | | | | | | | | | | 记账 |
|---|---|---|---|---|---|---|---|---|---|---|---|---|---|---|---|---|---|---|---|---|---|---|
| | | 千 | 百 | 十 | 万 | 千 | 百 | 十 | 元 | 角 | 分 | 千 | 百 | 十 | 万 | 千 | 百 | 十 | 元 | 角 | 分 | |
| 出售钢材 | 银行存款 | | 1 | 3 | 9 | 6 | 6 | 8 | 0 | 0 | 0 | | | | | | | | | | | |
| | 其他业务收入 | | | | | | | | | | | | 1 | 2 | 3 | 6 | 0 | 0 | 0 | 0 | 0 | |
| | 应交税费/应交增值税/销项税额 | | | | | | | | | | | | | 1 | 6 | 0 | 6 | 8 | 0 | 0 | 0 | |
| 合计 | | ¥ | 1 | 3 | 9 | 6 | 6 | 8 | 0 | 0 | 0 | ¥ | 1 | 3 | 9 | 6 | 6 | 8 | 0 | 0 | 0 | |

会计主管：周明　　　　记账：张洁　　　　审核：李月　　　　制单：陈英

（4）7月28日，同时结转钢材销售成本（567 000＋56 700）。

借：其他业务成本——易货贸易　　　　　　　　　　623 700

　　贷：原材料——卡兰锡公司钢材　　　　　　　　　　623 700

（5）8月2日，以银行存款支付进口钢材关税和增值税。登记会计账簿，见表6-40。

借：应交税费——应交增值税（进项税额）　　　　　81 081

　　　　　　　——应交进口关税　　　　　　　　　56 700

　　贷：银行存款　　　　　　　　　　　　　　　137 781

表 6-40

## 记 账 凭 证

2017 年 8 月 2 日                                                                字第××号

| 摘要 | 会计科目 | 借方金额 | | | | | | | | | | 贷方金额 | | | | | | | | | | 记账 |
|---|---|---|---|---|---|---|---|---|---|---|---|---|---|---|---|---|---|---|---|---|---|---|
| | | 千 | 百 | 十 | 万 | 千 | 百 | 十 | 元 | 角 | 分 | 千 | 百 | 十 | 万 | 千 | 百 | 十 | 元 | 角 | 分 | |
| 缴纳关税和增值税 | 应交税费/应交增值税/进口税额 | | | | 8 | 1 | 0 | 8 | 1 | 0 | 0 | | | | | | | | | | | |
| | 应交税费/进口关税 | | | | 5 | 6 | 7 | 0 | 0 | 0 | 0 | | | | | | | | | | | |
| | 银行存款 | | | | | | | | | | | | 1 | 3 | 7 | 7 | 8 | 1 | 0 | 0 | | |
| | | | | | | | | | | | | | | | | | | | | | | |
| | | | | | | | | | | | | | | | | | | | | | | |
| 合计 | | ¥ | 1 | 3 | 7 | 7 | 8 | 1 | 0 | 0 | | ¥ | 1 | 3 | 7 | 7 | 8 | 1 | 0 | 0 | | |

会计主管：周明          记账：张洁          审核：李月          制单：陈英

# 6.5 代理进口销售的核算

代理进口销售是指涉外企业受国内客户委托代为办理进口货物的一种业务。

## 6.5.1 代理进口业务销售收入的确认

外贸企业经营代理业务原则，如图 6-2 所示。

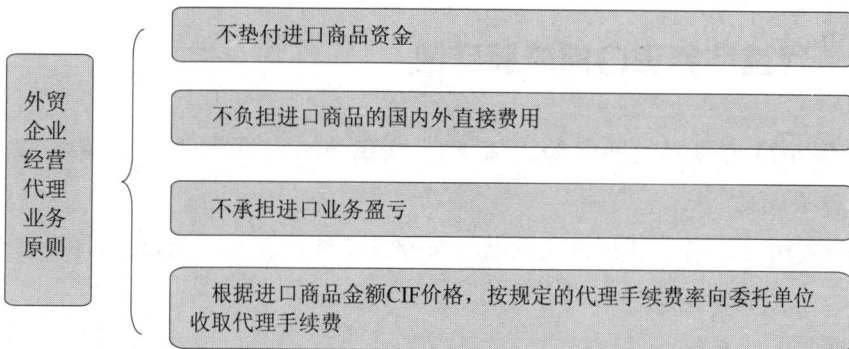

图 6-2 外贸企业经营代理业务原则

根据这些原则，委托单位必须预付采购进口商品的资金，外贸企业只有在向委托单位收妥款项后，才能与进口商签订进口合同；委托单位必须提供出口货源，负担代理业务所发生的国内外直接费用和进口商品所发生的各项税收，并承担进口业务的盈亏。

外贸企业代理进口业务，应以开出进口结算单，向国内委托办理货款的结算的时间确认销售收入的实现。

## 6.5.2　代理进口业务的核算

代理进口业务的账务处理，见表6-41。

表 6-41　　　　　　　　　　代理进口业务的账务处理

| 业务情景 | 账务处理 |
| --- | --- |
| 收到委托单位的预付货款时 | 借：银行存款<br>　　贷：预收账款 |
| 收到银行转来国外全套结算单据时 | 借：预付账款<br>　　贷：银行存款 |
| 根据代理出口商品金额 CIF 价格的一定比例，开具收取代理手续费的发票 | 借：预收账款<br>　　贷：其他业务收入 |

### 代理业务进口的核算实例

【例 6-7】新世纪进出口公司受理春风经销公司代理进口韩国服装，以 FOB 价格成交。

（1）10 月 6 日，收到春风经销公司预付服装价款 1 260 000 元。登记会计账簿，见表 6-42。

借：银行存款　　　　　　　　　　　　　　　　　1 260 000
　　贷：预收账款　　　　　　　　　　　　　　　　　　1 260 000

表 6-42

## 记 账 凭 证

2019 年 10 月 6 日　　　　　　　　　　　　　　　　字第××号

| 摘要 | 会计科目 | 借方金额 |||||||||| 贷方金额 |||||||||| 记账 |
|---|---|---|---|---|---|---|---|---|---|---|---|---|---|---|---|---|---|---|---|---|---|---|
| | | 千 | 百 | 十 | 万 | 千 | 百 | 十 | 元 | 角 | 分 | 千 | 百 | 十 | 万 | 千 | 百 | 十 | 元 | 角 | 分 | |
| 收到春风经销公司预付款 | 银行存款 | | 1 | 2 | 6 | 0 | 0 | 0 | 0 | 0 | 0 | | | | | | | | | | | |
| | 预收账款/春风经销公司 | | | | | | | | | | | | 1 | 2 | 6 | 0 | 0 | 0 | 0 | 0 | 0 | |
| | | | | | | | | | | | | | | | | | | | | | | |
| 合计 | | ¥ | 1 | 2 | 6 | 0 | 0 | 0 | 0 | 0 | 0 | ¥ | 1 | 2 | 6 | 0 | 0 | 0 | 0 | 0 | 0 | |

会计主管：杨欣　　　　记账：陈琼　　　　审核：李晓　　　　制单：曾思

（2）10 月 10 日，购汇支付韩国城丽衣舍公司服装的国外运费 2 200 美元，保险费 400 美元，当日卖出汇率为 6.78 元。登记会计账簿，见表 6-43。

借：预收账款 ［（2 200＋400）×6.78］　　　　　　　17 628

　　贷：银行存款——美元　　　　　　　　　　　　　　　17 628

表 6-43

## 记 账 凭 证

2019 年 10 月 10 日　　　　　　　　　　　　　　　　字第××号

| 摘要 | 会计科目 | 美元金额 |||||||||| 汇率 | 借方人民币金额 |||||||||| 贷方人民币金额 |||||||||| 记账 |
|---|---|---|---|---|---|---|---|---|---|---|---|---|---|---|---|---|---|---|---|---|---|---|---|---|---|---|---|---|---|---|---|---|
| | | 千 | 百 | 十 | 万 | 千 | 百 | 十 | 元 | 角 | 分 | | 千 | 百 | 十 | 万 | 千 | 百 | 十 | 元 | 角 | 分 | 千 | 百 | 十 | 万 | 千 | 百 | 十 | 元 | 角 | 分 | |
| 支付国外运费、保险费 | 预收账款 | | | | | | | | | | | | | | | 1 | 7 | 6 | 2 | 8 | 0 | 0 | | | | | | | | | | | |
| | 银行存款/美元 | | | | | 2 | 6 | 0 | 0 | 0 | 0 | 6.78 | | | | | | | | | | | | | | 1 | 7 | 6 | 2 | 8 | 0 | 0 | |
| 合计 | | | | | | | | | | | | | | | | ¥ | 1 | 7 | 6 | 2 | 8 | 0 | 0 | | | | ¥ | 1 | 7 | 6 | 2 | 8 | 0 | 0 | |

会计主管：杨欣　　　　记账：陈琼　　　　审核：李晓　　　　制单：曾思

（3）10 月 20 日，收到银行转来韩国城丽衣舍公司全部结算单据，服装 1 200 件，每件 85 美元，货款共计 102 000 美元，明佣 1 500 美元。扣除佣金后付款，当日银行卖出价为 6.75 元。登记会计账簿，见表 6-44。

借：预收账款——服装 ［（102 000－1 500）×6.75］678 375

　　贷：银行存款——美元　　　　　　　　　　　　　　678 375

表 6-44

# 记 账 凭 证

2019 年 10 月 20 日　　　　　　　　　　　　　　字第××号

| 摘要 | 会计科目 | 美元金额 千 | 百 | 十 | 万 | 千 | 百 | 十 | 元 | 角 | 分 | 汇率 | 借方人民币金额 千 | 百 | 十 | 万 | 千 | 百 | 十 | 元 | 角 | 分 | 贷方人民币金额 千 | 百 | 十 | 万 | 千 | 百 | 十 | 元 | 角 | 分 | 记账 |
|---|---|---|---|---|---|---|---|---|---|---|---|---|---|---|---|---|---|---|---|---|---|---|---|---|---|---|---|---|---|---|---|---|---|
| 收到银行转来城丽衣舍全套结算单据 | 预收账款/服装 | | | | | | | | | | | | | | | 6 | 7 | 8 | 3 | 7 | 5 | 0 | 0 | | | | | | | | | | |
| | 银行存款/美元 | | | 1 | 0 | 0 | 5 | 0 | 0 | 0 | 0 | 6.75 | | | | | | | | | | | | | | 6 | 7 | 8 | 3 | 7 | 5 | 0 | 0 |
| 合计 | | | | | | | | | | | | | | ¥ | 6 | 7 | 8 | 3 | 7 | 5 | 0 | 0 | | ¥ | 6 | 7 | 8 | 3 | 7 | 5 | 0 | 0 | |

会计主管：杨欣　　　　记账：陈琼　　　　审核：李晓　　　　制单：曾思

（4）10 月 20 日，按代理服装货款 CIF 价格的 3‰向春风经贸公司收取代理手续费 2 500 美元，当日汇率为 6.75 元。登记会计账簿，见表 6-45。

借：预收账款　　　　　　　　　（2 500×6.75）16 875

　　贷：其他业务收入　　　　　　　　　　　　16 875

表 6-45

# 记 账 凭 证

2019 年 10 月 20 日　　　　　　　　　　　　　　字第××号

| 摘要 | 会计科目 | 美元金额 千 | 百 | 十 | 万 | 千 | 百 | 十 | 元 | 角 | 分 | 汇率 | 借方人民币金额 千 | 百 | 十 | 万 | 千 | 百 | 十 | 元 | 角 | 分 | 贷方人民币金额 千 | 百 | 十 | 万 | 千 | 百 | 十 | 元 | 角 | 分 | 记账 |
|---|---|---|---|---|---|---|---|---|---|---|---|---|---|---|---|---|---|---|---|---|---|---|---|---|---|---|---|---|---|---|---|---|---|
| 收取手续费 | 预收账款 | | | | 2 | 5 | 0 | 0 | 0 | 0 | | 6.75 | | | | | 1 | 6 | 8 | 7 | 5 | 0 | 0 | | | | | | | | | | |
| | 其他业务收入 | | | | | | | | | | | | | | | | | | | | | | | | | | 1 | 6 | 8 | 7 | 5 | 0 | 0 |
| 合计 | | | | | | | | | | | | | | | | ¥ | 1 | 6 | 8 | 7 | 5 | 0 | 0 | | ¥ | 1 | 6 | 8 | 7 | 5 | 0 | 0 | |

会计主管：杨欣　　　　记账：陈琼　　　　审核：李晓　　　　制单：曾思

（5）10 月 24 日，韩国服装运达我国口岸，向海关申报应纳进口关税税额 52 000 元，增值税额 121 750 元。登记会计账簿，见表 6-46。

借：预收账款　　　　　　　　　　　　　　173 750

　　贷：应交税费——应交进口关税　　　　　　52 000

　　　　　　　　——应交增值税（进项税额）　121 750

表 6-46

# 记 账 凭 证

2019 年 10 月 24 日　　　　　　　　　　字第××号

| 摘要 | 会计科目 | 借方金额 | | | | | | | | | | 贷方金额 | | | | | | | | | | 记账 |
|------|---------|---|---|---|---|---|---|---|---|---|---|---|---|---|---|---|---|---|---|---|---|------|
| | | 千 | 百 | 十 | 万 | 千 | 百 | 十 | 元 | 角 | 分 | 千 | 百 | 十 | 万 | 千 | 百 | 十 | 元 | 角 | 分 | |
| 缴纳进口关税和进口增值税 | 预收账款 | | | 1 | 7 | 3 | 7 | 5 | 0 | 0 | 0 | | | | | | | | | | | |
| | 应交税费/应交进口关税 | | | | | | | | | | | | | 5 | 2 | 0 | 0 | 0 | 0 | 0 | 0 | |
| | 应交税费/应交进口增值税/进项税额 | | | | | | | | | | | | | 1 | 2 | 1 | 7 | 5 | 0 | 0 | 0 | |
| | | | | | | | | | | | | | | | | | | | | | | |
| 合计 | | ¥ | 1 | 7 | 3 | 7 | 5 | 0 | 0 | 0 | | ¥ | 1 | 7 | 3 | 7 | 5 | 0 | 0 | 0 | | |

会计主管：杨欣　　　　记账：陈琼　　　　审核：李晓　　　　制单：曾思

（6）10 月 30 日，按代理服装手续费收入 16 875 元的 13%计提应交增值税。登记会计账簿，见表 6-47。

借：其他应收款　　　　　　　　　　　　　　2 193.75

贷：应交税费——应交增值税（销项税额）　　2 193.75

表 6-47

# 记 账 凭 证

2019 年 10 月 30 日　　　　　　　　　　字第××号

| 摘要 | 会计科目 | 借方金额 | | | | | | | | | | 贷方金额 | | | | | | | | | | 记账 |
|------|---------|---|---|---|---|---|---|---|---|---|---|---|---|---|---|---|---|---|---|---|---|------|
| | | 千 | 百 | 十 | 万 | 千 | 百 | 十 | 元 | 角 | 分 | 千 | 百 | 十 | 万 | 千 | 百 | 十 | 元 | 角 | 分 | |
| 代理服装手续费应交增值税 | 其他应收款 | | | | | 2 | 1 | 9 | 3 | 7 | 5 | | | | | | | | | | | |
| | 应交税费/应交增值税 | | | | | | | | | | | | | | | 2 | 1 | 9 | 3 | 7 | 5 | |
| | | | | | | | | | | | | | | | | | | | | | | |
| 合计 | | | | | ¥ | 2 | 1 | 9 | 3 | 7 | 5 | | | | | ¥ | 2 | 1 | 9 | 3 | 7 | 5 | |

会计主管：杨欣　　　　记账：陈琼　　　　审核：李晓　　　　制单：曾思

（7）10 月 30 日，缴纳代理进口服装的关税、消费税和增值税额。登记会计账簿，见表 6-48。

借：应交税费——应交进口关税　　　　　　　　52 000

——应交增值税（销项税额）　　　　124 618.75

贷：银行存款　　　　　　　　　　　　　　　　176 618.75

表 6-48

## 记账凭证

2019 年 10 月 30 日　　　　　　　　　　　　　字第××号

| 摘要 | 会计科目 | 借方金额 | | | | | | | | | | 贷方金额 | | | | | | | | | | 记账 |
|---|---|---|---|---|---|---|---|---|---|---|---|---|---|---|---|---|---|---|---|---|---|---|
| | | 千 | 百 | 十 | 万 | 千 | 百 | 十 | 元 | 角 | 分 | 千 | 百 | 十 | 万 | 千 | 百 | 十 | 元 | 角 | 分 | |
| 缴纳进口服装税费 | 应交税费/应交进口关税 | | | | 5 | 2 | 0 | 0 | 0 | 0 | 0 | | | | | | | | | | | |
| | 应交税费/应交增值税/销项税额 | | | 1 | 2 | 4 | 6 | 1 | 8 | 7 | 5 | | | | | | | | | | | |
| | 银行存款 | | | | | | | | | | | | | 1 | 7 | 6 | 6 | 1 | 8 | 7 | 5 | |
| 合计 | | ¥ | 1 | 7 | 6 | 6 | 1 | 8 | 7 | 5 | | ¥ | 1 | 7 | 6 | 6 | 1 | 8 | 7 | 5 | | |

会计主管：杨欣　　　记账：陈琼　　　审核：李晓　　　制单：曾思

　　(8) 10 月 30 日，签发转账支票退还预收春风经贸公司代理进口服装余款，登记会计账簿，见表 6-49。

　　　借：预收账款　　　　　　　　　　　　　777 053

　　　　贷：银行存款　　　　　　　　　　　　　　777 053

表 6-49

## 记账凭证

2019 年 10 月 30 日　　　　　　　　　　　　　字第××号

| 摘要 | 会计科目 | 美元金额 | | | | | | | | | | 汇率 | 借方人民币金额 | | | | | | | | | | 贷方人民币金额 | | | | | | | | | | 记账 |
|---|---|---|---|---|---|---|---|---|---|---|---|---|---|---|---|---|---|---|---|---|---|---|---|---|---|---|---|---|---|---|---|---|---|
| | | 千 | 百 | 十 | 万 | 千 | 百 | 十 | 元 | 角 | 分 | | 千 | 百 | 十 | 万 | 千 | 百 | 十 | 元 | 角 | 分 | 千 | 百 | 十 | 万 | 千 | 百 | 十 | 元 | 角 | 分 | |
| 退还春风经销公司余款 | 预收账款 | | | | | | | | | | | | | | 7 | 7 | 7 | 0 | 5 | 3 | 0 | 0 | | | | | | | | | | | |
| | 银行存款 | | | | | | | | | | | | | | | | | | | | | | | | 7 | 7 | 7 | 0 | 5 | 3 | 0 | 0 | |
| 合计 | | | | | | | | | | | | | ¥ | 7 | 7 | 7 | 0 | 5 | 3 | 0 | 0 | | ¥ | 7 | 7 | 7 | 0 | 5 | 3 | 0 | 0 | | |

会计主管：杨欣　　　记账：陈琼　　　审核：李晓　　　制单：曾思

# THE
# SEVENTH
# CHAPTER

第 *7* 章

## 进出口货物纳税的核算

根据《海关法》和《进出口关税条例》的规定，进出口货物除国家另有规定外，均应征收关税。除了征收关税外，还要征收增值税，某些商品还要征收消费税。本章主要介绍进口关税、出口关税、进口增值税、进出口消费税的核算。

# 7.1 进出口关税的核算

## 7.1.1 关税概述

关税（Tariff）是指进出口商品在经过一国关境时，由政府设置的海关向进出口国所征收的税种。关税是国际通行税种，是各国根据本国经济和政治的需要，用法律形式确定，由海关对进出口货物征收的一种流转税。

（1）根据应税货物的不同流向分类，关税分为以下几种，见表7-1。

表 7-1                       根据应税货物不同流向分类

| 分 类 | 含 义 |
| --- | --- |
| 进口关税 | 海关对输入本国的货物和物品征收的关税。一般是在货物和物品进入关境时征收。如果海关设有保税仓库，进口货物不是直接进入国内市场，则需待货物由保税仓库转出并投入国内市场时征收进口税 |
| 出口关税 | 海关对输出本国的货物和物品征收的关税 |
| 过境关税 | 海关对运经本国关境，销往第三国的外国货物征收的关税 |

（2）根据征收的目的分类，见表7-2。

表 7-2                        根据征收目的分类

| 分 类 | 含 义 |
| --- | --- |
| 财政关税 | 以增加财政收入为主要目的而征收的关税 |
| 保护关税 | 以保护本国产业发展为主要目的而征收的关税 |

（3）根据征税标准分类，见表7-3。

**表7-3** 根据征税标准分类

| 分　类 | 含　义 |
|---|---|
| 从价关税 | 以货物的价格为计税标准而计算征收的一种关税 |
| 从量关税 | 是以货物的计量单位为计税标准计算征收的一种关税 |
| 复合关税 | 对同一种进口货物采用从价与从量两种标准计算征收的一种关税。征税时，或以从价税为主，加征从量税；或以从量税为主，加征从价税 |
| 选择关税 | 对同一种货物，同时规定从价税和从量税两种税率，征税时选择其中的一种进行课征的一种关税 |
| 滑动关税 | 对某种进口货物规定其价格的上、下限，按国内货价涨落情况，分别采用几种高低不同税率的一种关税 |
| 配额关税 | 对某种进口商品同时设计配额内税率和配额外税率，进口商品在配额以内的适用低税率，在配额以外的适用高税率征收的关税 |

（4）根据税率制定的标准分类，见表7-4。

**表7-4** 根据税率制定的标准分类

| 分　类 | 含　义 |
|---|---|
| 自主关税 | 由一国政府独立自主地制定的关税，包括关税率及有关关税的各种法规、条例。实行自主关税的国家，可同时对缔有贸易协定、在自愿对等基础上相互减让关税的国家实行协定关税 |
| 协定关税 | 一个国家与另一个国家之间通过协商相互给予对方优惠待遇的关税制度。如果一方遭受对方的胁迫，非自愿地给予对方以优惠待遇又不能享受对方给予对等的优惠，就是片面的协定关税，这构成一国对另一国的特权 |

## 7.1.2　关税税率

关税税率是指根据《海关进出口税则》规定的对课征对象征税时计算税额的比例。

关税税则分为单式税则和复式税则两种，大多数国家实行复式税则。

各国复式税则不同，有二、三、四、五栏不等，设有普通税率、最惠国税率、协定税率、特惠税率等，一般是普通税率最高，特惠税率最低。

我国进口关税设置最惠国税率、协定税率、特惠税率、普通税率、关税配额率等几种形式。见表7-5。

表 7-5　　　　　　　　　　　　　　我国进口关税的设置

| 分　　类 | 含　　义 |
|---|---|
| 最惠国税率 | 某国来自于其最惠国的进口产品享受的关税税率。根据最惠国待遇原则，最惠国税率一般不得高于现在或将来来自于第三国同类产品所享受的关税税率。所谓最惠国待遇原则，是指缔结经济贸易条约协定的一项法律原则，又称无歧视待遇原则，指缔约一方在贸易、航海、关税、公民的法律地位等方面给予缔约国第一方的优惠待遇 |
| 协定税率 | 一国根据其与别国签订的贸易条约或协定而制定的关税税率。协定税率是相对于国定税率而言的 |
| 特惠税率 | 我国海关税税则中的一栏税率，对原产于与中华人民共和国签订含有特殊关税优惠条款的贸易协定的国家或者地区的进口货物，适用特惠税率 |
| 普通税率 | 原产于以上所列外的国家或者地区的进口货物，以及原产地不明的进口货物，适用普通税率 |
| 关税配额税率 | 对实行关税配额管理的进口货物，关税配额内的，适用关税配额税率；关税配额外的，按不同情况分别适用于最惠国税率、协定税率、特惠税率或普通税率 |

## 7.1.3　关税的核算方法

关税有从价、从量、复合和滑准四种计税方法，见表 7-6。

表 7-6　　　　　　　　　　　　　　　　关税的核算

| 方　　法 | 含　　义 |
|---|---|
| 从价税 | 从价税为从量税的对称。是以课税对象的价值或价格形式为标准，按一定比例计算征收的各种税。是依税收的计税标准进行的归类 |
| 从量税 | 是以课税对象的重量、容积、面积、长度等计量单位为标准，按固定单位税额计征的各种税，是依税收的计税标准进行的分类。例如我国的盐税，按盐的重量（吨）和单位税额征收 |
| 复合税 | 也称复税制、复合税制。"单一税制"的对称。指一个国家同时征收两种以上的税种的税收制度，是依税制的总体设计类型对税收进行的分类。复合税可以分为两种：一种是以从量税为主加征从价税；另一种是以从价税为主加征从量税 |
| 滑准税 | 又称滑动税，是对进口税则中的同一种商品按其市场价格标准分别制订不同价格档次的税率而征收的一种进口关税。其高档商品价格的税率低或不征税，低档商品价格的税率高 |

### 1. 从价计征关税应纳税额的计算

应纳关税税额＝应税进出口货物数量×单位完税价格×适用税率

## 从价计征关税的核算实例

**【例 7-1】** 2019 年 1 月，大进出口公司进口小轿车 300 辆，每辆货价 75 000 元。该批小轿车运抵我国上海港口起卸前的包装、运输、保险和其他劳务费用共计 150 000 元；小轿车关税税率为 110%。计算该批小轿车应纳关税税额。

（1）该批小轿车的完税价格 ＝75 000×300＋150 000＝22 650 000（元）

（2）应纳进口关税税额＝22 650 000×110%＝24 915 000（元）

**2. 从量计征关税应纳税额的计算**

应纳关税税额＝应税进（出）口货物数量×适用单位税额

应纳税额＝应税进（出）口货物数量×单位完税价格× 适用税率

需要特别指出的是，进口货物数量的单位应与单位关税税额的单位一致。

## 从量计征关税的核算实例

**【例 7-2】** 绿地进出口公司进口原油 1 000 吨，假设原油的关税税率为 85 元/吨。即：

应纳进口关税税额＝应税进出（口）货物数量×关税税额

＝1 000×85＝85 000（元）

**3. 复合计征应纳关税税额的计算**

应纳进口关税税额＝应税进口货物数量×关税单位税额＋应税进口货物

数量×单位完税价格×适用税率

从价部分的关税额＝进口货物完税价格×进口关税税率

从量部分的关税额＝进口货物数量×单位关税税额

## 复合计征关税核算实例

**【例 7-3】** 盈科外贸公司进口卷烟 1 000 标准条，共计 200 000 人民币元。假设关税比例税率为 30%，定额关税为 0. 005 元/支，1 标准条有 200 支。

从价部分的进口关税税额＝200 000×30%＝60 000（元）

从量部分的进口关税税额＝1 000×200×0．005＝1 000（元）

即当期应缴纳进口关税税额＝60 000＋1 000＝61 000（元）

**4. 滑准税应纳税额的计算**

滑准税，又称滑动税，是对进口税则中的同一种商品按其市场价格标准分别制订不同价格档次的税率而征收的一种进口关税。其高档商品价格的税率低或不征税，低档商品价格的税率高。

应纳税额＝应税进出口货物完税价格×滑准税税率

## 7.1.4 关税完税价格的确定

对于经海关批准的暂时进境的货物，应当按照《海关审定进出口货物完税价格办法》的规定，估定完税价格。

根据我国现行《海关法》规定，进口货物的完税价格包括货价、货物运抵我国境内输入地点起卸前的运输费用、保险费及相关费用。我国境内输入地点是指入境海关地，包括内陆河、江口岸，一般为第一口岸。

**1. 进口货物关税完税价格的确定**

进口货物完税价格由海关以进口货物的成交价格为基础审核确定。一般包括货价、货物运抵中华人民共和国海关境内输入地点起卸前的运费和保费。通常以 CIF 价格为基础。若货物在交易的过程中，卖方付给我方正常的折扣，则应在成交价格中扣除。

进口货物以到岸价格（CIF）、到岸价格加佣金价格（CIFC）、到岸价格加战争险价格（CIPW）成交的，经海关审定后，可作为完税价格。见表 7-7。

表 7-7 进口货物完税价格的确定

| 分类 | 定 义 | 计算公式 |
|------|-------|---------|
| CIF 价格 | 以我国口岸到岸价格（CIF）成交的，则成交价格就是关税完税价格 | 关税完税价格＝CIF |
| CFR 价格 | 进口货物采用 CFR 价格成交，应加保险费组成完税价格 | 完税价格＝CFR÷（1－保险费率） |
| FOB 价格 | 进口货物采用 FOB 价格成交，应加保险费和运费组成完税价格 | 完税价格＝（FOB＋运费）÷（1－保险费率）＝FOB＋运杂费＋保险费 |

（1）以 CIF 成交的进口货物的计算。

## 以 CIF 成交的进口货物核算实例

【例7-4】大地进出口公司从德国进口小汽车200辆，其成交价格为 CIF 天津新港490 000 000美元，假设小汽车进口关税税率为20%，当日外汇汇率1美元=6.26人民币元。

小汽车进口关税税额=490 000 000×6.26×20%=613 480 000（元）

表 7-8

### 海关进口关税专用缴款书

收入系统：税务系统　　　　　填发日期：2017 年 1 月 6 日　　　　　号码：××××

| 收入机关 | 收入机关 | 中央金库 | | | 缴款单位（个人） | 名　称 | 大地进出口公司 |
|---|---|---|---|---|---|---|---|
| | 科　目 | 进口关税 | 预算级次 | 中央 | | 账　号 | 07422568789 |
| | 收款国库 | 丽水区中心支库 | | | | 开户银行 | 工商银行北蜂窝路支行 |
| 税号 | 货物名称 | 数量 | 单位 | 完税价格 | | 税率（%） | 税款金额 |
| | 小汽车 | 200 | 辆 | 3 067 400 000 | | 20% | 613 480 000 |
| 金额人民币（大写） | 陆亿壹仟叁佰肆拾捌万元整 | | | | 合计（小写） | | 613 480 000 |
| 申请单位编号 | | 报关单编号 | | | 填制单位 | | 收款国库（银行） |
| 合同批文 | | 运输工具 | | | | | |
| 缴款期限 | | 提货单号工商银行北蜂窝路支行 | | | | | |
| 备注 | 照章征税　6/1/2019　2019-01 转讫 03 | | | | 制单人 复核人 | | |
| 国际代码：×××× | | | | | | | |

第一联（收据）国库收款签单后交缴款单位或缴纳人

（2）以 FOB 和 CFR 成交进口货物的计算。

以 FOB 和 CFR 条件成交的进口货物，在计算税款时应先把进口货物的申报价格折算成 CIF 价，然后再按上述程序计算税款。

## 以 FOB 价格成交的进口货物核算实例

【例7-5】大地进出口公司从国外进口一批中厚钢板共计200 000吨，成交价格为FOB2.5英镑/吨。已知单位运费为0.5英镑，保险费率为0.25%，已知海关填发税款缴款书之日的外汇牌价：

1英镑＝11.268 3人民币元（买入价）

1英镑＝11.885 7人民币元（卖出价）

①根据填发税款缴款书当日的外汇牌价，将货款折算为人民币。

外汇买卖中间价＝（11.268 3＋11.885 7）÷2＝11.577（元）

进口货物完税价格＝（FOB价格＋运费）÷（1－保险费率）＝（2.5＋0.5）÷（1－0.25%）＝3.007 5（元）

②计算关税税款：根据税则归类，中厚钢板是日本原产货物适用于最惠国税率，最惠国税率为10%。

则：该批货物进口关税税款＝3.007 5×200 000×11.577×10%＝696 356.55（元）

表7-9

## 海关进口关税专用缴款书

收入系统：税务系统　　　填发日期：2019年1月6日　号码：029820050185054065-I02

| 收入机关 | 收入机关 | 中央金库 | | | 缴款单位（个人） | 名　称 | 大地进出口公司 | |
|---|---|---|---|---|---|---|---|---|
| | 科　目 | 进口关税 | 预算级次 | 中央 | | 账　号 | 07422568789 | |
| | 收款国库 | 丽水区中心支库 | | | | 开户银行 | 工商银行北蜂窝路支行 | |
| 税号 | | 货物名称 | 数量 | 单位 | 完税价格 | 税率（%） | | 税款金额 |
| 122436 | | 中厚钢板 | 200 | 吨 | 6 963 565.5 | 10% | | 6 963 565.55 |
| 金额人民币（大写） | | 陆拾玖万陆仟叁佰伍拾陆元伍角伍分 | | | | 合计（小写） | | 6 963 565.55 |
| 申请单位编号 | | | 报关单编号 | | | 填制单位 | 收款国库（银行） | |
| 合同批文 | | | 运输工具 | | | | | |
| 缴款期限 | | | 提货单号 | | | | | |
| 备注 | | 照章征税　6/1/2015 | | | | 制单人：复核人： | | |
| 国际代码：×××× | | | | | | | | |

第一联（收据）国库收款签单后交缴款单位或缴纳人

## 2. 出口关税完税价格的确定

出口货物的完税价格由海关以该货物的成交价格为基础确定，并应当包括货物运至中华人民共和国境内输出地点装载前的运输及其相关费用、保险费。

（1）以货物的成交价格确定关税完税价格。

出口关税完税价格的确定，见表7-10。

表 7-10                                               出口关税计价基础

| 价格基础 | 计算公式 |
|---|---|
| 以 FOB 价格为基础 | 关税完税价格＝FOB 价格÷（1＋出口关税税率） |
| 以 CIF 价格为基础 | 关税完税价格＝（CIF 价－保险费－运费）÷1＋出口关税税率 |
| 以 CFR 价格为基础 | 关税完税价格＝（CFR－运费）÷（1＋关税税率） |

需要注意的是，下列税收、费用不计入出口货物的完税价格。

①出口关税。

②在货物价款中单独列明的货物运至中华人民共和国境内输出地点装载后的运输及其相关费用、保险费（即出口货物的运保费最多算至离境口岸时止）。

③在货物价款中单独列明由卖方承担的佣金。

（2）出口货物海关估定方法。

出口货物的成交价格不能确定的，海关经了解有关情况，并与纳税义务人进行价格磋商后，依次以下列价格审查确定该货物的完税价格。

①同时或者大约同时向同一国家或者地区出口的相同货物的成交价格。

②同时或者大约同时向同一国家或者地区出口的类似货物的成交价格。

③根据境内生产相同或者类似货物的成本、利润和一般费用（包括直接费用和间接费用）、境内发生的运输及其相关费用、保险费计算所得的价格。

④按照合理方法估定的价格。

### 3. 关税账户的设置

进出口企业自营出口应缴纳的关税。由于关税是价内税，所以，企业进口货物应纳的关税应直接计入采购成本。按完税价格和适用税率计算出应纳进口关税税额后，借记"材料采购"账户，贷记"应交税费——应交进口关税"账户；实际缴纳进口关税时，借记"应交税费——应交进口关税"账户，贷记"银行存款"账户。进口关税核算按进口货物的形式可分为自营进出口关税、代理进出口关税、易货贸易出口的核算。

### 4. 自营业务进出口关税的核算

自营进口关税和自营出口关税核算实例如下。

（1）自营进口关税的核算。

## 自营进口关税核算实例

【例7-6】2019年1月，大地进出口公司从国外自营进口商品一批，该商品的到岸价格为人民币300 000元，进口商品的关税税率为30％，则该公司关税的计算及会计处理如下。

（1）计算应纳关税税额和商品采购成本

应纳关税税额＝300 000×30％＝90 000（元）

商品采购成本＝300 000＋90 000＝390 000（元）

（2）确认商品采购成本并计算应纳关税时，财务处理如下。

借：在途物资　　　　　　　　　　　　　　　　　　　300 000

贷：银行存款　　　　　　　　　　　　　　　　　　300 000

登记会计账簿，见表7-11。

表 7-11

### 记 账 凭 证

2019 年 1 月 30 日

字第××号

| 摘要 | 会计科目 | 借方金额 | | | | | | | | | | 贷方金额 | | | | | | | | | | 记账 |
|---|---|---|---|---|---|---|---|---|---|---|---|---|---|---|---|---|---|---|---|---|---|---|
| | | 千 | 百 | 十 | 万 | 千 | 百 | 十 | 元 | 角 | 分 | 千 | 百 | 十 | 万 | 千 | 百 | 十 | 元 | 角 | 分 | |
| 结转商品采购成本 | 在途物资 | | | 3 | 0 | 0 | 0 | 0 | 0 | 0 | 0 | | | | | | | | | | | |
| | 银行存款 | | | | | | | | | | | | | 3 | 0 | 0 | 0 | 0 | 0 | 0 | 0 | 0 | |
| | | | | | | | | | | | | | | | | | | | | | | |
| | | | | | | | | | | | | | | | | | | | | | | |
| | 合计 | ¥ | 3 | 0 | 0 | 0 | 0 | 0 | 0 | 0 | 0 | ¥ | 3 | 0 | 0 | 0 | 0 | 0 | 0 | 0 | 0 | |

会计主管：周明　　　　记账：张洁　　　　审核：李月　　　　制单：陈英

（3）实际缴纳关税时，账务处理如下。登记会计账簿，见表7-12。

借：应交税费——应交进口关税　　　　　　　　　　　90 000

贷：银行存款　　　　　　　　　　　　　　　　　90 000

表 7-12

### 记 账 凭 证

2019 年 1 月 31 日 　　　　　　　　　　　　　　字第××号

| 摘要 | 会计科目 | 借方金额 | | | | | | | | | | 贷方金额 | | | | | | | | | | 记账 |
|---|---|---|---|---|---|---|---|---|---|---|---|---|---|---|---|---|---|---|---|---|---|---|
| | | 千 | 百 | 十 | 万 | 千 | 百 | 十 | 元 | 角 | 分 | 千 | 百 | 十 | 万 | 千 | 百 | 十 | 元 | 角 | 分 | |
| 实际缴纳关税时 | 应交税费/应交关税 | | | | 9 | 0 | 0 | 0 | 0 | 0 | | | | | | | | | | | | |
| | 银行存款 | | | | | | | | | | | | | | 9 | 0 | 0 | 0 | 0 | 0 | 0 | |
| | | | | | | | | | | | | | | | | | | | | | | |
| 合计 | | | ¥ | 9 | 0 | 0 | 0 | 0 | 0 | 0 | | | ¥ | 9 | 0 | 0 | 0 | 0 | 0 | 0 | | |

会计主管：周明 　　　记账：张洁 　　　审核：李月 　　　制单：陈英

（4）商品验收入库时，账务处理如下。登记会计账簿，见表 7-13。

借：库存商品 　　　　　　　　　　　　　390 000

贷：在途物资 　　　　　　　　　　　　　390 000

表 7-13

### 记 账 凭 证

2019 年 1 月 31 日 　　　　　　　　　　　　　　字第××号

| 摘要 | 会计科目 | 借方金额 | | | | | | | | | | 贷方金额 | | | | | | | | | | 记账 |
|---|---|---|---|---|---|---|---|---|---|---|---|---|---|---|---|---|---|---|---|---|---|---|
| | | 千 | 百 | 十 | 万 | 千 | 百 | 十 | 元 | 角 | 分 | 千 | 百 | 十 | 万 | 千 | 百 | 十 | 元 | 角 | 分 | |
| 商品验收入库时 | 库存商品 | | | | 3 | 9 | 0 | 0 | 0 | 0 | 0 | | | | | | | | | | | |
| | 在途物资 | | | | | | | | | | | | | | 3 | 9 | 0 | 0 | 0 | 0 | 0 | |
| | | | | | | | | | | | | | | | | | | | | | | |
| 合计 | | | | ¥ | 3 | 9 | 0 | 0 | 0 | 0 | 0 | | | ¥ | 3 | 9 | 0 | 0 | 0 | 0 | 0 | |

会计主管：周明 　　　记账：张洁 　　　审核：李月 　　　制单：陈英

（2）自营出口关税的核算。

## 自营出口关税核算实例

【例 7-7】大地进出口公司出口材料一批，FOB 价格 120 000 美元，出口关税税率为 20%，收到海关填发的税款交纳凭证，见表 7-14。当日美元汇率的中间价为 6.27 元，计算应交纳的出口关税税额。

钨丝出口关税完税价格＝120 000÷（1＋20%）×6.27＝627 000（元）

应纳出口关税额＝627 000×20%＝125 400（元）

**表 7-14**

## 海关出口关税专用缴款书

收入系统：税务系统　　　　　填发日期：2019 年 1 月 1 日　　　　　号码：×××××

<table>
<tr><td rowspan="3">收入机关</td><td>收入机关</td><td colspan="3">中央金库</td><td rowspan="2">缴款单位</td><td>名　称</td><td colspan="3">大地进出口公司</td></tr>
<tr><td>科　目</td><td>进口关税</td><td>预算级次</td><td>中央</td><td>账　号</td><td colspan="3">0200001909234216779</td></tr>
<tr><td>收款国库</td><td colspan="3">丽水区中心支库</td><td>（个人）</td><td>开户银行</td><td colspan="3">工商银行北蜂窝路支行</td></tr>
<tr><td>税号</td><td colspan="2">货物名称</td><td>数量</td><td>单位</td><td colspan="2">完税价格</td><td colspan="2">税率（%）</td><td>税款金额</td></tr>
<tr><td>1232</td><td colspan="2">AR 材料</td><td></td><td></td><td colspan="2">627 000</td><td colspan="2">20%</td><td>125 400</td></tr>
<tr><td></td><td colspan="2"></td><td></td><td></td><td colspan="2"></td><td colspan="2"></td><td></td></tr>
</table>

金额人民币（大写）　⊗壹拾贰万伍仟肆佰元整

<table>
<tr><td>申请单位编号</td><td></td><td>报关单编号</td><td></td><td>填制单位</td><td>收款国库（银行）</td></tr>
<tr><td>合同批文</td><td></td><td>运输工具</td><td></td><td></td><td></td></tr>
<tr><td>缴款期限</td><td></td><td>提货单号</td><td></td><td></td><td></td></tr>
<tr><td>备注</td><td colspan="3">照章征税　1/1/2015　制单人：　复核人：</td><td></td><td></td></tr>
<tr><td>国际代码</td><td colspan="5">××××</td></tr>
</table>

第一联（收据）国库收款签单后交缴款单位或缴纳人

借：主营业务税金及附加　　　　　　　　　　　　125 400

贷：应交税费——应交出口关税　　　　　　　　　125 400

根据原始凭证，登记会计账簿，见表 7-15。

**表 7-15**

## 记 账 凭 证

2019 年 1 月 10 日　　　　　　　　　　　　　字第××号

<table>
<tr><td rowspan="2">摘要</td><td rowspan="2">会计科目</td><td colspan="10">借方金额</td><td colspan="10">贷方金额</td><td rowspan="2">记账</td></tr>
<tr><td>千</td><td>百</td><td>十</td><td>万</td><td>千</td><td>百</td><td>十</td><td>元</td><td>角</td><td>分</td><td>千</td><td>百</td><td>十</td><td>万</td><td>千</td><td>百</td><td>十</td><td>元</td><td>角</td><td>分</td></tr>
<tr><td>缴纳出口关税</td><td>主营业务税金及附加</td><td></td><td></td><td>1</td><td>2</td><td>5</td><td>4</td><td>0</td><td>0</td><td>0</td><td>0</td><td></td><td></td><td></td><td></td><td></td><td></td><td></td><td></td><td></td><td></td><td></td></tr>
<tr><td></td><td>应交税费/应交出口关税</td><td></td><td></td><td></td><td></td><td></td><td></td><td></td><td></td><td></td><td></td><td></td><td></td><td>1</td><td>2</td><td>5</td><td>4</td><td>0</td><td>0</td><td>0</td><td>0</td><td></td></tr>
<tr><td></td><td></td><td></td><td></td><td></td><td></td><td></td><td></td><td></td><td></td><td></td><td></td><td></td><td></td><td></td><td></td><td></td><td></td><td></td><td></td><td></td><td></td><td></td></tr>
<tr><td></td><td></td><td></td><td></td><td></td><td></td><td></td><td></td><td></td><td></td><td></td><td></td><td></td><td></td><td></td><td></td><td></td><td></td><td></td><td></td><td></td><td></td><td></td></tr>
<tr><td></td><td></td><td></td><td></td><td></td><td></td><td></td><td></td><td></td><td></td><td></td><td></td><td></td><td></td><td></td><td></td><td></td><td></td><td></td><td></td><td></td><td></td><td></td></tr>
<tr><td colspan="2">合计</td><td>¥</td><td>1</td><td>2</td><td>5</td><td>4</td><td>0</td><td>0</td><td>0</td><td>0</td><td></td><td>¥</td><td>1</td><td>2</td><td>5</td><td>4</td><td>0</td><td>0</td><td>0</td><td>0</td><td></td></tr>
</table>

会计主管：周明　　　　记账：张洁　　　　审核：李月　　　　制单：陈英

（3）易货贸易进口业务。

易货贸易进口业务所计算的关税，通过"应交税费——应交税费（进口关税）""其他业务成本"等账户反映。账务处理为如图7-1所示。

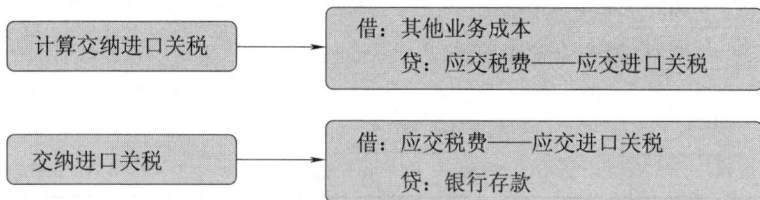

图7-1　易货贸易进口业务处理

### 5. 代理业务进出口关税的计算

代理业务对受托方来说，一般不垫付货款，大多以收取手续费形式为委托方提供代理服务。因此，关税均由委托单位负担，受托单位即使向海关缴纳了关税，也只是代垫或代付，日后仍要从委托方收回。

代理进出口业务所计缴的关税，在会计核算上也是通过设置"应交税费"账户来反映的，其对应账户是"应付账款""应收账款""银行存款"等。

（1）代理进口关税业务的核算。

## 代理进口关税核算实例

【例7-8】天源公司委托大地进出口公司进口商品一批，进口货款1 750 000元已汇入大地进出口公司账户。该进口商品 CIF 价格为210 000美元，进口关税税率为20%，当日的外汇牌价为1美元＝6.20人民币元。按货款的2%收取手续费。现该批商品已运达，向委托单位办理结算。

（1）计算该批商品成本。

①计算关税完税价格

＝210 000×6. 20＝1 302 000（元）

②计算进口关税

＝1 302 000×20%＝260 400（元）

③计算代理手续费

＝1 302 000×2%＝26 040（元）

（2）根据上述计算资料，编制大地进出口公司接受委托单位贷款及向委托单位收取关税和手续费等会计分录。

①收到委托单位划来进口货款时，账务处理如下。登记会计账簿，见表7-16。

借：银行存款　　　　　　　　　　　　　　　　　1 750 000

　　贷：应付账款——天源公司　　　　　　　　　　　　　1 750 000

表 7-16

## 记 账 凭 证

2019 年 1 月 10 日　　　　　　　　　　　　　　字第××号

| 摘要 | 会计科目 | 借方金额 | | | | | | | | | | 贷方金额 | | | | | | | | | | 记账 |
|---|---|---|---|---|---|---|---|---|---|---|---|---|---|---|---|---|---|---|---|---|---|---|
| | | 千 | 百 | 十 | 万 | 千 | 百 | 十 | 元 | 角 | 分 | 千 | 百 | 十 | 万 | 千 | 百 | 十 | 元 | 角 | 分 | |
| 收到委托单位划转的进口货款时 | 银行存款 | | 1 | 7 | 5 | 0 | 0 | 0 | 0 | 0 | 0 | | | | | | | | | | | |
| | 应付账款/天源公司 | | | | | | | | | | | | 1 | 7 | 5 | 0 | 0 | 0 | 0 | 0 | 0 | |
| | 合计 | ¥ | 1 | 7 | 5 | 0 | 0 | 0 | 0 | 0 | 0 | ¥ | 1 | 7 | 5 | 0 | 0 | 0 | 0 | 0 | 0 | |

会计主管：周明　　　　记账：张洁　　　　审核：李月　　　　制单：陈英

②对外付汇进口商品时，账务处理如下。登记会计账簿，见表7-17。

借：应收账款　　　　　　　　　　　　　　　　　1 302 000

　　贷：银行存款　　　　　　　　　　　　　　　　　　1 302 000

表 7-17

## 记 账 凭 证

2019 年 1 月 10 日　　　　　　　　　　　　　　字第××号

| 摘要 | 会计科目 | 借方金额 | | | | | | | | | | 贷方金额 | | | | | | | | | | 记账 |
|---|---|---|---|---|---|---|---|---|---|---|---|---|---|---|---|---|---|---|---|---|---|---|
| | | 千 | 百 | 十 | 万 | 千 | 百 | 十 | 元 | 角 | 分 | 千 | 百 | 十 | 万 | 千 | 百 | 十 | 元 | 角 | 分 | |
| 付汇购入进口商品 | 应收账款 | | 1 | 3 | 0 | 2 | 0 | 0 | 0 | 0 | 0 | | | | | | | | | | | |
| | 银行存款 | | | | | | | | | | | | 1 | 3 | 0 | 2 | 0 | 0 | 0 | 0 | 0 | |
| | 合计 | ¥ | 1 | 3 | 0 | 2 | 0 | 0 | 0 | 0 | 0 | ¥ | 1 | 3 | 0 | 2 | 0 | 0 | 0 | 0 | 0 | |

会计主管：周明　　　　记账：张洁　　　　审核：李月　　　　制单：陈英

③支付进口关税时，账务处理如下。登记会计账簿，见表7-18。

借：应付账款——天源公司　　　　　　　　　　　260 400

　　贷：应交税费——应交进口关税　　　　　　　　　　260 400

表 7-18

## 记 账 凭 证

2019 年 1 月 10 日      字第××号

| 摘要 | 会计科目 | 借方金额 |||||||||| 贷方金额 |||||||||| 记账 |
|---|---|---|---|---|---|---|---|---|---|---|---|---|---|---|---|---|---|---|---|---|---|---|
| | | 千 | 百 | 十 | 万 | 千 | 百 | 十 | 元 | 角 | 分 | 千 | 百 | 十 | 万 | 千 | 百 | 十 | 元 | 角 | 分 | |
| 缴纳关税 | 应付账款/天源公司 | | | 2 | 6 | 0 | 4 | 0 | 0 | 0 | 0 | | | | | | | | | | | |
| | 应交税费/应交进口关税 | | | | | | | | | | | | | 2 | 6 | 0 | 4 | 0 | 0 | 0 | 0 | |
| 合计 | | ¥ | | 2 | 6 | 0 | 4 | 0 | 0 | 0 | 0 | ¥ | | 2 | 6 | 0 | 4 | 0 | 0 | 0 | 0 | |

会计主管：周明     记账：张洁     审核：李月     制单：陈英

④将进口商品交付委托单位并收取手续费时，账务处理如下。登记会计账簿，见表 7-19。

    借：应付账款——天源公司            1 328 040

       贷：其他业务收入——手续费           26 040

           应收账款——××外商         1 302 000

表 7-19

## 记 账 凭 证

2019 年 1 月 10 日      字第××号

| 摘要 | 会计科目 | 借方金额 |||||||||| 贷方金额 |||||||||| 记账 |
|---|---|---|---|---|---|---|---|---|---|---|---|---|---|---|---|---|---|---|---|---|---|---|
| | | 千 | 百 | 十 | 万 | 千 | 百 | 十 | 元 | 角 | 分 | 千 | 百 | 十 | 万 | 千 | 百 | 十 | 元 | 角 | 分 | |
| 将进口商品交付委托单位并收取手续费时 | 应付账款/天源公司 | | 1 | 3 | 2 | 8 | 0 | 4 | 0 | 0 | 0 | | | | | | | | | | | |
| | 其他业务收入/手续费 | | | | | | | | | | | | | | 2 | 6 | 0 | 4 | 0 | 0 | 0 | |
| | 应收账款/××外商 | | | | | | | | | | | | 1 | 3 | 0 | 2 | 0 | 0 | 0 | 0 | 0 | |
| | | | | | | | | | | | | | | | | | | | | | | |
| 合计 | | ¥ | 1 | 3 | 2 | 8 | 0 | 4 | 0 | 0 | 0 | ¥ | 1 | 3 | 2 | 8 | 0 | 4 | 0 | 0 | 0 | |

会计主管：周明     记账：张洁     审核：李月     制单：陈英

⑤将委托单位剩余的进口货款退回时，账务处理如下。登记会计账簿，见表7-20。

借：应付账款——天源公司　　　　　　　　421 960

　　贷：银行存款——出口关税　　　　　　　　421 960

表 7-20

记 账 凭 证

2019 年 1 月 10 日　　　　　　　　　　　　　字第××号

| 摘要 | 会计科目 | 借方金额 | | | | | | | | | | 贷方金额 | | | | | | | | | | 记账 |
|---|---|---|---|---|---|---|---|---|---|---|---|---|---|---|---|---|---|---|---|---|---|---|
| | | 千 | 百 | 十 | 万 | 千 | 百 | 十 | 元 | 角 | 分 | 千 | 百 | 十 | 万 | 千 | 百 | 十 | 元 | 角 | 分 | |
| 将委托单位剩余的进口货款退回 | 应付账款/天源公司 | | 4 | 2 | 1 | 9 | 6 | 0 | 0 | 0 | | | | | | | | | | | | |
| | 银行存款/出口关税 | | | | | | | | | | | | 4 | 2 | 1 | 9 | 6 | 0 | 0 | 0 | | |
| 合计 | | ¥ | 4 | 2 | 1 | 9 | 6 | 0 | 0 | 0 | | ¥ | 4 | 2 | 1 | 9 | 6 | 0 | 0 | 0 | | |

会计主管：周明　　　　记账：张洁　　　　审核：李月　　　　制单：陈英

（2）代理出口关税的核算。

### 代理出口关税核算实例

【例7-9】大地进出口公司代理甲工厂出口一批商品。FOB价折合人民币为150 000元，出口关税税率为20%，手续费为33 800元。

（1）计算应缴出口关税如下。

150 000÷（1+20%）×20%=25 000（元）

（2）计算出口关税时，账务处理如下。登记会计账簿，见表7-21。

借：应付账款——甲工厂　　　　　　　　25 000

　　贷：应交税费——出口关税　　　　　　　25 000

**表 7-21**

记 账 凭 证

2019 年 1 月 10 日　　　　　　　　　　　　字第××号

| 摘要 | 会计科目 | 借方金额 | | | | | | | | | | 贷方金额 | | | | | | | | | | 记账 |
|---|---|---|---|---|---|---|---|---|---|---|---|---|---|---|---|---|---|---|---|---|---|---|
| | | 千 | 百 | 十 | 万 | 千 | 百 | 十 | 元 | 角 | 分 | 千 | 百 | 十 | 万 | 千 | 百 | 十 | 元 | 角 | 分 | |
| 计算出口关税 | 应付账款/甲工厂 | | | | 2 | 5 | 0 | 0 | 0 | 0 | 0 | | | | | | | | | | | | |
| | 应交税费/出口关税 | | | | | | | | | | | | | | 2 | 5 | 0 | 0 | 0 | 0 | 0 | |
| | | | | | | | | | | | | | | | | | | | | | | |
| | | | | | | | | | | | | | | | | | | | | | | |
| | | | | | | | | | | | | | | | | | | | | | | |
| | 合计 | | ¥ | 2 | 5 | 0 | 0 | 0 | 0 | 0 | | | ¥ | 2 | 5 | 0 | 0 | 0 | 0 | 0 | | |

会计主管：周明　　　　记账：张洁　　　　审核：李月　　　　制单：陈英

（3）缴纳出口关税时，账务处理如下。登记会计账簿，见表 7-22。

借：应交税费——出口关税　　　　　　　　　25 000

　　贷：银行存款　　　　　　　　　　　　　　25 000

**表 7-22**

记 账 凭 证

2019 年 1 月 10 日　　　　　　　　　　　　字第××号

| 摘要 | 会计科目 | 借方金额 | | | | | | | | | | 贷方金额 | | | | | | | | | | 记账 |
|---|---|---|---|---|---|---|---|---|---|---|---|---|---|---|---|---|---|---|---|---|---|---|
| | | 千 | 百 | 十 | 万 | 千 | 百 | 十 | 元 | 角 | 分 | 千 | 百 | 十 | 万 | 千 | 百 | 十 | 元 | 角 | 分 | |
| 用银行存款缴纳关税 | 应交税费/进口关税 | | | | 2 | 5 | 0 | 0 | 0 | 0 | 0 | | | | | | | | | | | | |
| | 银行存款 | | | | | | | | | | | | | | 2 | 5 | 0 | 0 | 0 | 0 | 0 | |
| | | | | | | | | | | | | | | | | | | | | | | |
| | | | | | | | | | | | | | | | | | | | | | | |
| | 合计 | | ¥ | 2 | 5 | 0 | 0 | 0 | 0 | 0 | | | ¥ | 2 | 5 | 0 | 0 | 0 | 0 | 0 | | |

会计主管：周明　　　　记账：张洁　　　　审核：李月　　　　制单：陈英

（4）应收手续费时，账务处理如下。

借：应收账款——甲工厂　　　　　　　　　8 800

　　贷：其他业务收入——手续费　　　　　　　8 800

（5）收到委托单位付来的税款及手续费时，登记会计账簿，见表 7-23。

借：银行存款　　　　　　　　　　　　　33 800

　　贷：应收账款——甲工厂　　　　　　　　33 800

表 7-23

### 记 账 凭 证

2019 年 1 月 10 日　　　　　　　　　　　　　　　　字第××号

| 摘要 | 会计科目 | 借方金额 | | | | | | | | | | 贷方金额 | | | | | | | | | | 记账 |
|---|---|---|---|---|---|---|---|---|---|---|---|---|---|---|---|---|---|---|---|---|---|---|
| | | 千 | 百 | 十 | 万 | 千 | 百 | 十 | 元 | 角 | 分 | 千 | 百 | 十 | 万 | 千 | 百 | 十 | 元 | 角 | 分 | |
| 应收手续费 | 银行存款 | | | | 3 | 3 | 8 | 0 | 0 | 0 | 0 | | | | | | | | | | | | |
| | 应收账款/甲工厂 | | | | | | | | | | | | | | 3 | 3 | 8 | 0 | 0 | 0 | 0 | |
| 合计 | | | | ￥ | 3 | 3 | 8 | 0 | 0 | 0 | 0 | | ￥ | 3 | 3 | 8 | 0 | 0 | 0 | 0 | | |

会计主管：周明　　　　记账：张洁　　　　审核：李月　　　　制单：陈英

## 7.1.5 关税的减免

根据《海关法》和《关税条例》的有关规定，关税的减免主要包括：法定减免、特定减免税和临时减免税。除法定减免税之外的其他减免税均由国务院决定。

**1. 法定减免**

法定减免是指在《海关法》、《关税条例》和关税税则中统一规定的减免税。如图 7-2 所示。

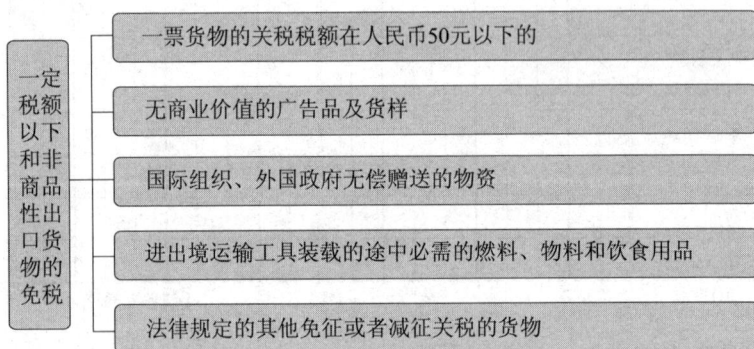

图 7-2　关税法定减免

**2. 特定减免税**

特定减免税也称政策性减免税。在法定减免税之外，国家按照国际通行规则和我国实际情况，制定发布的有关进出口货物减免关税的政策，称为特定或政策性减免税。特定减免税货物一般有地区、企业和用途的限制，海关需要进行后续管理，也需要减免税统计。如图 7-3 所示。

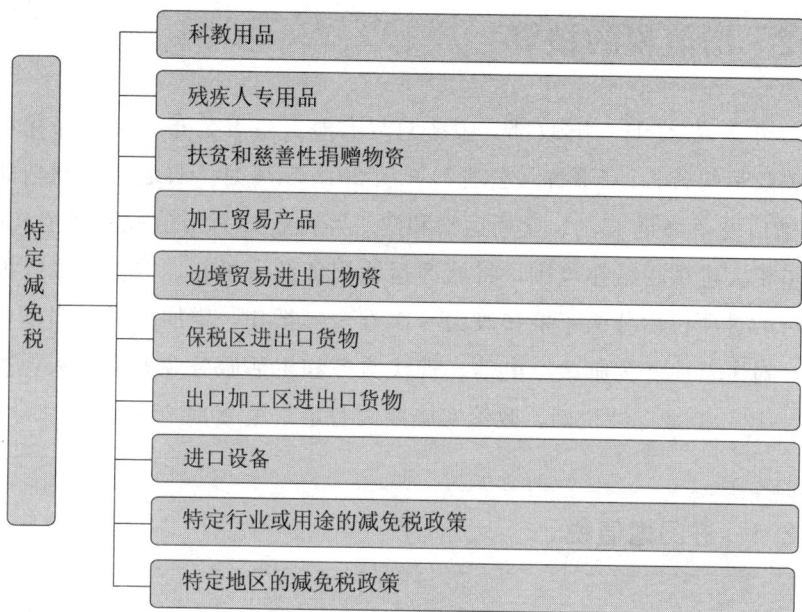

图 7-3　特色减免税范围

### 3. 临时减免税

临时减免税规定如下。

（1）经海关核准暂时进境（或暂时出境）并保证 6 个月内复运出境（或复运进境）的展览品、施工机械、工程车辆、供安装用的仪器和工具、电视或电影摄制器械、盛装货物的容器、剧团服装道具，在货物收发货人向海关缴纳相当于税款的保证金或提供担保后，准予暂时免纳关税。

（2）为制造外销产品而进口的原料、辅料、零件、部件、配套件和包装物料的免税。这项免税既可直接按实际加工出口的成品数量免征进口税，也可先征料、件进口税，待成品出口后退税。

（3）货物遇损的减免税。下列遇损进口货物可以酌情减税或免税。

①在境外运输途中或者在起卸时，遭受损坏或损失的。

②起卸后海关放行前，因不可抗力而遭受损坏或者损失的（海关查验时已经破损或者腐烂，经证明不是因仓储管理人员不慎造成的。）

（4）中华人民共和国缔结或者参加的国际条约规定减征、免征关税的货物、物品。

## 7.2 增值税的核算

2019 年 3 月 21 日，财政部、税务总局、海关总署公布《关于深化增值税改革有关政策的公告》（下称《公告》），从 2019 年 4 月 1 日起，将制造业等行业 16％增值税率降至 13％、交通运输和建筑等行业 10％增值税率降至 9％。同时进一步扩大进项税抵扣范围，将旅客运输服务纳入抵扣，并把纳税人取得不动产支付的进项税由分两年抵扣改为一次性全额抵扣，增加纳税人当期可抵扣进项税。对主营业务为邮政、电信、现代服务和生活服务业的纳税人，按进项税额加计 10％抵减应纳税额，政策实施期限暂定截至 2021 年底。

### 7.2.1 进口增值税

外贸企业进口商品，其采购成本一般包括进口商品的国外进价（一律以到岸价格为基础）和应缴纳的关税。进口商品增值税的会计核算与国内购进商品基本相同，主要区别有两点。

一是外汇与人民币的折合，因为进口商品要使用外汇，企业记账要以人民币作为本位币。

二是进口商品确定进项税额时的依据不是增值税专用发票而是海关出具的代征增值税完税凭证。

### 7.2.2 增值税税率和征收率

增值税税率分为：即 13％、9％、6％和零。见表 7-24。

表 7-24    最新增值税税目税率表

| 纳税人 | 范　　围 | 税率 |
|---|---|---|
| 小规模纳税人 | 包括原增值税纳税人和"营改增"纳税人<br>从事货物销售，提供增值税加工、修理修配劳务，以及"营改增"各项应税服务 | 征收率 3％ |

| 纳税人 | 范 围 | | 税率 |
|---|---|---|---|
| 一般纳税人 | 销售或者进口货物（另有列举的货物除外）；提供加工、修理修配劳务 | | 13% |
| | 粮食、食用植物油、鲜奶 | | 9% |
| | 自来水、暖气、冷气、热气、煤气、石油液化气、天然气、沼气，居民用煤炭制品 | | |
| | 图书、报纸、杂志 | | |
| | 饲料、化肥、农药、农机（整机）、农膜 | | |
| | 国务院规定的其他货物 | | |
| | 农产品（指各种动、植物初级产品）；音像制品；电子出版物；二甲醚 | | |
| | 出口货物 | | 0% |
| | 交通运输业 | 陆路（含铁路）运输、水路运输、航空运输和管道运输服务 | 9% |
| | 邮政业 | 邮政普遍服务、邮政特殊服务、其他邮政服务 | 9% |
| | 现代服务业 | 研发和技术服务、信息技术服务、文化创意服务、物流辅助服务、鉴证咨询服务、广播影视服务 | 6% |
| | 电信服务 | 基础电信、增值电信服务 | 9% |
| | 建筑 | 工程服务、安装服务、修缮服务、装饰服务、其他建筑服务 | |
| | 金融服务 | 贷款服务、直接收费金融服务、保险服务、金融商品转让 | |
| | 销售不动产 | 包括建筑物、构筑物等 | |
| | 转让土地使用权 | | |
| | 不动产租赁服务 | | |
| | 生活服务 | 文化体育服务、教育医疗服务、旅游娱乐服务、餐饮住宿服务、居民日常服务、其他生活服务 | 6% |
| | 有形动产租赁服务 | | 13% |
| | 财政部和国家税务总局规定的应税服务 | | 0% |
| | 境内单位和个人提供的往返中国香港、澳门、台湾的交通运输服务 | | |
| | 境内单位和个人在香港、澳门、台湾提供的交通运输服务 | | 0% |
| | 境内单位和个人提供的国际运输服务、向境外单位提供的研发服务和设计服务 | | 0% |
| | 境内单位和个人提供的规定的涉外应税服务 | | 免税 |

企业进口货物，按照海关提供的完税凭证上注明的增值税额，借记"应交税费——应缴增值税（进项税额）"账户；按进口货物应计入采购成本的金额，借记"原材料——材料采购"等账户；按应付或实际支付的金额，贷记"应付账款——银行存款"等账户。

能抵扣进项税额的范围，如图 7-4 所示。

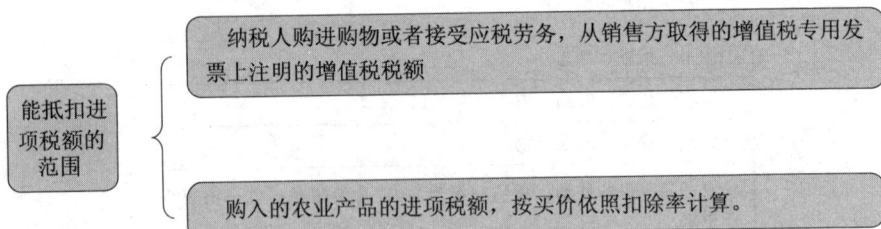

图 7-4　能抵扣进项税额的范围

不能抵扣进项税额的范围，见表 7-25。

表 7-25　　　　　　　　　　　　　　不能抵扣进项税额的范围

| 序号 | 含　义 |
|---|---|
| 1 | 用于非增值税应税项目、免征增值税项目、集体福利或者个人消费的购进货物或者应税劳务 |
| 2 | 非正常损失的购进货物及相关的应税劳务 |
| 3 | 非正常损失的在产品、产成品所耗用的购进货物或者应税劳务 |
| 4 | 纳税人"自用"的应征"消费税"的摩托车、汽车、游艇，其进项税额不得抵扣 |
| 5 | 上述第 1 项至第 4 项规定的货物的运输费用和销售免税货物的运输费用，不能计算抵扣进项税额 |

## 7.2.3　增值税会计科目的设置

出口企业（仅指增值税一般纳税人）应在"应交税费"科目下设置"应交增值税"明细科目，在"应交增值税"明细科目下设置"进项税额""已交税金""减免税金""出口抵减内销产品应纳税金""销项税额""出口退税""进项税额转出"等科目。具体内容见表 7-26。

**表 7-26**　　　　　　　　　　　　　　**免抵退税会计科目的设置**

| 明细科目 | 具体内容 |
|---|---|
| 进项税额 | 记录出口企业购进货物或接受应税劳务而支付的准予从销项税额中抵扣的增值税 |
| 已交税金 | 核算出口企业当月上交本月的增值税额 |
| 减免税金 | 反映出口企业按规定直接减免的增值税税额 |
| 出口抵减内销产品应纳税额 | 反映出口企业销售出口货物后，向税务机关办理免抵退税申报 |
| 转出未交增值税 | 月终转出应交未交的增值税 |
| 销项税额 | 记录出口企业销售货物或提供应税劳务收取的增值税额 |
| 出口退税 | 出口货物退回的增值税额 |
| 进项税额转出 | 记录出口企业原材料、产品、产成品等发生非正常损失，以及《增值税暂行条例》规定的免税货物和出口货物免税等不应从销项税额中抵扣、应按规定转出的进项税额 |
| 转出多交增值税 | 核算出口企业月终转出多交的增值税 |
| 未交增值税 | 月度终了，将本月应交未交增值税自"应交税费——应交增值税"明细科目转入本科目，借：未交增值税，贷：应交税费——应交增值税 |

## 7.2.4　应纳增值税计算

进口增值税完税价格计算公式如下。

进口环节增值税完税价格＝关税完税价格＋关税＋特别关税＋进口环节消费税

组成计税价格＝关税完税价格 ＋ 关税 ＋ 消费税

应缴进口增值税＝组成计税价格×增值税税率

**1. 进口增值税业务的核算**

### 进口增值税的核算实例

【例 7-10】大地进出口公司进口雪茄烟 100 箱，每箱 FOB 价格为人民币 1 600 元，每箱运费为人民币 150 元，保险费率为 1%，雪茄烟进口关税为 65%，消费税率 40%，增值税率 13%。计算该批货物应纳关税税额、消费税额、增值税税额。

（1）每箱进口关税完税价格＝（FOB价＋运费）÷（1－保险费率）

＝（1 600＋150）÷（1－1％）＝1 767．68（元）

（2）应纳关税税额＝应纳进口货物数量×单位完税价格×适用税率

＝100×1 767．68×65％＝114 899．20（元）

（3）组成消费税计税价格＝［关税完税价格×（1＋适用关税税率）］÷（1－适用消费税税率）

＝［1 767．68×（1＋65％）］÷（1－40％）

＝4 861．12（元）

（4）应纳消费税额＝组成计税价格×适用消费税税率×应纳进口数量

＝4 861．12×40％×100

＝194 444．80（元）

（5）组成增值税计税价格＝关税完税价格＋关税＋消费税

＝［关税完税价格×（1＋适用关税税率）］÷（1－适用消费税税率）

＝［1 767．68×（1＋65％）］÷（1－40％）

＝4 861．12（元）

（6）应纳增值税额＝组成增值税计税价格×适用税率×应纳税进口数量

＝4 861．12×13％×100

＝63 194.56（元）

【例7-11】大地进出口公司2019年4月20日进口服装一批，到岸价格78 000元，关税税率为50％，另外支付国内运杂费3 400元，其中运费发票金额3 270元，保险费、装卸费等400元，款项均以银行存款支付。进口关税缴款书见表7-27；登记会计账簿，见表7-28、29。

组成计税价格＝78 000＋78 000×50％＝117 000（元）

应纳进口环节增值税＝117 000×13％＝15 210（元）

（1）购进商品成本＝117 000＋400＋［3 270÷（1＋9％）］＝120 400（元）

运费的进项税额＝3 000×9％＝270（元）

借：在途物资　　　　　　　　　　　　　　　　　120 400

　　应交税费——应交增值税（进项税额）

　　　　　　　　　　　　　（15 210＋270）15 480

　　贷：银行存款　　　　　　　　　　　　　　　135 880

表 7-27

## 海关进口关税专用缴款书

收入系统：税务系统　　　　　　　填发日期：2019 年 4 月 20 日　　　　　　　号码：××××

| 收入机关 | 收入机关 | 中央金库 | | | 缴款单位（个人） | 名　称 | 大地进出口公司 | |
|---|---|---|---|---|---|---|---|---|
| | 科　目 | 进口关税 | 预算级次 | 中央 | | 账　号 | 0200001909234216779 | |
| | 收款国库 | 丽水区中心支库 | | | | 开户银行 | 工商银行北蜂窝支行 | |
| 税号 | 货物名称 | | 数量 | 单位 | 完税价格 | 税率（%） | | 税款金额 |
| 6853 | 服装 | | | 件 | 117 000 | 13% | | 15 210 |
| 金额人民币（大写） | 壹万伍仟贰佰壹拾元整 | | | | | 合计（小写） | | 15 210 |
| 申请单位编号 | ×××× | | 报关单编号 | ×××× | | 填制单位 | 收款国库（银行） | |
| 合同批文 | | | 运输工具 | | | | | |
| 缴款期限 | | | 提货单号 | ×××× | | | | |
| 备注 | | | | | 制单人：　　　复核人： | | | |
| 国际代码：×××× | | | | | | | | |

第一联（收据）国库收款签单后交缴款单位或缴纳人

表 7-28

## 记 账 凭 证

2019 年 4 月 20 日　　　　　　　　　　　　字第××号

| 摘要 | 会计科目 | 借方金额 | | | | | | | | | | 贷方金额 | | | | | | | | | | 记账 |
|---|---|---|---|---|---|---|---|---|---|---|---|---|---|---|---|---|---|---|---|---|---|---|
| | | 千 | 百 | 十 | 万 | 千 | 百 | 十 | 元 | 角 | 分 | 千 | 百 | 十 | 万 | 千 | 百 | 十 | 元 | 角 | 分 | |
| 支付进口商品款 | 在途物资/服装 | | | 1 | 2 | 0 | 4 | 0 | 0 | 0 | 0 | | | | | | | | | | | |
| | 应交税费/应交进口增值税 | | | | 1 | 5 | 4 | 8 | 0 | 0 | 0 | | | | | | | | | | | |
| | 银行存款 | | | | | | | | | | | | 1 | 3 | 5 | 8 | 8 | 0 | 0 | 0 | | |
| 合计 | | ¥ | 1 | 3 | 5 | 8 | 8 | 0 | 0 | 0 | | ¥ | 1 | 3 | 5 | 8 | 8 | 0 | 0 | 0 | | |

会计主管：周明　　　记账：张洁　　　审核：李月　　　制单：陈英

（2）商品验收入库结转采购成本时，账务处理如下。

借：库存商品——服装　　　　　　　　　　　　120 400

　　贷：在途物资　　　　　　　　　　　　　　　　　　120 400

表 7-29

## 记 账 凭 证

2019 年 4 月 20 日　　　　　　　　　　　字第××号

| 摘要 | 会计科目 | 借方金额 |||||||||| 贷方金额 |||||||||| 记账 |
|---|---|---|---|---|---|---|---|---|---|---|---|---|---|---|---|---|---|---|---|---|---|---|
| | | 千 | 百 | 十 | 万 | 千 | 百 | 十 | 元 | 角 | 分 | 千 | 百 | 十 | 万 | 千 | 百 | 十 | 元 | 角 | 分 | |
| 商品验收入库结转采购成本时 | 库存商品/服装 | | | 1 | 2 | 0 | 4 | 0 | 0 | 0 | 0 | | | | | | | | | | | |
| | 在途物资 | | | | | | | | | | | | | 1 | 2 | 0 | 4 | 0 | 0 | 0 | 0 | |
| | 合计 | ¥ | | 1 | 2 | 0 | 4 | 0 | 0 | 0 | 0 | ¥ | | 1 | 2 | 0 | 4 | 0 | 0 | 0 | 0 | |

会计主管：周明　　　　记账：张洁　　　　审核：李月　　　　制单：陈英

### 2. 进口货物销售的核算

## 进口货物增值税核算实例

【例7-12】大地进出口公司 2019 年 4 月 20 日进口一批彩电，进货成本 380 000 元，增值税额 64 600 元。转口销售 72 000 美元，以 FOB 价格成交。退税率假定为 10%，当日市场汇率 1 美元＝6. 24 人民币元。

(1) 确认出口销售收入时，账务处理如下。登记会计账簿，见表7-30。

表 7-30

## 记 账 凭 证

2019 年 4 月 20 日　　　　　　　　　　　字第××号

| 摘要 | 会计科目 | 美元金额 |||||||||| 汇率 | 借方人民币金额 |||||||||| 贷方人民币金额 |||||||||| 记账 |
|---|---|---|---|---|---|---|---|---|---|---|---|---|---|---|---|---|---|---|---|---|---|---|---|---|---|---|---|---|---|---|---|---|
| | | 千 | 百 | 十 | 万 | 千 | 百 | 十 | 元 | 角 | 分 | | 千 | 百 | 十 | 万 | 千 | 百 | 十 | 元 | 角 | 分 | 千 | 百 | 十 | 万 | 千 | 百 | 十 | 元 | 角 | 分 | |
| 进口彩电一批 | 应收账款/应收外汇账款 | | | 7 | 2 | 0 | 0 | 0 | 0 | 0 | 0 | 6.24 | | | 4 | 4 | 9 | 2 | 8 | 0 | 0 | 0 | | | | | | | | | | | |
| | 主营业务收入/自营出口销售收入 | | | | | | | | | | | | | | | | | | | | | | | | 4 | 4 | 9 | 2 | 8 | 0 | 0 | 0 | |
| | 合计 | | | | | | | | | | | | ¥ | | 4 | 4 | 9 | 2 | 8 | 0 | 0 | 0 | ¥ | | 4 | 4 | 9 | 2 | 8 | 0 | 0 | 0 | |

会计主管：周明　　　　记账：张洁　　　　审核：李月　　　　制单：陈英

借：应收账款——应收外汇账款　　(72 000×6. 24) 449 280

　　贷：主营业务收入——自营出口销售收入　　　　　　　449 280

(2) 结转成本时，账务处理如下。登记会计账簿，见表7-31。

借：主营业务成本——自营出口销售成本　　　　　　380 000

　　贷：库存商品　　　　　　　　　　　　　　　　　　380 000

表 7-31

记 账 凭 证

2019 年 4 月 20 日　　　　　　　　　　　字第××号

| 摘要 | 会计科目 | 借方金额 | | | | | | | | | | 贷方金额 | | | | | | | | | | 记账 |
|---|---|---|---|---|---|---|---|---|---|---|---|---|---|---|---|---|---|---|---|---|---|---|
| | | 千 | 百 | 十 | 万 | 千 | 百 | 十 | 元 | 角 | 分 | 千 | 百 | 十 | 万 | 千 | 百 | 十 | 元 | 角 | 分 | |
| 结转采购成本时 | 主营业务成本/自营出口销售成本 | | | 3 | 8 | 0 | 0 | 0 | 0 | 0 | 0 | | | | | | | | | | | |
| | 库存商品 | | | | | | | | | | | | | 3 | 8 | 0 | 0 | 0 | 0 | 0 | 0 | |
| 合计 | | ¥ | | 3 | 8 | 0 | 0 | 0 | 0 | 0 | 0 | ¥ | | 3 | 8 | 0 | 0 | 0 | 0 | 0 | 0 | |

会计主管：周明　　　记账：张洁　　　审核：李月　　　制单：陈英

（3）确认应退税款时，账务处理如下。登记会计账簿，见表 7-32。

应退税款＝380 000×10％＝38 000（元）

应计入成本的税额＝64 600－38 000＝26 600（元）

借：其他应收款——应收出口退税　　　　　　　　　38 000

　　贷：应交税费——应交增值税（出口退税）　　　　38 000

同时，借：主营业务成本——自营出口销售成本　　26 600

　　　　贷：应交税费——应交增值税（进项税额转出）　26 600

表 7-32

记 账 凭 证

2019 年 4 月 20 日　　　　　　　　　　　字第××号

| 摘要 | 会计科目 | 借方金额 | | | | | | | | | | 贷方金额 | | | | | | | | | | 记账 |
|---|---|---|---|---|---|---|---|---|---|---|---|---|---|---|---|---|---|---|---|---|---|---|
| | | 千 | 百 | 十 | 万 | 千 | 百 | 十 | 元 | 角 | 分 | 千 | 百 | 十 | 万 | 千 | 百 | 十 | 元 | 角 | 分 | |
| 收到出口应退税款 | 其他应收款/应收出口退税 | | | 3 | 8 | 0 | 0 | 0 | 0 | 0 | 0 | | | | | | | | | | | |
| | 应交税费/应交增值税/出口退税 | | | | | | | | | | | | | 3 | 8 | 0 | 0 | 0 | 0 | 0 | 0 | |
| 冲减商品成本 | 主营业务成本/自营出口销售成本 | | | 2 | 6 | 6 | 0 | 0 | 0 | 0 | 0 | | | | | | | | | | | |
| | 应交税费/进项税额转出 | | | | | | | | | | | | | 2 | 6 | 6 | 0 | 0 | 0 | 0 | 0 | |
| 合计 | | ¥ | | 6 | 4 | 6 | 0 | 0 | 0 | 0 | 0 | ¥ | | 6 | 4 | 6 | 0 | 0 | 0 | 0 | 0 | |

会计主管：周明　　　记账：张洁　　　审核：李月　　　制单：陈英

## 3. 增值税结转和上缴的会计处理

企业应纳增值税的计算公式如下。

应纳增值税＝销项税额＋出口退税＋进项税额转出＋转出多交增值税－进项税额－已交税金－减免税款－出口抵减内销商应纳税额－转出未交增值税

## 增值税结转和上缴的核算实例

【例7-13】假如大地进出口公司本月中旬已上交增值税 69 800.34 元，账务处理如下。见表7-33。

借：应交税费——应交增值税（已交税金）　　　　69 800.34

贷：银行存款　　　　　　　　　　　　　　　　　　69 800.34

表7-33

### 记 账 凭 证

2019 年 4 月 10 日　　　　　　　　　　　　　　字第××号

| 摘要 | 会计科目 | 借方金额 | | | | | | | | | 贷方金额 | | | | | | | | | 记账 |
|------|----------|---|---|---|---|---|---|---|---|---|---|---|---|---|---|---|---|---|---|------|
| | | 千 | 百 | 十 | 万 | 千 | 百 | 十 | 元 | 角 | 分 | 千 | 百 | 十 | 万 | 千 | 百 | 十 | 元 | 角 | 分 | |
| 本月上缴增值税 | 应交税费/应交增值税/已交税金 | | | | 6 | 9 | 8 | 0 | 0 | 3 | 4 | | | | | | | | | | | |
| | 银行贷款 | | | | | | | | | | | | | | 6 | 9 | 8 | 0 | 0 | 3 | 4 | |
| 合计 | | | ￥ | 6 | 9 | 8 | 0 | 0 | 3 | 4 | | ￥ | 6 | 9 | 8 | 0 | 0 | 3 | 4 | | | |

会计主管：周明　　　　记账：张洁　　　　审核：李月　　　　制单：陈英

【例7-14】承【例7-13】，若大地进出口公司月末应纳增值税额 120 000 元，已足额上交。账务处理如下，见表7-34。

借：应交税费——应交增值税（已交税金）　　　　120 000

贷：银行存款　　　　　　　　　　　　　　　　　　120 000

表7-34

### 记 账 凭 证

2019 年 4 月 30 日　　　　　　　　　　　　　　字第××号

| 摘要 | 会计科目 | 借方金额 | | | | | | | | | 贷方金额 | | | | | | | | | 记账 |
|------|----------|---|---|---|---|---|---|---|---|---|---|---|---|---|---|---|---|---|---|------|
| | | 千 | 百 | 十 | 万 | 千 | 百 | 十 | 元 | 角 | 分 | 千 | 百 | 十 | 万 | 千 | 百 | 十 | 元 | 角 | 分 | |
| 上缴增值税 120 000 元 | 应交税费/应交增值税/已交税金 | | | 1 | 2 | 0 | 0 | 0 | 0 | 0 | 0 | | | | | | | | | | | |
| | 银行存款 | | | | | | | | | | | | | 1 | 2 | 0 | 0 | 0 | 0 | 0 | 0 | |
| 合计 | | | ￥ | 1 | 2 | 0 | 0 | 0 | 0 | 0 | 0 | ￥ | 1 | 2 | 0 | 0 | 0 | 0 | 0 | 0 | | |

会计主管：周明　　　　记账：张洁　　　　审核：李月　　　　制单：陈英

**【例 7-15】**承**【例 7-13】**，若大地进出口公司月末暂不能上交应纳增值税额 120 000 元，则转入"应交增值税——未交增值税"账户的贷方，账务处理如下，见表 7-35。

借：应交税费——应交增值税（转出未交增值税）　　120 000

贷：应交增值税——未交增值税　　　　　　　　　　　　　120 000

表 7-35

### 记 账 凭 证

2019 年 4 月 30 日　　　　　　　　　　　　　　　字第××号

| 摘要 | 会计科目 | 借方金额 | | | | | | | | | | 贷方金额 | | | | | | | | | | 记账 |
|---|---|---|---|---|---|---|---|---|---|---|---|---|---|---|---|---|---|---|---|---|---|---|
| | | 千 | 百 | 十 | 万 | 千 | 百 | 十 | 元 | 角 | 分 | 千 | 百 | 十 | 万 | 千 | 百 | 十 | 元 | 角 | 分 | |
| 转出未交增值税 120 000 元 | 应交税费/应交增值税/转出未交增值税 | | 1 | 2 | 0 | 0 | 0 | 0 | 0 | 0 | 0 | | | | | | | | | | | |
| | 应交增值税/未交增值税 | | | | | | | | | | | | 1 | 2 | 0 | 0 | 0 | 0 | 0 | 0 | 0 | |
| | | | | | | | | | | | | | | | | | | | | | | |
| | | | | | | | | | | | | | | | | | | | | | | |
| 合计 | | ¥ | 1 | 2 | 0 | 0 | 0 | 0 | 0 | 0 | 0 | ¥ | 1 | 2 | 0 | 0 | 0 | 0 | 0 | 0 | 0 | |

会计主管：周明　　　记账：张洁　　　审核：李月　　　制单：陈英

**【例 7-16】**承上例，若大地进出口公司上缴上月转入"应交税费——未交增值税"账户贷方的 120 000 元时，账务处理如下，见表 7-36。

借：应交税费——未交增值税　　　　　　　　　120 000

贷：银行存款　　　　　　　　　　　　　　　　　　　120 000

表 7-36

### 记 账 凭 证

2019 年 4 月 30 日　　　　　　　　　　　　　　　字第××号

| 摘要 | 会计科目 | 借方金额 | | | | | | | | | | 贷方金额 | | | | | | | | | | 记账 |
|---|---|---|---|---|---|---|---|---|---|---|---|---|---|---|---|---|---|---|---|---|---|---|
| | | 千 | 百 | 十 | 万 | 千 | 百 | 十 | 元 | 角 | 分 | 千 | 百 | 十 | 万 | 千 | 百 | 十 | 元 | 角 | 分 | |
| 缴纳未交增值税 | 应交税费/未交增值税 | | 1 | 2 | 0 | 0 | 0 | 0 | 0 | 0 | 0 | | | | | | | | | | | |
| | 银行存款 | | | | | | | | | | | | 1 | 2 | 0 | 0 | 0 | 0 | 0 | 0 | 0 | |
| 合计 | | ¥ | 1 | 2 | 0 | 0 | 0 | 0 | 0 | 0 | 0 | ¥ | 1 | 2 | 0 | 0 | 0 | 0 | 0 | 0 | 0 | |

会计主管：周明　　　记账：张洁　　　审核：李月　　　制单：陈英

【例 7-17】承【例 7-13】，若月中，大地进出口公司上交的增值税为 140 000 元，应纳增值税额为 11 346.08 元，应转入"应交增值税——未交增值税"账户的借方。账务处理如下，见表 7-37。

表 7-37

### 记 账 凭 证

2019 年 4 月 30 日      字第××号

| 摘要 | 会计科目 | 借方金额 | | | | | | | | | | 贷方金额 | | | | | | | | | | 记账 |
|---|---|---|---|---|---|---|---|---|---|---|---|---|---|---|---|---|---|---|---|---|---|---|
| | | 千 | 百 | 十 | 万 | 千 | 百 | 十 | 元 | 角 | 分 | 千 | 百 | 十 | 万 | 千 | 百 | 十 | 元 | 角 | 分 | |
| 月末结转增值税 | 应交税费/未交增值税 | | | | 1 | 1 | 3 | 4 | 6 | 0 | 8 | | | | | | | | | | | |
| | 应交税费/转出多交增值税 | | | | | | | | | | | | | | 1 | 1 | 3 | 4 | 6 | 0 | 8 | |
| 合计 | | | ￥ | 1 | 1 | 3 | 4 | 6 | 0 | 8 | | | ￥ | 1 | 1 | 3 | 4 | 6 | 0 | 8 | | |

会计主管：周明     记账：张洁     审核：李月     制单：陈英

借：应交税费——未交增值税          11 346.08

     贷：应交税费——应交增值税（转出多交增值税）

                                  11 346.08

# 7.3 进口消费税的核算

消费税是对我国境内从事生产、委托加工应当缴纳消费税的消费品的单位和个人，就其销售额或销售数量在特定环节征收的一种税。

申报进入中华人民共和国海关境内的应税消费品均应缴纳消费税。进口货物的收货人或办理报关手续的单位和个人，为进口货物消费税的纳税义务人。

## 7.3.1 消费税税率

最新消费税税率，见表 7-38。

表 7-38　　　　　　　　　　　　最新消费税税目税率表

| 税　　目 | 税　　率 |
|---|---|
| 一、烟 | |
| 　1. 卷烟 | |
| 　　（1）甲类卷烟 | 56％加 0.003 元/支 |
| 　　（2）乙类卷烟 | 36％加 0.003 元/支 |
| 　　（3）批发环节 | 11％加 0.005 元/支 |
| 　2. 雪茄烟 | 36％ |
| 　3. 烟丝 | 30％ |
| 二、酒 | |
| 　1. 白酒 | 20％加 0.5 元/500 克（或者 500 毫升） |
| 　2. 黄酒 | 240 元/吨 |
| 　3. 啤酒 | |
| 　　（1）甲类啤酒 | 250 元/吨 |
| 　　（2）乙类啤酒 | 220 元/吨 |
| 　4. 其他酒 | 10％ |
| 三、化妆品 | 30％ |
| 四、贵重首饰及珠宝玉石 | |
| 　1. 金银首饰、铂金首饰和钻石及钻石饰品 | 5％ |
| 　2. 其他贵重首饰和珠宝玉石 | 10％ |
| 五、鞭炮、焰火 | 15％ |
| 六、成品油 | |
| 　1. 汽油 | 1.52 元/升 |
| 　2. 柴油 | 1.2 元/升 |
| 　3. 航空煤油 | 1.20 元/升 |
| 　4. 石脑油 | 1.52 元/升 |
| 　5. 溶剂油 | 1.52 元/升 |
| 　6. 润滑油 | 1.52 元/升 |
| 　7. 燃料油 | 1.20 元/升 |
| 七、摩托车 | |
| 　1. 气缸容量（排气量，下同）在 250 毫升（含 250 毫升）以下的 | 3％ |
| 　2. 气缸容量在 250 毫升以上的 | 10％ |
| 八、小汽车 | |
| 　1. 乘用车 | |

| 税　　目 | 税　　率 |
|---|---|
| （1）气缸容量（排气量，下同）在1.0升（含1.0升）以下的 | 1% |
| （2）气缸容量在1.0升以上至1.5升（含1.5升）的 | 3% |
| （3）气缸容量在1.5升以上至2.0升（含2.0升）的 | 5% |
| （4）气缸容量在2.0升以上至2.5升（含2.5升）的 | 9% |
| （5）气缸容量在2.5升以上至3.0升（含3.0升）的 | 12% |
| （6）气缸容量在3.0升以上至4.0升（含4.0升）的 | 25% |
| （7）气缸容量在4.0升以上的 | 40% |
| 2. 中轻型商用客车 | 5% |
| 九、高尔夫球及球具 | 10% |
| 十、高档手表 | 20% |
| 十一、游艇 | 10% |
| 十二、木制一次性筷子 | 5% |
| 十三、实木地板 | 5% |
| 十四、电池 | 4% |
| 十五、涂料 | 4% |

## 7.3.2　应纳消费税的计算

进口的应税消费品，按照组成计税价格计算纳税。

### 1. 从价定率

我国消费税采用价内税，即计税价格组成中包括消费税税额。实行从价定率办法计算组成计税价格的计算公式如下。

组成计税价格 ＝ （关税完税价格＋关税）÷（1－消费税比例税率）

### 从价定率征收消费税实例

【例7-18】大地进出口公司为增值税一般纳税人。2019年2月，进口220辆小汽车，每辆小汽车关税完税价格为120 000元。小汽车关税税率为110%，消费税税率为5%。

（1）关税税额＝120 000×220×110％＝29 040 000（元）

（2）组成计税价格＝（120 000×220＋29 040 000）÷（1－5％）＝58 357 894.74（元）

（3）应纳消费税税额＝58 357 894.74×5％＝2 917 894.74（元）

### 2. 从量定额

以海关核定的应税消费进口数量为计税依据，计算公式为实行复合计税办法计算纳税的组成计税价格，计算公式如下。

组成计税价格＝（关税完税价格＋关税＋进口数量）×消费税定额税率÷（1－消费税比例税率）

## 从量定额征收实例

【例7-19】大地进出口公司2017年2月进口甲类卷烟200箱（每箱有250条，每条200支），每箱关税完税价格60 000元，关税税率为25％，消费税税率为56％加0.003元/支。计算该公司当月应缴纳的进口增值税税额和进口消费税税额。

（1）每标准箱有50 000支卷烟，即0.003×50 000＝150（元/箱）

（2）组成计税价格＝（60 000＋60 000×25％＋150）÷（1－56％）×200

$$＝34 159 090.91（元）$$

（3）应纳进口增值税税额＝34 159 090.91×13％＝4 440 681.82（元）

（4）应纳进口消费税税额＝34 159 090.91×56％＋200×150

$$＝19 129 090.91＋30 000$$

$$＝19 159 090.91（元）$$

### 3. 消费税会计科目的设置

（1）缴纳消费税的企业，应在"应交税费"科目下增设"应交消费税"明细科目进行会计核算。

（2）企业生产的需要缴纳消费税的商品，在销售时应当按照应缴消费税额，借记"税金及附加"科目，贷记"应交税费——应交消费税"科目。实际缴纳消费税时，借记"应交税费——应交消费税"科目，贷记"银行存款"科目。发生销货退回及退税时，作相反的会计分录。

企业出口应税消费品如按规定不予免税或者退税的，应视同国内销售。

## 进口消费税核算实例

【例7-20】大地进出口公司 2017 年 1 月从国外进口一批烟丝，海关核定的关税完税价格为 123 000 元（关税税率为 40％，消费税税率为 30％），已取得海关开具的完税凭证。2 月，公司将其中的一部分烟丝在国内销售，取得不含税销售收入 318 000 元。假定该公司没有发生其他增值税业务。

（1）组成计税价格 ＝（123 000 ＋ 123 000 × 40％）÷（1 － 30％）＝ 246 000（元）

（2）进口增值税额 ＝ 246 000 × 13％ ＝ 31 980（元）

（3）进口消费税税额 ＝ 246 000 × 30％ ＝ 73 800（元）

（4）销售进口应税消费品应纳增值税税额 ＝ 318 000 × 17％ － 41 820 ＝ 12 240（元）

# THE
# EIGHTH
# CHAPTER

第 $8$ 章

# 出口退（免）税的核算

为了增强本国产品在国际市场的竞争力，以退还出口产品在国内已纳税款的方法，使本国产品以不含税的成本进入国际市场，我国制定了一系列办法，如《出口货物退（免）税管理办法》中关税、增值税、消费税法的有关出口优惠的规定。本章介绍生产企业及外贸企业出口退税的申请程序及核算原则。

# 8.1 出口退（免）税概述

## 8.1.1 出口货物退（免）税的含义

出口货物退（免）税是指在国际贸易中，对报关出口的货物退在国内生产环节和流转环节已缴纳的增值税和消费税，或免征应缴纳的增值税和消费税。

根据《出口货物退（免）税管理办法》规定：

（1）生产企业出口货物适用"免、抵、退税"办法。"免"是指免除生产企业出口货物的销项税额；"抵"是指用生产企业出口货物的进项税抵顶其内销货物的应纳税额；"退"是指未抵顶完的出口货物的进项税，按规定予以退还。

（2）有出口经营权的企业出口和委托外贸企业代理出口货物，除另有规定外，可在货物报关出口后，按月向税务机关申请出口货物的退（免）业务，由税务机关批准退还或免征增值税和消费税。

## 8.1.2 出口退税的税率和条件

### 1. 出口退税的税率

出口货物增值税退税率采用与增值税征税率不同的税率体系，且没有征税率的规定。出口应税消费品退税率采用与消费税征税率相同的税率体系，即同一应税消费口的消费税征税率与退税率相同。

根据财政部税务总局海关总署公告2019年第39号规定：

（1）增值税一般纳税人（以下称纳税人）发生增值税应税销售行为或者进口货物，原适用16％税率的，税率调整为13％；原适用10％税率的，税率调整为9％。

（2）纳税人购进农产品，原适用10％扣除率的，扣除率调整为9％。纳税人购进用于生产或者委托加工13％税率货物的农产品，按照10％的扣除率计算进项税额。

（3）原适用16％税率且出口退税率为16％的出口货物劳务，出口退税率调整为13％；原适用10％税率且出口退税率为10％的出口货物、跨境应税行为，出口退税率调整为9％。

（4）适用13％税率的境外旅客购物离境退税物品，退税率为11％；适用9％税率的境外旅客购物离境退税物品，退税率为8％。

2019年6月30日前，按调整前税率征收增值税的，执行调整前的退税率；按调整后税率征收增值税的，执行调整后的退税率。退税率的执行时间，以退税物品增值税普通发票的开具日期为准。

**2. 退免税应具备的条件**

（1）必须是属于增值税、消费税征税范围的货物

根据《中华人民共和国增值税暂行条例》和《中华人民共和国消费税暂行条例》规定，退税，是对已征税的出口货物退还其已征的增值税、消费税税额，不征税的出口货物则不能退还上述税额。

（2）必须是报关离境的货物

所谓报关离境，即出口，就是货物输出海关，这是区别货物是否应退（免）税的主要标准之一。凡是报关不离境的货物，不论出口企业以外汇结算还是以人民币结算，也不论企业在财务上和其他管理上作何处理，均不能视为出口货物予以退（免）税。

（3）必须是在财务上作销售处理的货物

现行外贸企业财务会计制度规定：出口商品销售陆运以取得承运货物收据或铁路联运运单，海运以取得出口货物的装船提单，空运以取得空运单并向银行办理交单后作为销售收入的实现。出口货物销售价格一律以离岸价（FOB）

折算人民币入账。出口货物只有在财务上作销售处理后，才能办理退税。

（4）必须是出口收汇并已核销的货物

出口退税与出口收汇核销挂钩可以有效地防止出口企业高报出口价格骗取退税，有助于提高出口收汇率，有助于强化出口收汇核销制度。

出口货物只有在同时具备上述四个条件的情况下，才能向税务部门申报办理退税。否则，不予办理退税。

## 8.1.3　出口退（免）税的适用范围

出口退（免）税适用范围，见表8-1。

表 8-1　　　　　　　　　出口货物退（免）税的适用范围

| 基本政策 | 适用的企业类型 | 适用的货物范围 |
|---|---|---|
| 免税并退税 | ①生产企业自营出口或委托外贸企业代理出口的自产货物<br>②有出口经营权的外贸企业收购后直接出口或委托其他外贸企业代理出口的货物 | ①对外承包工程公司运出境外用于对外承包项目的货物<br>②对外承接修理修配业务的企业用于对外修理修配的货物<br>③外轮供应公司、远洋运输供应公司销售给外轮、远洋国轮而收取外汇的货物<br>④企业在国内采购并运往境外作为在国外投资的货物<br>（注意：生产企业出口的四类产品，视同自产产品退免税） |
| 免税但不退税 | ①属于生产企业的小规模纳税人自营出口或委托外贸企业代理出口的自产货物<br>②外贸企业从小规模纳税人购进并持普通发票的货物<br>③外贸企业直接购进国家规定的免税货物（包括免税农产品）出口 | ①来料加工复出口的货物<br>②避孕药品和用具、古旧图书<br>③有出口卷烟权的企业出口国家卷烟计划内的卷烟，在生产环节免征增值税、消费税，出口环节不办理退税。其他非计划内出口的卷烟照章征收增值税和消费税，出口一律不退税<br>④军品以及军队系统企业出口军需工厂生产或军需部门拨调的货物 |
| 不免税也不退 | ①计划外出口的原油<br>②援外出口货物（对利用中国政府的援外优惠和合作项目基金方式下出口的货物，实行出口退税政策）<br>③国家禁止出口的货物，包括天然牛黄、麝香、铜及铜基合金（出口电解铜自2001年1月1日起按17％的退税率退还增值税）等 | |

# 8.1.4  办理出口退（免）税所需主要凭证

外贸企业退税申报应报送的主要原始凭证如下。

**1. 外贸企业申报退税时，必须报送下列三种申报表**

（1）《外贸企业出口退税明细申报表》，见表 8-2。

表 8-2　　　　　　　　　　　外贸企业出口退税出口明细申报表

企业代码：

企业名称（章）：

纳税人识别号：　　　　　　　　　　　　　　　　　　　所属期：

申报批次：　　　　　　　　　　　　　　　　金额单位：元至角分

| 序号 | 关联号 | 出口发票号 | 报关单号 | 出口日期 | 核销单号 | 商品代码 | 商品名称 | 计量单位 | 美元离岸价 | 出口数量 | 出口进货金额 | 退税率（%） | 应退增值税税额 | 应退消费税税额 | 代理证明号 | 进料加工手册号 | 备注 |
|---|---|---|---|---|---|---|---|---|---|---|---|---|---|---|---|---|---|
|  |  |  |  |  |  |  |  |  |  |  |  |  |  |  |  |  |  |
|  |  |  |  |  |  |  |  |  |  |  |  |  |  |  |  |  |  |
| 合计 |  |  |  |  |  |  |  |  |  |  |  |  |  |  |  |  |  |

企业填表人：　　　　　企业负责人：　　　　　财务负责人：　　　　　　　制表日期：

（2）《外贸企业出口退税进货明细申报表》，见表 8-3。

表 8-3　　　　　　　　　　　出口退税进货明细申报表

税务登记代码：

企业名称（章）：　　　　　　　所属期：　年　月　　　　业务性质：

申报批次：　　　　　　　　　　　　　　金额单位：元至角分

| 序号 | 关联号 | 税种 | 进货凭证号 | 开票日期 | 商品代码 | 商品名称 | 计量单位 | 数量 | 计税金额 | 征税税率（%） | 征税税额 | 退税率（%） | 应退税额 | 专用税票号 | 单证不齐标志 | 信息不齐标志 | 备注 |
|---|---|---|---|---|---|---|---|---|---|---|---|---|---|---|---|---|---|
|  |  |  |  |  |  |  |  |  |  |  |  |  |  |  |  |  |  |
|  |  |  |  |  |  |  |  |  |  |  |  |  |  |  |  |  |  |

企业填表人：　　　　　财务负责人：　　　　　企业负责人：　　　　　填表日期：年　月　日　第　页

（3）《外贸企业出口退税汇总申报表》，见表 8-4。

**2. 另外还应附以下证明材料**

（1）出口收汇核销单（出口退税专用）或远期收汇证明，见表 8-5。

（2）出口货物报关单（出口退税专用），见表 8-6。

表 8-4 　　　　　　　　　　**外贸企业出口货物退税汇总申报表**

（适用于增值税一般纳税人） 　　　　　　NO：

申报年月： 年 月 　　　　　　　申报批次：

纳税人识别号： 纳税人编码： 　　　　　　　海关代码：

纳税人名称： 申报日期： 年 月 日 　　　金额单位：元至角分

| 出口企业申报 | | 授权人声明： | 机审情况 |
|---|---|---|---|
| 出口退税出口明细申报表 　　份，　记录　　条 | | | 本次机审通过退增值税额 元 |
| 出口发票 　　张，　出口额　　美元 | | （如果你已委托代理申报人，请填写下列资料） | |
| 出口报关单 　　张， | | | 其中：上期结转疑点退增值税 元 |
| 代理出口货物证明 　　张， | | 为代理出口货物退税申报事宜，现授权为本纳税人 的代理申报人，任何与本申报表有关的往来文件都可寄 与此人。 | |
| 收汇核销单 　　张，　收汇额　美元 | | | 期申报数据退增值税 元 |
| 远期收汇证明 张，其他凭证 张 | | | |
| 出口退税进货明细申报表 　　份，　记录　　条 | | | |
| 增值税专用发票 张，其中非税控专用发票 张 | | | |
| 普通发票 　张，专用税票　张 | | | 本次机审通过退消费税额 元 |
| 其他凭证 张，总进货金额 元 | | | |
| 总进货税额 元， | | | 其中：上期结转疑点退消费税 元 |
| 其中：增值税 元，消费税 元 | | 授权人签字（盖章） | |
| 本月申报退税额 元， | | 年 月 日 | 本期申报数据退消费税 元 |
| 其中：增值税 元，消费税 元 | | | |
| 进料应抵扣税额 元， | | 初审情况 | 结余疑点数据退增值税 元 |

| 出口企业申报 | | | | |
|---|---|---|---|---|
| 申请开具单证 | | | | 结余疑点数据退消费税　　元 |
| 代理出口货物证明 | 份， | 记录 | 条 | |
| 代理进口货物证明 | 份， | 记录 | 条 | 经核，申报表与所附送的退税凭证内容一致，申报计税金额及出口数量与电子数据一致。 |
| 进料加工免税证明 | 份， | 记录 | 条 | 审核人：年 月 日 |
| 来料加工免税证明 | 份， | 记录 | 条 | 科（处）长：年 月 日 |
| 出口货物转内销证明 | 份， | 记录 | 条 | 税务机关审批意见 |
| 补办报关单证明 | 份， | 记录 | 条 | |
| 补办收汇核销单证明 | 份， | 记录 | 条 | 同意办理。 |
| 补办代理出口证明 | 份， | 记录 | 条 | |
| 内销抵扣专用发票 | 张， | 其他非退税专用发票 | 张 | 其他意见：<br><br>（公章） |
| 申报人申明 | | | | 负责人：　　　年 月 日 |
| 此表各栏目填报内容是真实、合法的，与实际出口货物情况相符。此次申报的出口业务不属于违背正常出口经营程序的出口业务。否则，本企业愿承担由此产生的相关责任。<br>企业填表人：<br>财务负责人：　　　　（公章）<br>企业负责人：　　　年 月 日 | | | 初审人：　　　年 月 日 | 备注 |

受理人：　　　　　　　　　　受理日期：　年 月 日

本表一式两份，税务机关和申请认定者各执一份。

表 8-5　　　　　　　　　　中华人民共和国海关出口货物报关单　　　　　出口退税专用

预录入编号：　　　　　　　　　　　　　　　　　　　　海关编号：

| 出口口岸 | 备案号 | 出口日期 | 申报日期 |
|---|---|---|---|
| 经营单位 | 运输方式 | 运输工具名称 | 提运单号 |
| 收货单位 | 贸易方式 | 征免性质 | 结汇方式 |
| 许可证号 | 运抵国（地区） | 指运港 | 境内货源地 |

| 批准文号 | 成交方式 | 运费 | 保费 | 杂费 |
|---|---|---|---|---|
| 合同协议号 | 件数 | 包装种类 | 毛重（千克） | 净重（千克） |

| 集装箱号 | 随附单据 | 生产厂家 |
|---|---|---|

标记唛码及备注

| 项号 | 商品编号 | 商品名称、规格型号 | 数量及单位 | 最终目的国（地区） | 单价 | 总价 | 币制 | 征免 |
|---|---|---|---|---|---|---|---|---|
| | | | | | | | | |

税费征收情况

| 录入员　　录入单位 | 兹声明以上申报无讹并承担法律责任 | 海关审单批注及放行日期（盖章） | |
|---|---|---|---|
| | 申报单位（签章） | 审单　　　　审价 | |
| | | 征税　　　　统计 | |
| 报关员　　　　　　　填制日期 | | | |
| 单位地址 | | | |
| 邮编　　电话 | | 查验　　　　放行 | |

（3）增值税专用发票（税款抵扣联）（略）。

（4）出口发票（略）。

（5）代理出口货物证明（委托出口的业务提供）（略）。

（6）税收（出口货物专用）缴款书（消费税）（出口应纳消费税货物时提供）（略）。

（7）出口货物销售明细账（略）。

（8）税务机关要求提供的其他资料。

## 8.1.5 出口企业货物退（免）税的计算方法

现行的出口退税制度，对出口货物根据纳税人和出口贸易方式的不同实行不同的退税方法，其退税额的计算方式也不相同。见表 8-6。

表 8-6                                   不同退（免）税方法及计算公式

| 方法 | 定义 | 公式 |
|---|---|---|
| 退（免）税方法 | 对出口货物流通所经过的国内最后环节产生的增值额免征增值税，对所购出口货物中所含的进项税额予以退税。此方法主要适用于专业外贸公司收购出口增值税的应税货物 | 应退税额＝出口货物的购进金额×退税率 |
| "免、抵、退"税方法 | 对出口货物流通所经过的国内最后环节免征增值税，对出口货物中所含的进项税额准予抵减国内销售所发生的增值税应纳税额，对不足以抵减的部分予以退税。此方法主要适用于生产企业自营或委托出口的自产货物 | 当期应纳税额＝当期内销的销项税额－（当期进项税额－当期免抵退税不得免征和抵扣税额）<br>免抵退税额＝出口货物离岸价×外汇人民币牌价×出口货物退税率－免抵退税额抵减额 |
| 委托生产企业加工收回出口货物的退税办法 | 出口企业委托生产企业加工收回后报关出口的货物，凭购买加工货物的原材料等发票和缴费发票按规定办理退税。若原材料等属于进料加工贸易已减征进口环节增值税的，应按原料的退税率和加工费的退税率分别计算应退税款，加工费的退税率按出口产品的退税率确定 | |
| 对属于从小规模纳税人购进并持普通发票 | 可特准退（免）税的出境货物，则依普通发票所列的含增值税的销售额计算确定进项税额的退（免）税 | 进项税额＝普通发票所列（含增值税）销售额÷〔（1＋征收率）×退税率〕 |

## 8.2　增值税出口退（免）税的核算

### 8.2.1　生产企业出口货物免、抵、退税的计算

生产企业出口货物以货物离岸价为出口退免税的计税依据。

**1. 应纳税额的计算**

当期应纳税额＝当期内销货物的销项税额－（当期进项税额－当期免抵退税不得免征和抵扣税额）－上期期末留抵税额

其中，

当期免抵退税不得免征和抵扣税额＝出口货物离岸价×外汇人民币牌价×（出口货物征税税率－出口货物退税率）－免抵退税不得免征和抵扣税额抵减额

免抵退税不得免征和抵扣税额抵减额＝免税购进原材料价格×（出口货物征税率－出口货物退税率）

若计算结果为正数，说明企业从内销货物销项税额中抵扣有余，应该缴纳增值税；若是计算结果是负数，则应退税。

**2. 当期免抵退税额的计算**

免抵退税额＝出口货物离岸价×外汇人民币牌价×出口货物退税率－免抵退税额抵减额

免抵退税额抵减额＝免税购进原材料价格×出口货物退税率

出口货物免抵退税不得免征和抵扣税额＝出口货物离岸价×外汇人民币牌价×（出口货物征税率－出口货物退税率）－免抵退税不得免征和抵扣税额抵减额

免抵退税不得免征和抵扣税额抵减额＝免税购进原材料价格×（出口货物征税率－出口货物退税率）

**3. 应退税额的计算，见表8-7**

表 8-7　　　　　　　　　　　　　　应退税额的计算

| 类型 | 税法规定 | 账务处理 |
|---|---|---|
| 当期期末留抵税额≤当期免抵退税额 | 当期应退税额＝当期期末留抵税额　当期免抵退税额＝当期免抵退税额－当期应退税额 | 借：其他应收款——应收出口退税款（金额等于当期期末留抵税额）　应交税费——应交增值税（出口抵减内销产品应纳税额）（金额等于免抵退税额）　贷：应交税费——应交增值税（出口退税）（金额等于免抵退税额） |

| 类型 | 税法规定 | 账务处理 |
|------|---------|---------|
| 若期末无留抵税额 | 应退税额＝0<br>免抵税额＝当期免抵退税额 | 借：应交税费——应交增值税（出口抵减内销产品应纳税额）<br>（金额等于免抵税额）<br>贷：应交税费——应交增值税（出口退税）（金额等于免抵退税额） |
| 如果当期期末留抵税额≥当期免抵退税额 | 当期应退税额＝当期免抵退税额<br>当期免抵税额＝0<br>当期期末留抵税额与当期免抵退税额之间的差额留待下期继续抵扣 | 借：其他应收款——应收出口退税款（金额相当于当期免抵退税额）<br>应交税费——应交增值税（出口抵减内销产品应纳税额，因为此时免抵税额为0）<br>贷：应交税费——应交增值税（出口退税）（金额相当于免抵退税额） |

# 生产企业"免、抵、退"税核算实例

【例 8-1】东兴服装进出口公司按照免、抵、退税办法办理出口退税。服装生产的增值税税率为 13％，出口退税率 9％。2019 年 4 月，从国内累计采购生产所需原材料等取得的增值税专用发票注明的价款为 6 500 000 元，进项税额 1 105 000 元，进项发票已通过认证，材料均已验收入库，其计划成本 6 300 000 元；上期留抵税额为 750 000 元。本月内销产品含增值税的销售额为 5 085 000 元，已收存银行，自营出口货物销售额折合人民币 22 000 000 元。根据上述资料，计算出口退税额。

不得免征和抵扣税额＝22 000 000×（13％－9％）＝880 000（元）

当期应纳税额＝5 085 000÷（1＋13％）×13％－（1 105 000－880 000）－
750 000
＝585 000－225 000－750 000
＝－390 000（元）

出口货物免抵退税额＝22 000 000×9％＝1 980 000（元）。

因为当期期末留抵税额 390 000 元＜当期免抵退税额 1 980 000 元，则当期应退税额＝390 000 元，当期免抵税额＝1 980 000－390 000＝1 590 000（元）。

从计算结果可以看出，应纳税额为负数，反映的是留抵税额，说明企业出口货物准予抵扣和退税的进项税额，没有在内销货物应纳税额中得到全部抵减，未抵减的部分需要退税。但由于当期留抵税额＜当期免抵退税额，只能按当期留抵税额退税，也就是说退税金额不能超过企业实际缴纳给国家的金额。

【例 8-2】承【例 8-1】，假设上期留抵税额为 3 600 000 元，其他资料不变，则当期应纳税额＝5 085 000÷（1＋13%）×13%－（1 105 000－880 000）－3 600 000＝－3 240 000（元）。即当期期末留抵税额为 3 240 000 元，此时因为当期期末留抵税额 3 240 000 元＞当期免抵退税额 1 940 000 元，则当期应退税额＝1 940 000 元，当期免抵税额＝1 940 000－1 980 000＝0。4 月份期末留抵结转下期继续抵扣税额＝3 240 000－1 980 000＝1 260 000（元）。

## 8.2.2 外贸企业出口应退增值税的计算

外贸企业出口货物以出口货物的平均价（工厂出厂价）为计税依据。当货物报关出口作销售处理时，外贸企业依据购进出口货物增值税专用发票注明的进项税额和适用的退税率计算出口退税额，公式如下。

应退税额＝出口货物的购进金额×退税率

   ＝出口货物的进项税额－出口货物不予退税的税额

出口货物不预退税的税额＝出口货物的购进金额×（增值税法定税率－适用退税率）

### 外贸企业出口退税的核算实例

【例 8-3】大地进出口公司本月库存商品（服装）明细账记录货物进销存情况如下：期初结存服装 2 000 套，金额为 680 000 元，本期购进服装34 000 套，金额为 10 800 000 元；本期出口服装 20 000 套；本期非销售付出 1 000 套，金额为 340 000 元。服装的出口退税率为 9%，则该企业出口货物的退税额计算如下。

出口货物的加权平均进价＝（期初结存金额＋本期收入金额－本期非销

售付出金额）÷（期初结存数量＋本期收入数量－本期非销售付出数量）

= （680 000＋10 800 000－340 000）÷（2 000＋34 000－1 000）

=11 140 000÷35 000

=318. 29（元）

应退税额＝20 000×318. 29×9％＝572 922（元）

外贸企业应填制出口货物退税汇总申报表，在规定时间内到主管税务机关办理出口退税申报。

---

### 8.2.3 其他特殊业务的核算

---

其他特殊业务包括佣金和出口货物发生销售退回的账务处理。

**1. 佣金的账务处理**

## 佣金的核算实例

【例8-4】某货物征税率为13％，出口退税率为9％。以到岸价格成交，成交价为10 000元，其中运输、保险、佣金总计为1 000元。（即离岸价格为9 000元）

账务处理过程，见表8-8、8-9所示。

借：应收账款——应收出口退税　　　　　　　　　　10 000

　　贷：主营业务收入　　　　　　　　　　　　　　　10 000

表 8-8

### 记 账 凭 证

2019 年 4 月 30 日　　　　　　　　　　　　　　　　字第××号

| 摘要 | 会计科目 | 借方金额 | | | | | | | | | | 贷方金额 | | | | | | | | | | | 记账 |
|---|---|---|---|---|---|---|---|---|---|---|---|---|---|---|---|---|---|---|---|---|---|---|---|
| | | 万 | 千 | 百 | 十 | 万 | 千 | 百 | 十 | 元 | 角 | 分 | 万 | 千 | 百 | 十 | 万 | 千 | 百 | 十 | 元 | 角 | 分 | |
| 计提佣金 | 应收账款/应收出口退税 | | | 1 | 0 | 0 | 0 | 0 | 0 | 0 | 0 | | | | | | | | | | | | | |
| | 主营业务收入 | | | | | | | | | | | | | | 1 | 0 | 0 | 0 | 0 | 0 | 0 | 0 | | |
| 合计 | | | ¥ | 1 | 0 | 0 | 0 | 0 | 0 | 0 | 0 | | | ¥ | 1 | 0 | 0 | 0 | 0 | 0 | 0 | 0 | | |

会计主管：周明　　　　记账：张洁　　　　审核：李月　　　　制单：陈英

同时：10 000×（13％－9％）＝400（元）

  借：主营业务成本——应收出口退税        400

    贷：应交税费——应交增值税（进项税额转出）    400

表 8-9

## 记 账 凭 证

2019 年 4 月 30 日            字第××号

| 摘要 | 会计科目 | 借方金额 | | | | | | | | | | 贷方金额 | | | | | | | | | | 记账 |
|---|---|---|---|---|---|---|---|---|---|---|---|---|---|---|---|---|---|---|---|---|---|---|
| | | 万 | 千 | 百 | 十 | 万 | 千 | 百 | 十 | 元 | 角 | 分 | 万 | 千 | 百 | 十 | 万 | 千 | 百 | 十 | 元 | 角 | 分 | |
| 冲减成本 | 主营业务成本/应收出品退税 | | | | | | 4 | 0 | 0 | 0 | 0 | | | | | | | | | | | | |
| | 应交税费/应交增值税/进项税额转出 | | | | | | | | | | | | | | | | | 4 | 0 | 0 | 0 | 0 | |
| | 合计 | | | | | ￥ | 4 | 0 | 0 | 0 | 0 | | | | | | ￥ | 4 | 0 | 0 | 0 | 0 | |

会计主管：周明   记账：张洁   审核：李月   制单：陈英

  冲减运输、保险、佣金 1 000 元（与内销不同），见表 8-10、8-11。

  借：主营业务收入           1 000

    贷：银行存款            1 000

表 8-10

## 记 账 凭 证

2019 年 4 月 30 日            字第××号

| 摘要 | 会计科目 | 借方金额 | | | | | | | | | | 贷方金额 | | | | | | | | | | 记账 |
|---|---|---|---|---|---|---|---|---|---|---|---|---|---|---|---|---|---|---|---|---|---|---|
| | | 万 | 千 | 百 | 十 | 万 | 千 | 百 | 十 | 元 | 角 | 分 | 万 | 千 | 百 | 十 | 万 | 千 | 百 | 十 | 元 | 角 | 分 | |
| 冲减收入 | 主营业务收入 | | | | | 1 | 0 | 0 | 0 | 0 | 0 | | | | | | | | | | | | |
| | 银行存款 | | | | | | | | | | | | | | | | 1 | 0 | 0 | 0 | 0 | 0 | |
| | 合计 | | | | | ￥ | 1 | 0 | 0 | 0 | 0 | | | | | | ￥ | 1 | 0 | 0 | 0 | 0 | |

会计主管：周明   记账：张洁   审核：李月   制单：陈英

  借：主营业务成本           400

    贷：应交税费——应交增值税（进项税额转出）    400

表 8-11

# 记 账 凭 证

2017 年 1 月 30 日                  字第××号

| 摘要 | 会计科目 | 借方人民币金额 | | | | | | | | | | | 贷方人民币金额 | | | | | | | | | | | 记账 |
|---|---|---|---|---|---|---|---|---|---|---|---|---|---|---|---|---|---|---|---|---|---|---|---|---|
| | | 万 | 千 | 百 | 十 | 万 | 千 | 百 | 十 | 元 | 角 | 分 | 万 | 千 | 百 | 十 | 万 | 千 | 百 | 十 | 元 | 角 | 分 | |
| 增加成本 | 主营业务成本 | | | | | | 4 | 0 | 0 | 0 | 0 | | | | | | | | | | | | | |
| | 应交税费/应交增值税/进项税额转出 | | | | | | | | | | | | | | | | | 4 | 0 | 0 | 0 | 0 | | |
| 合计 | | | | | ￥ | 4 | 0 | 0 | 0 | 0 | | | | | | ￥ | 4 | 0 | 0 | 0 | 0 | | | |

会计主管：周明      记账：张洁      审核：李月      制单：陈英

## 2. 出口货物发生销售退回

出口货物发生销售退回的账务处理，见表 8-12。

表 8-12          出口货物发生的销售退回的账务处理

| 发生退回的形式 | 账务处理 |
|---|---|
| 未确认收入的已发出产品的退回 | 借：库存商品<br>　　贷：发出商品 |
| 已确认收入的销售产品退回 | 业务部门在收到对方提运单并由储运部门办理接货及验收、入库等手续后，财会部门应凭退货通知单按原出口金额作如下会计分录<br>借：主营业务收入<br>　　贷：应收账款 |
| 已确认收入的销售产品退回 | （1）已退货物的原运输、保险、佣金，以及退货费用的处理，由对方承担的，作如下处理<br>借：银行存款<br>　　贷：主营业务收入——一般贸易出口（原运保佣部分）<br>（2）由我方承担的，先作如下处理<br>借：待处理财产损溢<br>　　贷：主营业务收入——一般贸易出口（原运保佣部分）<br>　　　　银行存款（退货发生的一切国内外费用）<br>（3）批准后<br>借：营业外支出<br>　　贷：待处理财产损溢 |

## 8.3　消费税出口退税的核算

企业出口应税消费品，与出口货物一样，按照税法规定，享受退（免）税优惠。

### 8.3.1　出口应税消费品退（免）税分类

出口应税消费品退（免）消费税分为以下三种，如图8-1所示。

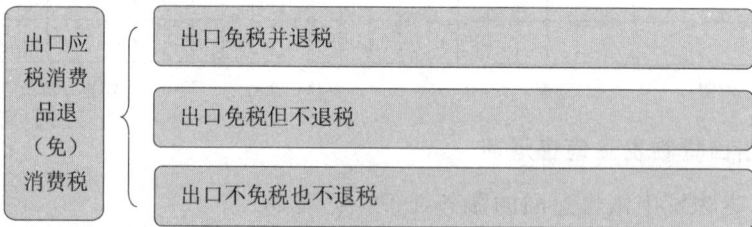

出口应税消费品退（免）消费税
- 出口免税并退税
- 出口免税但不退税
- 出口不免税也不退税

图 8-1　出口应税消费品退（免）消费税

对外贸企业出口消费税应税货物，凡属从价定率计征消费税的货物，应依照外贸企业从工厂购进货物时征收消费税的价格计算。凡属从量定额计征消费税的货物，应依照货物购进和报关出口的数量计算。

对其他生产企业委托出口的消费税应税货物，则实行"先征后退"的办法。外贸企业出口应税消费品，按规定计算（退）消费税。

### 8.3.2　企业出口应税消费品退税的范围

出口应税消费品退税的企业范围如图8-2所示。

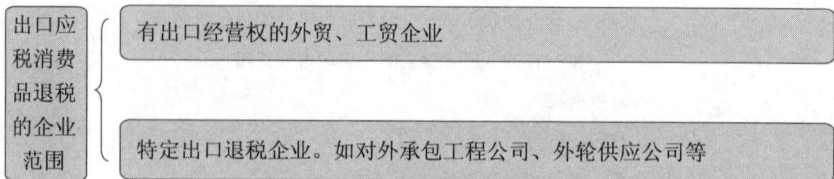

出口应税消费品退税的企业范围
- 有出口经营权的外贸、工贸企业
- 特定出口退税企业。如对外承包工程公司、外轮供应公司等

图 8-2　消费税退税范围

### 8.3.3 出口应税消费品退税的条件

出口应税消费品退税的条件，见表8-13。

表 8-13 退税的条件

| 条件 | 是否给予退税 | 退税凭证 |
|---|---|---|
| 具备出口条件 | 给予退税的消费品 | 属于消费税征税范围的消费品 |
| | | 取得《税收（出口产品专用）缴款书》、增值税专用发票（税款抵扣联）、出口货物报关单（出口退税联）、出口收汇单证 |
| | | 必须报关离境 |
| | | 在财务上作出口销售处理 |
| 不具备出口条件 | 给予退税的消费品 | 如：对外承包工程公司运出境外用于对外承包项目的消费品，外轮供应公司、远洋运输供应公司销售给外轮、远洋外轮的消费品等 |

需要注意的是，有些消费品虽具备出口条件，但不给予退税优惠，如禁止出口货物等。

### 8.3.4 出口应税消费品的计算

**1. 退税率的规定**

按照《中华人民共和国消费税暂行条例》的规定，纳税人出口应税消费品，免征消费税。由于消费税基本上是在应税消费品的生产销售环节征收，所以一般来讲，实行本环节免税，即可做到出口商品不含消费税，但对外贸收购出口仍实行退税办法，退税率与消费税的税率相同。

**2. 应退消费税的计算**

应退消费税分为以下几种，见表8-14。

表 8-14 消费税计税依据及计算公式

| 计税依据 | 定　义 | 计算公式 |
|---|---|---|
| 从价定率计算退税额 | 从价定率计征消费税的应税消费品，应依照外贸企业委托从工厂购进货物时，计算征收消费税的价格 | 应退消费税税款＝出口货物的销售额（出口数额）×税率 |

| 计税依据 | 定　义 | 计算公式 |
|---|---|---|
| 从量征收计算退税额 | 从量定额计征消费税的应税消费品，应按货物购进和报关出口的数量计算应退消费税税款 | 应退消费税税款＝出口数量×单位税额 |
| 复合征收计算退税额 | 复合计征消费税的应税消费品，应按货物购进和报关出口的数量以及外贸企业从工厂购进货物时征收消费税的价格计算应退消费税税款 | 应退消费税税额＝出口货物的工厂销售额×税率＋出口数量×单位税额 |

第一，生产企业直接出口应税消费品或通过外贸企业出口应税消费品，按规定直接予以免税，可不计算应缴消费税。

第二，通过外贸企业出口应征消费品时，如按规定实行先税后退方法的，按下列方法进行会计处理。见表 8-15。

表 8-15　　　　　　　　　出口消费品不同情形的会计处理时

| 企业类型 | 账务处理 |
|---|---|
| 生产企业直接出口 | 生产企业直接出口应税消费品或通过外贸企业出口应税消费品，按规定直接予以免税的，可不计算应缴消费税 |
| 委托外贸企业代理出口应税消费品的生产企业 | 按应缴消费税额借记"应收账款"科目，贷记"应交税费——应交消费税"科目 |
| | 实际缴纳消费税时，借记"应交税费——应交消费税"科目，贷记"银行存款"科目 |
| | 应税消费品出口收到外贸企业退回的税金，借记"银行存款"科目，贷记"应收账款"科目。发生退关、退货而补缴已退的消费税，作相反的会计分录 |
| 代理出口应税消费品的外贸企业 | 收到税务部门退回生产企业缴纳的消费税，借记"银行存款"科目，贷记"应付账款"科目 |
| | 将此项税金退还生产企业时，借记"应付账款"科目，贷记"银行存款"科目 |
| | 发生退关、退货而补缴已退的消费税，借记"应收账款——应收生产企业消费税"科目，贷记"银行存款"科目。收到生产企业退还的税款，作相反的会计分录 |
| 生产企业委托外贸企业代理出口产品 | 在计算消费税时做"应收账款"处理的，其所获得的消费税退税款，应冲抵"应收账款"，不并入利润，征收企业所得税 |

## 自营出口应税消费品退税实例

【例8-5】大地进出口公司为自营出口贸易公司，2019年4月从甲机床厂购进一批汽车轮胎，机床厂开来的增值税专用发票所列金额2 000 000元，税额340 000元，并取得相应的出口货物增值税专用发票及消费税专用缴款书，货物全部报关出口后，外销销售收入折算人民币为5 700 000元。（假设退税率为9％，消费税率为10％），账务处理如下。

（1）应退增值税款=增值税发票所列不含税金额×退税率

=2 000 000×9％=180 000（元）

（2）不予退税税款=增值税发票不含税金额×征退税率之差

=2 000 000×（13％-9％）=80 000（元）

（3）应退消费税税款（假设消费税率为10％）=不含税金额×消费税税率

=2 000 000×10％=200 000（元）

（4）货物入库时，账务处理如下，见表8-16。

借：库存商品——汽车轮胎 2 000 000

应交税费——应交增值税（进项税额） 260 000

贷：银行存款 2 260 000

表8-16

### 记 账 凭 证

2019年4月30日　　　　　　　　　　　　　　　　字第××号

| 摘要 | 会计科目 | 借方金额 | | | | | | | | | | 贷方金额 | | | | | | | | | | 记账 |
| | | 千 | 百 | 十 | 万 | 千 | 百 | 十 | 元 | 角 | 分 | 千 | 百 | 十 | 万 | 千 | 百 | 十 | 元 | 角 | 分 | |
| 从甲机床厂购进汽车轮胎一批 | 库存商品/汽车轮胎 | | 2 | 0 | 0 | 0 | 0 | 0 | 0 | 0 | 0 | | | | | | | | | | | |
| | 应交税费/应交增值税/进项税额 | | | 2 | 6 | 0 | 0 | 0 | 0 | 0 | 0 | | | | | | | | | | | |
| | 银行存款 | | | | | | | | | | | | 2 | 2 | 6 | 0 | 0 | 0 | 0 | 0 | 0 | |
| 合计 | | ¥ | 2 | 2 | 6 | 0 | 0 | 0 | 0 | 0 | 0 | ¥ | 2 | 2 | 6 | 0 | 0 | 0 | 0 | 0 | 0 | |

会计主管：周明　　　　　记账：张洁　　　　　审核：李月　　　　　制单：陈英

（5）货物报关出口后，账务处理如下，见表8-17。

借：应收账款——甲机床厂　　　　　　　　　　　　　5 700 000

　　贷：主营业务收入——自营出口销售收入　　　　　　5 700 000

表8-17

## 记 账 凭 证

2019 年 4 月 30 日　　　　　　　　　　　　　　　　　字第××号

| 摘要 | 会计科目 | 借方金额 | | | | | | | | | | 贷方金额 | | | | | | | | | | 记账 |
|---|---|---|---|---|---|---|---|---|---|---|---|---|---|---|---|---|---|---|---|---|---|---|
| | | 千 | 百 | 十 | 万 | 千 | 百 | 十 | 元 | 角 | 分 | 千 | 百 | 十 | 万 | 千 | 百 | 十 | 元 | 角 | 分 | |
| 报关出口后 | 应收账款 | | 5 | 7 | 0 | 0 | 0 | 0 | 0 | 0 | 0 | | | | | | | | | | | |
| | 主营业务收入/自营出口销售收入 | | | | | | | | | | | | 5 | 7 | 0 | 0 | 0 | 0 | 0 | 0 | 0 | |
| 合计 | | ¥ | 5 | 7 | 0 | 0 | 0 | 0 | 0 | 0 | 0 | ¥ | 5 | 7 | 0 | 0 | 0 | 0 | 0 | 0 | 0 | |

会计主管：周明　　　　记账：张洁　　　　审核：李月　　　　制单：陈英

同时结转出口销售成本，账务处理如下，见表8-18。

借：主营业务成本——自营出口销售成本　　　　　　2 000 000

　　贷：库存商品　　　　　　　　　　　　　　　　　2 000 000

表8-18

## 记 账 凭 证

2019 年 4 月 30 日　　　　　　　　　　　　　　　　　字第××号

| 摘要 | 会计科目 | 借方金额 | | | | | | | | | | 贷方金额 | | | | | | | | | | 记账 |
|---|---|---|---|---|---|---|---|---|---|---|---|---|---|---|---|---|---|---|---|---|---|---|
| | | 千 | 百 | 十 | 万 | 千 | 百 | 十 | 元 | 角 | 分 | 千 | 百 | 十 | 万 | 千 | 百 | 十 | 元 | 角 | 分 | |
| 结转轮胎销售成本 | 主营业务成本/自营出口销售成本 | | 2 | 0 | 0 | 0 | 0 | 0 | 0 | 0 | 0 | | | | | | | | | | | |
| | 库存商品 | | | | | | | | | | | | 2 | 0 | 0 | 0 | 0 | 0 | 0 | 0 | 0 | |
| 合计 | | ¥ | 2 | 0 | 0 | 0 | 0 | 0 | 0 | 0 | 0 | ¥ | 2 | 0 | 0 | 0 | 0 | 0 | 0 | 0 | 0 | |

会计主管：周明　　　　记账：张洁　　　　审核：李月　　　　制单：陈英

（6）计算增值税应退税款时，账务处理如下。见表8-19。

借：其他应收款　　　　　　　　　　　　　　　　　180 000

　　贷：应交税费——应交增值税（出口退税）　　　　180 000

表 8-19

# 记 账 凭 证

2019 年 4 月 30 日 　　　　　字第××号

| 摘要 | 会计科目 | 借方金额 | | | | | | | | | | 贷方金额 | | | | | | | | | | 记账 |
|---|---|---|---|---|---|---|---|---|---|---|---|---|---|---|---|---|---|---|---|---|---|---|
| | | 千 | 百 | 十 | 万 | 千 | 百 | 十 | 元 | 角 | 分 | 千 | 百 | 十 | 万 | 千 | 百 | 十 | 元 | 角 | 分 | |
| 计算增值税应退税款时 | 其他应收款 | | | 1 | 8 | 0 | 0 | 0 | 0 | 0 | 0 | | | | | | | | | | | |
| | 应交税费/应交增值税/出口退税 | | | | | | | | | | | | | 1 | 8 | 0 | 0 | 0 | 0 | 0 | 0 | |
| 合计 | | ¥ | 1 | 8 | 0 | 0 | 0 | 0 | 0 | 0 | | ¥ | 1 | 8 | 0 | 0 | 0 | 0 | 0 | 0 | | |

会计主管：周明　　　　记账：张洁　　　　审核：李月　　　　制单：陈英

（7）计算消费税税款，同时冲减出口销售成本，账务处理如下，见表 8-20。

　　借：其他应收款　　　　　　　　　　　　　　　　200 000
　　　　贷：主营业务成本——自营出口销售成本　　　　　200 000

表 8-20

# 记 账 凭 证

2019 年 4 月 30 日 　　　　　字第××号

| 摘要 | 会计科目 | 借方金额 | | | | | | | | | | 贷方金额 | | | | | | | | | | 记账 |
|---|---|---|---|---|---|---|---|---|---|---|---|---|---|---|---|---|---|---|---|---|---|---|
| | | 千 | 百 | 十 | 万 | 千 | 百 | 十 | 元 | 角 | 分 | 千 | 百 | 十 | 万 | 千 | 百 | 十 | 元 | 角 | 分 | |
| 冲减出口销售成本 | 其他应收款 | | | 2 | 0 | 0 | 0 | 0 | 0 | 0 | 0 | | | | | | | | | | | |
| | 主营业务成本/自营出口销售成本 | | | | | | | | | | | | | 2 | 0 | 0 | 0 | 0 | 0 | 0 | 0 | |
| 合计 | | ¥ | 2 | 4 | 0 | 0 | 0 | 0 | 0 | 0 | | ¥ | 2 | 0 | 0 | 0 | 0 | 0 | 0 | 0 | | |

会计主管：周明　　　　记账：张洁　　　　审核：李月　　　　制单：陈英

（8）将不予退税部分转入产品销售成本，账务处理如下，见表 8-21。

　　借：主营业务成本——自营出口销售成本　　　　80 000
　　　　贷：应交税费——应交增值税（进项税额转出）　　　80 000

表 8-21

## 记 账 凭 证

2019 年 4 月 30 日　　　　　　　　　　　　　　　字第××号

| 摘要 | 会计科目 | 借方金额 | | | | | | | | | | 贷方金额 | | | | | | | | | | 记账 |
|---|---|---|---|---|---|---|---|---|---|---|---|---|---|---|---|---|---|---|---|---|---|---|
| | | 千 | 百 | 十 | 万 | 千 | 百 | 十 | 元 | 角 | 分 | 千 | 百 | 十 | 万 | 千 | 百 | 十 | 元 | 角 | 分 | |
| 不予退税部分转入产品销售成本 | 主营业务成本/自营出口销售成本 | | | | 8 | 0 | 0 | 0 | 0 | 0 | 0 | | | | | | | | | | | |
| | 应交税费/应交增值税/进项税额转出 | | | | | | | | | | | | | | 8 | 0 | 0 | 0 | 0 | 0 | 0 | |
| 合计 | | | | ￥ | 8 | 0 | 0 | 0 | 0 | 0 | 0 | | | ￥ | 8 | 0 | 0 | 0 | 0 | 0 | 0 | |

会计主管：周明　　　　　记账：张洁　　　　　审核：李月　　　　　制单：陈英

（9）收到退税款后，根据收入退税书，账务处理如下。见表 8-22。

借：银行存款　　　　　　　　　　　　　　　　380 000

　　贷：其他应收款——应收出口退税（增值税）　　　380 000

　　　　　　　　——应收出口退税（消费税）　　　200 000

表 8-22

## 记 账 凭 证

2019 年 4 月 30 日　　　　　　　　　　　　　　　字第××号

| 摘要 | 会计科目 | 借方金额 | | | | | | | | | | 贷方金额 | | | | | | | | | | 记账 |
|---|---|---|---|---|---|---|---|---|---|---|---|---|---|---|---|---|---|---|---|---|---|---|
| | | 千 | 百 | 十 | 万 | 千 | 百 | 十 | 元 | 角 | 分 | 千 | 百 | 十 | 万 | 千 | 百 | 十 | 元 | 角 | 分 | |
| 收到退税款 | 银行存款 | | | | 3 | 8 | 0 | 0 | 0 | 0 | 0 | 0 | | | | | | | | | | |
| | 其他应收款/应交出口退税（增值税） | | | | | | | | | | | | | | 1 | 8 | 0 | 0 | 0 | 0 | 0 | 0 | |
| | 其他应收款/应收出口退税/消费税 | | | | | | | | | | | | | | 2 | 0 | 0 | 0 | 0 | 0 | 0 | 0 | |
| 合计 | | | | ￥ | 3 | 8 | 0 | 0 | 0 | 0 | 0 | 0 | | ￥ | 3 | 8 | 0 | 0 | 0 | 0 | 0 | 0 | |

会计主管：周明　　　　　记账：张洁　　　　　审核：李月　　　　　制单：陈英

### 3. 委托出口应税货物消费税的账务处理

## 委托出口应税货物消费税的核算实例

【例 8-6】长宇第一汽车制造厂委托科达外贸企业代理出口一批应纳消费

税的汽车，按规定缴纳了消费税 43 200 元。应税汽车出口后，税务机关按规定办理了出口退税，该厂已收到这笔款项。后来，由于某种原因，一部分应税汽车被外方退货，该厂又按规定补缴了 13 000 元的消费税税款。

（1）按照规定计算应纳消费税时，账务处理如下，见表 8-23。

表 8-23

### 记 账 凭 证

2019 年 1 月 10 日                                            字第××号

| 摘要 | 会计科目 | 借方金额 | | | | | | | | | | 贷方金额 | | | | | | | | | | 记账 |
|---|---|---|---|---|---|---|---|---|---|---|---|---|---|---|---|---|---|---|---|---|---|---|
| | | 千 | 百 | 十 | 万 | 千 | 百 | 十 | 元 | 角 | 分 | 千 | 百 | 十 | 万 | 千 | 百 | 十 | 元 | 角 | 分 | |
| 计算应交消费税时 | 应收账款 | | | | 4 | 3 | 2 | 0 | 0 | 0 | 0 | | | | | | | | | | | | |
| | 应交税费/应交消费税 | | | | | | | | | | | | | | 4 | 3 | 2 | 0 | 0 | 0 | 0 | |
| 合计 | | | | ¥ | 4 | 3 | 2 | 0 | 0 | 0 | 0 | | ¥ | 4 | 3 | 2 | 0 | 0 | 0 | 0 | | |

会计主管：周明　　　　记账：张洁　　　　审核：李月　　　　　　制单：陈英

　　借：应收账款　　　　　　　　　　　　　　　　　43 200
　　　　贷：应交税费——应交消费税　　　　　　　　　　　43 200

（2）实际缴纳消费税时，账务处理如下，见表 8-24。

　　借：应交税费——应交消费税　　　　　　　　　　43 200
　　　　贷：银行存款　　　　　　　　　　　　　　　　　43 200

表 8-24

### 记 账 凭 证

2019 年 1 月 11 日                                            字第××号

| 摘要 | 会计科目 | 借方金额 | | | | | | | | | | 贷方金额 | | | | | | | | | | 记账 |
|---|---|---|---|---|---|---|---|---|---|---|---|---|---|---|---|---|---|---|---|---|---|---|
| | | 千 | 百 | 十 | 万 | 千 | 百 | 十 | 元 | 角 | 分 | 千 | 百 | 十 | 万 | 千 | 百 | 十 | 元 | 角 | 分 | |
| 实际缴纳消费税时 | 应交税费/应交消费税 | | | | 4 | 3 | 2 | 0 | 0 | 0 | 0 | | | | | | | | | | | | |
| | 银行存款 | | | | | | | | | | | | | | 4 | 3 | 2 | 0 | 0 | 0 | 0 | |
| 合计 | | | | ¥ | 4 | 3 | 2 | 0 | 0 | 0 | 0 | | ¥ | 4 | 3 | 2 | 0 | 0 | 0 | 0 | | |

会计主管：周明　　　　记账：张洁　　　　审核：李月　　　　　　制单：陈英

（3）外贸企业代理出口应税汽车之后，收到税务机关退回的消费税税款时，账务处理如下，见表 8-25。

　　借：银行存款　　　　　　　　　　　　　　　　432 000
　　　　贷：应付账款　　　　　　　　　　　　　　　　43 200

表 8-25

## 记 账 凭 证

2019 年 1 月 20 日　　　　　　　　　　　　　　　　字第××号

| 摘要 | 会计科目 | 借方金额 |||||||||| 贷方金额 |||||||||| 记账 |
|---|---|---|---|---|---|---|---|---|---|---|---|---|---|---|---|---|---|---|---|---|---|---|
|  |  | 千 | 百 | 十 | 万 | 千 | 百 | 十 | 元 | 角 | 分 | 千 | 百 | 十 | 万 | 千 | 百 | 十 | 元 | 角 | 分 |  |
| 收到税务机关退回的消费税税款时 | 银行存款 |  |  |  | 4 | 3 | 2 | 0 | 0 | 0 | 0 |  |  |  |  |  |  |  |  |  |  |  |
|  | 应付账款 |  |  |  |  |  |  |  |  |  |  |  |  |  | 4 | 3 | 2 | 0 | 0 | 0 | 0 |  |
| 合计 |  |  | ¥ | 4 | 3 | 2 | 0 | 0 | 0 | 0 |  | ¥ | 1 | 3 | 2 | 0 | 0 | 0 | 0 |  |  |  |

会计主管：周明　　　　记账：张洁　　　　审核：李月　　　　制单：陈英

（4）外贸企业将全部出口退税款付给汽车制造厂时，账务处理如下，见表 8-26。

　　借：应付账款　　　　　　　　　　　　　　　　　43 200

　　　　贷：银行存款　　　　　　　　　　　　　　　　　　43 200

表 8-26

## 记 账 凭 证

2019 年 1 月 25 日　　　　　　　　　　　　　　　　字第××号

| 摘要 | 会计科目 | 借方金额 |||||||||| 贷方金额 |||||||||| 记账 |
|---|---|---|---|---|---|---|---|---|---|---|---|---|---|---|---|---|---|---|---|---|---|---|
|  |  | 千 | 百 | 十 | 万 | 千 | 百 | 十 | 元 | 角 | 分 | 千 | 百 | 十 | 万 | 千 | 百 | 十 | 元 | 角 | 分 |  |
| 将全部出口退税款付给汽车制造厂时 | 应付账款 |  |  |  | 4 | 3 | 2 | 0 | 0 | 0 | 0 |  |  |  |  |  |  |  |  |  |  |  |
|  | 银行存款 |  |  |  |  |  |  |  |  |  |  |  |  |  | 4 | 3 | 2 | 0 | 0 | 0 | 0 |  |
| 合计 |  |  | ¥ | 4 | 3 | 2 | 0 | 0 | 0 | 0 |  | ¥ | 4 | 3 | 2 | 0 | 0 | 0 | 0 |  |  |  |

会计主管：周明　　　　记账：张洁　　　　审核：李月　　　　制单：陈英

（5）国外退货后，外贸企业补交已退的消费税税款时，账务处理如下，见表 8-27。

　　借：应收账款——应收第一汽车厂消费税　　　　　　13 000

　　　　贷：银行存款　　　　　　　　　　　　　　　　　　13 000

表 8-27

## 记 账 凭 证

| 摘要 | 会计科目 | 借方金额 | | | | | | | | | | 贷方金额 | | | | | | | | | | 记账 |
|---|---|---|---|---|---|---|---|---|---|---|---|---|---|---|---|---|---|---|---|---|---|---|
| | | 千 | 百 | 十 | 万 | 千 | 百 | 十 | 元 | 角 | 分 | 千 | 百 | 十 | 万 | 千 | 百 | 十 | 元 | 角 | 分 | |
| 外贸企业补交已退的消费税税款时 | 应收账款/应收汽车厂消费税 | | | | 1 | 3 | 0 | 0 | 0 | 0 | 0 | | | | | | | | | | | |
| | 银行存款 | | | | | | | | | | | | | | 1 | 3 | 0 | 0 | 0 | 0 | 0 | |
| 合计 | | | | ¥ | 1 | 3 | 0 | 0 | 0 | 0 | 0 | | | ¥ | 1 | 3 | 0 | 0 | 0 | 0 | 0 | |

会计主管：周明　　　　记账：张洁　　　　审核：李月　　　　制单：陈英

（6）外贸企业收到汽车制造厂付给的消费税时，账务处理如下，见表 8-29。

　　借：银行存款　　　　　　　　　　　　　　　13 000

　　　　贷：应收账款——应交消费税　　　　　　　　　13 000

表 8-28

## 记 账 凭 证

| 摘要 | 会计科目 | 借方金额 | | | | | | | | | | 贷方金额 | | | | | | | | | | 记账 |
|---|---|---|---|---|---|---|---|---|---|---|---|---|---|---|---|---|---|---|---|---|---|---|
| | | 千 | 百 | 十 | 万 | 千 | 百 | 十 | 元 | 角 | 分 | 千 | 百 | 十 | 万 | 千 | 百 | 十 | 元 | 角 | 分 | |
| 收到汽车制造厂付给的消费税时 | 银行存款 | | | | 1 | 3 | 0 | 0 | 0 | 0 | 0 | | | | | | | | | | | |
| | 应收账款/应收第一汽车制造厂消费税 | | | | | | | | | | | | | | 1 | 3 | 0 | 0 | 0 | 0 | 0 | |
| 合计 | | | | ¥ | 1 | 3 | 0 | 0 | 0 | 0 | 0 | | | ¥ | 1 | 3 | 0 | 0 | 0 | 0 | 0 | |

会计主管：周明　　　　记账：张洁　　　　审核：李月　　　　制单：陈英

## 4. 代理出口消费税的账务处理

### 代理出口消费税的核算实例

【例 8-7】某外贸企业代理出口一批先征后退的应税消费品，收到税务机关退还给生产企业的消费税100 000元。

（1）代理出口应税消费品的外贸企业将应税消费品出口后，收到税务部门退回生产企业缴纳的消费税时，账务处理如下，见表8-29。

借：银行存款　　　　　　　　　　　　　　　　100 000

　　贷：应付账款　　　　　　　　　　　　　　　　100 000

表8-29

### 记 账 凭 证

2019 年 1 月 20 日　　　　　　　　　　　　　字第××号

| 摘要 | 会计科目 | 借方金额 | | | | | | | | | | 贷方金额 | | | | | | | | | | 记账 |
|------|----------|---|---|---|---|---|---|---|---|---|---|---|---|---|---|---|---|---|---|---|---|------|
| | | 千 | 百 | 十 | 万 | 千 | 百 | 十 | 元 | 角 | 分 | 千 | 百 | 十 | 万 | 千 | 百 | 十 | 元 | 角 | 分 | |
| 收到税务部门退回消费税时 | 银行存款 | | | 1 | 0 | 0 | 0 | 0 | 0 | 0 | 0 | | | | | | | | | | | |
| | 应收账款 | | | | | | | | | | | | | 1 | 0 | 0 | 0 | 0 | 0 | 0 | 0 | |
| 合计 | | ¥ | 1 | 0 | 0 | 0 | 0 | 0 | 0 | 0 | 0 | ¥ | 1 | 0 | 0 | 0 | 0 | 0 | 0 | 0 | 0 | |

会计主管：杨娟　　　　记账：陈水　　　　审核：肖星　　　　制单：田欣

（2）外贸企业将此项税金退还生产企业时，账务处理如下，见表8-30。

借：应付账款　　　　　　　　　　　　　　　　100 000

　　贷：银行存款　　　　　　　　　　　　　　　　100 000

表8-30

### 记 账 凭 证

2019 年 1 月 25 日　　　　　　　　　　　　　字第××号

| 摘要 | 会计科目 | 借方金额 | | | | | | | | | | 贷方金额 | | | | | | | | | | 记账 |
|------|----------|---|---|---|---|---|---|---|---|---|---|---|---|---|---|---|---|---|---|---|---|------|
| | | 千 | 百 | 十 | 万 | 千 | 百 | 十 | 元 | 角 | 分 | 千 | 百 | 十 | 万 | 千 | 百 | 十 | 元 | 角 | 分 | |
| 将此项税款退还生产企业时 | 应付账款 | | | 1 | 0 | 0 | 0 | 0 | 0 | 0 | 0 | | | | | | | | | | | |
| | 银行存款 | | | | | | | | | | | | | 1 | 0 | 0 | 0 | 0 | 0 | 0 | 0 | |
| 合计 | | ¥ | 1 | 0 | 0 | 0 | 0 | 0 | 0 | 0 | 0 | ¥ | 1 | 0 | 0 | 0 | 0 | 0 | 0 | 0 | 0 | |

会计主管：杨娟　　　　记账：陈水　　　　审核：肖星　　　　制单：田欣

（3）发生退关、退货而补缴已退的消费税时，账务处理如下，见表8-31。

借：应收账款——应收生产企业消费税　　　　　100 000

　　贷：银行存款　　　　　　　　　　　　　　　　100 000

表 8-31

## 记 账 凭 证

2019 年 1 月 28 日　　　　　　　　　　　　　字第××号

| 摘要 | 会计科目 | 借方金额 | | | | | | | | | | 贷方金额 | | | | | | | | | | 记账 |
|---|---|---|---|---|---|---|---|---|---|---|---|---|---|---|---|---|---|---|---|---|---|---|
| | | 千 | 百 | 十 | 万 | 千 | 百 | 十 | 元 | 角 | 分 | 千 | 百 | 十 | 万 | 千 | 百 | 十 | 元 | 角 | 分 | |
| 发生退关、退货而补缴已退消费税时 | 应收账款/应收生产企业消费税 | | | 1 | 0 | 0 | 0 | 0 | 0 | 0 | 0 | | | | | | | | | | | |
| | 银行存款 | | | | | | | | | | | | | 1 | 0 | 0 | 0 | 0 | 0 | 0 | 0 | |
| 合计 | | ¥ | 1 | 0 | 0 | 0 | 0 | 0 | 0 | 0 | 0 | ¥ | 1 | 0 | 0 | 0 | 0 | 0 | 0 | 0 | 0 | |

会计主管：杨娟　　　　记账：陈水　　　　审核：肖星　　　　制单：田欣

（4）外贸企业收到生产企业退回来的出口退税款时，账务处理如下，见表 8-32。

借：银行存款　　　　　　　　　　　　　　　　　100 000

　　贷：应收账款——应收生产企业消费税　　　　　100 000

表 8-32

## 记 账 凭 证

2019 年 1 月 30 日　　　　　　　　　　　　　字第××号

| 摘要 | 会计科目 | 借方金额 | | | | | | | | | | 贷方金额 | | | | | | | | | | 记账 |
|---|---|---|---|---|---|---|---|---|---|---|---|---|---|---|---|---|---|---|---|---|---|---|
| | | 千 | 百 | 十 | 万 | 千 | 百 | 十 | 元 | 角 | 分 | 千 | 百 | 十 | 万 | 千 | 百 | 十 | 元 | 角 | 分 | |
| 收到生产企业退回来的出口退税款时 | 银行存款 | | | 1 | 0 | 0 | 0 | 0 | 0 | 0 | 0 | | | | | | | | | | | |
| | 应收账款/应收生产企业消费税 | | | | | | | | | | | | | 1 | 0 | 0 | 0 | 0 | 0 | 0 | 0 | |
| 合计 | | ¥ | 1 | 0 | 0 | 0 | 0 | 0 | 0 | 0 | 0 | ¥ | 1 | 0 | 0 | 0 | 0 | 0 | 0 | 0 | 0 | |

会计主管：杨娟　　　　记账：陈水　　　　审核：肖星　　　　制单：田欣

## 5. 企业出口应税消费品不予免税或者退税的，应视同国内销售

### 不予免税或者退税的核算实例

【例 8-8】大地进出口公司出口一批按规定不予免税或退税的应税消费品，应视同国内销售，应缴消费税 100 000 元。

（1）计提消费税时，账务处理如下，见表8-33。

借：税金及附加　　　　　　　　　　　　　　　　100 000

　　贷：应交税费——应交消费税　　　　　　　　　　100 000

表 8-33

### 记 账 凭 证

2019 年 1 月 4 日　　　　　　　　　　　　　　　　字第××号

| 摘要 | 会计科目 | 借方金额 | | | | | | | | | | 贷方金额 | | | | | | | | | | 记账 |
|---|---|---|---|---|---|---|---|---|---|---|---|---|---|---|---|---|---|---|---|---|---|---|
| | | 千 | 百 | 十 | 万 | 千 | 百 | 十 | 元 | 角 | 分 | 千 | 百 | 十 | 万 | 千 | 百 | 十 | 元 | 角 | 分 | |
| 计提应交消费税 | 主营业务税金及附加 | | 1 | 0 | 0 | 0 | 0 | 0 | 0 | 0 | 0 | | | | | | | | | | | |
| | 应交税费/应交消费税 | | | | | | | | | | | | 1 | 0 | 0 | 0 | 0 | 0 | 0 | 0 | 0 | |
| 合计 | | ¥ | 1 | 0 | 0 | 0 | 0 | 0 | 0 | 0 | 0 | ¥ | 1 | 0 | 0 | 0 | 0 | 0 | 0 | 0 | 0 | |

会计主管：周明　　　　　记账：张洁　　　　　审核：李月　　　　　制单：陈英

（2）缴纳消费税时，账务处理如下，见表8-34。

借：应交税费——应交消费税　　　　　　　　　　100 000

　　贷：银行存款　　　　　　　　　　　　　　　　　100 000

表 8-34

### 记 账 凭 证

2019 年 1 月 4 日　　　　　　　　　　　　　　　　字第××号

| 摘要 | 会计科目 | 借方金额 | | | | | | | | | | 贷方金额 | | | | | | | | | | 记账 |
|---|---|---|---|---|---|---|---|---|---|---|---|---|---|---|---|---|---|---|---|---|---|---|
| | | 千 | 百 | 十 | 万 | 千 | 百 | 十 | 元 | 角 | 分 | 千 | 百 | 十 | 万 | 千 | 百 | 十 | 元 | 角 | 分 | |
| 缴纳消费税时 | 应交税费/应交消费税 | | 1 | 0 | 0 | 0 | 0 | 0 | 0 | 0 | 0 | | | | | | | | | | | |
| | 银行存款 | | | | | | | | | | | | 1 | 0 | 0 | 0 | 0 | 0 | 0 | 0 | 0 | |
| 合计 | | ¥ | 1 | 0 | 0 | 0 | 0 | 0 | 0 | 0 | 0 | ¥ | 1 | 0 | 0 | 0 | 0 | 0 | 0 | 0 | 0 | |

会计主管：周明　　　　　记账：张洁　　　　　审核：李月　　　　　制单：陈英

THE

NINTH

CHAPTER

第 *9* 章

## 对外承包工程的核算

外对承包工程又称国际承包，是指我国对外承包公司承揽的外国政府、国际组织或国外客户、公司为主的建设项目，以及材料采购和其他承包业务。

## 9.1 对外承包工程概述

执行新《企业会计准则》后，原先按照行业制度规定的针对境外工程承包业务的核算方法已经不适用，由于新旧准则的差异非常大，对承揽境外承包工程的企业的资产负债、经营成果的体现产生了巨大的影响；依据新《企业会计准则》，对外承包工程业务适用《建造合同》准则。

### 9.1.1 对外承包工程资格

（1）凡从事国（境）外对外承包工程业务的企业，须事先向对商务部申请对外经济合作经营资格。

（2）经商务部核准获得对外经济合作经营资格，并已由工商行政管理部门核发营业执照的企业，向注册地省级外经贸主管部门（含计划单列市）申领《中华人民共和国对外经济合作经营资格证书》（以下简称《经营资格证书》，如图 9-1 所示）。

（3）商务部对《经营资格证书》实行年审制度，年审时间为每年的 3 月 1 日至 4 月 30 日，由商务部授权省级外经贸主管部门组织实施。

申请对外承包工程资格，需提交以下申请主要材料，见表 9-1。

图 9-1 中华人民共和国对外承包工程经营资格证书

表 9-1 申请对外承包工程资格需要提交的主要材料

| 序号 | 资料名称 |
|---|---|
| 1 | 对外承包工程资格申请书 |
| 2 | 企业法人营业执照或事业单位法人证书（复印件），外商投资企业应提交外商投资企业批准证书 |
| 3 | 中华人民共和国组织机构代码证（复印件） |
| 4 | ①工程建设类单位需提供住房和城乡建设主管部门或者其他有关部门颁发的资质证书（复印件）<br>②建筑施工企业还需提供住房和城乡建设主管部门颁发的安全生产许可证（复印件）<br>③非工程建设类单位需提供海关出具的出口额证明或商务部出具的相应业务统计证明 |
| 5 | 与对外承包工程相关的专业技术人员和管理人员的情况说明及相关证明材料 |
| 6 | 申请单位境外安全防范领导小组及常设人员状况的说明及境外安全防范机制和应急处理预案 |
| 7 | 申请单位工程质量和安全生产的管理体系文件 |

对外承包工程经营资格证书申请表，见表 9-2。

表 9-2 对外承包工程经营资格证书申请表

| 企业中文名称 | | | |
|---|---|---|---|
| 企业英文名称 | | | |
| 组织机构代码 | | 工商注册日期 | |
| 商务主管机关 | | 注册地区 | |

| 企业中文名称 | | | |
|---|---|---|---|
| 经营地址 | | | |
| 经营英文地址 | | | |
| 单位类别 | | 注册资金 | |
| 法定代表人姓名 | | 身份证号码 | |
| 工商注册号 | | 税务登记号 | |
| 海关注册号 | | 外汇登记号 | |
| 联系传真 | | 联系电话 | |
| 企业类型 | | 电子邮箱 | |
| 工程建设类 | | | |
| 企业资质1 | | 证书编号 | |
| 企业资质2 | | 证书编号 | |
| 企业资质3 | | 证书编号 | |
| 设计咨询资质4 | | 证书编号 | |
| 设计咨询资质5 | | 证书编号 | |
| 非工程建设类 | | | |
| 1. 上一年度机电产品出口额 | | | |
| 2. 上一年度自行设计、生产（含组织生产）、出口的成套设备或大型单机设备出口额 | | | |
| 3. 上一年度对外承包工程营业额 万美元且近3年中成功实施过 个单项合同额在500万美元以上的项目。 | | | |
| 填表人姓名 | | 填表日期 | |
| 以上内容由申请单位填写 | | | |
| 审批机关意见 | | | |
| 审批日期 | 审批人 | | |

## 9.1.2 对外承包工程会计核算的两套账制度

对外承包工程会计核算的特殊性要求建立两套账务和信息报告系统，以分别适应两种不同的会计准则、会计制度、税法等法律法规，以及不同的语言文字，满足国内外对对外承包工程会计核算工作的要求。

**1. 两套账的特点**

两套账制度的特点及内容，见表9-3。

表 9-3                         两套账的内容

| 特点 | 内　　容 |
|------|---------|
| 外账 | 依据对外承包工程所在国的会计制度和税法等法律法规，应用工程所在国的语言文字（或如英语等通用文字）设置和运行，目的是满足工程所在国各方面的需要。外账所使用的财务管理系统软件由工程所在国政府认可的审计部门（一般是会计师事务所或审计师事务所）推荐或者指定，其运行过程接受审计部门的审查；经审计部门审计并出具审计报告的财务报表被税务部门作为确定税收的合法依据 |
| 内账 | 按照我国的会计制度和会计准则，应用中文建立和运行，向国内有关部门报送会计报表，接受我国的审计和财税稽查，目的是满足国内有关部门的需要 |

需要说明的是，建立两套账，绝不是说一套是真账，另一套是假账，或者说两套账都是假账，或是两套账都是真账。只是为了适应两个国家不同的会计制度和财税法规，而使得两套账的语言文字、入账规则、会计期间、成本内容、纳税基础等方面有所不同，而两套账所依据的原始凭证都是真实的。因此，两套账制度决不应该成为某些单位或个人弄虚作假、违法乱纪的借口。

**2. 两套账的运行方式和衔接方法**

由于内外两套账在会计核算工作所依据的各种原始凭证是一样的，所以只能有一套账可以附有各种原始凭证，另一套账只能附原始凭证的复印件。一般来说，对外承包工程所在国都要求各种单据以原件入账。本着"先外后内"的原则，各种原始单据的原件应附在外账中，内账附复印件。

内外两套账的衔接方法和运行方式大致有两种。

（1）设立两个机构，先内账后外账，由内向外转的方式。

在一个财务部门设立两个机构，一个机构负责内账的核算和管理；另一个机构负责外账的核算和管理。一项经济活动发生后，先由内账机构在内账系统进行账务处理，然后，由内账人员负责将入账的原始单据传递给外账机构，同时，将该单据的复印件留存于内账；外账机构接到内账传递的单据原件后，进行外账的账务处理。这样，一项会计业务方告处理完毕。这种处理方式适用于机构庞大、手续烦琐、会计核算业务量大的单位。

（2）同一机构，同时负责内外两套账的核算。

同一个会计机构，同一批财务人员，既负责内账的核算和管理工作，又负责外账的核算和管理工作。虽然机构和人员是一样的，但内外两套账务系统仍然是相对独立的，是由一个机构同时运行两套账务的形式。

对某项经济业务，会计人员先在内账系统进行账务处理，随后转入外账系统，进行外账的账务处理，并将入账的原始单据制成一式二份，原件附在外账，复印件留存于内账。

这种形式的优点是机构精简，手续简便，并能保证内外两套账都能及时入账。但它不适用于会计核算业务量很大的单位。

## 9.2　对外承包企业的会计核算

根据《企业会计准则》的规定，对外承包企业的国外分支机构均为会计核算独立单位，选择何种记账本位币，应先考虑驻在国对境内企业会计管理的要求，其次考虑所从事业务的主要币种。记账本位币一经确定，不能随意变更。

- - - - - - - - - - - - - - - - - - - - - - - - - - - - - - - - - - - -

### 9.2.1　企业与所属单位之间内部往来的核算

- - - - - - - - - - - - - - - - - - - - - - - - - - - - - - - - - - - -

对外承包企业的内部往来是指国内企业与内部所属各个独立核算的单位之间，或各内部独立核算单位彼此之间，由于工程价款结算、产品、作业和材料销售、提供劳务等作业所发生的各种应收、应付、暂付、暂收的往来款项。

为了核算对外承包企业与内部独立核算单位发生的各种往来款项，应设置"内部往来"账户，该账户属于双重性质的账户，应按企业与内部独立核算单位的往来户名设置明细账户，进行明细分类核算。企业内部往来核算的主要业务有：企业与所属内部独立核算单位之间的往来核算和企业内部独立核算单位之间的往来核算。

### 企业与所属单位之间往来核算的实例

【例 9-1】假设甲对外承包工程集团公司在境外有若干独立核算分公司，本月集团公司与驻 A 国第一工程分公司发生以下内部往来业务。集团公司记账本位币为人民币；第一分公司记账本位账为美元，当日汇率 1 美元＝6. 28人民币元。

(1) 2017 年 1 月 5 日，第一工程分公司向集团公司缴纳承包工程款 2 000 000美元，管理费5 000美元。

第一工程分公司的账务处理如下。

①汇交承包工程款 2 000 000 美元时，见表9-4。

借：应付账款——内部往来（总公司）

$\qquad$（2 000 000×6. 28）12 560 000

$\qquad$贷：银行存款 $\qquad$ 12 560 000

表 9-4

### 记 账 凭 证

2017 年 1 月 5 日 $\qquad$ 字第××号

| 摘要 | 会计科目 | 美元金额 | | | | | | | | | | 汇率 | 借方人民币金额 | | | | | | | | | | | 贷方人民币金额 | | | | | | | | | | | 记账 |
|---|---|---|---|---|---|---|---|---|---|---|---|---|---|---|---|---|---|---|---|---|---|---|---|---|---|---|---|---|---|---|---|---|---|---|---|
| | | 千 | 百 | 十 | 万 | 千 | 百 | 十 | 元 | 角 | 分 | | 万 | 千 | 百 | 十 | 万 | 千 | 百 | 十 | 元 | 角 | 分 | 万 | 千 | 百 | 十 | 万 | 千 | 百 | 十 | 元 | 角 | 分 | |
| 汇交承包工程款 | 应付账款/总公司 | 2 | 0 | 0 | 0 | 0 | 0 | 0 | 0 | 0 | | 6.28 | 1 | 2 | 5 | 6 | 0 | 0 | 0 | 0 | 0 | 0 | | | | | | | | | | | | | |
| | 银行存款 | | | | | | | | | | | | | | | | | | | | | | | 1 | 2 | 5 | 6 | 0 | 0 | 0 | 0 | 0 | 0 | |
| 合计 | | | | | | | | | | | | | ¥ | 1 | 2 | 5 | 6 | 0 | 0 | 0 | 0 | 0 | 0 | ¥ | 1 | 2 | 5 | 6 | 0 | 0 | 0 | 0 | 0 | 0 | |

会计主管：刘晔 $\qquad$ 记账：李娜 $\qquad$ 审核：吕真 $\qquad$ 制单：马方

②上交管理费时，见表9-5。

借：管理费用 $\qquad$（5 000×6. 28）31 400

$\qquad$贷：其他应付款——总公司 $\qquad$ 31 400

表 9-5

### 记 账 凭 证

2015 年 1 月 5 日 $\qquad$ 字第××号

| 摘要 | 会计科目 | 美元金额 | | | | | | | | 汇率 | 借方人民币金额 | | | | | | | | | 贷方人民币金额 | | | | | | | | | 记账 |
|---|---|---|---|---|---|---|---|---|---|---|---|---|---|---|---|---|---|---|---|---|---|---|---|---|---|---|---|---|---|
| | | 千 | 百 | 十 | 万 | 千 | 百 | 十 | 元 | 角 | 分 | | 千 | 百 | 十 | 万 | 千 | 百 | 十 | 元 | 角 | 分 | 千 | 百 | 十 | 万 | 千 | 百 | 十 | 元 | 角 | 分 | |
| 上交管理费 | 管理费用 | 5 | 0 | 0 | 0 | 0 | 0 | 6.28 | 3 | 1 | 4 | 0 | 0 | 0 | 0 | | | | | | | | | |
| | 其他应付款/总公司 | | | | | | | | | | | | | | | | | | | 3 | 1 | 4 | 0 | 0 | 0 | 0 | |
| 合计 | | | | | | | | | ¥ | 3 | 1 | 4 | 0 | 0 | 0 | 0 | ¥ | 3 | 1 | 4 | 0 | 0 | 0 | 0 | |

会计主管：刘晔 $\qquad$ 记账：李娜 $\qquad$ 审核：吕真 $\qquad$ 制单：马方

（2）总公司账务处理如下。

①收到第一工程分公司汇来的承包款时，见表9-6。

借：银行存款——美元　　　　（2 000 000×6. 28）12 560 000

　　贷：应收账款——内部往来（第一工程分公司）

　　　　　　　　　　　　　　（2 000 000×6. 28）12 560 000

表 9-6

## 记 账 凭 证

2017 年 1 月 5 日　　　　　　　　　　　　　　　　字第××号

| 摘要 | 会计科目 | 美元金额 |||||||||| 汇率 | 借方人民币金额 ||||||||||| 贷方人民币金额 ||||||||||| 记账 |
|---|---|---|---|---|---|---|---|---|---|---|---|---|---|---|---|---|---|---|---|---|---|---|---|---|---|---|---|---|---|---|---|---|
| | | 千 | 百 | 十 | 万 | 千 | 百 | 十 | 元 | 角 | 分 | | 千 | 百 | 十 | 万 | 千 | 百 | 十 | 元 | 角 | 分 | 千 | 百 | 十 | 万 | 千 | 百 | 十 | 元 | 角 | 分 | |
| 收到第一工程分公司汇来的承包款 | 银行存款/美元 | | 2 | 0 | 0 | 0 | 0 | 0 | 0 | 0 | 0 | 6.28 | 1 | 2 | 5 | 6 | 0 | 0 | 0 | 0 | 0 | 0 | | | | | | | | | | | |
| | 应收账款/第一工程分公司 | | | | | | | | | | | | | | | | | | | | | | 1 | 2 | 5 | 6 | 0 | 0 | 0 | 0 | 0 | 0 | |
| 合计 | | | | | | | | | | | | | 1 | 2 | 5 | 6 | 0 | 0 | 0 | 0 | 0 | 0 | 1 | 2 | 5 | 6 | 0 | 0 | 0 | 0 | 0 | 0 | |

会计主管：齐良　　　　记账：郭雪　　　　审核：郑军　　　　制单：张晶

②开具内部转账通知向境外第一工程分公司索取管理费时，见表9-7。

借：银行存款——美元　　　　　　（5 000×6. 28）31 400

　　贷：其他应收款——内部往来（第一工程分公司）

　　　　　　　　　　　　　　　　（5 000×6. 28）3 1400

表 9-7

## 记 账 凭 证

2017 年 1 月 5 日　　　　　　　　　　　　　　　　字第××号

| 摘要 | 会计科目 | 美元金额 |||||||||| 汇率 | 借方人民币金额 ||||||||||| 贷方人民币金额 ||||||||||| 记账 |
|---|---|---|---|---|---|---|---|---|---|---|---|---|---|---|---|---|---|---|---|---|---|---|---|---|---|---|---|---|---|---|---|---|
| | | 千 | 百 | 十 | 万 | 千 | 百 | 十 | 元 | 角 | 分 | | 千 | 百 | 十 | 万 | 千 | 百 | 十 | 元 | 角 | 分 | 千 | 百 | 十 | 万 | 千 | 百 | 十 | 元 | 角 | 分 | |
| 开具内部转账通知，向境外第一工程分公司收取管理费 | 银行存款/美元 | | | | | 5 | 0 | 0 | 0 | 0 | 0 | 6.28 | | | | | 3 | 1 | 4 | 0 | 0 | 0 | | | | | | | | | | | |
| | 其他应收款/第一工程分公司 | | | | | | | | | | | | | | | | | | | | | | | | | | 3 | 1 | 4 | 0 | 0 | 0 | |
| 合计 | | | | | | | | | | | | | | | | | ¥ | 3 | 1 | 4 | 0 | 0 | 0 | | | | | ¥ | 3 | 1 | 4 | 0 | 0 | 0 | |

会计主管：齐良　　　　记账：郭雪　　　　审核：郑军　　　　制单：张晶

## 9.2.2　企业内部独立核算单位之间往来的核算

国外分支机构需用的物资，既可在驻在国采购，也可由国内总公司采购后调拨给国外分支机构。即借记"应收账款或应付账款"科目，贷记"应交税费——应交增值税（销项税额）"和"主营业务收入——内部结算收入"科目。同时结转成本，借记"主营业务成本——内部结算成本"科目，贷记"原材料"科目等。期末结算时，将"主营业务收入"与"主营业务成本"的差额转至"本年利润"科目。

### 企业内部独立核算单位之间往来核算实例

【例9-2】承上例，国内集团公司以内部作价的方式将一批原进价为2 000 000元的物资作价2 400 000元，调拨给第一工程分公司。

（1）国内集团公司账务处理。

①调拨物资时

借：应收账款——第一工程分公司　　　　　　　2 400 000

　　贷：应交税费——应交增值税（销项税额）

　　　　　　　　　　　　408 000（2 400 000×17％）

　　　　主营业务收入　　　　　　　　　　　2 808 000

②结转成本

借：主营业务成本　　　　　　　　　　　　　　2 000 000

　　贷：原材料　　　　　　　　　　　　　　　2 000 000

（2）境外第一工程分公司账务处理。

人民币折算为美元＝2 400 000÷6.28＝382 165.61（美元）

借：原材料　　　　　　　　　　　　　　　382 165.61

　　贷：内部往来——第一工程分公司　　　　382 165.61

THE

TENTH

CHAPTER

第 *10* 章

技术进出口业务的核算

技术进出口是指从我国境外向境内，或者从我境内向境外，通过贸易、投资或者经济技术合作的方式转移技术的行为，包括专利权转让、专利申请权转让、专利实施许可、技术秘密转让、技术服务和其他方式的技术转移。

# 10.1 技术进出口概述

《中华人民共和国技术进出口管理条例》规定了技术进出口应当符合国家的产业政策、科技政策和社会发展政策，有利于促进我国科技进步和对外经济技术合作的发展，有利于维护我国经济技术权益等一系列问题。

## 10.1.1 技术进出口业务的主要方式

技术进出口业务的方式很多，主要有技术许可、特许专营、咨询服务、承包工程、合作经营以及含有工业产权或专有技术转让的设备专卖。见表 10-1。

表 10-1 技术进出口业务的主要方式

| 方式 | 内 容 |
|------|-------|
| 技术许可 | 技术转让交易中使用最广泛和最普遍的一种贸易方式。专利所有人、商标所有人或专有技术所有人作为许可方向被许可方授予某项权利，允许其按许可方拥有的技术实施、制造、销售该技术项下的产品，并由被许可方支付一定数额的报酬 |
| 特许专营 | 由一家已经取得成功经验的企业，将其商标、商号名称、服务标志、专利、专有技术以及经营管理的方法或经验转让给另一家企业的一项技术转让合同，后者有权使用前者的商标、商号名称、专利、服务标志、专有技术及经营管理经验，但需支付一定数目的特许费 |

| 方式 | 内　　容 |
|------|---------|
| 咨询服务 | 技术提供方受另一方委托，通过签订技术服务合同，为委托方提供技术劳务，完成某项服务任务，并由委托方支付一定技术服务费的活动。咨询费一般可以按工作量计算，也可采用技术课题包干定价。一般所付的咨询费相当于总投资的5%左右，技术服务的范围和内容相当广泛，包括产品开发、成果推广、技术改造、工程建设、科技管理等多个方面和多种多样的形式 |
| 承包工程 | 又称"交钥匙"工程，是指借方为建成整个工厂与自成体系的整个车间向受方提供全部设备、技术、经营管理方法，包括工程项目的设计、施工、设备的提供与安装、受方人员的培训、试车，直接把一座能够开工生产的工厂或车间交给受方。承包工程与技术直接关联，大部分是新工艺、新技术、包含的内容复杂，包括工程设计、土建施工、提供机器设备、质量管理等全过程，是一种综合性的贸易活动 |
| 合作经营 | 两个或两个以上的法人或自然人通过订立合作经营合同，在合同有效期内合同当事人一方或各方提供有关技术、设计方案或制造某种设备，在合作过程中实现技术转让的一种合作方式 |

## 10.1.2　税收的管辖权

由于各国对税收的管辖权有属地主义和属人主义两种，属地主义是指对一国境内取得的所得征税，不管其取得者是本国居民还是外国居民，同时对本国居民取得的所得不再征税。属人主义是指对本国居民取得的来自国内外的所得都要纳税。国际技术贸易是一种跨国界的经济活动，各国对跨国所得平行行使征税权，以致一笔使用费收入两次纳税，就会造成双重征税问题。

为避免双重征税，通常采用的方法有免税法、抵免法和饶让法。见表10-2。

**表 10-2**　　　　　　　　　　　　　避免双重征税的方法

| 方式 | 内　　容 |
|------|---------|
| 免税法 | 也称豁免法，是指居住国一方对本国居民来源于来源地国的已在来源地国纳税的跨国所得，在一定条件下放弃居民税收管辖权 |
| 抵免法 | 是目前大多数国家采用的避免国际重复征税的方法。采用抵免法，就是居住国按照居民纳税人的境内外所得或一般财产价值的全额为基数计算其应纳税额，但对居民纳税人已在来源地缴纳的所得税或财产税额，允许从居住国应纳的税额中扣除 |
| 饶让法 | 处于资本输入国地位的来源国，为使其减免税优惠能发挥实际效用，往往在与资本输出国签订的双重征税协定中要求对方实行税收饶让抵免，即居住国对其居民因来源地国实行减免税优惠而未实际缴纳的那部分税额，应视同已经缴纳同样给予抵免 |

### 10.1.3 技术进出口与一般货物进出口的区别

技术进出口作为一种跨境行为和一种贸易行为与一般货物进出口又有明显区别，其具体表现在以下方面，见表 10-3。

表 10-3　　　　　　　　　技术进出口与一般货物进出口的区别

| 项目 | 区　别 |
|---|---|
| 交易的标的不同 | 技术是一种特殊的商品，即无形的知识或称"知识产品"；而货物进出口指的是有形的物质产品可以计量 |
| 受法律调整和政府管制程度不同 | 许多国家在有关技术进出口的法律中规定凡重要的技术引进决议必须呈报政府主管部门审查、批准或登记后才能生效，而一般货物进出门合同没有这样的要求 |
| 转让权限不同 | 技术进出口转让的只是技术的使用权，而货物进出口的标的一经售出，卖方便失去了对商品的所有权 |

## 10.2 技术进口的核算

### 10.2.1 技术进口的成本构成

企业购进技术发生的成本包括购买价款、相关税费以及直接归属于使该项资产达到预定用途所发生的其他支出。

### 10.2.2 支付技术使用费的方式

在国际技术贸易中采用的使用费支付方式主要有总付、提成支付和入门费加提成费支付三种。

**1. 总付**

总付是指技术转让方与技术受让方谈妥一笔固定的金额，由技术受让方一次或分期付清。

因此，总付的主要特点是技术受让方承担了引进技术的全部风险，而技术转让方收益有较确定的保证。鉴于这种情况，使用一次总付方式支付技术转让费，一般适用于以下几种情况：①当技术可以立即全部转移，而且技术受让方能够很快予以吸收。②转让非尖端技术或专有技术，技术受让方不需要技术转让方不断提供技术支持。③技术受让方有较充足的资金，并打算尽快摆脱对技术转让方的依赖。

**2. 提成支付**

提成支付方式是指技术受让方利用引进技术开始生产之后，以经济上的使用或效果（产量、销售额，利润等）作为函数、予以确定，按期连续支付。

这种支付方式的特点是：双方在签订技术转让合同时，只规定提成的比例和提成的基础，不固定合同期间技术受让方应支付的技术使用费总额，只有当技术受让方利用技术转让方技术取得实际经济效益时，才根据合同规定计算提成费，按期支付给技术转让方。

这种支付方式，技术转让方也承担了较大的风险。因此较为适用于：①技术受让方与技术转让方愿意长期合作的；②技术十分成熟且具有独特的优势，收益前景十分明朗；③技术受让方转化能力强的情况。

**3. 入门费与提成费结合方式**

这种方式指的是技术受让方先向技术转让方支付一笔约定的金额（总付金额中的小部分），这笔金额称为入门费或初付费，之后再按照双方约定的办法支付提成费。入门费在合同生效后就要立即支付；提成部分要在项目投产后在合同约定的年限内支付。

例如，甲委托乙为自己开发一项技术，甲由于技术取得收益，甲乙约定甲支付给乙的报酬分为两部分，一是甲的入门费，另一部分是甲按照收益给乙一定的提成，此时就属于提成支付附加预付入门费。

这种支付兼顾了技术受让方和技术转让方双方的利益。一般采取这种技术转让费支付方式的原因有：①技术有一定的难度，技术受让方吸收转化具有一定的风险，需要技术转让方给予长期的技术支持。②在考察期间，在一定程度上可能泄漏技术秘密，为弥补技术转让方可能的损失，采取支付入门费的方式。③技术受让方吸收消化技术能力较差，不适用于第二种支付方式的情况下，技术转让方一般要求较高的入门费。

## （一）总付的账务处理

### 1. 总付一次付清

## 总付一次付清的核算实例

【例 10-1】2017 年 1 月 20 日，大地进出口公司以 5 000 000 美元从美国 Q 公司购入一项专利权，对方负担预提所得税及增值税，美元中间价为 6.18 元，增值税率为 6％，预提 15％ 的所得税。账务处理如下。

（1）预提应交所得税及增值税，账务处理如下，见表 10-4。

表 10-4

### 记 账 凭 证

2017 年 1 月 30 日      字第××号

| 摘要 | 会计科目 | 美元金额 | | | | | | | | | | 汇率 | 借方人民币金额 | | | | | | | | | | 贷方人民币金额 | | | | | | | | | | 记账 |
|---|---|---|---|---|---|---|---|---|---|---|---|---|---|---|---|---|---|---|---|---|---|---|---|---|---|---|---|---|---|---|---|---|---|
| | | 千 | 百 | 十 | 万 | 千 | 百 | 十 | 元 | 角 | 分 | | 千 | 百 | 十 | 万 | 千 | 百 | 十 | 元 | 角 | 分 | 千 | 百 | 十 | 万 | 千 | 百 | 十 | 元 | 角 | 分 | |
| 从美国 Q 公司购入专利权 | 应交税费/应交增值税 | | 5 | 0 | 0 | 0 | 0 | 0 | 0 | 0 | 0 | 6.18 | | 1 | 8 | 5 | 4 | 0 | 0 | 0 | 0 | 0 | | | | | | | | | | | |
| | 应交税费/应交预提所得税 | | | | | | | | | | | | | 4 | 6 | 3 | 5 | 0 | 0 | 0 | 0 | 0 | | | | | | | | | | | |
| | 银行存款 | | | | | | | | | | | | | | | | | | | | | | | 6 | 4 | 8 | 9 | 0 | 0 | 0 | 0 | 0 | |
| 合计 | | | | | | | | | | | | | ¥ | 6 | 4 | 8 | 9 | 0 | 0 | 0 | 0 | 0 | ¥ | 6 | 4 | 8 | 9 | 0 | 0 | 0 | 0 | 0 | |

会计主管：周明     记账：张洁     审核：李月     制单：陈英

借：应交税费——应交增值税（进口增值税）

       （5 000 000×6.18×6％）1 854 000

      ——应交预提所得税

      ［（5 000 000×6.18）×15％］4 635 000

  贷：银行存款           6 489 000

（2）按合同金额计入无形资产成本，账务处理如下，见表 10-5。

借：无形资产——专利权   （5 000 000×6.18）30 900 000

  贷：应付账款——Q 公司         30 900 000

表 10-5

## 记 账 凭 证

2015 年 1 月 30 日　　　　　　　　　　　　　　　　字第××号

| 摘要 | 会计科目 | 美元金额 千百十万千百十元角分 | 汇票 | 借方人民币金额 万千百十万千百十元角分 | 贷方人民币金额 万千百十万千百十元角分 | 记账 |
|---|---|---|---|---|---|---|
| 结转无形资产 | 无形资产/专利权 | 5 0 0 0 0 0 0 0 0 0 | 6.24 | 3 0 9 0 0 0 0 0 0 0 0 | | |
| | 应付账款/Q公司 | | | | 3 0 9 0 0 0 0 0 0 0 0 | |
| 合计 | | | | ￥3 0 9 0 0 0 0 0 0 0 0 | ￥3 0 9 0 0 0 0 0 0 0 0 | |

会计主管：周明　　　　记账：张洁　　　　审核：李月　　　　制单：陈英

同时结转代扣税金，账务处理如下，见表 10-6。

借：应付账款——Q公司——美元　　　　　　　6 489 000

　　贷：应交税费——应交增值税（进口增值税）　　1 854 000

　　　　　——应交预提所得税　　　　　　　　4 635 000

表 10-6

## 记 账 凭 证

2015 年 1 月 30 日　　　　　　　　　　　　　　　　字第××号

| 摘要 | 会计科目 | 美元金额 千百十万千百十元角分 | 汇票 | 借方人民币金额 千百十万千百十元角分 | 贷方人民币金额 千百十万千百十元角分 | 记账 |
|---|---|---|---|---|---|---|
| 计提税金 | 应交税费/Q公司 | | | 6 4 8 9 0 0 0 0 0 | | |
| | 应交税费/应交增值税 | | | | 1 8 5 4 0 0 0 0 0 | |
| | 应交税费/应交预提所得税 | | | | 4 6 3 5 7 0 0 0 0 | |
| 合计 | | | | ￥6 4 8 9 0 0 0 0 0 | ￥6 4 8 9 0 0 0 0 0 | |

会计主管：周明　　　　记账：张洁　　　　审核：李月　　　　制单：陈英

（3）支付扣税后的净价款，账务处理如下，见表 10-7。

支付扣税后的净价款＝30 900 000－6 489 000＝24 411 000（元）

借：应付账款——Q公司　　　　　　　　　24 411 000

　　贷：银行存款——美元　　　　　　　　　24 411 000

表 10-7

## 记 账 凭 证

2015 年 1 月 30 日 　　　　　　　　　　　　字第××号

| 摘要 | 会计科目 | 借方人民币金额 | | | | | | | | | | 贷方人民币金额 | | | | | | | | | | 记账 |
|---|---|---|---|---|---|---|---|---|---|---|---|---|---|---|---|---|---|---|---|---|---|---|
| | | 万 | 千 | 百 | 十 | 万 | 千 | 百 | 十 | 元 | 角 | 分 | 万 | 千 | 百 | 十 | 万 | 千 | 百 | 十 | 元 | 角 | 分 | |
| 支付扣税后净价款 | 应付账款/Q公司 | 2 | 4 | 4 | 1 | 1 | 0 | 0 | 0 | 0 | 0 | | | | | | | | | | | | |
| | 银行存款/美元 | | | | | | | | | | | 2 | 4 | 4 | 1 | 1 | 0 | 0 | 0 | 0 | 0 | |
| 合计 | | ¥ 2 | 4 | 4 | 1 | 1 | 0 | 0 | 0 | 0 | 0 | ¥ 2 | 4 | 4 | 1 | 1 | 0 | 0 | 0 | 0 | 0 | |

会计主管：周明 　　　　记账：张洁 　　　　审核：李月 　　　　制单：陈英

### 2. 总付分次付清

对于分期支付无形资产价款的会计分录可以设置"未完引进技术"会计科目。

## 总付分次付清的核算实例

【例 10-2】承【例 10-1】，假如购买专利权的价款 5 000 000 元分四次付清，每年支付 1 250 000 美元，合同规定该项专利权可使用 10 年。账务处理如下。

（1）第一次付款时，代缴增值税和预提所得税，账务处理如下。

借：应交税费——应交增值税（进口增值税）

　　　　　　（1 250 000×6.18×6%）463 500

　　　——应交预提所得税

　　　　　［（1 250 000×6.18）×15%］1 158 750

　　贷：银行存款 　　　　　　　　　　　　　1 622 250

（2）合同规定的第一次应付价款计入"未完引进技术"科目，账务处理如下。

借：未完引进技术 　　　（1 250 000×6.18）7 725 000

　　贷：长期应付款——美元 　　　　　　　　7 725 000

（3）结转代扣税金，账务处理如下。

借：长期应付款——美元　　　　　　　　　　　 1 622 250

　　贷：应交税费——应交增值税　　　　　　　　　　 463 500

　　　　　　　　——应交预提所得税　　　　　　　　 1 158 750

（4）支付进口技术款

支付进口技术款＝1 250 000×6.18＝7 725 000（元）

借：长期应付款　　　　　　　　　　　　　　　　 7 725 000

　　贷：银行存款——美元　　　　　　　　　　　　　 7 725 000

（5）以后各次付款的分录同第一次，最后一次付款时，结转未完引进技术的资产价值，账务处理如下。

借：无形资产——专利权　　　（5 000 000×6.18）30 900 000

　　贷：未完引进技术　　　　　　　　　　　　　　 30 900 000

## 2. 提成支付方式下的会计核算

### 提成支付核算实例

【例 10-3】大地进出口公司从美国卡达公司购买商标使用权，合同规定每年按年销售收入的 15％支付卡达公司使用费，使用期 5 年。假定第一年卡达公司销售收入 2 500 000 美元，第二年销售收入 3 000 000 美元，这两年的使用费按期支付。对方负担预提所得税，美元中间价为 6.18 元，该企业有美元现汇账户，无需购汇。增值税率为 6％，预提 10％的所得税。账务处理如下。

（1）第一年年底付款，代缴增值税和预提所得税

借：应交税费——应交增值税

　　　　　　　（2 500 000×15％×6.18×6％）139 050

　　　　　　——应交预提所得税

　　　　　　［（2 500 000×6.18×15％）×10％］231 750

　　贷：银行存款　　　　　　　　　　　　　　　　 370 800

（2）合同规定的第一次应付价款计入"未完引进技术"科目

借：未完引进技术　　　　（2 500 000×15％×6.18）2 317 500

　　贷：应付账款——美元　　　　　　　　　　　　　 2 317 500

（3）结转代扣税金

借：应付账款——美元 370 800

　　贷：应交税费——应交增值税 139 050

　　　　　　　——应交预提所得税 231 750

（4）第二年年底付款，代交增值税和预提所得税

借：应交税费——应交增值税（3 000 000×15％×6.18×6％）

166 860

　　　　　　　——应交预提所得税

　　　[（3 000 000×6.18×15％）×10％] 278 100

　　贷：银行存款 444 960

（5）合同规定的第二次应付价款计入"未完引进技术"科目

借：未完引进技术 （3 000 000×15％×6.18）2 781 000

　　贷：应付账款——美元 2 781 000

（6）结转代扣税金

借：应付账款——美元 370 800

　　贷：应交税费——应交增值税

　　　（3 000 000×15％×6.18×6％）166 860

　　　　　　　——应交预提所得税

　　　[（3 000 000×6.18×15％）×10％] 231 750

### 3. 入门费加提成费方式下的会计核算

入门费加提成费方式下的会计核算与提成支付方式下的会计核算类似，不再赘述。

## 10.2.3　以产品补偿引进国外技术的账务处理

技术出口国提供专利和非专利技术的所有权或使用权，进口国企业利用该技术生产的产品来偿还该技术的使用费，此类业务属于补偿贸易，带有融资性质。引进技术不需立即付汇。按照我国税法规定需缴纳营业税和预提所得税。账务处理见表10-8。

表 10-8　　　　　　　以产品补偿引进国外技术的账务处理

| 业务情景 | 账务处理 |
|---|---|
| 引进技术按合同价值记账 | 借：无形资产——专利权使用费<br>　　贷：长期应付款——应付国外专利权使用费 |
| 第一次向国外交货偿还技术使用费 | 借：长期应付款——应付国外专利权使用费<br>　　贷：主营业务收入<br>　　　　　同时，结转成本<br>借：主营业务成本<br>　　贷：库存商品 |
| 代扣应缴营业税和预提所得税 | 借：长期应付款——应付国外专利权使用费<br>　　贷：应交税费——应交营业税<br>　　　　　　　　——应交预提所得税 |
| 缴纳营业税和预提所得税 | 借：应交税费——应交营业税<br>　　　　　　——应交预提所得税<br>　　贷：银行存款 |
| 每月摊销无形资产 | 借：管理费用——无形资产摊销<br>　　贷：累计摊销 |

## 10.2.4　外方以技术作为投资的账务处理

按照《企业会计准则》规定，投入的无形资产按投资各方确认的价值作为实际成本。账务处理如下。

借：无形资产

　　贷：实收资本（股本）

# 10.3　技术出口的核算

## 10.3.1　企业提供技术服务收入的确定

企业为技术进出口国设计软件、开发新产品、培训技术人员、设计产品、建筑设计等均属技术服务。提供技术服务的交易结果必须同时满足下列条件，才能确认为收入。如图 10-1 所示。

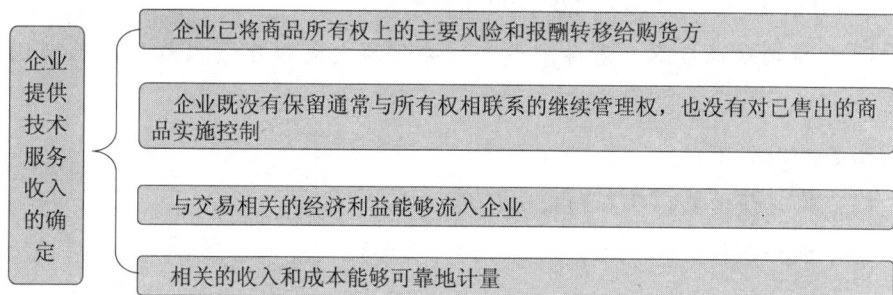

图 10-1　企业提供技术服务收入的确定

以上四条件必须同时满足，才能确认收入，任何一条件没有满足，既使收到贷款也不能确认为收入。这充分体现了会计核算的谨慎性原则。

企业提供技术服务收入时间的确认，如图 10-2 所示。

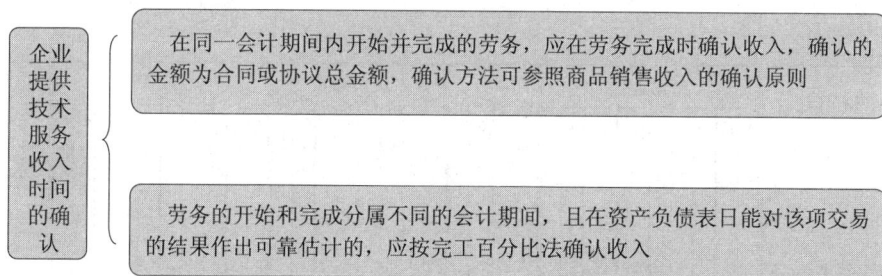

图 10-2　企业提供技术服务收入时间的确认

## 提供技术服务的核算实例

【例 10-4】2017 年 6 月，东兴外贸企业为南非卡帝斯公司设计工程项目，设计费为 2 000 000 美元，期限 9 个月，合同规定卡帝斯公司预付设计费 600 000 美元，余款在设计完成后支付。至 2017 年 12 月 31 日已发生成本 3 000 000 美元（假设为设计人员工资），预计完成该项目还将发生成本 1 200 000 元。2017 年 12 月 31 日，经专业人员测评，设计工程已完成 60%。美元兑人民币中间价为 6.75 元。假设东兴外贸企业征收的预提所得税率为 15%。

2017 年确认收入＝劳务总收入×劳务的完成程度－以前年度已确认的收入＝2 000 000×60％－0＝1 200 000（美元）

2017 年确认的成本＝劳务总成本×劳务的完成程度－以前年度已确认的成本＝（300 000＋1 200 000）×60％－0＝900 000（美元）

账务处理如下。

（1）收到预付款，已扣预提所得税，见表 10-9。

借：银行存款——美元［600 000×（1－15％）×6.75］

               3 442 500

  应交税费——应交预提所得税 （600 000×15％×6.75）

               607 500

  贷：预收账款——东兴外贸企业   4 050 000

表 10-9

## 记 账 凭 证

2017 年 6 月 30 日
字第××号

| 摘要 | 会计科目 | 美元金额 | | | | | | | | | 汇率 | 借方人民币金额 | | | | | | | | | | | 贷方人民币金额 | | | | | | | | | | | 记账 |
|---|---|---|---|---|---|---|---|---|---|---|---|---|---|---|---|---|---|---|---|---|---|---|---|---|---|---|---|---|---|---|---|---|---|---|---|
| | | 千 | 百 | 十 | 万 | 千 | 百 | 十 | 元 | 角 | 分 | | 千 | 百 | 十 | 万 | 千 | 百 | 十 | 元 | 角 | 分 | 千 | 百 | 十 | 万 | 千 | 百 | 十 | 元 | 角 | 分 | |
| 收到预付款，扣除税费 | 银行存款/美元 | | 6 | 0 | 0 | 0 | 0 | 0 | 0 | 0 | 0 | 6.75 | | 3 | 4 | 4 | 2 | 5 | 0 | 0 | 0 | 0 | | | | | | | | | | | |
| | 应交税费/应交预提所得税 | | | | | | | | | | | | | | 6 | 0 | 7 | 5 | 0 | 0 | 0 | 0 | | | | | | | | | | | |
| | 预收账款/东兴外贸企业 | | | | | | | | | | | | | | | | | | | | | | | 4 | 0 | 5 | 0 | 0 | 0 | 0 | 0 | 0 | |
| 合计 | | | | | | | | | | | | | ￥ | 4 | 0 | 5 | 0 | 0 | 0 | 0 | 0 | 0 | ￥ | 4 | 0 | 5 | 0 | 0 | 0 | 0 | 0 | 0 | |

会计主管：罗兰   记账：范琴   审核：张伟   制单：史兰

（2）结转代缴预提所得税，见表 10-10。

借：所得税费用         607 500

  贷：应交税费——应交预提所得税   607 500

表 10-10

## 记 账 凭 证

2017 年 6 月 30 日

| 摘要 | 会计科目 | 借方人民币金额 | | | | | | | | | | 贷方人民币金额 | | | | | | | | | | | 记账 |
|---|---|---|---|---|---|---|---|---|---|---|---|---|---|---|---|---|---|---|---|---|---|---|---|
| | | 千 | 百 | 十 | 万 | 千 | 百 | 十 | 元 | 角 | 分 | 千 | 百 | 十 | 万 | 千 | 百 | 十 | 元 | 角 | 分 | |
| 结转代缴预提所得税 | 所得税费用 | | | 6 | 0 | 7 | 5 | 0 | 0 | 0 | 0 | | | | | | | | | | | | |
| | 应交税费/应交预提所得税 | | | | | | | | | | | | | 6 | 0 | 7 | 5 | 0 | 0 | 0 | 0 | | |
| 合计 | | ¥ | 6 | 0 | 7 | 5 | 0 | 0 | 0 | 0 | 0 | ¥ | 6 | 0 | 7 | 5 | 0 | 0 | 0 | 0 | 0 | |

会计主管：罗兰　　　　　记账：范琴　　　　　审核：张伟　　　　　制单：史兰

（3）结转劳务成本时，见表 10-11。

借：劳务成本（900 000×6.75）　　　　　6 075 000

　　贷：应付职工薪酬——应付工资　　　　　　　6 075 000

表 10-11

## 记 账 凭 证

2017 年 12 月 31 日

| 摘要 | 会计科目 | 借方人民币金额 | | | | | | | | | | 贷方人民币金额 | | | | | | | | | | | 记账 |
|---|---|---|---|---|---|---|---|---|---|---|---|---|---|---|---|---|---|---|---|---|---|---|---|
| | | 千 | 百 | 十 | 万 | 千 | 百 | 十 | 元 | 角 | 分 | 千 | 百 | 十 | 万 | 千 | 百 | 十 | 元 | 角 | 分 | |
| 结转劳务成本 | 劳务成本 | | | 6 | 0 | 7 | 5 | 0 | 0 | 0 | 0 | | | | | | | | | | | | |
| | 应付职工薪酬/应付工资 | | | | | | | | | | | | | 6 | 0 | 7 | 5 | 0 | 0 | 0 | 0 | | |
| 合计 | | ¥ | 6 | 0 | 7 | 5 | 0 | 0 | 0 | 0 | 0 | ¥ | 6 | 0 | 7 | 5 | 0 | 0 | 0 | 0 | 0 | |

会计主管：罗兰　　　　　记账：范琴　　　　　审核：张伟　　　　　制单：史兰

（4）2017 年 12 月 31 日，资产负债表日确认收入，见表 10-12。

借：应收账款——东兴外贸企业

　　　　　　　（2 000 000×60％×6.75）8 100 000

　　贷：其他业务收入　　　　　　　　　　8 100 000

表 10-12

## 记 账 凭 证

2017 年 1 月 31 日                                    字第 ×× 号

| 摘要 | 会计科目 | 美元金额 | | | | | | | | | | 汇票 | 借方人民币金额 | | | | | | | | | | 贷方人民币金额 | | | | | | | | | | 记账 |
|---|---|---|---|---|---|---|---|---|---|---|---|---|---|---|---|---|---|---|---|---|---|---|---|---|---|---|---|---|---|---|---|---|---|
| | | 千 | 百 | 十 | 万 | 千 | 百 | 十 | 元 | 角 | 分 | | 千 | 百 | 十 | 万 | 千 | 百 | 十 | 元 | 角 | 分 | 千 | 百 | 十 | 万 | 千 | 百 | 十 | 元 | 角 | 分 | |
| 采用完工百分比法确认收入 | 应收账款/东兴外贸企业 | | 1 | 2 | 0 | 0 | 0 | 0 | 0 | 0 | 0 | 6.75 | | 8 | 1 | 0 | 0 | 0 | 0 | 0 | 0 | 0 | | | | | | | | | | | |
| | 其他业务收入 | | | | | | | | | | | | | | | | | | | | | | | 8 | 1 | 0 | 0 | 0 | 0 | 0 | 0 | 0 | |
| | | | | | | | | | | | | | | | | | | | | | | | | | | | | | | | | | |
| 合计 | | | | | | | | | | | | | | ¥ | 8 | 1 | 0 | 0 | 0 | 0 | 0 | 0 | 0 | ¥ | 8 | 1 | 0 | 0 | 0 | 0 | 0 | 0 | 0 | |

会计主管：罗兰          记账：范琴          审核：张伟          制单：史兰

同时结转成本，见表 10-13。

借：其他业务成本                                    6 075 000

　　贷：劳务成本                                         6 075 000

表 10-13

## 记 账 凭 证

2017 年 12 月 31 日                                    字第 ×× 号

| 摘要 | 会计科目 | 借方人民币金额 | | | | | | | | | | 贷方人民币金额 | | | | | | | | | | 记账 |
|---|---|---|---|---|---|---|---|---|---|---|---|---|---|---|---|---|---|---|---|---|---|---|
| | | 千 | 百 | 十 | 万 | 千 | 百 | 十 | 元 | 角 | 分 | 千 | 百 | 十 | 万 | 千 | 百 | 十 | 元 | 角 | 分 | |
| 结转劳务成本 | 其他业务成本 | | 6 | 0 | 7 | 5 | 0 | 0 | 0 | 0 | 0 | | | | | | | | | | | |
| | 劳务成本 | | | | | | | | | | | | 6 | 0 | 7 | 5 | 0 | 0 | 0 | 0 | 0 | |
| 合计 | | ¥ | 6 | 0 | 7 | 5 | 0 | 0 | 0 | 0 | 0 | ¥ | 6 | 0 | 7 | 5 | 0 | 0 | 0 | 0 | 0 | |

会计主管：罗兰          记账：范琴          审核：张伟          制单：史兰

## 10.3.2　技术转让收入的账务处理

技术转让收入是指当事人履行技术转让合同后获得的价款，不包括销售或转让设备、仪器、零部件、原材料等非技术性收入。不属于与技术转让项目密不可分的技术咨询、技术服务、技术培训等收入，不得计入技术转让收入。

技术转让成本是指转让的无形资产的净值，即该无形资产的计税基础减除在资产使用期间按照规定计算的摊销扣除额后的余额。

相关税费是指技术转让过程中实际发生的有关税费，包括除企业所得税和允许抵扣的增值税以外的各项税金及其附加、合同签订费用、律师费等相关费用及其他支出。

享受技术转让所得减免企业所得税优惠的企业，应单独计算技术转让所得，并合理分摊企业的期间费用；没有单独计算的，不得享受技术转让所得企业所得税的优惠。

## 取得技术转让收入的核算实例

【例 10-5】东兴外贸企业将一项专利权转让给 Y 国 S 企业使用，合同规定使用期限为 5 年，使用费为 1 200 000 美元，分为 5 次收取，并当即结汇。专利权的账面价值为 1 000 000 元，已摊销 200 000 美元。Y 国不征收预提所得税，美元买入价为 6.75 元，账务处理如下。

（1）每次收取使用费时＝240 000×6.75＝1 620 000（元）

借：银行存款          1 620 000

  贷：其他业务收入        1 620 000

（2）按 5 年摊销，每月摊销额＝1 000 000÷5÷12＝16 666.67（元）

借：其他业务成本——无形资产摊销   16 666.67

  贷：累计摊销         16 666.67

# THE
# ELEVENTH
# CHAPTER

第 *11* 章

## 外贸企业财务报表的编制

为了尽快与国际财务报告准则一致，财政部于 2018 年 6 月 15 日发布了《关于修订印发 2018 年度一般企业财务报表格式的通知》（财会〔2018〕15 号，以下简称《通知》），公布两种财务报表格式：一种是适用于尚未执行新金融准则和新收入准则的企业；另一种是适用于已执行新金融准则或新收入准则的企业。

# 11.1　财务报表概述

财务报表就是一套包括了企业全部财会信息的表格，它以会计账簿记录为主要依据，以货币为计量单位，全面、概括地反映会计主体在一定时期内的财务状况、经营成果和理财过程的总结性书面报告文件。财务报表是整个会计核算过程的最终结果，是企业提供财务信息的重要工具和进行财务分析的基础。

## 11.1.1　财务报表编制内容

编制财务报表，是会计核算的最终必需环节。企业必须按照会计准则和相关会计制度的规定，定期编制财务报表。因此，需要对分散在会计凭证和会计账簿中的会计信息进行进一步的加工处理和分类，从而形成会计核算的最终成果，即财务报表，以满足人们对会计信息的需要。投资人、债权人和其他利害关系人，通过对财务报表的分析可以了解和评价企业管理当局的财务状况与经营成果，从而获得企业偿债能力、盈利能力等会计信息；可以在一定范围内反映国民经济的计划执行情况，为国家宏观管理提供依据，及时解决报表中反映的问题，可以改善经营管理，提高经济效益。企业财务报表基本体系，如图 11-1 所示。

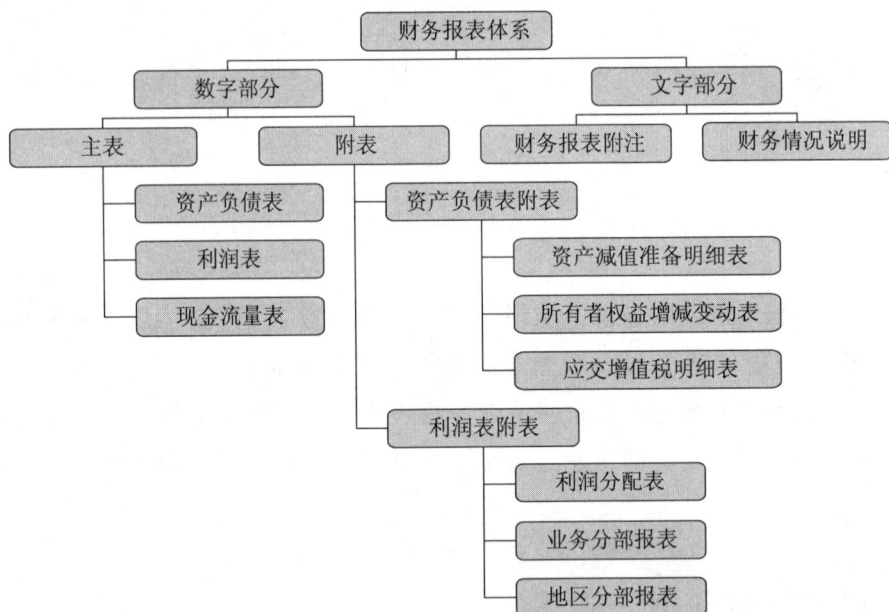

图 11-1　企业财务报表体系

**1. 数字部分——财务报表**

财务报表是财务会计报告体系的核心，一套完整的财务会计报告由下列内容组成。

（1）主表。

现行制度规定，企业财务报表的主表有资产负债表、利润表、现金流量表和成本报表。其中需要对外报送的主表有资产负债表、利润表和现金流量表，不需要对外报送的有成本报表。

（2）附表。

附表是指对主表的某一项或几项内容提供更为详细的报表。常见的附表有：利润分配表、应收增值税明细表、分部报表和所有者权益增减变动表等等。

**2. 文字部分——文字报告**

财务报表中的财务报表内容具有一定的固定性和规定性，因此使其所提供的会计信息量受到限制。为了满足会计信息使用者决策的要求，企业除了编制主表及其相关附表外，还要编制文字报告内容，即财务报表的附注和财务情况说明书，以便充分披露企业的会计信息。

（1）财务报表附注。

财务报表附注是企业财务会计报告的重要组成部分，其作用是对财务报表数字不能包含或不能披露的内容做进一步的解释和说明。财务报表附注通常随年度财务报表一起编制，至少应当包括以下内容，如图11-2所示。

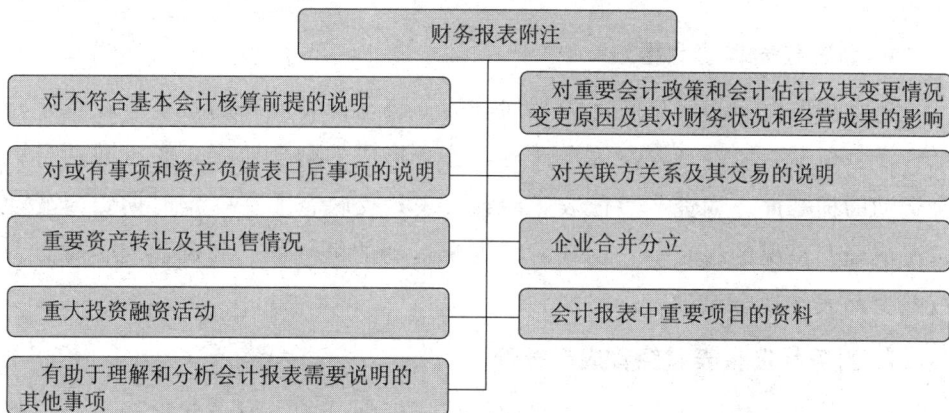

**图 11-2　财务报表附注主要内容**

企业的经营管理者在阅读和分析财务报表之前，仔细阅读财务报表附注，有助于加深对报表数字的形式及数字背后的因素的理解，有助于理解各企业的会计政策及其区别，加强各企业财务报表资料的可比性，有助于客观地评价不同企业的资金状况和经营成果，对其业绩做出科学的评价。

（2）财务情况说明书。

财务情况说明书是对财务报表总体内容所做的文字说明，也是对本企业财务状况、经营成果和现金流量的分析评价。

财务情况说明书一般应包括的内容主要包括以下几个方面，如图11-3所示。

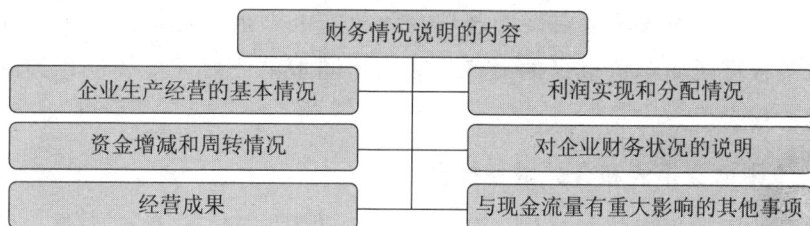

**图 11-3　财务情况说明书的主要内容**

阅读财务报表和财务报表附注后，应仔细阅读财务情况说明书，它可以更好的理解企业的经营情况，有助于客观地评价企业经营管理者的业绩。

## 11.1.2 财务报表的分类

会计在企业会计期末需要编制的财务报表可按不同的角度进行分类，具体如下。

**1. 静态报表和动态报表**

这是按照财务报表反映的内容划分的。静态报表反映的是企业在特定日期资产、负债、所有者权益等会计要素综合形成的财务状况，它反映的是资金运动的横截面，如资产负债表。动态报表是反映企业在一定时期资金变动情况或经营情况的报表，它反映的是资金运动的纵剖面，如利润表、所有者权益变动表、现金流量表。

**2. 财务状况报表和经营成果报表**

这是按企业的财务报表所反映的经济内容划分的。财务状况报表是反映会计主体在一定日期或一定时期财务状况的报表，主要包括资产负债表、现金流量表和所有者权益变动表。该类报表通过反映企业资产、负债、所有者权益、现金流量等基本情况，揭示企业资产、负债和所有者权益的规模、结构及比例关系，以及现金流入量、现金流出量等相关信息。经营成果报表是反映会计主体在一定时期内收入、费用和经营成果的报表。如利润表就是揭示企业实现的收入、成本费用的耗费和利润的形成情况的一张经营成果报表。

**3. 单位报表和汇总报表**

这是按照财务报表的编制单位划分的。单位报表是指企业在会计核算的基础上，对账簿记录进行加工而编制的财务报表，以反映企业自身的财务状况、经营成果、所有者权益变动和现金流量。汇总报表是指企业主管部门或上级机关根据所属单位报送的财务报表，连同本单位财务报表汇总编制的综合性财务报表。

**4. 个别财务报表和合并财务报表**

这是按财务报表编制单位划分的。个别财务报表。它是由企业在自身会计核算基础上对账簿记录进行加工而编制的财务报表，它主要用以反映企业自身的财务状况、经营成果和现金流量情况。合并财务报表。它是以母公司和子公司组成的企业集团为一个会计主体，根据母公司和所属子公司的财务报表，由母公司编制的综合反映企业集团经营成果、财务状况及其现金流量变动情况的会计报表。

### 5. 内部报表和外部报表

这是按报送的对象划分的。内部报表是指企业为内部管理需要而编制的报表，如各种成本报表、费用报表。内部报表属于保密性资料，一般不对外公开。企业内部管理需要的报表由企业自行规定。外部报表是指企业对外报送的报表，包括报送财税部门、开户银行、主管部门的报表，如资产负债表、利润表、现金流量表等。其具体格式和编制说明，由企业会计准则统一规定。

### 6. 月度、季度、半年度和年度报表

这是按编报的时间划分的。月度、季度报表是企业每月末、季末编制的报表。要求简明扼要，以便于及时反映企业的主要情况。月报、季报至少应当报送资产负债表、利润表。半年度、年度报表是企业半年度、年度终了时编制的报表，它要求提供的信息完备齐全，以便能全面总结企业的经济活动。包括资产负债表、利润表、现金流量表及相关附表。

与年度财务报表相比，中期财务报表中的附注披露可适当简略。一般来说，月度报表简明扼要，反映及时；年度报表综合详细，反映全面；季度报表和半年报表介于两者之间。年度财务报表。它是以一个完整会计年度为报告期间编制的财务报表。也就是最常见的会计年报。

## 11.1.3 财务报表的编制要求

为了让使用者能正确及时地了解企业的财务状况、经营成果和现金流量，编制会计报表应当符合以下基本要求。如图 11-4 所示。

### 1. 数字真实

财务报表各项数据必须如实反映企业的财务状况、经营成果和现金流量，绝不能弄虚作假或隐瞒重要事实。这是对会计信息质量的基本要求。

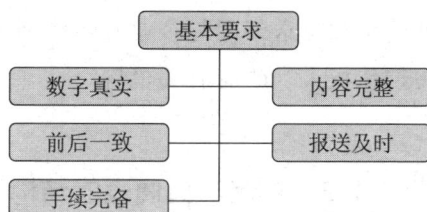

基本要求

数字真实　　　内容完整

前后一致　　　报送及时

手续完备

图 11-4　财务报表编制的基本要求

### 2. 内容完整

财务报表应当反映企业经济活动的全貌，全面反映企业的财务状况和经

营成果，才能满足各方面对会计信息的需要。凡是国家要求提供的财务报表，各企业必须全部编制并报送，不得漏编和漏报。凡是国家统一要求披露的信息，都必须披露。

**3. 前后一致**

编制财务报表前后期应当遵循一致性原则，不能随意变更。如确需改变应将改变原因及改变后对报表指标的影响，在报表附注中详细说明，便于报表使用者正确理解与利用财务信息。

**4. 报送及时**

及时性是信息的重要特征，财务报表信息只有及时地传递给信息使用者，才能为使用者的决策提供依据。否则，即使是真实可靠和内容完整的财务报告，由于编制和报送不及时，对报告使用者来说，就大大降低了会计信息的使用价值。

**5. 手续完备**

企业对外提供的财务报表应加具封面、装订成册、加盖公章。财务报表封面上应当注明：企业名称、企业统一代码、组织形式、地址、报表所属年度或者月份、报出日期，并由企业负责人和主管会计工作的负责人、会计机构负责人（会计主管人员）签名并盖章；设置总会计师的企业，还应当由总会计师签名并盖章。

# 11.2 资产负债表的编制

资产负债表是企业在某一特定时日（通常为各会计期末）财务状况（即资产、负债和所有者权益的状况）的主要会计报表。资产负债表必须定期对外公布和报送外部与企业有经济利害关系的各个集团（包括股票持有者，长、短期债权人、政府有关机构）。

## 11.2.1 资产负债表的结构

资产负债表的基本结构是"资产＝负债＋股东权益"。不论公司处于怎样的状态，这个会计平衡式是永远恒等的。左边反映的是公司所拥有的资源，右边反映的是公司不同权利人对这些资源的要求。依照一定的分类标准和次序，把公司在一定日期的资产、负债和股东权益各项目予以适当编排而成。

当资产负债表列有上期期末数时，称为"比较资产负债表"，它通过前后期资产负债的比较，可以反映企业财务变动状况。根据股权有密切联系的几个独立企业的资产负债表汇总编制的资产负债表，称为"合并资产负债表"。它可以综合反映本企业以及与其股权上有联系的企业的全部财务状况。

资产负债表正表的格式，目前在国际上较为流行的有两种，一是账户式表格，二是报告式表格。不管采取什么格式，资产各项目的合计等于负债和所有者权益各项目的合计这一等式不变。

**1. 账户式资产负债表**

资产负债表主要是围绕它的三大要素进行披露信息的，即此时此刻有多少资产，此时此刻有多少负债，此时此刻拥有多少所有者权益。如果把这三个数字及其内容分左右排列，左边列示企业拥有的资产，右边列示企业的负债及所有者权益，很像账户，所以人们称其为账户式的资产负债表。按照会计法的规定，我国资产负债表以这种格式为参考样式。账户式资产负债表样式，见表 11-1。

表 11-1                                  账户式资产负债表

| 资产 | 行次 | 金额 | 负债及股东权益 | 行次 | 金额 |
|---|---|---|---|---|---|
| 流动资产 | | | 流动负债 | | |
| 长期资产 | | | 长期负债 | | |
| 固定资产 | | | 负债总计 | | |
| 无形资产 | | | 实收资本 | | |
| 递延税项 | | | 资本公积 | | |
| 其他资产 | | | 盈余公积 | | |
| | | | 未分配利润 | | |
| | | | 股东权益合计 | | |
| 资产总计 | | | 负债及股东权益合计 | | |

**2. 报告式资产负债表**

报告式资产负债表该水平式为垂直式，把资产、负债和所有者权益各项目自上而下排列，即首先列示企业的所有资产，其次列示企业的所有负债，然后列示企业的股东权益。由于上下排列类似于领导的报告，所以称为报告式的资产负债表。

现在手工编制报表的比较少，一般都是用计算机打印报表，使用的纸型一般都是 A4 纸型，如果用账户式的资产负债表，不仅字小，也不美观。而使用报告式的表格，不仅字比较清晰，而且格式也比较简洁。报告式资产负债表样式，见表 11-2。

表 11-2 报告式资产负债表

| | 借方 | 贷方 |
|---|---|---|
| **资产** | | |
| 流动资产 | ×××  | |
| 长期资产 | ×××  | |
| 固定资产 | ×××  | |
| 无形资产 | ×××  | |
| 递延税项 | ×××  | |
| 其他资产 | ×××  | |
| 资产合计 | | ××× |
| **负债** | | |
| 流动负债 | ×××  | |
| 长期负债 | ×××  | |
| 负债总计 | | ××× |
| 股东权益 | | |
| 实收资本 | ×××  | |
| 资本公积 | ×××  | |
| 盈余公积 | ×××  | |
| 未分配利润 | ×××  | |
| 股东权益合计 | | ××× |

**3. 资产负债表的项目排列方法**

账户式资产负债表是根据账户的格式设置的，一般由表首、正表、补充材料三部分组成。

（1）表首。

资产负债表的表首一般标示报表的名称、编制单位、编报日期、编号和货币单位。

（2）正表。

资产负债表的正表部分分为左右两方，左方列示资产、右方列示负债和股东权益，按照会计等式，资产总计等于负债和股东权益合计。通过账户式资产负债表，反映资产、负债和所有者权益之间的内在联系，并达到左右两方的平衡。同时资产负债表还提供了期初和期末的比较资料，事实上，是一种比较资产的负债表。

资产负债表的左方是按照资产的变现能力来排序的。资产的流动性越强，变现能力就越强，反之，变现能力就很弱。资产项目按照其变现能力依次排列为流动资产、长期投资、固定资产、无形资产和其他资产、递延税项，即先流动性资产，后长期性资产。见表 11-3。

表 11-3                    资产负债表正表排列方法

| 板块 | 排序方式 | 项目 | 具体说明 |
|---|---|---|---|
| 资产负债表的左方 | 按照资产的变现能力来排序 | 流动资产 | 按照其变现能力依次排列为：货币资金、交易性金融资产、应收票据及应收账款、其他应收款、预付账款、存货、一年内到期的长期债权投资、其他流动资产 |
| | | 长期投资 | 包括长期债权投资和长期股权投资 |
| | | 固定资产 | 排列顺序是：固定资产原价、累计折旧、在建工程 |
| 资产负债表的左方 | 按照资产的变现能力来排序 | 无形资产和其他资产 | 包括无形资产、长期待摊费用和其他长期资产 |
| | | 递延税项 | 指递延税款的借项 |
| 资产负债表的右方 | 按照负债后的股东权益排序 | 负债 | 按照其偿还期限的长短来排列，其序列依次为：①流动负债，其排列次序为：短期借款、应付票据、应付账款、预付账款、应付职工薪酬、应交税费、其他应付款、预计负债、一年内到期的长期负债和其他流动负债；②长期负债，排列次序为：长期借款、应付债券、长期应付款和其他长期负债 |
| | | 所有者权益（股东权益） | 是按照其可辨认程度来排列的，其序列依次为：股本、资本公积、盈余公积、未分配利润 |

按这种方法排列的资产负债表，既可以清晰地反映企业资产的构成和来源，又可以充分反映其转化为现金的能力，以及企业的偿债能力和财务弹性，并明确划分不同投资者的权益界限，适应了不同报表使用者对各种信息的需求。

（3）补充材料。

这部分是对资产负债表的补充说明，提供企业和有关部门需要了解的有关指标和详细内容，如已贴现的商业承兑汇票、融资租入固定资产原值等。

## 11.2.2　资产负债表的编制要求

在编制资产负债表时，应满足以下基本要求，如图 11-5 所示。

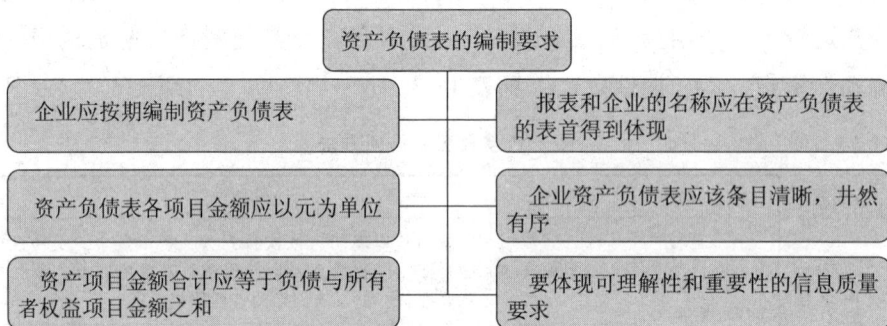

**图 11-5　资产负债表的编制要求**

（1）企业应按期编制资产负债表。

资产负债表日一般为公历月末、季末和年末，但在年度终了时必须编制完成。

（2）报表和企业的名称应在资产负债表的表首得到体现。

资产负债表的表首应列明报表和企业的名称，列式编制该表的编制日期、货币单位和报表标号，这些分别体现了会计主体假设、持续经营和会计分期假设以及以货币为基本计量单位假设。

（3）资产负债表各项目金额应以元为单位。

均以元为单位，元以下填至分；采用外币作为记账本位币的企业，应当将以外币反映的资产负债表折算为报告货币反映的资产负债表；特别目的报表可取元、百元或千元等为整数单位。

（4）企业资产负债表应该条目清晰，井然有序。

企业编制资产负债表应采用适当的分类方法及排列顺序。

（5）资产负债表中资产项目金额合计应等于负债与所有者权益项目金额之和。

主要分类的明细分类的总额应分别加以列示；所有在资产负债表上表述的项目都要分别计入有关的合计，并全部计入总计。此外，计价账户应直接与其调整的项目相联系；分类不可重叠，不同项目不能混合在一起或相互抵消，各项资产和负债的金额一般也不应相互抵消。

（6）要体现可理解性和重要性的信息质量要求。

资产负债表中的名词术语应该清楚、简要，并一贯地使用那些含义确切的名词，便于使用者阅读；报表内各项目应简明扼要，让用户一目了然。一些不重要的项目应进行合并，对一些重要项目的明细资料，以及其他有助于理解和分析资产负债表的事项，应在报表附注或附表中表述。

### 11.2.3 资产负债表的编制方法

为便于各项指标的期末数与期初数比较，资产负债表设有"年初余额"和"期末余额"两个金额栏，相当于比较两个年度的资产负债表。

**1. 年初余额**

资产负债表中"年初余额"栏内各项数字应根据上年末资产负债表的"期末余额"栏内所列数字来填列。如果上年度资产负债表规定的各个项目的名称和内容与本年度不相一致，应对上年年末资产负债表各项目的名称和数字按照本年度的规定进行调整，填入报表中"年初余额"栏内。

**2. 期末余额**

资产负债表"期末数"栏主要有以下几种方式填写，如图 11-6 所示。

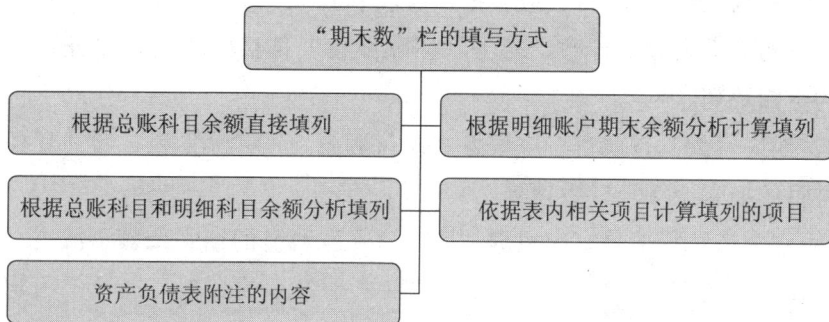

图 11-6　资产负债表"期末数"栏的填写方式

（1）根据总账科目余额直接填列。

资产负债表中的大部分项目，都可根据总账科目的期末余额直接填列。如"应收票据""短期借款"等账户。

资产负债表中大部分项目的"期末余额"可以根据有关总账账户的期末余额直接填列，如"交易性金融资产""递延所得税资产""短期借款""交易性金融负债""应付票据""应付职工薪酬""应交税费""递延所得税负债""预计负债""实收资本""资本公积""盈余公积"等项目。这些项目中，"应交税费"等负债项目，如果其相应账户出现借方余额，应以"－"号填列。

（2）根据明细账户期末余额分析计算填列。

"应收票据及应收账款"行项目，应根据"应收票据"和"应收账款"科目的期末余额，减去"坏账准备"科目中相关坏账准备期末余额后的金额填列。

"应付票据及应付账款"行项目，应根据"应付票据"科目的期末余额，以及"应付账款"和"预付账款"科目所属的相关明细科目的期末贷方余额合计数填列。

（3）根据总账科目和明细科目余额分析填列。

有些项目，既不能按总账科目余额直接或计算填列，也不能按明细科目余额直接或计算填列，而需要分析总账科目和明细科目余额后再计算填列。如："长期借款"项目，就是根据"长期借款"的期末余额减去"长期借款——一年内到期的长期借款"明细科目的余额后填列。资产负债表中的某些项目，需要根据若干个总账科目的期末余额计算填列。如"货币资金"项目，就是根据"库存现金""银行存款"和"其他货币资金"三个科目的余额相加得到的。

"其他应收款"行项目，应根据"应收利息""应收股利"和"其他应收款"科目的期末余额合计数，减去"坏账准备"科目中相关坏账准备期末余额后的金额填列。

"其他应付款"行项目，应根据"应付利息""应付股利"和"其他应付款"科目的期末余额合计数填列。

"固定资产"行项目，应根据"固定资产"科目的期末余额，减去"累计折旧"和"固定资产减值准备"科目的期末余额后的金额，以及"固定资产清理"科目的期末余额填列。

"在建工程"行项目，应根据"在建工程"科目的期末余额，减去"在建工程减值准备"科目的期末余额后的金额，以及"工程物资"科目的期末余额，减去"工程物资减值准备"科目的期末余额后的金额填列。

"长期应付款"行项目，应根据"长期应付款"科目的期末余额，减去相关的"未确认融资费用"科目的期末余额后的金额，以及"专项应付款"科目的期末余额填列。

（4）依据表内相关项目计算填列的项目。

流动负债、非流动负债、负债、所有者权益（或股东权益）、负债和所有者权益（或股东权益）等项目合计数。资产合计与负债和所有者权益（或股东权益）总计。检查报表项目间的钩稽关系。资产合计与负债和所有者权益（或股东权益）总计是否相等。

（5）资产负债表附注的内容。

资产负债表附注的内容，根据实际需要和有关备查账簿等的记录分析填列。如或有负债披露方面，按照备查账簿中记录的商业承兑汇票贴现情况，填列"已贴现的商业承兑汇票"项目。

资产负债表编制完毕，在报表下部，制表人、审核人、财务主管签章，并在表头编制单位处加盖单位公章。

## 大地进出口公司 2019 年 1 月资产负债表编制实例

【例 11-1】大地进出口公司 2019 年 1 月 31 日期末各账户余额，见表 11-4。

表 11-4 科目余额表 单位：元

| 总账科目 | 明细科目 | 期末余额 | 年初余额 |
|---|---|---|---|
| 库存现金 | | 3 000 | 1 600 |
| 银行存款 | | 12 458 000 | 11 650 000 |
| | | | |
| 其他货币资金 | 信用证 | 3 500 000 | 2 850 000 |
| 应收票据 | | 800 000 | 0 |
| 应收利息 | | 21 320 | 26 780 |
| | | | |
| 应收账款 | 应收外汇账款 | 2 800 000 | 3 925 000 |

| 总账科目 | 明细科目 | 期末余额 | 年初余额 |
|---|---|---|---|
| | 应收国内公司货款 | 3 245 800 | 3 925 000 |
| | 应收出口退税款 | 2 354 200 | |
| 其他应收款 | | 28 900 | 26 700 |
| 坏账准备 | | 8 900 | 10 900 |
| 预付账款 | | 450 800 | 348 000 |
| 原材料 | | 34 690 | 32 800 |
| 低值易耗品 | | 8 680 | 9 678 |
| 库存商品 | | 234 500 | 289 100 |
| 存货跌价准备 | | 86 750 | 91 250 |
| 固定资产 | | 2 450 000 | 2 150 000 |
| 累计折旧 | | 64 850 | 69 800 |
| 固定资产减值准备 | | 39 800 | 32 600 |
| 短期借款 | | 105 000 | 105 000 |
| 应付票据 | | 653 800 | 645 800 |
| 应付账款 | | 2 785 000 | 2 785 000 |
| 预收账款 | | 89 400 | 79 800 |
| 应交税费 | | 67 825 | 65 400 |
| 其他应付款 | | 125 780 | 115 650 |
| 长期借款 | | 12 400 790 | 11 820 770 |
| 长期应付款 | | 5 629 785 | 2 165 838 |
| 实收资本 | | 5 894 000 | 5 894 000 |
| 资本公积 | | 102 450 | 98 500 |
| 盈余公积 | | 185 680 | 205 640 |
| 利润分配 | | 119 860 | 124 530 |

## 11.2.4　具体项目的填制

以例 11-1 为蓝本，编制企业资产负债表，明细如下。

（1）年初货币资金＝年初库存现金账户余额＋年初银行存款账户余额＋年初其他货币资金余额＝1 600＋11 650 000＋2 850 000＝14 501 600（元）

期末货币资金＝期末库存现金账户余额＋期末银行存款账户余额＋期末其他货币资金余额＝3 000＋12 458 000＋3 500 000＝15 961 000（元）

（2）年初应收票据＝年初应收票据账户余额＝0（元）

期末应收票据＝期末应收票据账户余额＝800 000（元）

（3）年初应收账款＝年初应收账款余额－年初坏账准备账户余额＝3 925 000＋3 925 000－10 900＝7 839 100（元）

期末应收账款＝期末应收账款账户余额－期末坏账准备账户余额＝2 800 000＋3 245 800＋2 354 200－8 900＝8 391 100（元）

期末应收票据及应收账款＝800 000＋8 391 100＝9 191 100（元）

（4）年初预付账款＝348 000（元）

期末预付账款＝期末预付账款账户余额＝450 800（元）

（5）年初其他应收款＝年初其他应收款账户余额－年初坏账准备账户余额＝26 700－10 900＝15 800（元）

期末其他应收款＝期末其他应收款账户余额－期末坏账准备账户余额＝28 900－8 900＝20 000（元）

（6）年初存货＝年初原材料账户余额＋年初低值易耗品账户金额＋年初库存商品账户余额－年初存货跌价准备账户余额＝32 800＋9 678＋289 100－91 250＝240 328（元）

期末存货＝期末原材料账户余额＋期末低值易耗品账户余额＋期末库存商品账户余额－期末存货跌价准备账户余额＝34 690＋8 680＋234 500－86 750＝191 120（元）

将相应数额填入其中项"原材料""库存商品"栏内。

（7）年初固定资产原价＝年初固定资产账户余额＝2 150 000（元）

期末固定资产原价＝期末固定资产账户余额＝2 450 000（元）

（8）年初累计折旧＝年初累计折旧账户余额＝69 800（元）

期末累计折旧＝期末累计折旧账户余额＝64 850（元）

（9）年初固定资产净值＝本表内年初固定资产原价－本表内年初累计折旧＝2 150 000－69 800＝2 080 200（元）

期末固定资产净值＝本表内期末固定资产原价－本表内期末累计折旧＝

2 450 000－64 850＝2 385 150（元）

（10）年初固定资产减值准备＝年初固定资产减值准备账户余额＝32 600（元）

期末固定资产减值准备＝期末固定资产减值准备账户余额＝39 800（元）

（11）年初固定资产净额＝本表内年初固定资产净值项目－本表内年初固定资产减值准备项目＝2 080 200－32 600＝2 047 600（元）

期末固定资产净额＝本表内期末固定资产净值项目－本表内期末固定资产减值准备项目＝2 385 150－39 800＝2 345 350（元）

（12）年初短期债款＝年初短期借款账户余额＝105 000（元）

年末短期借款＝年末短期借款账户余额＝105 000（元）

（13）年初应付票据＝年初应付票据账户余额＝645 800（元）

年末应付票据＝年末应付票据账户余额＝653 800（元）

（14）年初应付账款＝年初应付账款账户余额＝278 500（元）

期末应付账款＝期末应付账款账户余额＝2 785 000（元）

期末应付票据及应付账款＝653 800＋2 785 000＝3 438 800（元）

（15）年初预收账款＝年初预收账款账户余额＝79 800（元）

期末预收账款＝期末预收账款账户余额＝89 400（元）

（16）年初应交税费＝年初应交税费账户余额＝65 400（元）

年末应交税费＝年末应交税账户余额＝67 825（元）

（17）年初其他应付款＝年初其他应付款账户余额＝115 650（元）

期末其他应付款＝期末其他应付款账户余额＝125 780（元）

（18）年初长期应付款＝年初长期应付款账户余额＝2 165 838（元）

期末长期应付款＝期末长期应付款账户余额＝5 629 785（元）

（19）年初长期借款＝年初长期借款账户余额＝11 820 770（元）

期末长期借款＝期末长期借款账户余额＝12 400 790（元）

（20）年初实收资本＝年初实收资本账户余额＝5 894 000（元）

期末实收资本＝期末实收资本账户余额＝5 894 000（元）

（21）年初资金公积＝年初资金公积账户余额＝98 500（元）

年末资金公积＝年末资金公积账户余额＝102 450（元）

（22）年初盈余公积＝年初盈余公积账户余额＝205 640（元）

期末盈余公积＝期末盈余公积账户余额＝185 680（元）

（23）年初利润分配＝年初利润分配账户余额＝124 530（元）

期末利润分配＝期末利润分配账户余额＝119 860（元）

通过以上计算，编制资产负债表，见表 11-5。

**表 11-5**　　　　　　　　　　　　　　　　**资产负债表**

会企 01 表

编制单位：大地进出口公司　　　　　2019 年 1 月 31 日　　　　　　　　　单位：元

| 资产 | 期末余额 | 年初余额 | 负债和所有者权益（或股东权益） | 期末余额 | 年初余额 |
|---|---|---|---|---|---|
| 流动资产： | | | 流动负债： | | |
| 货币资金 | 15 961 000 | 14 501 600 | 短期借款 | 105 000 | 105 000 |
| 交易性金融资产 | | | 交易性金融负债 | | |
| 应收票据及应收账款 | 9 191 100 | 7 839 100 | 应付票据及应收账款 | 3 438 800 | 3 430 800 |
| 预付款项 | 450 800 | 348 000 | 预收款项 | 89 400 | 79 800 |
| | | | 应付职工薪酬 | | |
| | | | 应交税费 | 67 825 | 65 400 |
| 其他应收款 | 20 000 | 15 800 | | | |
| 存货 | 191 120 | 240 328 | | | |
| 一年内到期的非流动资产 | | | 其他应付款 | 125 780 | 115 650 |
| 其他流动资产 | | | 一年内到期的非流动负债 | | |
| 流动资产合计 | 25 814 020 | 22 944 828 | 其他流动负债 | | |
| 非流动资产： | | | 流动负债合计 | 3 826 805 | 3 796 650 |
| 可供出售金融资产 | | | 非流动负债： | | |
| 持有至到期投资 | | | 长期借款 | 12 400 790 | 11 820 770 |
| 长期应收款 | | | 应付债券 | | |
| 长期股权投资 | | | 长期应付款 | 5 629 785 | 2 165 838 |
| 投资性房地产 | | | | | |
| 固定资产 | 2 345 350 | 2 047 600 | 预计负债 | | |
| 在建工程 | | | 递延所得税负债 | | |
| | | | 其他非流动负债 | | |
| | | | 非流动负债合计 | 18 030 575 | 13 986 608 |
| 生产性生物资产 | | | 负债合计 | | |
| 油气资产 | | | 所有者权益（或股东权益）： | | |
| 无形资产 | | | 实收资本（或股本） | 5 894 000 | 5 894 000 |

| 资产 | 期末余额 | 年初余额 | 负债和所有者权益<br>（或股东权益） | 期末余额 | 年初余额 |
|---|---|---|---|---|---|
| 开发支出 | | | 资本公积 | 102 450 | 985 000 |
| 商誉 | | | 减：库存股 | | |
| 长期待摊费用 | | | 盈余公积 | 185 680 | 205 640 |
| 递延所得税资产 | | | 未分配利润 | 119 860 | 124 530 |
| 其他非流动资产 | | | 所有者权益<br>（或股东权益）合计 | 6 301 990 | 7 209 170 |
| 非流动资产合计 | 2 345 350 | 2 047 600 | | | |
| 资产总计 | 28 159 370 | 24 992 428 | 负债和所有者权益<br>（或股东权益）总计 | 28 159 370 | 24 992 428 |

# 11.3 利润表的编制

利润表又称损益表或收益表，是反映企业在某一会计期间的经营成果的财务报表。

## 11.3.1 利润表的结构

利润表的基本结构，总的说来就是净利润计算公式的表格化。利润表是根据"收入—费用＝利润"的会计等式来设计的，其内容可以分为收入和费用两大类。

利润表一般由表头、表身和补充资料三部分构成。

利润表的表头，主要填制编制单位、报表日期、货币计量单位等，由于利润表说明的是某一时期的经营成果，因而利润表的表头必须注明"某年某月份"，或"某会计年度"。

表身是利润表的主体部分，主要反映收入、费用和利润各项目的具体内容及其相互关系。为了使报表使用者通过比较不同期间利润的实现情况，判断企业经营成果的未来发展趋势，企业需要提供比较利润表。利润表还就各项目再分为"本期金额"和"上期金额"两栏分别填列。

利润表的具体格式，如图 11-7 所示。

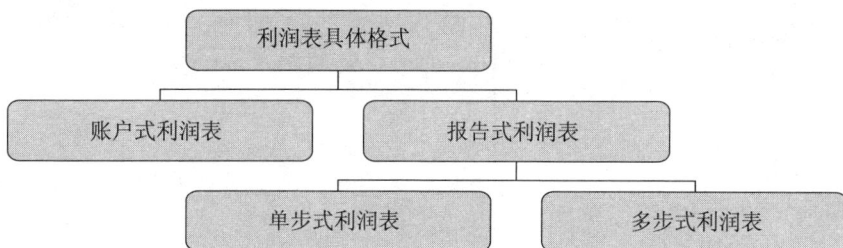

图 11-7　利润表具体格式

## 1. 账户式利润表

账户式利润表总体结构就像账户一样，左方列示费用支出，右方列示收入。若有右方差额，则体现为利润；若有左方差额，则体现为亏损。其格式见表 11-6。

表 11-6　　　　　　　　　　　　账户式利润表

| 费用支出 | 收入 |
|---|---|
| … | … |
| … | … |
| 合计： | 合计： |
| 差额（亏损）： | 差额（收益）： |

## 2. 报告式利润表

报告式利润表由于确定利润的思路不同又可分为单步式利润表和多步式利润表两种。我国采用多步式利润表格式。

（1）单步式利润表。

在我国，单步式利润表主要用于那些业务比较简单的服务咨询行业和某些实行企业化管理的事业单位。其基本格式见表 11-7。

表 11-7　　　　　　　　　　　　单步式利润表

编制单位：　　　　　　年　月　　　　　　　　　　　　单位：元

| 项　　目 | 行次 | 本月数 | 本年累计数 |
|---|---|---|---|
| 一、营业收入和收益 | | | |
| 　其中：主营业务收入 | | | |
| 　　　其他业务收入 | | | |

| 项　目 | 行次 | 本月数 | 本年累计数 |
|---|---|---|---|
| 营业外收入 | | | |
| 投资收益 | | | |
| 营业收入和收益合计 | | | |
| 二、营业成本和费用 | | | |
| 其中：主营业务成本 | | | |
| 税金及附加 | | | |
| 其他业务支出 | | | |
| 销售费用 | | | |
| 管理费用 | | | |
| 研发费用 | | | |
| 财务费用 | | | |
| 营业外支出 | | | |
| 营业成本和费用合计 | | | |
| 三、利润总额 | | | |
| 减：所得税 | | | |
| 四、净利润 | | | |

（2）多步式利润表。

所谓多步式利润表，是将利润表的内容按照企业利润的构成要素，分四步计算企业的利润（或亏损），如图 11-8 所示。

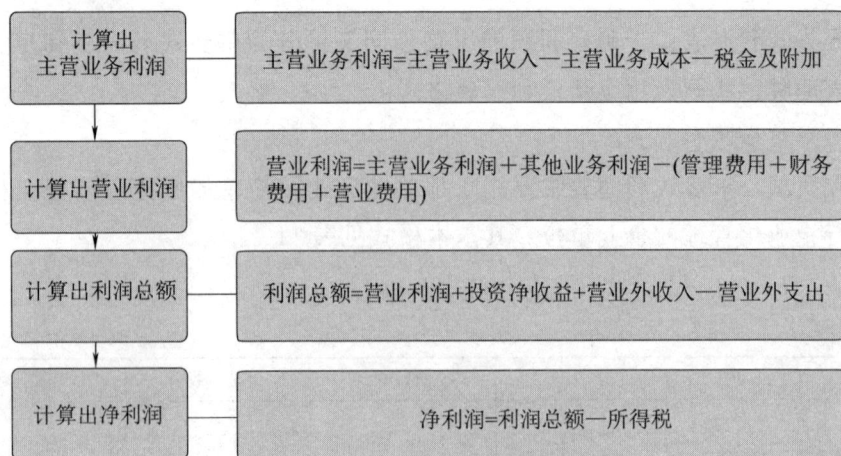

图 11-8　多步式利润计算步骤图

多步式利润表就是将利润表的内容进行适当分类，把利润的计算分成若干步骤，并揭示多步骤之间的关系，从而提供有关形成最终税后利润的中间性信息。

多步式利润表其基本格式见表 11-8。

表 11-8　　　　　　　　　　　　　多步式利润表

编制单位：　　　　　　　　　　　年　　月　　日　　　　　　　　　单位：元

| 项　　目 | 本期金额 | 上期金额（略） |
|---|---|---|
| 一、营业收入 | | |
| 　　减：营业成本 | | |
| 　　　　税金及附加 | | |
| 　　　　销售费用 | | |
| 　　　　管理费用 | | |
| 　　　　研发费用 | | |
| 　　　　财务费用 | | |
| 　　　　其中：利息费用 | | |
| 　　　　　　　利息收入 | | |
| 　　　　　　资产减值损失 | | |
| 　　加：其他收益 | | |
| 　　　　投资收益（损失以"－"号填列） | | |
| 　　　　其中：对联营企业和合营企业的投资收益 | | |
| 　　　　　　公允价值变动收益（损失以"－"号填列） | | |
| 　　　　　　资产处置收益（损失以"－"号填列） | | |
| 二、营业利润（亏损以"－"号填列） | | |
| 　　加：营业外收入 | | |
| 　　减：营业外支出 | | |
| 三、利润总额（亏损总额以"－"号填列） | | |
| 　　减：所得税费用 | | |
| 四、净利润（净亏损以"－"号填列） | | |
| 　　（一）持续经营净利润（净亏损以"－"号填列） | | |
| 　　（二）终止经营净利润（净亏损以"－"号填列） | | |
| 五、其他综合收益的税后净额 | | |
| 　　（一）以后不能重分类进损益的其他综合收益 | | |
| 　　　1. 重新计量设定受益计划变动额 | | |
| 　　　2. 权益法不能损益的其他综合收益 | | |

| 项　目 | 本期金额 | 上期金额（略） |
|---|---|---|
| …… | | |
| （二）将重分类进损益的其他综合收益 | | |
| 1. 权益法下可转损益的其他综合收益 | | |
| 2. 可供出售金融资产公允价值变动损益 | | |
| 3. 持有至到期投资重分类为可供出售金融资产损益 | | |
| 4. 现金流量套期损益的有效部分 | | |
| 5. 外币财务报表折算差额 | | |
| …… | | |
| 六、综合收益总额 | | |
| 七、每股收益 | | |
| （一）基本每股收益 | | |
| （二）稀释每股收益 | | |

从上述多步式利润表的基本格式不难看出，它将主营业务活动和非主营业务活动分开列示，将成本和费用与相应的收入与相应的收入进行分别配比，得出一些中间利润指标，如主营业务利润、营业利润、利润总额和净利润等数据，这既有利于计算有关比率，又有利于信息使用者评价企业的经营业绩，分析、预测企业的经营趋势。

## 11.3.2　利润表的编制

利润表中的栏目分为"本期金额"栏和"上期金额"栏。本表中的"上期金额"栏应根据上年该期利润表"本期金额"栏内所列数字填列。如果上年该期利润表规定的各个项目的名称和内容同本期不相一致，应对上年该期利润表各项目的名称和数字按本期的规定进行调整，填入"上期金额"栏。

利润表中的各个项目，都是根据有关收入和费用科目记录的本期实际发生数和累计发生数分别填列的。

"主营业务收入""主营业务成本"应根据各有关账户发生额分析填列。"税金及附加"是指除增值税以外的主营业务税金及附加。

"营业成本"项目，应根据"主营业务成本"科目和"其他业务成本"的发生额分析填列。"税金及附加"项目，应根据"营业税金及附加"科目的发生额分析填列。"净利润"项目，反映企业报告期内实现的净利润，是根据利润总数减所得税而得。如为净亏损，以"—"数填列。

"营业外收入"项目，反映企业所取得的与其生产经营无直接关系的各种收入。本项目应根据"营业外收入"科目的发生额分析填列。"营业外支出"项目，反映企业所支付的与其生产经营无直接关系的各种支出。本项目应根据"营业外支出"科目的发生额分析填列。"利润总额"项目，反映企业在报告期内实现的利润总数。如为亏损额则用"—"数填列。"所得税费用"项目，反映企业在报告期内，按规定从本期损益中减去的所得税费用。本项目根据"所得税费用"科目的发生额分析填列。

"销售费用""管理费用""财务费用""研发费用""投资收益""营业外收入""营业外支出"及"所得税"项目均应根据有关账户填列。"净利润"是"本年利润"扣除所得税后的利润，如有亏损，以"—"号填列。本表分"本月数"和"本年累计数"填列，在编制年度报表时，将"本月数"栏改为"上年度"栏。如果上年度损益表的项目名称和内容与本年度损益表不相一致，应将上年度数字按本年度的口径进行调整。

以上各项目的"本月数"根据各有关会计科目的本月发生额直接填列；"本年累计数"栏反映各项目自年初起到本报告期止的累计发生额，应根据上月"利润表"的累计数加上本月"利润表"的本月数之和填列。年度"利润表"的"本月数"栏改为"上年实际数"栏，应根据上年末"利润表"的数字填列。如果上年末"利润表"与本年"利润表"的项目名称和内容不相一致，应对上年的报表项目名称和数字按本年度的规定进行调整，然后填入"上年实际数"栏。

## 大地进出口公司 2019 年 1 月利润表编制实例

【例 11-2】大地进出口公司至 2019 年 1 月 31 日有关科目的会计资料，见表 11-9。

表 11-9　　　　　　　　　　　　科目余额表　　　　　　　　　　单位：元

| 项　　　目 | | 本期数 | 上期数 |
|---|---|---|---|
| 主营业务收入 | 自营出口销售收入 | 14 520 000 | 18 654 200 |
| | 自营进口销售收入 | 4 568 000 | 6 458 000 |

| 项　　目 | | 本期数 | 上期数 |
|---|---|---|---|
| 其他业务收入 | | 128 700 | 167 400 |
| 投资收益 | | 218 500 | 206 400 |
| 营业外收入 | | 45 970 | 42 620 |
| 主营业务成本 | 自营出口销售成本 | 4 946 500 | 6 789 500 |
| | 自营进口销售成本 | 3 789 000 | 6 342 000 |
| 税金及附加 | | 82 380 | 84 630 |
| 其他业务成本 | | 128 930 | 114 560 |
| 销售费用 | | 46 900 | 54 900 |
| 管理费用 | | 123 678 | 108 900 |
| 财务费用 | | 84 000 | 79 050 |
| 汇兑损益（借方） | | 3 600 | 4 100 |
| 营业外支出 | | 15 680 | 14 650 |
| 所得税 | | 2 565 125．5 | 2 984 082．5 |

根据上述资料填制利润表，见表11-10。

**表 11-10**　　　　　　　　　　**利润表**　　　　　　　　会企 02 表

编制单位：大地进出口公司　　　　　　　2019 年 1 月　　　　　　　单位：元

| 项　　目 | 本期金额 | 上期金额 |
|---|---|---|
| 一、营业收入 | 19 216 700 | 25 279 600 |
| 　减：营业成本 | 8 864 430 | 13 246 060 |
| 　　　税金及附加 | 82 380 | 84 630 |
| 　　　销售费用 | 46 900 | 54 900 |
| 　　　管理费用 | 123 678 | 108 900 |
| 　　　研发费用 | | |
| 　　　财务费用 | 87 600 | 83 150 |
| 资产减值损失 | | |
| 　加：公允价值变动收益（损失以"－"号填列） | | |
| 　　　投资收益（损失以"－"号填列） | 218 500 | 206 400 |
| 　　其中：对联营企业和合营企业的投资收益 | | |
| 　　　　资产处置损益 | | |
| 二、营业利润（亏损以"－"号填列） | 10 230 212 | 11 908 360 |
| 　加：营业外收入 | 45 970 | 42 620 |

| 项　　目 | 本期金额 | 上期金额 |
|---|---|---|
| 　减：营业外支出 | 15 680 | 14 650 |
| 　其中：非流动资产处置损失 | | |
| 三、利润总额（亏损总额以"－"号填列） | 10 260 502 | 11 936 330 |
| 　减：所得税费用 | 2 565 125.5 | 2 984 082.5 |
| 四、净利润（净亏损以"－"号填列） | 7 695 376.5 | 8 952 247.5 |
| 五、其他综合收益的税后净额 | | |
| 　（一）以后不能重分类进损益的其他综合收益 | | |
| 　1. 重新计量设定受益计划变动额 | | |
| 　2. 权益法下不能进损益的其他综合收益 | | |
| 　…… | | |
| 　（二）将重分类进损益的其他综合收益 | | |
| 　1. 权益法下可转损益的其他综合收益 | | |
| 　2. 可供出售金融资产公允价值变动损益 | | |
| 　3. 持有至到期投资重分类为可供出售金融资产损益 | | |
| 　4. 现金流量套期损益的有效部分 | | |
| 　5. 外币财务报表折算差额 | | |
| 　…… | | |
| 六、综合收益总额 | | |
| 七、每股收益 | | |
| 　（一）基本每股收益 | | |
| 　（二）稀释每股收益 | | |

（1）本期营业收入＝主营业务收入发生额（14 520 000＋4 568 000）＋其他业务收入发生额(128 700)＝19 216 700（元）

上期营业收入＝18 654 200＋6 458 000＋167 400＝25 279 600（元）

（2）本期营业成本＝主营业务成本发生额（4 946 500＋3 789 000）＋其他业务成本发生额（128 930）＝8 864 430（元）

上期营业成本＝6 789 500＋6 342 000＋114 560＝13 246 060（元）

（3）本期税金及附加＝税金及附加发生额＝82 380（元）

上期税金及附加＝84 630（元）

（4）本期销售费用＝销售费用发生额＝46 900（元）

上期销售费用＝54 900（元）

（5）本期管理费用＝管理费用发生额＝123 678（元）

上期管理费用＝108 900（元）

（6）本期财务费用＝财务费用发生额＝84 000＋3 600＝87 600（元）

上期财务费用＝79 050＋4 100＝83 150（元）

（7）本期投资收益＝投资收益发生额＝218 500（元）

上期投资收益＝206 400（元）

（8）本期营业利润＝营业收入（19 216 700）－营业成本（8 864 430）－税金及附加（82 380）－销售费用（46 900）－管理费用（123 678）－财务费（87 600）＋投资收益（218 500）＝10 230 212（元）

上期营业利润＝25 279 600－13 246 060－84 630－54 900－108 900－
83 150＋206 400＝11 908 360（元）

（9）本期营业外收入＝营业外收入发生额＝45 910（元）

上期营业外收入＝42 620（元）

（10）本期营业外支出＝营业外支出发生额＝15 680（元）

上期营业外支出＝14 650（元）

（11）本期利润总额＝营业利润（10 230 212）＋营业外收入（45 970）－营业外支出（15 680）＝10 260 502（元）

上期利润总额＝11 908 360＋42 620－14 650＝11 936 330（元）

（12）本期所得税费用＝所得税费用发生额＝2 565 125.5（元）

上期所得税费用＝2 984 082.5（元）

（13）本期净利润＝利润总额（10 260 502）－所得税费用（2 565 125.5）＝
7 695 376.5（元）

上期净利润＝11 936 330－2 984 082.50
＝8 952 247.5（元）

# 11.4　现金流量表的编制

现金流量表披露了企业在一定期间内现金（包括现金等价物）的流入、流出，以及期初和期末现金结余的状况。现金流量表同资产负债表、利润表一起，构成公司的三大主要会计报表。

## 11.4.1 现金流量表的结构

现金流量表采用报告式的结构，分类反映经营活动、投资活动和筹资活动产生的现金流量，最后汇总反映企业现金及现金等价物净增加额。在有外币现金流量及境外子公司的现金流量折算为人民币的企业，还应单设"汇率变动对现金及现金等价物的影响"项目。

现金流量表还应当披露与有关企业的补充资料：将净利润调节为经营活动现金流量；不涉及现金收支的重大投资和筹资活动；现金及现金等价物净变动情况。

现金流量表分为两个部分，第 1 部分为正表，第 2 部分为补充资料，具体如图 11-9 所示。

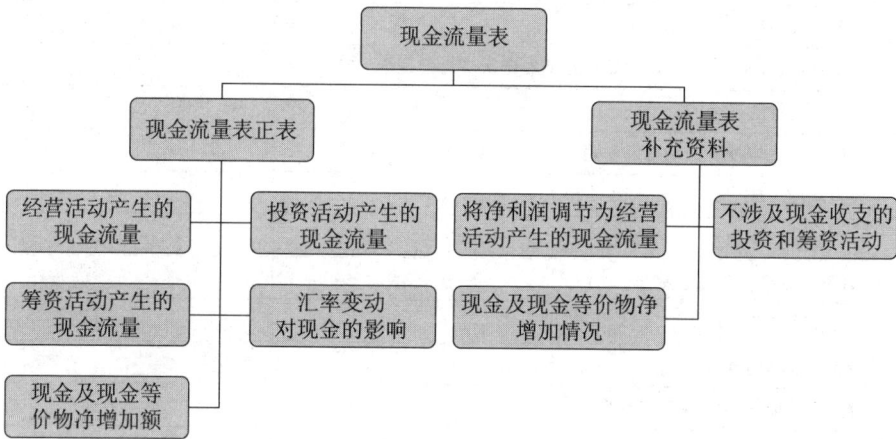

图 11-9　现金流量表构成图

现金流量表正表及补充资料的基本格式见表 11-11、11-12。

**表 11-11**　　　　　　　　　　　　　　　　现金流量表

编制单位：＿＿＿＿＿＿＿＿公司　　　　　　＿＿＿＿＿＿年　　　　　　金额单位：元

| 项　　目 | 金　　额 |
|---|---|
| 一、经营活动产生的现金流量： | |
| 　销售商品、提供劳务收到的现金 | |
| 　收到的税费返还 | |
| 　收到的其他与经营活动有关的现金 | |

| 项 目 | 金 额 |
|---|---|
| 现金流入小计 | |
| 购买商品、接受劳务支付的现金 | |
| 支付给职工以及为职工支付的现金 | |
| 支付的各项税费 | |
| 支付的其他与经营活动有关的现金 | |
| 现金流出小计 | |
| 经营活动产生的现金流量净额 | |
| 二、投资活动产生的现金流量： | |
| 收回投资所收到的现金 | |
| 取得投资收益所收到的现金 | |
| 处置固定资产、无形资产和其他长期资产而收回的现金净额 | |
| 收到的其他与投资活动有关的现金 | |
| 现金流入小计 | |
| 购建固定资产、无形资产和其他长期资产所支付的现金 | |
| 投资所支付的现金 | |
| 支付的其他与投资活动有关的现金 | |
| 现金流出小计 | |
| 投资活动产生的现金流量净额 | |
| 三、筹资活动产生的现金流量： | |
| 吸收投资所收到的现金 | |
| 借款所收到的现金 | |
| 收到的其他与筹资活动有关的现金 | |
| 现金流入小计 | |
| 偿还债务所支付的现金 | |
| 分配股利、利润或偿付利息所支付的现金 | |
| 支付的其他与筹资活动有关的现金 | |
| 现金流出小计 | |
| 筹资活动产生的现金流量净额 | |
| 四、汇率变动对现金的影响： | |
| 五、现金及现金等价物净增加额： | |
| 　　加：期初现金及现金等价物余额 | |
| 六、期末现金及现金等价物余额： | |

表 11-12 　　　　　　　　　　现金流量附表

| 补充资料 | 本期金额 | 上期金额 |
|---|---|---|
| 1．将净利润调节为经营活动现金流量： | | |
| 净利润 | | |
| 加：计提的资产减值准备 | | |
| 固定资产折旧 | | |
| 无形资产摊销 | | |
| 长期待摊费用摊销 | | |
| 处置固定资产、无形资产和其他长期资产的损失（减：收益） | | |
| 固定资产报废损失 | | |
| 财务费用 | | |
| 投资损失（减：收益） | | |
| 递延税款贷项（减：借项） | | |
| 存货的减少（减：增加） | | |
| 经营性应收项目的减少（减：增加） | | |
| 经营性应收项目的增加（减：减少） | | |
| 其他 | | |
| 经营活动产生的现金流量净额 | | |
| 2．不涉及现金收支的投资和融资活动： | | |
| 债务转为资本 | | |
| 一年内到期的可转换公司债券 | | |
| 融资租入固定资产 | | |
| 3．现金及现金等价物净增加情况： | | |
| 现金的期末余额 | | |
| 减：现金的期初余额 | | |
| 加：现金等价物的期末余额 | | |
| 减：现金等价物的期初余额 | | |
| 现金及现金等价物净增加额 | | |

## 11.4.2　现金流量表的编制

在我国，企业经营活动产生的现金流量应当采用直接法填列。

**1. "销售商品、提供劳务收到的现金"项目**

本项目反映企业销售商品、提供劳务实际收到的现金（含销售收入和向购买者收取的增值税额），企业销售材料和代购代销业务收到的现金，也在本项目反映。包括本期销售的商品、提供劳务收到的现金及前期销售和前期提供劳务本期收到的现金和本期预收的账款，不包括本期退回本期销售的商品和前期销售本期退回的商品支付的现金。

本项目可根据"库存现金""银行存款""应收账款""主营业务收入"及"其他业务收入"等账户的记录分析填列。

在填列本项目时，有两种方法：

(1) 以本期实际发生的经济业务为依据逐项分析计算填列。

销售商品、提供劳务收到的现金＝主营业务收入＋其他业务收入＋应交税费（应交增值税－销项税额）＋应收账款减少额（－应收账款增加额）＋应收票据减少额（－应收票据增加额）＋本期预收账款增加额（－预收账款减少额）

注：上述公式中，如果本期有实际核销的坏账损失，应调减（因核销坏账损失减少了应收账款，但没有收回现金）。如果有收回前期已核销的坏账金额，应调增（因收回已核销的坏账，并没有增加或减少应收账款，但却收回了现金）。

### 以本期实际发生的现金业务编制实例

**【例 11-3】** 某外贸企业本期发生下列有关业务：

①国内销售产品价款为 10 000 元，销项税额为 1 700 元，货款已收到；

②国外销售产品价款为 200 000 元，货款未收到；

③当期收到前期的应收账款 5 000 元（含税）；

④当期收到的预收账款 7 000 元（含税）；

⑤当期收到到期不带息的应收票据，到期值为 9 000 元（含税）；

⑥将未到期的应收票据向银行贴现，面值为 6 000 元，贴现利息 200 元，贴现收入为 5 800 元；

销售商品、提供劳务收到的现金＝①11 700＋③5 000＋④7 000＋⑤9 000＋⑥5 800＝38 500 元

（2）以本期资产负债表和利润表为依据分析计算填列。

销售商品、提供劳务收到的现金＝利润表中主营业务收入＋（应收票据期初余额－应收票据期末余额）＋（应收账款期初余额－应收账款期末余额）＋（预收账款期末余额－预收账款期初余额）－应收票据贴现利息支出－当期销售退回而支付的现金＋当前收回前期核销坏账损失（注：若国内销售含增值税金额）。

## 以本期资产负债表和利润表为依据编制实例

【例 11-4】某外贸企业利润表中主营业务收入为 5 340 000 元，资产负债表中应收票据期初余额 45 000 元，应收票据期末余额 48 000 元；应收账款期初余额 36 000 元，应收账款期末余额 32 000 元。

销售商品、提供劳务收到的现金＝5 340 000＋（45 000－48 000）＋（36 000－32 000）＝5 341 000（元）

**2. "收到的税费返还"项目**

本项目反映企业收到返还的各种税费。如收到返还的减免增值税退税、出口退税、减免消费税退税、减免所得税退税及收到的教育费附加返还等，按实际收到的金额填列。本项目可根据"库存现金""银行存款""应交税费"及"营业税金及附加"等账户的记录分析填列。

收到的税费返还＝返还的（增值税＋消费税＋关税＋所得税＋教育费附加）

**3. "收到的其他与经营活动有关的现金"项目**

本项目反映企业除了上述各项目外，收到的其他与经营活动有关的现金流入，包括罚款收入、经营租赁固定资产收到的现金（含租金及押金）、投资性房地产收到的租金收入、流动资产损失中由个人赔偿的现金收入、除税费返还外的其他政府补助收入及银行存款的利息收入等。

需要说明的是，其他与经营活动有关的现金数额较大时，应单列项目反映。

本项目可根据"库存现金""银行存款""营业外收入"及"其他业务收入"等账户的记录填列。收到的其他与经营活动有关的现金＝除上述经营活动以外的其他经营活动有关的现金。

**4. "购买商品、接受劳务支付的现金"项目**

本项目反映企业本年购买商品、接受劳务实际支付的现金（包括增值税进项税额）、本年支付以前年度购买商品、接受劳务的未付款项及本年预付款项，减去本年发生的购货退回收到的现金，企业购买材料和代购代销业务支付的现金，也在本项目反映。

本项目可根据"应付账款""应付票据""预付账款""库存现金""银行存款""主营业务成本""其他业务成本"及"存货"等账户的记录分析填列。

在填列本项目时，有两种方法：

（1）以本期实际发生的经济业务为依据逐项分析计算填列。

购买商品、接受劳务支付的现金＝当期购买商品接受劳务支付的现金＋当期支付前期的应付账款＋当期支付前期的应付票据＋当期支付的预付账款－当前购货退回而收到的现金。

注：上述公式为含增值税金额。

【例 11-5】某外贸企业本年发生下列有关业务：

①购买材料价款为 20 000 元，进项税额为 3 400 元，货款已支付；

②购买材料价款为 30 000 元，进项税额为 5 100 元，货款未支付；

③当期支付前期的应付账款 52 000 元（含税）；

④当期预付购料账款 35 000 元（含税）；

⑤当期支付到期不带息的应付票据，到期值为 68 500 元（含税）。

购买商品、接受劳务支付的现金＝（1）23 400＋（3）52 000＋（4）35 000＋（5）68 500＝178 900（元）

（2）以本期资产负债表和利润表为依据分析计算填列。

购买商品、接受劳务支付的现金＝利润表中主营业务成本＋（存货期末余额－存货期初余额）＋（应付票据期初余额－应付票据期末余额）＋（应付账款期初余额－应付账款期末余额）＋（预付账款期末余额－预付账款期初余额）－当期购货退回而收到的现金－摊销待摊费用时借记"制造费用"科目的金额－计提折旧费时借记"制造费用"科目的金额－分配工资及福利费时借记"生产成本"及"制造费用"科目的金额等。

注：上述公式为含增值税金额。

【例 11-6】B 企业利润表中主营业务成本为 2 650 000 元。资产负债表中存货期初余额 976 000 元，期末余额 784 000 元；应付票据期初余额 75 000 元，应付票据期末余额 89 000 元；应付账款期初余额 67 000 元，应收账款期末余额 54 000 元。

补充资料：摊销待摊费用为生产车间固定资产修理费 5 000 元，计提车间折旧费 7 000 元，分配生产车间工资费用 16 000 元。为简便起见，本题目不考虑增值税。

购买商品、接受劳务支付的现金＝2 650 000＋（784 000－976 000）＋（75 000－89 000）＋（67 000－54 000）－5 000－7 000－16 000＝2 429 000（元）

### 5. "支付给职工以及为职工支付的现金"项目

本项目反映企业实际支付给职工以及为职工支付的现金，包括企业为获得职工提供的服务，本期实际给予各种形式的报酬以及其他相关支出，如本期实际支付给职工的工资、奖金、各种津贴、补贴、养老、失业等社会保险基金、补充养老保险、商业保险金、住房公积金、住房困难补助及福利费用等。但不含为离退休人员支付的各种费用和固定资产购建人员的工资。

本项目可根据"应付职工薪酬""库存现金"及"银行存款"等账户的记录分析填列。

支付给职工以及为职工支付的现金＝本期产品成本及费用中职工薪酬＋除在建工程人员的应付职工薪酬（期初余额－期末余额）。

### 6. "支付的各项税费"项目

本项目反映企业按规定支付的各种税费，包括企业本期发生并支付的税费，以及本期支付以前各期发生的税费和本期预交的税费，包括支付的所得税、增值税、营业税、消费税、印花税、房产税、土地增值税、车船使用税、矿产资源补偿费及教育费附加等，不包括支付的计入固定资产价值的耕地占用税和代扣代缴的个人所得税，也不包括本期返还的增值税、所得税。

本项目可根据"库存现金""银行存款"及"应交税费"等账户的记录分析填列。

支付的各项税费（不包括耕地占用税及返还的增值税、所得税）＝所得税费用＋管理费用中的印花税＋支付的营业税金及附加＋增值税（已交税金）＋不包括增值税的应交税费（期初余额－期末余额）

### 7. "支付其他与经营活动有关的现金"项目

本项目反映企业除上述各项目外，支付的其他与经营活动有关的现金，包括罚款支出、差旅费、业务招待费、保险费支出、支付的离退休人员的各项费用等其他与经营活动有关的现金流出，金额较大的应当单独列示。

本项目可根据"库存现金""银行存款""管理费用""销售费用"及"营业外支出"等账户的记录分析填列。

支付其他与经营活动有关的现金＝"管理费用"中除职工薪酬、支付的税金和未支付现金的费用外的费用（即支付的其他费用）＋"制造费用"中除职工薪酬和未支付现金的费用外的费用（即支付的其他费用）＋"财务费用"中支付的结算手续费＋"其他应收款"中支付职工预支的差旅费＋"其他应付款"中支付的经营租赁的租金＋"营业外支出"中的罚款支出等。

---

## 11.4.3 投资活动产生的现金流量的填列方法

---

现金流量表中的投资活动比通常所指的短期投资和长期投资范围要广，投资活动包括非现金等价物的短期投资和长期投资的购买与处置、固定资产的购建与处置、无形资产的购置与处置等。通过单独反映投资活动产生的现金流量，可以了解为获得未来收益和现金流量而导致资源转出的程度，以及以前资源转出带来的现金流入的信息。投资活动现金流入和现金流出的各项目的内容和填列方法如下。

### 1. "收回投资所收到的现金"项目

本项目反映企业出售、转让或到期收回除现金等价物以外的交易性金融资产、持有至到期投资、可供出售金融资产、长期股权投资等而收到的现金。不包括债权性投资收回的利息、收回的非现金资产，以及处置子公司及其他营业单位收到的现金净额。债权性投资收回的本金，在本项目反映，债权性投资收回的利息，不在本项目中反映，而在"取得投资收益收回的现金"项目中反映。处置子公司及其他营业单位收到的现金净额单设项目反映。

本科目可根据"交易性金融资产""持有至到期投资""可供出售金融资产""长期股权投资""库存现金"及"银行存款"等账户的记录分析填列。

收回投资所收到的现金（不包括长期债权投资收回的利息）＝短期投资收回的本金及收益（出售、到期收回）＋长期股权投资收回的本金及收益（出售、到期收回）＋长期债券投资收到的本金。

【例 11-7】某外贸企业本年处置短期股票投资，账面成本 38 000 元，实际售价为 42 000 元；本年长期债券投资到期，面值 100 000 元，利率为 11%，3 年期，到期一次还本付息。收回投资所收到的现金＝42 000＋100 000＝142 000（元）取得债券利息收入所收到的现金＝100 000×11%×3＝33 000（元）

**2. "取得投资收益收到的现金"项目**

本项目反映企业因股权性投资而分得的现金股利，因债权性投资而取得的现金利息收入。包括在现金等价物范围的债券性投资，其利息收入在本项目反映。股票股利由于不产生现金流量，不在本项目反映。

本项目可根据"应收股利""应收利息""投资收益""库存现金"及"银行存款"等账户的记录分析填列。取得投资收益收到的现金＝长期股权投资及长期债券投资收到的现金股利及利息。

**3. "处置固定资产、无形资产和其他长期资产所收回的现金净额"项目**

本项目反映企业出售固定资产、无形资产和其他长期资产（如投资性房地产）所取得的现金，减去为处置这些资产而支付的有关税费后的净额。处置固定资产、无形资产和其他长期资产所受到的现金，与处置活动支付的现金，两者在时间上比较接近，以净额反映更能准确反映处置活动对现金流量的影响。由于自然灾害等原因所造成的固定资产等长期资产报废、毁损而收到的保险赔偿收入，在本项目中反映。如处置固定资产、无形资产及其他长期资产所收回的现金净额如为负数，应作为投资活动产生的现金流量，在"支付其他与投资活动有关的现金"项目中反映。

本项目可根据"固定资产清理""库存现金""银行存款""投资性房地产""无形资产"及"营业外收支"等账户的记录分析填列。

【例 11-8】某外贸企业出售固定资产一台，原值 190 000 元，已计提折旧 50 000 元，售价为 160 000 元，支付清理费用为 540 元，均通过银行存款结算。则：处置固定资产、无形资产及其他长期资产而收到的现金净额＝160 000－540＝159 460（元）

**4. "处置子公司及其他营业单位收到的现金净额"项目**

本项目反映企业处置子公司及其他营业单位所取得的现金减去子公司或其他营业单位持有的现金和现金等价物以及相关处置费用后的净额。

本科目可根据"长期股权投资""应交税费""库存现金"及"银行存款"等账户的记录分析填列。

企业处置子公司及其他营业单位是整体交易,子公司及其他营业单位可能持有现金和现金等价物,这样,整体处置子公司或其他营业单位的现金流量,就应以处置价款中收到现金的部分,减去子公司或其他营业单位持有的现金和现金等价物以及相关处置费用后的净额反映。

处置子公司及其他营业单位收到的现金净额如为负数,应将该金额填列至"支付其他与投资活动有关的现金"项目中。

**5. "收到的其他与投资活动有关的现金"项目**

本项目反映企业除了上述各项以外,收到的其他与投资活动有关的现金流入。其他现金流入价值较大时,应单列项目反映。如收到的属于买价中所包含的现金股利或已到付息期的利息等。

本项目可根据"应收股利""应收利息""库存现金"及"银行存款"等账户的记录分析填列。

**6. "购建固定资产、无形资产和其他长期资产所支付的现金"项目**

本项目反映企业购买、建造固定资产、取得无形资产和其他长期资产(如投资性房地产)支付的现金,包括购买机器设备所支付的现金、建造工程支付的现金、支付在建工程人员的工资等现金支出。

不包括为购建固定资产、无形资产和其他长期资产而发生的借款利息资本化部分,以及融资租入固定资产所得支付的租赁费。为购建固定资产、无形资产和其他长期资产而发生的借款利息资本化部分,在"分配股利、利润或有偿付利息支付的现金"项目反映。

本项目可根据"固定资产""在建工程""工程物资""无形资产""库存现金"及"银行存款"等账户的记录分析填列。购建固定资产、无形资产和其他长期资产所支付的现金=按实际办理该项事项支付的现金(不包括固定资产借款利息资本化及融资租赁费)。

【例11-9】某外贸企业本期发生下列有关业务:

（1）购买固定资产价款为 50 000 元，进项税额为 8 500 元，款项已付；

（2）购买工程物资价款为 10 000 元，进项税额为 1 700 元，款项已付；

（3）支付工程人员工资 6 000 元；

（4）预付工程价款 80 000 元；

（5）交付使用前长期借款利息 78 900 元，本年已支付；

（6）支付申请专利权的注册费、律师费等 68 000 元。

购建固定资产、无形资产和其他长期资产而支付的现金＝（1）58 500＋（2）11 700＋（3）6 000＋（4）80 000＋（6）68 000＝224 200（元）

注：交付使用前长期借款利息 78 900 元虽本年已支付，但不在本项目中反映，而在筹资活动现金流量中"偿付利息所支付现金"中反映

**7. "投资所支付的现金"项目**

本项目反映企业进行权益性投资（不含取得子公司及其他营业单位）和债权性投资所支付的现金，包括除取得现金等价物以外的交易性金融资产、持有至到期投资、可供出售金融资产及为取得上述投资而支付的佣金、手续费等交易费用。

不包括购买股票和债券时，买价中所包含的已宣告发放但尚未领取的现金股利或已到付息期尚未领取的债券利息等，这些支出应在投资活动中"支付的其他与投资活动有关的现金"项目中反映。

本项目可根据"交易性金融资产""长期股权投资""持有至到期投资""可供出售金融资产""库存现金"及"银行存款"等账户记录分析填列。

投资所支付的现金＝本期短期股票投资＋本期短期债券投资＋本期长期股权投资＋本期长期债券投资＋为取得以上投资支付的手续费＋为取得以上投资支付的佣金。

**8. "取得子公司及其他营业单位支付的现金净额"项目**

本项目反映企业购买子公司及其他营业单位购买出价中以现金支付的部分，减去子公司及其他营业单位持有的现金和现金等价物后的净额。

**9. "支付的其他与投资活动有关的现金"项目**

本项目反映企业除了上述各项以外，支付的与投资活动有关的现金流出。包括企业购买股票和债券时，实际支付价款中包含的已宣告尚未领取的现金

股利或已到付息期但尚未领取的债券利息等。其他流出如价值较大的，应单列项目反映。

本项目可根据"库存现金""银行存款""应收股利"及"应收利息"等账户的记录分析填列。

### 11.4.4 筹资活动产生的现金流量的填列方法

筹资活动产生的现金流入和现金流出包括的各项目的内容和填列方法如下：

**1. "吸收投资所收到的现金"项目**

本项目反映企业收到投资者投入的现金，包括以发行股票、债券等方式筹集资金实际收到的款项净额（即发行收入减去支付的佣金等发行费用后的净额）。以发行股票等方式筹集资金而由企业直接支付的审计费、咨询费以及发行债券支付的印刷费等发行费用，不能在本项目中扣除，在"支付其他与筹资活动有关的现金"项目反映。

本项目可以根据"实收资本（或股本）""资本公积""库存现金""银行存款"及"其他应付款"等账户的记录分析填列。

吸收投资所收到的现金＝发行股票债券收到的现金－支付的佣金等发行费用（不含审计费、咨询费、印刷费）。

**2. "借款所收到的现金"项目**

本项目反映企业举借各种短期借款、长期借款收到的现金以及发行债券实际收到的款项净额（发行收入减去直接支付的佣金等发行费用后的净额）。

本项目可根据"短期借款""长期借款""交易性金融负债""应付债券""库存现金"及"银行存款"等账户的记录分析填列。

**3. "收到的其他与筹资活动有关的现金"项目**

本项目反映企业除上述各项以外，收到的其他与筹资活动有关的现金流入，如接受现金捐赠等。

本项目可根据"库存现金""银行存款"及营业外收入等账户的记录分析填列。

**4. "偿还债务所支付的现金"项目**

本项目反映企业以现金偿还债务的本金,包括偿还金融企业的借款本金、偿还债券本金等,企业偿还的借款利息、债券利息,在"分配股利、利润或偿付利息所支付的现金"项目反映,不包括在本项目内。

本项目可根据"短期借款""长期借款""库存现金""银行存款"等账户的记录分析填列。

【例 11-10】某外贸企业本期发生有关经济业务:

(1) 偿还短期借款,本金 90 000 元,利息 300 元;

(2) 偿还长期借款,本金 500 000 元,利息 6 600 元;

(3) 支付到期一次还本付息的应付债券,面值 100 000 元,3 年期,利率 11%。

偿还债务所支付的现金=(1)90 000+(2)500 000+(3)100 000=690 000(元)

偿付利息所支付的现金=(1)300+(2)6 600+33 000=39 900(元)

**5. "分配股利、利润或偿付利息所支付的现金"项目**

本项目反映企业实际支付的现金股利、支付给其他投资单位的利润或用现金支付的借款利息、债券利息。

本项目可根据"应付股利""财务费用""长期借款""应付债券""库存现金""银行存款""在建工程""制造费用""研发支出""应付利息"及"利润分配"等账户的记录分析填列。

**6. "支付的其他与筹资活动有关的现金"项目**

本项目反映的除了上述各项以外,企业支付的其他与筹资活动有关的现金流出。例如发行股票所支付的审计费、咨询费等费用。

本项目可根据"库存现金""银行存款"及其他有关账户的记录分析填列。

## 11.4.5 "汇率变动对现金的影响"编制方法

汇率变动对现金的影响指企业外币现金流量及境外子公司的现金流量折

算成记账本位币时，所采用的是现金流量发生日的汇率或即期汇率的近似汇率，而现金流量表"现金及现金等价物净增加额"是按期末的即期汇率进行计算的，二者的差额即为汇率变动对现金的影响。

## 11.4.6　"现金及现金等价物的净增加额"的编制方法

"现金及现金等价物净增加额"是将现金流量表中"经营活动产生的现金流量净额""投资活动产生的现金流量净额""筹资活动产生的现金流量净额"及"汇率变动对现金的影响"四个项目相加得出的。

"期初现金及现金等价物余额"与企业期初的货币资金与现金等价物的合计余额相等。

## 11.4.7　"期末现金及现金等价物余额"的编制方法

本项目是将计算出来的"现金及现金等价物净增加额"加上期初现金及现金等价物金额求得。它应该与企业期末的货币资金与现金等价物的合计余额相等。

## 11.4.8　现金流量表附表的编制方法

现金流量表的附表编制就是对现金流量表的补充资料进行编制。其补充资料由 3 大项组成，即将净利润调节为经营活动现金流量，不涉及现金收支的投资和融资活动，现金及现金等价物净增加情况。

附表的各项目金额是相应会计账户的当期发生额或期末与期初余额的差额。它是现金流量表中不可或缺的一部分，其项目可以直接取相应会计账户的发生额或余额，具体内容见表 11-13。

表 11-13　　　　　　　　　　现金流量附表填列方法

| 项　　　目 | 填列方法 |
| --- | --- |
| 净利润 | 取利润分配表"净利润"项目 |

| 项　目 | 填列方法 |
|---|---|
| 计提的资产减值准备 | 取"管理费用"账户所属"计提的坏账准备"及"计提的存货跌价准备""营业外支出"账户所属"计提的固定资产减值准备""计提的在建工程减值准备""计提的无形资产减值准备""投资收益"账户所属"计提的短期投资跌价准备""计提的长期投资减值准备"等明细账户的借方发生额 |
| 固定资产折旧 | 取"制造费用""管理费用""销售费用""其他业务支出"等账户所属的"折旧费"明细账户借方发生额 |
| 无形资产摊销 | 取"管理费用"等账户所属"无形资产摊销"明细账户借方发生额 |
| 长期待摊费用摊销 | 取"制造费用""销售费用""管理费用"等账户所属"长期待摊费用摊销"明细账户借方发生额 |
| 处置固定资产、无形资产和其他长期资产的损失 | 取"营业外收入""营业外支出""其他业务收入""其他业务支出"等账户所属"处置固定资产净收益""处置固定资产净损失""出售无形资产收益""出售无形资产损失"等明细账户的借方发生额与贷方发生额的差额 |
| 固定资产报废损失 | 取"营业外支出"账户所属"固定资产盘亏"明细账户借方发生额与"营业外收入"账户所属"固定资产盘盈"贷方发生额的差额 |
| 财务费用 | 取"财务费用"账户所属"利息支出"明细账户借方发生额,不包括"利息收入"等其他明细账户发生额 |
| 投资损失 | 取"投资收益"账户借方发生额,但不包括"计提的短期投资跌价准备""计提的长期投资减值准备"明细账户发生额 |
| 递延税款贷项 | 取"递延税款"账户期末、期初余额的差额 |
| 存货的减少 | 取得与经营活动有关的"原材料""库存商品""生产成本"等所有存货账户的期初、期末余额的差额 |
| 经营性应收项目的减少 | 取得与经营活动有关的"应收账款""其他应收款""预付账款"等账户的期初、期末余额的差额 |
| 经营性应付项目的增加 | 取得与经营活动有关的"应付账款""预收账款""应付工资""应付福利费""应交税金""其他应交款""其他应付款"等账户的期末、期初余额的差额 |
| 债务转为资本、1年内到期的可转换公司债券、融资租入固定资产 | 直接根据"实收资本""应付债券——可转换公司债券""长期应付款——应付融资租赁贷款"等账户分析填列 |
| 现金及现金等价物情况 | 现金及现金等价物的数据填列 |

现金流量表附表是对主表内容的必要补充，通过阅读企业现金流量表附表（补充资料）可了解到主表上不能包含的新内容：一是企业净利润与经营活动产生现金净流量之间的关系；二是不涉及现金收支的投资和融资活动；三是现金及现金等价物净增加情况。

## 现金流量表编制实例

**【例 11-11】**东兴外贸公司资料如下。

1. 2019 年 1 月利润表的有关项目的明细资料。

（1）管理费用的组成：职工薪酬 17 100 元，无形资产摊销 60 000 元，折旧费 20 000 元，支付其他费用 60 000 元。

（2）财务费用的组成：计提借款利息 11 500 元，支付应收票据（银行承兑汇票）贴现利息 30 000 元。

（3）资产减值损失的组成：计提坏账准备 900 元，计提固定资产减值准备 30 000 元。上年期末坏账准备余额为 900 元。

（4）投资收益的组成：收到股息收入 30 000 元，与本金一起收回的交易性股票投资收益 500 元，自公允价值变动损益结转投资收益 1 000 元。

（5）营业外收入的组成：处置固定资产净收益 50 000 元（其所处置固定资产原价为 400 000 元，累计折旧为 150 000 元。收到处置收入 300 000 元）。假定不考虑与固定资产处置有关的税费。

（6）营业外支出的组成：报废固定资产净损失 19 700 元（其所报废固定资产原价为 200 000 元。累计折旧为 180 000 元，支付清理费用 500 元，收到残值收入 800 元）。

（7）所得税费用的组成：当期所得税费用 92 800 元，营业税及附加 2 000 元，递延所得税收益 2 500 元。

（8）净利润为 220 000 元。

除上述项目外，利润表中的销售费用 20 000 元至期末已经支付。

2. 资产负债表有关项目的明细资料。

（1）本期收回交易性股票投资本金 15 000 元、公允价值变动 1 000 元，同时实现投资收益 500 元。

（2）存货中生产成本、制造费用的组成：职工薪酬 324 900 元。折旧费 80 000 元。

（3）应交税费的组成：本期增值税进项税额 42 466 元，增值税销项税额 212 500 元，已交增值税 100 000 元，应交增值税期末数 206 634 元，应交增值税期末数中应由在建工程负担的部分为 100 000 元，应交增值税年初数 36 600 元，由在建工程负担的部分为 0；应交所得税期末余额为 20 097 元，由在建工程负担的部分为 0，应交所得税年初余额为 0。

（4）应付职工薪酬的年初数 110 000 元，无应付在建工程人员的部分，本期支付在建工程人员职工薪酬 200 000 元。应付职工薪酬的期末数 180 000 元，应付在建工程人员的部分为 28 000 元。

（5）应付利息均为短期借款利息，其中本期计提利息 11 500 元，支付利息 12 500 元。

（6）本期用现金购买固定资产 101 000 元，购买工程物资 300 000 元。

（7）本期用现金偿还短期借款 250 000 元，偿还一年内到期的长期借款 1 000 000 元，借入长期借款 560 000 元。

（8）主营业务收入：主营业务收入 1 250 000 元。

（9）主营业务成本：主营业务成本 750 000 元。

（10）应收账款期末余额为 598 200 元，应收账款年初余额为 299 100 元。

（11）应收票据期末余额为 66 000 元，应收票据年初余额为 246 000 元。

（12）存货期末余额为 2 484 700 元，存货年初余额为 2 580 000 元。

（13）应付账款期末余额为 953 800 元，应付账款年初余额为 953 800 元。

（14）应收票据期末余额为 100 000 元，应收票据年初余额为 200 000 元。

（15）预付账款期末余额为 100 000 元，预付账款年初余额为 100 000 元。

（16）货币资金年初余额 1 406 300 元，货币资金期末余额 515 131 元。

根据以上资料，采用分析填列的方法，编制该企业 2019 年度的现金流量表。

1.该公司 2019 年 1 月现金流量表各项目金额，分析确定如下：

（1）销售商品、提供劳务收到的现金＝主营业务收入＋应交税费（应交增值税—销项税额）＋（应收账款年初余额－应收账款期末余额）＋（应收票据年初余额－应收票据期末余额）－当期计提的坏账准备－票据贴现的利息

＝1 250 000＋212 500＋（299 100－598 200）＋（246 000－66 000）－900－30 000＝1 312 500（元）

（2）购买商品、接受劳务支付的现金＝主营业务成本＋应交税费（应交增值税—进项税额）＋（存货期末余额—存货年初余额）＋（应付账款年初余额—应付账款期末余额）＋（应付票据年初余额—应付票据期末余额）＋（预付账款期末余额—预付账款年初余额）—当期列入生产成本、制造费用的职工薪酬—当期列入生产成本、制造费用的折旧费和固定资产修理费

$$＝750\,000＋42\,466＋（2\,484\,700－2\,580\,000）＋（953\,800－953\,800）＋（200\,000－100\,000）＋（100\,000－100\,000）－324\,900－80\,000＝392\,266（元）$$

（3）支付给职工以及为职工支付的现金＝生产成本、制造费用、管理费用中职工薪酬＋（应付职工薪酬年初余额—应付职工薪酬期末余额）—［应付职工薪酬（在建工程）年初余额—应付职工薪酬（在建工程）期末余额］

$$＝324\,900＋17\,100＋（110\,000－180\,000）－（0－28\,000）＝300\,000（元）$$

（4）支付的各项税费＝当期所得税费用＋营业税金及附加＋应交税费（应交增值税—已交税金）—（应交所得税期末余额—应交所得税年初余额）

$$＝92\,800＋2\,000＋100\,000－（20\,097－0）＝174\,703（元）$$

（5）支付其他与经营活动有关的现金＝其他管理费用＋销售费用

$$＝60\,000＋20\,000＝80\,000（元）$$

（6）收回投资收到的现金＝交易性金融资产贷方发生额＋与交易性金融资产一起收回的投资收益

$$＝16\,000＋500＝16\,500（元）$$

（7）取得投资收益所收到的现金＝收到的股息收入

$$＝30\,000（元）$$

（8）处置固定资产收回的现金净额

$$＝300\,000＋（800－500）＝300\,300（元）$$

（9）购建固定资产支付的现金＝用现金购买的固定资产、工程物资＋支付给在建工程人员的薪酬

$$＝101\,000＋300\,000＋200\,000＝601\,000（元）$$

（10）取得借款所收到的现金＝560\,000（元）

（11）偿还债务支付的现金＝250\,000＋1\,000\,000＝1\,250\,000（元）

（12）偿还利息支付的现金＝12\,500（元）

2. 将净利润调节为经营活动现金流量各项目计算分析如下：

(1) 资产减值准备＝900＋30 000＝30 900（元）

(2) 固定资产折旧＝20 000＋80 000＝100 000（元）

(3) 无形资产摊销＝60 000（元）

(4) 处置固定资产、无形资产和其他长期资产的损失（减：收益）＝－50 000（元）

(5) 固定资产报废损失＝19 700（元）

(6) 财务费用＝11 500（元）

(7) 投资损失（减：收益）＝－31 500（元）

(8) 递延所得税资产减少＝0－2 500＝－2 500（元）

(9) 存货的减少＝2 580 000－2 484 700＝95 300（元）

(10) 经营性应收项目的减少＝（246 000－66 000）＋（299 100＋900－598 200－1 800）

＝－120 000（元）

(11) 经营性应付项目的增加＝（100 000－200 000）＋（100 000－100 000）＋〔（180 000－28 000）－110 000〕＋〔（226 731－100 000）－36 600〕＝32 131（元）

根据上述资料，编制现金流量表及现金流量表补充资料，见表 11-14、11-15。

表 11-14　　　　　　　　　　现金流量表

编制单位：东兴外贸公司　　　　　　2019 年 1 月　　　　　　　单位：元

| 项　目 | 本期金额 | 上期金额 |
|---|---|---|
| 一、经营活动产生的现金流量： | | 略 |
| 　销售商品、提供劳务收到的现金 | 1 312 500 | |
| 　收到的税费返还 | | |
| 　收到其他与经营活动有关的现金 | | |
| 　经营活动现金流入小计 | 1 312 500 | |
| 　购买商品、接受劳务支付的现金 | 392 266 | |
| 　支付给职工以及为职工支付的现金 | 300 000 | |
| 　支付的各项税费 | 174 703 | |
| 　支付其他与经营活动有关的现金 | 80 000 | |

| 项　　目 | 本期金额 | 上期金额 |
|---|---|---|
| 　　经营活动现金流出小计 | 946 969 | |
| 　　经营活动产生的现金流量净额 | 365 531 | |
| 二、投资活动产生的现金流量： | | |
| 　　收回投资收到的现金 | 16 500 | |
| 　　取得投资收益收到的现金 | 30 000 | |
| 　　处置固定资产、无形资产和其他长期资产收回的现金净额 | 300 300 | |
| 　　处置子公司及其他营业单位收到的现金净额 | | |
| 　　收到其他与投资活动有关的现金 | | |
| 　　投资活动现金流入小计 | 346 800 | |
| 　　购建固定资产、无形资产和其他长期资产支付的现金 | 601 000 | |
| 　　投资支付的现金 | | |
| 　　取得子公司及其他营业单位支付的现金净额 | | |
| 　　支付其他与投资活动有关的现金 | | |
| 　　投资活动现金流出小计 | 601 000 | |
| 　　投资活动产生的现金流量净额 | −254 200 | |
| 三、筹资活动产生的现金流量： | | |
| 　　吸收投资收到的现金 | | |
| 　　取得借款收到的现金 | 560 000 | |
| 　　收到其他与筹资活动有关的现金 | | |
| 　　筹资活动现金流入小计 | 560 000 | |
| 　　偿还债务支付的现金 | 1 250 000 | |
| 　　分配股利、利润或偿付利息支付的现金 | 12 500 | |
| 　　支付其他与筹资活动有关的现金 | | |
| 　　筹资活动现金流出小计 | 1 262 500 | |
| 　　筹资活动产生的现金流量净额 | −702 500 | |
| 四、汇率变动对现金及现金等价物的影响 | | |
| 五、现金及现金等价物净增加额 | −891 169 | |
| 　　加：年初现金及现金等价物余额 | 1 406 300 | |
| 六、期末现金及现金等价物余额 | 515 131 | |

表 11-15　　　　　　　　　　　　　　现金流量表补充资料

编制单位：东兴外贸公司　　　　　　　　　　2017 年 1 月　　　　　　　　　　单位：元

| 项　目 | 本期金额 | 上期金额 |
|---|---|---|
| 1. 将净利润调节为经营活动现金流量： | | 略 |
| 净利润 | 220 000 | |
| 加：资产减值准备 | 30 900 | |
| 固定资产折旧、油气资产折耗、生产性生物资产折旧 | 100 000 | |
| 无形资产摊销 | 60 000 | |
| 长期待摊费用摊销 | | |
| 处置固定资产、无形资产和其他长期资产的损失（收益以"－"号填列） | －50 000 | |
| 固定资产报废损失（收益以"－"号填列） | 19 700 | |
| 公允价值变动损失（收益以"－"号填列） | | |
| 财务费用（收益以"－"号填列） | 11 500 | |
| 投资损失（收益以"－"号填列） | －31 500 | |
| 递延所得税资产减少（增加以"－"号填列） | －2 500 | |
| 递延所得税负债增加（减少以"－"号填列） | | |
| 存货的减少（增加以"－"号填列） | 95 300 | |
| 经营性应收项目的减少（增加以"－"号填列） | －120 000 | |
| 经营性应付项目的增加（减少以"－"号填列） | 32 131 | |
| 其他 | | |
| 经营活动产生的现金流量净额 | 365 531 | |
| 2. 不涉及现金收支的重大投资和筹资活动： | | |
| 债务转为资本 | | |
| 一年内到期的可转换公司债券 | | |
| 融资租入固定资产 | | |
| 3. 现金及现金等价物净变动情况： | | |
| 现金的期末余额 | 515 131 | |
| 减：现金的年初余额 | 1 406 300 | |
| 加：现金等价物的期末余额 | | |
| 减：现金等价物的年初余额 | | |
| 现金及现金等价物净增加额 | －891 169 | |

## 11.5  所有者权益变动表的编制

所有者权益变动表是反映企业在特定期间所有者权益变动情况的报表，详细列示所有者权益及其各组成项目的增减变动。所有者权益变动表是所有者了解其投资权益时不可或缺的重要信息。

### 11.5.1  所有者权益表的结构

为了清楚地表明构成所有者权益的各组成部分当期的增减变动情况，所有者权益变动表应当以矩阵的形式列示。一方面，列示导致所有者权益变动的交易或事项，改变了以往仅仅按照所有者权益的各组成部分反映所有者权益变动情况，而是按所有者权益变动的来源对一定时期所有者权益变动情况进行全面反映；另一方面，按照所有者权益各组成部分（包括实收资本、资本公积、盈余公积和未分配利润）及其总额列示交易或事项对所有者权益的影响。

根据财务报表列报准则的规定，企业需要提供比较所有者权益变动表，因此，所有者权益变动表还就各项目再分为"本年金额"和"上年金额"两栏分别填列。

所有者权益变动表属于动态的报表，包括表首、正表两部分。其中，表首说明报表名称、编制单位、编制日期、报表编号、货币名称、计量单位等；正表是所有者权益变动表的主体，具体说明所有者权益变动表的各项内容。其基本格式见表 11-16。

**表 11-16**　　　　　　　　　　**所有者权益变动表**

编制单位：　　　　　　　　　　　年度　　　　　　　　　　　单位：元

| 项目 | 行次 | 本年金额 | | | | | 上年金额 | | | | |
|---|---|---|---|---|---|---|---|---|---|---|---|
| | | 实收资本（或股本） | 资本公积 | 盈余公积 | 未分配利润 | 库存股（减项） | 所有者权益合计 | 实收资本（或股本） | 资本公积 | 盈余公积 | 未分配利润 | 库存股（减项） | 所有者权益合计 |
| 一、上年年末余额 | | | | | | | | | | | | |
| 加：会计政策变更 | | | | | | | | | | | | |

| 项目 | 行次 | 本年金额 | | | | | | 上年金额 | | | | | |
|---|---|---|---|---|---|---|---|---|---|---|---|---|---|
| | | 实收资本（或股本） | 资本公积 | 盈余公积 | 未分配利润 | 库存股（减项） | 所有者权益合计 | 实收资本（或股本） | 资本公积 | 盈余公积 | 未分配利润 | 库存股（减项） | 所有者权益合计 |
| 加：前期差错更正 | | | | | | | | | | | | | |
| 二、本年年初余额 | | | | | | | | | | | | | |
| 三、本年增减变动金额（减少以"－"号填列） | | | | | | | | | | | | | |
| （一）综合收益总额 | | | | | | | | | | | | | |
| （二）所有者投入和减少资本 | | | | | | | | | | | | | |
| 1. 所有者投入普通股 | | | | | | | | | | | | | |
| 2. 其他权益工具持有者投入资本 | | | | | | | | | | | | | |
| 3. 股份支付计入所有者权益金额 | | | | | | | | | | | | | |
| 4. 其他 | | | | | | | | | | | | | |
| （三）本年利润分配 | | | | | | | | | | | | | |
| 1. 提取盈余公积 | | | | | | | | | | | | | |
| 2. 对所有者的分配或股东分配 | | | | | | | | | | | | | |
| 3. 其他 | | | | | | | | | | | | | |
| （四）所有者权益内部结转 | | | | | | | | | | | | | |
| 1. 资本公积转增资本（或股本） | | | | | | | | | | | | | |
| 2. 盈余公积转增资本（或股本） | | | | | | | | | | | | | |
| 3. 盈余公积弥补亏损 | | | | | | | | | | | | | |
| 4. 设定受益计划变动额结转 | | | | | | | | | | | | | |
| 5. 其他 | | | | | | | | | | | | | |
| 四、本年年末余额 | | | | | | | | | | | | | |

所有者权益表总结企业在一定会计期间所有者权益的金额的增减。增加

源于企业赚取的净收益或所有者的追加投资，而减少则源于净损失或所有者的提款。期初所有者权益可以从分类账或者前期的资产负债表中获得公司一个期间的净收益或损失的金额确定于损益表中。所有者追加投资可以从分类账中所有者权益账户的贷方栏获得。当期的提款显示在所有者提款账户的余额中。根据本期发生的增减调整所有者权益账户的期初金额，我们能够确定期末的所有者权益。

## 11.5.2 所有者权益变动表的编制

所有者权益变动表反映企业年末所有者权益（或股东权益）变动的情况。本表应在一定程度上体现企业综合收益的特点，除列示直接计入所有者权益的利得和损失外，同时包含最终属于所有者权益变动的净利润，从而构成企业的综合收益。

所有者权益通常包括两个项目：所有者投入的资本和尚未分配给所有者的利润（统称为留存收益）。我国资产负债表上的所有者权益包括四个项目：实收资本、资本公积、盈余公积和未分配利润。

本表各项目应当根据当期净利润、直接计入所有者权益的利得和损失项目、所有者投入资本和向所有者权分配利润、提取盈余公积等情况分析填列。在本表中，直接计入当期损益的利得和损失应包含在净利润中；直接计入所有者权益的利得和损失，主要包括：可供出售金融资产公允价值变动净额、现金流量套期工具公允价值变动净额等，单列项目反映。

所有者权益变动表有关项目的内容及填列说明，如图 11-10 所示。

上年年末余额，是指上年年末企业所有者权益（或股东权益）的期末余额。该项目应根据上年资产负债表中，实收资本（或股本）、资本公积、盈余公积和未分配利润各项目的年末余额填列。对应表内本年金额横向各项目。本年年初余额，是指在上年年末余

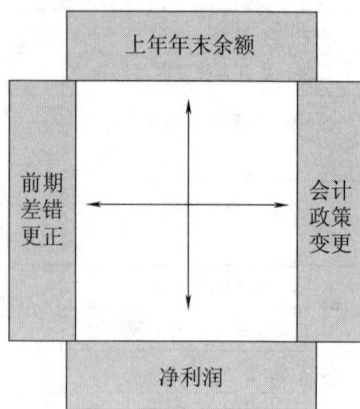

图 11-10　所有者权益表的内容

额的基础上，考虑了对会计政策变更、前期差错更正采用追溯调整后的本年年初余额。该项目应根据以上各项计算得到。

前期差错更正，是指企业采用追溯调整法处理会计差错对所有者权益的累计影响金额。该项目应根据"盈余公积""利润分配——未分配利润"以及"以前年度损益调整"账户的发生额分析填列。对应表内横向的"盈余公积"和"未分配利润"项目。直接计入所有者权益的利得和损失反映企业当年直接计入所有者权益的利得和损失。

净利润，是指当期实现的净利润（或亏损）。该项目应根据利润表中的"净利润"填列，应等于利润表中的净利润，对应表内横向的"未分配利润"项目。可供出售金融资产公允价值变动净额，是指企业所持有的可供出售的金融资产，当期公允价值变动的金额。该项目应根据"资本公积"账户的内容分析填列。对应表内横向的"资本公积"项目。

会计政策变更，是指企业采用追溯调整法处理会计政策变更对所有者权益的累计影响金额。该项目根据"盈余公积""利润分配——未分配利润"账户的发生额分析填列。对应表内横向的"盈余公积"和"未分配利润"项目。

# 11.6　会计报表附注的编制

财务报表附注，也称"会计报表注释"，是会计报表的补充，由于会计报表格式中所规定的项目内容较为固定，因而只能提供有限数量的信息；同时，列入会计报表的各项信息都必须符合会计要素的定义和确认标准，因此，会计报表本身所能反映的财务信息受到一定的限制，为便于信息使用者理解和使用会计信息，财务报表附注便对会计报表不能包括或者披露不详尽的内容作进一步的解释说明。

## 11.6.1　会计报表附注的内容

会计报表附注是为了便于会计报表使用者理解会计报表的内容而对会计报表的编制基础、编制依据、编制原则和方法及主要项目等所作的解释和进一步说明。编制和提供会计报表附注，有利于看表者全面、正确地理解会计报表。

会计报表附注应包括与公司财务状况、经营成果及现金流量相关，有助于报表使用者更好地了解会计报表，并且可以随同会计报表一同报出的重要信息。具体来讲，会计报表附注一般应包括企业简介、主要会计政策和会计估计说明、重要事项说明和重要会计报表项目注释等内容。其主要内容包括六个方面。

### 1. 企业的基本情况

（1）企业注册地、组织形式和总部地址。

（2）企业的业务性质和主要经营活动。

（3）公司名称。

（4）财务报告的批准者和批准报出日期。

### 2. 财务报表的编制基础

企业应在持续经营基础下进行财务报表列报。会计年度；记账本位币；会计计量所运用的计量基础；现金和现金等价物的构成。

### 3. 遵循企业会计准则的声明

遵循《企业会计准则》的声明企业应当明确说明编制的财务报表符合《企业会计准则》体系的要求，真实、公允地反映了企业的财务状况、经营成果和现金流量。

企业所采用的会计政策，前后各期应当保持一致，不得随意变更，由于经济环境、客观情况的改变，使企业原采用的会计政策所提供的会计信息，已不能恰当地反映企业的财务状况、经营成果和现金流量等情况。在这种情况下，应改变原有会计政策，按变更后新的会计政策进行处理，以便对外提供更可靠、更相关的会计信息。

### 4. 重要会计政策和会计估计

企业应当披露重要会计政策的确定依据和财务报表项目的计量基础，以及会计估计中所采用的关键假设和不确定因素。在会计报表附注中披露以下内容：①变更的内容和理由；②变更的影响数；③累积影响数不能合理确定的理由。

重要会计政策和会计估计企业应当披露重要的会计政策和会计估计，不具有重要性的会计政策和会计估计可以不披露。判断会计政策和会计估计是否重要，应当考虑与会计政策或会计估计相关项目的性质和金额。

**5. 会计政策和会计估计变更以及差错更正的说明**

企业应按准则规定披露有关会计政策和会计估计变更以及差错更正的信息。

会计政策变更的性质、内容和原因；当期和各个列报前期财务报表中受影响的项目名称和调整金额；会计政策变更无法进行追溯调整的事实和原因以及开始应用变更后的会计政策的时点、具体应用情况；会计估计变更的内容和原因；会计估计变更对当期和未来期间的影响金额；会计估计变更的影响数不能确定的事实和原因；前期差错的性质；各个列报前期财务报表中受影响的项目名称和更正金额；前期差错对当期财务报表也有影响的。

**6. 报表重要项目的说明**

企业应按资产负债表、利润表、现金流量表、所有者权益变动表及其项目列示的程序，采用文字和数字描述的方式进行披露，报表重要项目的明细金额合计，应当与报表项目金额相衔接。

## 11.6.2　会计报表附注的编制

会计报表附注是为了便于会计报表使用者理解会计报表的内容而对会计报表的编制基础、编制依据、编制原则和方法及主要项目等所做出的解释和进一步说明。编制和提供会计报表附注，有利于报表使用者全面、正确地理解会计报表。小企业的年度会计报表附注至少应披露如下内容，法律、行政法规和国家统一的会计制度，另有规定的，从其规定。

**1. 会计报表的编制形式**

会计报表附注的编制形式灵活多样，常见的有以下五种，如图 11-11 所示。

| 尾注说明 | → | 这是附注的主要编制形式，一般适用于说明内容较多的项目 |
|---|---|---|
| 括弧说明 | → | 此种形式常用于为会计报表主体内提供补充信息，因为它把补充信息直接纳入会计报表主体，所以比起其他形式来，显得更直观，不易被人忽视，缺点是它包含内容过短 |
| 备抵与附加账户 | → | 设立备抵与附加账户，在会计报表中单独列示，能够为会计报表使用者提供更多有意义的信息，这种形式目前主要是指坏账准备等账户的设置 |
| 脚注说明 | → | 在报表下端进行的说明，例如，说明已贴现的商业承兑汇票和已包括在固定资产原价内的融资租入的固定资产原价等 |
| 补充说明 | → | 有些无法列入会计报表主体中的详细数据、分析资料，可用单独的补充报表进行说明，比如，可利用补充报表的形式来揭示关联方的关系和交易等内容 |

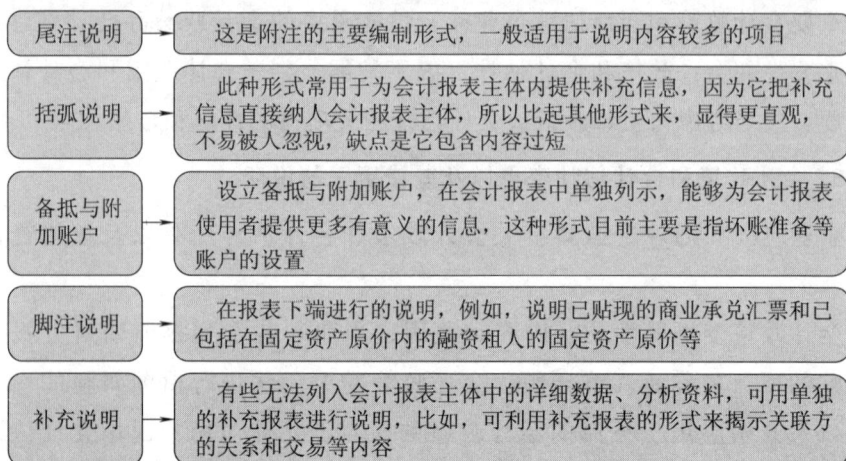

图 11-11  会计报表附注编制形式

以上五种形式，企业在编制会计报表附注过程中可以根据实际说明情况加以选择。

**2. 会计报表的编制原则**

（1）不符合会计核算前提的说明。

会计核算前提包括会计主体、持续经营、分期核算和货币计量。如果会计报表不符合核算前提中的任何一个，都应该加以说明。

（2）重要会计政策和会计估计的说明。

会计政策是指小企业在会计核算时所遵循的具体原则，以及小企业所采纳的具体会计处理方法；会计估计是指小企业对其结果不确定的交易或事项以最近可利用的信息为基础所作的判断。

企业通常需要在会计报表中加以说明的会计政策包括：①合并政策；②外币折算；③收入的确认；④所得税的核算；⑤存货的计价；⑥长期投资的核算；⑦坏账损失的核算；⑧借款费用的处理；⑨其他。企业需要进行的重要会计估计包括：①固定资产的耐用年限与净残值；②坏账；③存货贬值损失；④无形资产的受益期；⑤长期待摊费用；⑥或有损失；⑦收入确认中的相关估计等。企业应该在会计报表附注中对重要的会计政策和会计估计进行说明。

（3）重要会计政策、会计估计变更，以及重大会计差错更正的说明。

重要会计政策和会计估计变更的说明，以及重大会计差错更正的说明主要包括以下事项：①会计政策变更的内容和理由；②会计政策变更的影响数。

# 附　　录

# 一、国际贸易术语

国际贸易术语就是用简短的概念或英文缩写字母来表示商品的价格构成、说明交易地点、确定买卖双方的责任、费用、风险划分等问题的专门用语。

根据国际商会修订的《国际贸易术语解释通则》（Incoterms 2010），贸易术语由原来的 13 个减至 11 个。见附表 1。

附表 1　国际贸易术语及解释

| 名称 | 中文 | 解　释 |
|---|---|---|
| C 组贸易术语 | | |
| CIP | 运费和保险费付至（…指定目的地） | 卖方向其指定的承运人交货，但卖方还必须支付将货物运至目的地的运费，亦即买方承担卖方交货之后的一切风险和额外费用。但是，按照 CIP 方式，卖方还必须办理买方货物在运输途中灭失或损坏风险的保险 |
| CPT | 运费付至（…指定目的地） | 卖方向其指定的承运人交货，但卖方还必须支付将货物运至目的地的运费。亦即买方承担交货之后一切风险和其他费用 |
| CIF | 成本、保险费加运费（…指定目的港） | 在装运港当货物越过船舷时卖方即完成交货 |
| CFR | 成本加运费（…指定目的港） | 在装运港货物越过船舷卖方即完成交货，卖方必须支付将货物运至指定的目的港所需的运费和费用。但交货后货物灭失或损坏的风险，以及由于各种事件造成的任何额外费用，即由卖方转移到买方 |
| D 组贸易术语 | | |
| DEQ | 目的港码头交货（…指定目的港） | 卖方在指定的目的港码头将货物交给买方处置，不办理进口清关手续，即完成交货。卖方应承担将货物运至指定的目的港并卸至码头的一切风险和费用 |

| 名称 | 中文 | 解　　释 |
|---|---|---|
| DDP | 完税后交货（…指定目的港） | 卖方在指定的目的地，办理完进口清关手续，将在交货运输工具上卸下的货物交与买方，完成交货。卖方必须承担将货物运至指定的目的地的一切风险和费用，包括在需要办理海关手续时在目的地应交纳的任何"税费"（包括办理海关手续的责任和风险，以及交纳手续费、关税、税款和其他费用） |
| DDU | 未完税交货（…指定目的港） | 卖方在指定的目的地将货物交给买方处置，不办理进口手续，也不从交货的运输工具上将货物卸下，即完成交货。卖方应承担将货物运至指定的目的地的一切风险和费用，不包括在需要办理海关手续时在目的地国进口应交纳的任何"税费"（包括办理海关手续的责任和风险，以及交纳手续费、关税、税款和其他费用）。买方必须承担此项"税费"和因其未能及时办理货物进口清关手续而引起的费用和风险 |
| E 组贸易术语 | | |
| EXW | 工厂交货（…指定地点） | 当卖方在其所在地或其他指定的地点（如工厂或仓库）将货物交给买方处置时，即完成交货，卖方不办理出口清关手续或将货物装上任何运输工具 |
| F 组贸易术语 | | |
| FOB | 船上交货（…指定装运港） | 当货物在指定的装运港越过船舷，卖方即完成交货。这意味着买方必须从该点起承担货物灭失或损坏的一切风险。采用 FOB 方式时要求卖方办理货物出口清关手续 |
| FAS | 船边交货（…指定装运港） | 卖方在指定的装运港将货物交到船边，即完成交货。买方必须承担自那时起货物灭失或损坏的一切风险 |
| FCA | 货交承运人（…指定地点） | 卖方只要将货物在指定的地点交给买方指定的承运人，并办理了出口清关手续，即完成交货。需要说明的是，交货地点的选择对于在该地点装货和卸货的义务会产生影响。若卖方在其所在地交货，则卖方应负责装货，若卖方在任何其他地点交货，卖方不负责卸货 |

## 二、FOB、CFR 和 CIF 的换算

1. 若是 FOB 价换算为其他价，公式如下：

CFR 价＝FOB 价＋国外运费

CIF 价＝（FOB 价＋国外运费）÷（1－投保加成×保险费率）

2. 若是 CFR 价换算为其他价，公式如下：

FOB 价＝CFR 价－国外运费

CIF 价＝CFR 价÷（1－投保加成×保险费率）

3. 若是 CIF 价换算为其他价，公式如下：

FOB 价＝CIF 价×（1－投保加成×保险费率）－国外运费

CFR 价＝CIF 价×（1－投保加成×保险费率）

## 三、费用点

费用点是买卖双方承担有关费用的分界点。F 组的风险点和费用点重合，即风险点在交货港（地），费用点也在交货港（地）；C 组风险点和费用点分离，即风险点在装运港（地），费用点在目的港（地）；D 组风险点和费用点也是重合的，即风险点在目的港（地），费用点也在目的港（地）。

## 四、清关

清关（Customs Clearance）即结关，是指进口货物、出口货物和转运货物进入或出口一国海关关境或国境必须向海关申报，办理海关规定的各项手续，履行各项法规规定的义务。

## 五、外贸合同

外贸合同 Contract

编号：No.

日期：Date

签约地点：Signed at

卖方：Sellers

地址：Address          邮政编码：Postal Code

电话：Tel.          传真：Fax

买方：Buyers

地址：Address        邮政编码：Postal Code

电话：Tel.        传真：Fax

买卖双方同意按下列条款由卖方出售，买方购进下列货物：

The seller agrees to sell and the buyer agrees to buy the undermentioned goods on the terms and conditions stated below.

1. 货号：Article No.

2. 品名及规格：Description & Specification

3. 数量：Quantity

4. 单价：Unit Price

5. 总值：Total Amount

数量及总值均有_____％的增减，由卖方决定。

With _____％ more or less both in amount and quantity allowed at the sellers option.

6. 生产国和制造厂家：Country of Origin and Manufacturer

7. 包装：Packing

8. 唛头：Shipping Marks

9. 装运期限：Time of Shipment

10. 装运口岸：Port of Loading

11. 目的口岸：Port of Destination

12. 保险：由卖方按发票全额110％投保至_____为止的_____险。

Insurance：To be effected by buyers for 110％ of full invoice value covering _____ up to _____ only.

13. 付款条件：

买方须于_____年_____月_____日将保兑的，不可撤销的，可转让可分割的即期信用证开到卖方。信用证议付有效期延至上列装运期后15天在中国到期，该信用证中必须注明允许分运及转运。

Payment：

By confirmed, irrevocable, transferable and divisible L/C to be available by sight draft to reach the sellers before _____/_____/_____ and to remain valid for negotiation in China until 15 days after the aforesaid Time of

Shipment. The L/C must specify that transshipment and partial shipments are allowed.

14. 单据：Documents

15. 装运条件：Terms of Shipment

16. 品质与数量、重量的疑义与索赔：Quality/Quantity Discrepancy and Claim

17. 人力不可抗拒因素：

由于水灾、火灾、地震、干旱、战争或协议一方无法预见、控制、避免和克服的其他事件导致不能或暂时不能全部或部分履行本协议，该方不负责任。但是，受不可抗力事件影响的一方须尽快将发生的事件通知另一方，并在不可抗力事件发生 15 天内将有关机构出具的不可抗力事件的证明寄交对方。

Force Majeure：

Either party shall not be held responsible for failure or delay to perform all or any part of this agreement due to flood, fire, earthquake, draught, war or any other events which could not be predicted, controlled, avoided or overcome by the relative party. However, the party affected by the event of Force Majeure shall inform the other party of its occurrence in writing as soon as possible and thereafter send a certificate of the event issued by the relevant authorities to the other party within 15 days after its occurrence.

18. 仲裁：

在履行协议过程中，如产生争议，双方应友好协商解决。若通过友好协商未能达成协议，则提交中国国际贸易促进委员会对外贸易仲裁委员会，根据该会仲裁程序暂行规定进行仲裁。该委员会决定是终局的，对双方均有约束力。仲裁费用，除另有规定外，由败诉一方负担。

Arbitration：

All disputes arising from the execution of this agreement shall be settled through friendly consultations. In case no settlement can be reached, the case in dispute shall then be submitted to the Foreign Trade Arbitration Commission of the China Council for the Promotion of International Trade for Arbitration in accordance with its Provisional Rules of Procedure. The decision made by this commission shall be regarded as final and binding upon both parties. Arbitration fees shall be borne by the losing party, unless otherwise awarded.

19. 备注 Remark：

卖方 Sellers                                         买方 Buyers

签字 Signature                                       签字 Signature

# 参 考 文 献

［1］企业会计准则编审委员会．企业会计准则讲解与运用．上海：立信出版社，2006．

［2］宋娟．财务报表分析从入门到精通．北京：机械工业出版社，2009．

［3］元霖．外贸会计．上海：立信出版社，2014．

［4］刘国宁．看图学外贸会计．合肥：安徽人民出版社，2010．

［5］中国对外贸易经济合作企业协会，全国外经贸从业人员考试中心．国际贸易理论基础教
    程．北京：科学技术文献出版社．

［6］中国对外贸易经济合作企业协会，全国外经贸从业人员考试中心．外贸会计实务教程．
    北京：科学技术文献出版社．

［7］中国注册会计师协会．税法．北京：经济科学出版社．

［8］http：//www．qgtong．com/szcktxlbweb/

［9］http：//www．chinaacc．com/new/635_649_/2010_6_1_le41524173011601026496．shtml

［10］http：//www．economicdaily．com．cn/a/201205/2686．html